HERZLICHEN GLÜCKWUNSCH

Und Dankeschön für den Kauf dieses Buches. Als besonderes Schmankerl* finden Sie unten Ihren persönlichen Code, mit dem Sie das Buch exklusiv und kostenlos als E-Book erhalten.

Beachten Sie bitte die Systemvoraussetzungen auf der letzten Umschlagseite!

4j4w6-p56r0-
18502-amjmu

Registrieren Sie sich einfach in nur zwei Schritten unter **www.hanser.de/ciando** und nutzen Sie Ihr E-Book direkt auf Ihrem Rechner.

Starke

Effektive Software-Architekturen

Gernot Starke

Effektive Software-Architekturen

Ein praktischer Leitfaden

5., überarbeitete Auflage

HANSER

ISO Software Systeme GmbH
Eichendorffstraße 33 · 90491 Nürnberg
Tel.: +49 911 · 99 594-0
Fax: +49 911 · 99 594-129
info@iso-gruppe.com · www.iso-gruppe.com

Dr. Gernot Starke
Doing IT right
www.gernotstarke.de

Gernot Starke stellt sich seit seinem Informatik-Studium in Aachen und seiner Promotion in Linz der Herausforderung, die Architektur großer Systeme effektiv zu gestalten. Zu seinen Kunden zählen mittlere und große Unternehmen aus den Branchen Finanzdienstleistung, Handel, Telekommunikation und dem öffentlichen Bereich. Er ist Mitinitiator und -betreiber von arc42, Mitgründer des iSAQB e.V. sowie Fellow der innoQ.

Alle in diesem Buch enthaltenen Informationen, Verfahren und Darstellungen wurden nach bestem Wissen zusammengestellt und mit Sorgfalt getestet. Dennoch sind Fehler nicht ganz auszuschließen. Aus diesem Grund sind die im vorliegenden Buch enthaltenen Informationen mit keiner Verpflichtung oder Garantie irgendeiner Art verbunden. Autor und Verlag übernehmen infolgedessen keine juristische Verantwortung und werden keine daraus folgende oder sonstige Haftung übernehmen, die auf irgendeine Art aus der Benutzung dieser Informationen – oder Teilen davon – entsteht.

Ebenso übernehmen Autor und Verlag keine Gewähr dafür, dass beschriebene Verfahren usw. frei von Schutzrechten Dritter sind. Die Wiedergabe von Gebrauchsnamen, Handelsnamen, Warenbezeichnungen usw. in diesem Buch berechtigt deshalb auch ohne besondere Kennzeichnung nicht zu der Annahme, dass solche Namen im Sinne der Warenzeichen- und Markenschutz-Gesetzgebung als frei zu betrachten wären und daher von jedermann benutzt werden dürften.

Bibliografische Information der Deutschen Nationalbibliothek:
Die Deutsche Nationalbibliothek verzeichnet diese Publikation in der Deutschen Nationalbibliografie; detaillierte bibliografische Daten sind im Internet über http://dnb.d-nb.de abrufbar.

Dieses Werk ist urheberrechtlich geschützt.
Alle Rechte, auch die der Übersetzung, des Nachdruckes und der Vervielfältigung des Buches, oder Teilen daraus, vorbehalten. Kein Teil des Werkes darf ohne schriftliche Genehmigung des Verlages in irgendeiner Form (Fotokopie, Mikrofilm oder ein anderes Verfahren) – auch nicht für Zwecke der Unterrichtsgestaltung – reproduziert oder unter Verwendung elektronischer Systeme verarbeitet, vervielfältigt oder verbreitet werden.

© 2011 Carl Hanser Verlag München, www.hanser.de
Lektorat: Margarete Metzger
Herstellung: Irene Weilhart
Umschlagdesign: Marc Müller-Bremer, www.rebranding.de, München
Umschlagrealisation: Stephan Rönigk
Datenbelichtung, Druck und Bindung: Kösel, Krugzell
Ausstattung patentrechtlich geschützt. Kösel FD 351, Patent-Nr. 0748702
Printed in Germany

print-ISBN: 978-3-446-42728-0
e-book-ISBN: 978-3-446-42851-5

Inhalt

Vorwort XI
Vorwort zur fünften Auflage XII

1 Einleitung 1
1.1 Software-Architekten 5
1.2 Effektiv, agil und pragmatisch 6
1.3 Wer sollte dieses Buch lesen? 9
1.4 Wegweiser durch das Buch 10
1.5 Webseite zum Buch 11
1.6 Weiterführende Literatur 12
1.7 Danksagung 12

2 Architektur und Architekten 13
2.1 Was ist Architektur? 14
2.2 Die Aufgaben von Software-Architekten 19
2.3 Wie entstehen Architekturen? 25
2.4 In welchem Kontext steht Architektur? 27
2.5 Weiterführende Literatur 31

3 Vorgehen bei der Architekturentwicklung 33
3.1 Informationen sammeln 37
3.2 Lösungsidee entwickeln 37
3.3 Was sind Einflussfaktoren und Randbedingungen? 44
3.4 Einflussfaktoren finden 47
3.5 Risiken identifizieren 53
3.6 Qualität explizit beschreiben 56
    3.6.1 Qualitätsmerkmale von Software-Systemen 57
    3.6.2 Szenarien konkretisieren Qualität 59
3.7 Lösungsstrategien entwickeln 64
    3.7.1 Strategien gegen organisatorische Risiken 65
    3.7.2 Strategien für hohe Performance 66
    3.7.3 Strategien für Anpassbarkeit und Flexibilität 68
    3.7.4 Strategien für hohe Verfügbarkeit 70
3.8 Weiterführende Literatur 71

4 Architektursichten zur Kommunikation und Dokumentation ... 73
- 4.1 Architekten müssen kommunizieren und dokumentieren ... 74
- 4.2 Sichten ... 75
  - 4.2.1 Sichten in der Software-Architektur ... 77
  - 4.2.2 Vier Arten von Sichten ... 78
  - 4.2.3 Entwurf der Sichten ... 80
- 4.3 Kontextabgrenzung ... 82
  - 4.3.1 Elemente der Kontextabgrenzung ... 83
  - 4.3.2 Notation der Kontextabgrenzung ... 83
  - 4.3.3 Entwurf der Kontextabgrenzung ... 83
- 4.4 Bausteinsicht ... 85
  - 4.4.1 Elemente der Bausteinsicht ... 88
  - 4.4.2 Notation der Bausteinsicht ... 90
  - 4.4.3 Entwurf der Bausteinsicht ... 90
- 4.5 Laufzeitsicht ... 91
  - 4.5.1 Elemente der Laufzeitsicht ... 93
  - 4.5.2 Notation der Laufzeitsicht ... 93
  - 4.5.3 Entwurf der Laufzeitsicht ... 94
- 4.6 Verteilungssicht ... 95
  - 4.6.1 Elemente der Verteilungssicht ... 95
  - 4.6.2 Notation der Verteilungssicht ... 95
  - 4.6.3 Entwurf der Verteilungssicht ... 96
- 4.7 Dokumentation von Schnittstellen ... 97
- 4.8 Datensicht ... 100
- 4.9 Typische Architekturdokumente ... 102
  - 4.9.1 Zentrale Architekturbeschreibung ... 103
  - 4.9.2 Architekturüberblick ... 105
  - 4.9.3 Dokumentationsübersicht ... 106
  - 4.9.4 Übersichtspräsentation der Architektur ... 106
  - 4.9.5 Architekturtapete ... 107
- 4.10 Effektive Architekturdokumentation ... 107
  - 4.10.1 Anforderungen an Architekturdokumentation ... 107
  - 4.10.2 Regeln für gute Architekturdokumentation ... 110
- 4.11 Andere Ansätze zur Architekturdokumentation ... 113
  - 4.11.1 TOGAF ... 113
  - 4.11.2 xADL (Extendable Architecture Description Language) ... 114
- 4.12 Weiterführende Literatur ... 115

5 UML 2 für Architekten ... 117
- 5.1 Die Diagrammarten der UML 2 ... 118
- 5.2 Die Bausteine von Architekturen ... 120
- 5.3 Schnittstellen ... 122
- 5.4 Die Bausteinsicht ... 123

5.5	Die Verteilungssicht	126
5.6	Die Laufzeitsicht	128
5.7	Darum UML	133
5.8	Weiterführende Literatur	134

6 Strukturentwurf, Architektur- und Designmuster ... 135

6.1	Von der Idee zur Struktur	137
	6.1.1 Komplexität beherrschen	137
	6.1.2 Zerlegen – aber wie?	138
	6.1.3 Fachmodelle als Basis der Entwürfe	139
	6.1.4 Die Fachdomäne strukturieren	142
6.2	Architekturmuster	143
	6.2.1 Schichten (Layer)	143
	6.2.2 Pipes & Filter	147
	6.2.3 Weitere Architekturmuster	149
6.3	Heuristiken zum Entwurf	151
	6.3.1 Das So-einfach-wie-möglich-Prinzip	151
	6.3.2 Entwerfen Sie nach Verantwortlichkeiten	152
	6.3.3 Konzentrieren Sie sich auf Schnittstellen	153
	6.3.4 Berücksichtigen Sie Fehler	154
6.4	Optimieren von Abhängigkeiten	154
	6.4.1 Streben Sie nach loser Kopplung	157
	6.4.2 Hohe Kohäsion	157
	6.4.3 Offen für Erweiterungen, geschlossen für Änderungen	158
	6.4.4 Abhängigkeit nur von Abstraktionen	159
	6.4.5 Abtrennung von Schnittstellen	161
	6.4.6 Zyklische Abhängigkeiten vermeiden	163
	6.4.7 Liskov-Substitutionsprinzip (LSP)	164
	6.4.8 Dependency Injection (DI)	165
6.5	Entwurfsmuster	167
	6.5.1 Entwurf mit Mustern	167
	6.5.2 Adapter	168
	6.5.3 Beobachter (Observer)	169
	6.5.4 Dekorierer (Decorator)	170
	6.5.5 Stellvertreter (Proxy)	171
	6.5.6 Fassade	172
	6.5.7 Zustand (State)	173
6.6	Entwurf, Test, Qualitätssicherung	174
6.7	Weiterführende Literatur	174

7 Technische Konzepte und typische Architekturaspekte ... 177

7.1	Persistenz	181
	7.1.1 Motivation	181
	7.1.2 Einflussfaktoren und Entscheidungskriterien	184

	7.1.3	Lösungsmuster	187
	7.1.4	Bekannte Risiken und Probleme	192
	7.1.5	Weitere Themen zu Persistenz	194
	7.1.6	Zusammenhang mit anderen Aspekten	198
	7.1.7	Praktische Vertiefung	200
	7.1.8	Weiterführende Literatur	201
7.2	Geschäftsregeln		202
	7.2.1	Motivation	202
	7.2.2	Funktionsweise von Regelmaschinen	204
	7.2.3	Kriterien pro & kontra Regelmaschinen	207
	7.2.4	Mögliche Probleme	207
	7.2.5	Weiterführende Literatur	208
7.3	Integration		209
	7.3.1	Motivation	209
	7.3.2	Typische Probleme	210
	7.3.3	Lösungskonzepte	211
	7.3.4	Entwurfsmuster zur Integration	216
	7.3.5	Konsequenzen und Risiken	218
	7.3.6	Zusammenhang mit anderen Aspekten	220
	7.3.7	Weiterführende Literatur	222
7.4	Verteilung		222
	7.4.1	Motivation	222
	7.4.2	Typische Probleme	223
	7.4.3	Lösungskonzept	223
	7.4.4	Konsequenzen und Risiken	225
	7.4.5	Zusammenhang mit anderen Aspekten	225
	7.4.6	Weiterführende Literatur	226
7.5	Kommunikation		226
	7.5.1	Motivation	226
	7.5.2	Entscheidungsalternativen	226
	7.5.3	Grundbegriffe der Kommunikation	227
	7.5.4	Weiterführende Literatur	232
7.6	Ablaufsteuerung grafischer Oberflächen		232
	7.6.1	Model-View-Controller (MVC)	235
	7.6.2	Weiterführende Literatur	242
7.7	Ergonomie grafischer Oberflächen		242
	7.7.1	Arbeitsmetaphern	242
	7.7.2	Interaktionsstile	245
	7.7.3	Ergonomische Gestaltung	249
	7.7.4	Heuristiken zur GUI-Gestaltung	250
	7.7.5	Weiterführende Literatur	253
7.8	Internationalisierung		254
	7.8.1	Globale Märkte erfordern neue Prozesse	255

	7.8.2	Dimensionen der Internationalisierung 255
	7.8.3	Lösungskonzepte 256
	7.8.4	Weiterführende Literatur 262

7.9 Workflow-Management: Ablaufsteuerung im Großen 263
    7.9.1 Zweck der Ablaufsteuerung 263
    7.9.2 Lösungsansätze 265
    7.9.3 Integration von Workflow-Systemen 268
    7.9.4 Mächtigkeit von WMS 270
    7.9.5 Weiterführende Literatur 271

7.10 Sicherheit 272
    7.10.1 Motivation 272
    7.10.2 Typische Probleme 272
    7.10.3 Sicherheitsziele 273
    7.10.4 Lösungskonzepte 275
    7.10.5 Zusammenhang mit anderen Aspekten 280
    7.10.6 Weiterführende Literatur 281

7.11 Protokollierung 282
    7.11.1 Typische Probleme 282
    7.11.2 Lösungskonzept 283
    7.11.3 Zusammenhang mit anderen Aspekten 284
    7.11.4 Weiterführende Literatur 284

7.12 Ausnahme- und Fehlerbehandlung 285
    7.12.1 Motivation 285
    7.12.2 Fehlerkategorien schaffen Klarheit 287
    7.12.3 Muster zur Fehlerbehandlung 289
    7.12.4 Mögliche Probleme 291
    7.12.5 Zusammenhang mit anderen Aspekten 291
    7.12.6 Weiterführende Literatur 292

8 Model Driven Architecture (MDA) 293
8.1 Architekten entwickeln Generierungsvorlagen 296
8.2 Modellierung 297
8.3 Modellbasiert entwickeln 298
8.4 Weiterführende Literatur 299

9 Bewertung von Software-Architekturen 301
9.1 Was Sie an Architekturen bewerten können 305
9.2 Vorgehen bei der Bewertung 306
9.3 Weiterführende Literatur 312

10 Service-Orientierte Architektur (SOA) 313
10.1 Was ist SOA? 314
10.2 So funktionieren Services 319

10.3	Was gehört (noch) zu SOA?	320
10.4	SOA und Software-Architektur	323
10.5	Weiterführende Literatur	324

11 Enterprise-IT-Architektur — 325

11.1	Wozu Architekturebenen?	327
11.2	Aufgaben von Enterprise-Architekten	328
	11.2.1 Management der Infrastrukturkosten	328
	11.2.2 Management des IS-Portfolios	328
	11.2.3 Definition von Referenzarchitekturen	330
	11.2.4 Weitere Aufgaben	332
11.3	Weiterführende Literatur	333

12 Beispiele von Software-Architekturen — 335

12.1	Beispiel: Datenmigration im Finanzwesen	336
12.2	Beispiel: Kampagnenmanagement im CRM	355

13 iSAQB Curriculum — 385

13.1	Standardisierter Lehrplan für Software-Architekten	386
13.2	Können, Wissen und Verstehen	387
13.3	Voraussetzungen und Abgrenzungen	388
13.4	Struktur des iSAQB-Lehrplans	388
	I. Grundbegriffe von Software-Architekturen	389
	II. Beschreibung und Kommunikation von Software-Architekturen	390
	III. Entwicklung von Software-Architekturen	391
	IV. Software-Architekturen und Qualität	392
	V. Werkzeuge für Software-Architekten	393
	VI. Beispiele von Software-Achitekturen	393
13.5	Zertifizierung nach dem iSAQB-Lehrplan	394

14 Nachwort: Architektonien — 395

14.1	In sechs Stationen um die (IT-)Welt	395
14.2	Ratschläge aus dem architektonischen Manifest	398

Literatur — 403

Index — 411

Vorwort

Haben Sie jemals einen dummen Fehler zweimal begangen?
– Willkommen in der realen Welt.
Haben Sie diesen Fehler hundertmal hintereinander gemacht?
– Willkommen in der Software-Entwicklung.

Tom DeMarco,
in: „Warum ist Software so teuer?"

Wenn Sie sich für Baukunst interessieren, dann erkennen Sie sicherlich die „Handschrift" berühmter Architekten wie Frank Lloyd Wright, Le Corbusier oder Mies van der Rohe immer wieder, egal wo auf der Welt Sie auf Bauwerke dieser Meister stoßen. Die Funktionalität des Guggenheim Museums in New York oder des Opernhauses in Sydney gepaart mit deren Schönheit und Ästhetik sind unvergessliche Eindrücke. Das erwarten wir heute auch von unseren IT-Systemen: Funktionalität gepaart mit Stil!

Seit mehr als zwanzig Jahren versuche ich, Systementwicklern die Kunst des Architektur-Designs nahe zu bringen. Die Erfahrung hat mich gelehrt, dass man jede Person, die mit gesundem Menschenverstand ausgestattet ist, zu einem guten Systemanalytiker ausbilden kann. Software-Architekten und Designer auszubilden ist wesentlich schwieriger.

Früher waren viele unserer Systeme so einfach, dass der Chefprogrammierer die Struktur leicht im Kopf behalten konnte. Heutzutage gehört mehr dazu, um die Struktur eines Systems zu beherrschen, die Auswirkungen von Technologieentscheidungen vorauszusehen und die Vielzahl von Hilfsmitteln wie Generatoren, Frameworks, Libraries und Entwicklungswerkzeuge kosteneffizient und zielführend einzusetzen.

Viele Jahre war ich davon überzeugt, dass nur Erfahrung in der Erstellung großer Systeme und selbst gemachte Fehler gute Architekten hervorbringen. Wir wussten einfach zu wenig über Wirkungen und Folgewirkungen von Designentscheidungen. In den letzten Jahren ist die Entwicklung von Architekturen mehr und mehr zur Ingenieursdisziplin herangereift.

Gernot Starke ist es gelungen, die Essenz dieser neuen Disziplin auf den Punkt zu bringen. Die Tipps und Tricks, die er in diesem Buch zusammengetragen hat, vermitteln Ihnen eine Fülle von Praxiserfahrungen. Studieren Sie diese sorgfältig! Wenn Sie zu den Veteranen der Branche gehören, dann werden Sie neben vielen déjà-vu-Erlebnissen bestimmt auch noch die eine oder andere Perle entdecken. Wenn Sie gerade Ihre ersten Sporen als Architekt(in) verdienen, dann können Sie sich mit den Empfehlungen bestimmt den einen oder anderen Holzweg ersparen.

Programmieren wird immer mehr zum Handwerk, bei dem die Automatisierung rasant voranschreitet und den Programmierern viel Arbeit abnimmt. Die Entwicklung von Architekturen bleibt sicherlich dauerhaft eine Domäne für kreative Gestaltungsarbeit von Menschen – trotz der Fortschritte in dieser Disziplin. Software-Architekt ist daher ein Beruf mit sicherer Zukunft!

Aachen, im Dezember 2001

Peter Hruschka

■ Vorwort zur fünften Auflage

> *Softwarearchitekur: Das ist die Königsdisziplin des Software-Engineering.*
>
> Prof. Ernst Denert
> in [Siedersleben04]

Motiviert durch die Herausforderungen realer Projekte habe ich in der fünften Auflage dieses Buches einige Abschnitte gründlich renoviert. Die Architektursichten als Werkzeug der Kommunikation und Dokumentation orientiere ich an den von Peter Hruschka und mir gestalteten (und unter www.arc42.de frei verfügbaren) Vorschlägen und Begriffen.

Erneut gilt mein herzlicher Dank meinen innovativen und herausfordernden Kunden, die mir jeden Tag wieder vor Augen führen, dass Stillstand Rückschritt bedeutet. Danke für produktive Architekturdiskussionen an Stefan Tilkov, Alex Nachtigall, Klaus Kiehne, Thomas George, Dr. Daniel Lauer, Phillip Ghadir, Jürgen Krey, Peter Roßbach und Stefan Zörner.

Apple-sei-Dank kommt dieses Buch von einem Mac.

Köln, Juni 2011

Gernot Starke

1 Einleitung

> *Wir bauen Software wie Kathedralen:*
> *zuerst bauen wir – dann beten wir.*
>
> Gerhard Chroust

Bitte erlauben Sie mir, Sie mit einer etwas bösartigen kleinen Geschichte zur weiteren Lektüre dieses Buches zu motivieren.

Eine erfolgreiche Unternehmerin möchte sich ein Domizil errichten lassen. Enge Freunde raten ihr, ein Architekturbüro mit dem Entwurf zu betrauen und die Erstellung begleiten zu lassen. Nur so ließen sich die legendären Probleme beim Hausbau (ungeeignete Entwürfe, mangelnde Koordination, schlechte Ausführung, Pfusch bei Details, Kostenexplosion und Terminüberschreitung) vermeiden.

Um die für ihr Vorhaben geeigneten Architekten zu finden, beschließt sie, einigen namhaften Büros kleinere Testaufträge für Einfamilienhäuser zu erteilen. Natürlich verrät sie keinem der Kandidaten, dass diese Aufträge eigentlich Tests für das endgültige Unterfangen sind.

Nach einer entsprechenden Ausschreibung in einigen überregionalen Tageszeitungen trifft unsere Bauherrin folgende Vorauswahl:

- Wasserfall-Architektur KG, Spezialisten für Gebäude und Unterfangen aller Art.
- V&V Architektur GmbH & Co. KG, Spezialisten für Regierungs-, Prunk- und Profanbauten.
- Extremarchitekten AG

Alle Büros erhalten identische Vorgaben: Ihre Aufgabe besteht in Entwurf und Erstellung eines Einfamilienhauses (EFH). Weil unsere Unternehmerin jedoch sehr häufig, manchmal fast sprunghaft, ihre Wünsche und Anforderungen ändert, beschließt sie, die Flexibilität der Kandidaten auch in dieser Hinsicht zu testen.

Wasserfall-Architektur KG

Die Firma residiert im 35. Stock eines noblen Bürogebäudes. Dicke Teppiche und holzvertäfelte Wände zeugen vom veritablen Wohlstand der Firmeneigner.

Foto von Wolfgang Korn

„Wir entwerfen auch komplexe technische Systeme", erklärt ein graumelierter Mittfünfziger der Bauherrin bei ihrem ersten Treffen. Sein Titel „Bürovorsteher" prädestiniert ihn wohl für den Erstkontakt zu dem vermeintlich kleinen Fisch. Von ihm und einer deutlich jüngeren Assistentin wurde sie ausgiebig nach ihren Wünschen hinsichtlich des geplanten Hauses befragt.

Als sie die Frage nach den Türgriffen des Badezimmerschrankes im Obergeschoss nicht spontan beantworten kann, händigt man ihr ein Formblatt aus, das ausführlich ein Change-Management-Verfahren beschreibt.

Das Team der Wasserfall-Architektur KG legte nach wenigen Wochen einen überaus detaillierten Projektplan vor. Gantt-Charts, Work-Breakdown-Struktur, Meilensteine, alles dabei. Die nächsten Monate verbrachte das Team mit der Dokumentation der Anforderungsanalyse sowie dem Entwurf.

Pünktlich zum Ende dieser Phase erhielt die Unternehmerin einen Ordner (zweifach) mit fast 400 Seiten Beschreibung eines Hauses. Nicht ganz das von ihr Gewünschte, weil das Entwicklungsteam aus Effizienzgründen und um Zeit zu sparen einige (der Bauherrin nur wenig zusagende) Annahmen über die Größe mancher Räume und die Farbe einiger Tapeten getroffen hatte. Man habe zwar überall groben Sand als Bodenbelag geplant, könne das aber später erweitern. Mit etwas Zement und Wasser vermischt stünden den Hausbewohnern später alle Möglichkeiten offen. Im Rahmen der hierbei erwarteten Änderungen habe das Team vorsorglich die Treppen als Rampe ohne Stufen geplant, um Arbeitern mit Schubkarren den Weg in die oberen Etagen zu erleichtern. Das Begehren unserer Unternehmerin, doch eine normale Treppe einzubauen, wurde dem Change-Management übergeben.

Die nun folgende Erstellungsphase (die Firma verwendete hierfür den Begriff „Implementierungsphase") beendete das Team in 13 statt der geplanten 8 Monate. Die fünf Monate Zeitverzug seien durch widrige Umstände hervorgerufen, wie ein Firmensprecher auf Nachfrage erklärte. In Wirklichkeit hatte ein Junior-Planning-Consultant es versäumt, einen Zufahrtsweg für Baufahrzeuge zu planen – das bereits fertiggestellte Gartenhaus musste wieder abgerissen werden, um eine passende Baustraße anlegen zu können.

Ansonsten hatte das Implementierungsteam einige kleine Schwächen des Entwurfs optimiert. So hatte das Haus statt Treppe nun einen Lastenaufzug, weil sich die ursprünglich geplante Rampe für Schubkarren als zu steil erwies. Das Change-Management verkündete stolz, man habe bereits erste Schritte zur Anpassung des Sandbodens unternommen: Im ganzen Haus seien auf den Sand Teppiche gelegt worden. Leider hatte ein Mitglied des Wartungsteams über den Teppich dann, in sklavischer Befolgung der Planungsvorgaben, Zement und Wasser aufgebracht und mit Hilfe ausgeklügelt brachialer Methoden zu einer rot-grauen zähen Paste vermischt. Man werde sich in der Wartungsphase darum kümmern, hieß es seitens der Firma.

Die zu diesem Zeitpunkt von den Wasserfall-Architekten ausgestellte Vorabrechnung belief sich auf das Doppelte der ursprünglich angebotenen Bausumme. Diese Kostensteigerung habe die Bauherrin durch ihre verspätet artikulierten Zusatzwünsche ausschließlich selbst zu verantworten.

V&V Architektur GmbH & Co. KG

Die V&V Architektur GmbH & Co. KG (nachfolgend kurz V&V) hatte sich in den vergangenen Jahren auf Regierungs-, Prunk- und Profanbauten spezialisiert. Mit dem unternehmenseigenen Verfahren, so wird versichert, könne man garantiert jedes Projekt abwickeln. Der von V&V ernannte Projektleiter überraschte unsere Unternehmerin in den ersten Projektwochen mit langen Fragebögen – ohne jeglichen Bezug zum geplanten Haus. Man müsse unbedingt zuerst das Tailoring des Vorgehensmodells durchführen, das Modell exakt dem geplanten Projekt anpassen. Am Ende dieser Phase erhielt sie, in zweifacher Ausfertigung, mehrere Hundert Seiten Dokumentation des geplanten Vorgehens.

Foto von Ralf Harder

Dass ihr Einfamilienhaus darin nicht erwähnt wurde, sei völlig normal, unterrichtete sie der Projektleiter. Erst jetzt, in der zweiten Phase, würde das konkrete Objekt geplant, spezifiziert, realisiert, qualitätsgesichert und konfigurationsverwaltet.

Der Auftraggeberin wurde zu diesem Zeitpunkt auch das „Direktorat EDV" der Firma V&V vorgestellt. Nein, diese Abteilung befasste sich nicht mit Datenverarbeitung – die Abkürzung stand für *„Einhaltung Des Vorgehensmodells"*.

Nach einigen Monaten Projektlaufzeit stellte unsere Bauherrin im bereits teilweise fertiggestellten Haus störende signalrote Inschriften auf sämtlichen verbauten Teilen fest. Das sei urkundenechte Spezialtinte, die sich garantiert nicht durch Farbe oder Tapete verdecken ließe, erklärte V&V stolz. Für die Qualitätssicherung und das Konfigurationsmanagement seien diese Kennzeichen unbedingt notwendig. Ästhetische Einwände, solche auffälligen Markierungen nicht in Augenhöhe auf Fenster, Türen und Wänden anzubringen, verwarf die Projektleitung mit Hinweis auf Seite 354, Aktivität PL 3.42, Paragraph 9 Absatz 2 des Vorgehensmodells, in dem Größe, Format, Schrifttyp und Layout dieser Kennzeichen verbindlich definiert seien. Die Bauherrin hätte bereits beim Tailoring widersprechen müssen, nun sei es wirklich zu spät.

Extrem-Architekten AG

Die Extrem-Architekten laden unsere Unternehmerin zu Projektbeginn zu einem Planungsspiel ein. Jeden Raum ihres geplanten EFHs soll sie dabei der Wichtigkeit nach mit Gummibärchen bewerten. Die immer nur paarweise auftretenden Architekten versprechen ihr, eine erste funktionsfähige Version des Hauses nach nur 6 Wochen. Auf Planungsunterlagen würde man im Zuge der schnellen Entwicklung verzichten.

„Gummibär-Tango" von Klaus Terjung

Zu Beginn der Arbeiten wurde das Team in einer Art Ritual auf die gemeinsame Vision des Hauses eingeschworen. Wie ein Mantra murmelten alle Teammitglieder ständig mit seltsam gutturaler Betonung die Silben „Einfa-Milien-Haus", was sich nach einiger Zeit zu „Ei-Mi-Ha" abschliff. Mehrere Außenstehende wollen gehört haben, das Team baue einen bewohnbaren Eimer. Sie stellten eine überdimensionale Tafel am Rande des Baugeländes auf. Jeder durfte darauf Verbesserungsvorschläge oder Änderungen eintragen. Dies gehöre zu einem Grundprinzip der Firma: „Kollektives geistiges Eigentum: Planung und Entwurf gehören allen".

Nach exakt 6 Wochen laden die Extrem-Architekten die Unternehmerin zur Besichtigung der ersten funktionsfähigen Version ein. Wieder treten ihr zwei Architekten entgegen, jedoch erkennt sie nur einen davon aus dem Planungsspiel wieder. Der andere arbeitet jetzt bei den Gärtnern. Der ursprüngliche andere Gärtner hilft dem Elektriker, ein Heizungsbauer entwickelt dafür die Statik mit. Auf diese Weise verbreite sich das Projektwissen im Team, erläutern beide Architekten eifrig.

Man präsentiert ihr einen Wohnwagen. Ihren Hinweis auf fehlende Küche, Keller und Dachgeschoss nehmen die Extrem-Architekten mit großem Interesse auf (ohne ihn jedoch schriftlich zu fixieren).

Weitere 6 Wochen später hat das Team eine riesige Grube als Keller ausgehoben und den Wohnwagen auf Holzbohlen provisorisch darüber befestigt. Das Kellerfundament haben ein Zimmermann und ein Statiker gegossen. Leider blieb der Beton zu flüssig. Geeignete Tests seien aber bereits entwickelt, dieser Fehler käme garantiert nie wieder vor.

Mehrere weitere 6-Wochen-Zyklen gehen ins Land. Bevor unsere Unternehmerin das Projekt (vorzeitig) für beendet erklärt, findet sie zwar die von ihr gewünschte Küche, leider jedoch im Keller. Ein Refactoring dieses Problems sei nicht effektiv, erklärte man ihr. Dafür habe man im Dach einen Teil der Wohnwagenküche verbaut, sodass insgesamt die Zahl der Küchen-Gummibären erreicht worden sei.

Das immer noch flüssige Kellerfundament hat eines der Teams bewogen, auf die Seitenwände des Hauses auf Dauer zu verzichten, um die Lüftung des Kellers sicherzustellen. Im Übrigen besitzt das Haus nur ein Geschoss, das aktuelle Statik-Team (bestehend aus Zimmermann und Gärtner) hat dafür die Garage in 3 Kinderzimmer unterteilt.

Da das Team nach eigenen Aussagen auf die lästige und schwergewichtige Dokumentation verzichtet hatte, waren auch keine Aufzeichnungen der ursprünglichen Planung mehr erhalten.

Im Nachhinein berufen sich alle Projektteams auf ihren Erfolg. Niemand hatte bemerkt, dass die Bauherrin keines der „implementierten" Häuser wirklich akzeptierte.

Chaos nur am Bau?

Ähnlichkeiten mit bekannten Vorgehensweisen der Software-Entwicklung sind durchaus gewollt, denn nicht nur beim Hausbau herrscht Chaos. Auch andere Ingenieurdisziplinen werden ab und zu von Elchen auf die Probe gestellt, obwohl der Maschinenbau über mehr als 200 Jahre Erfahrung verfügt. In der Software-Branche geht es nur unwesentlich besser zu.

Der regelmäßige Chaos-Report der Standish-Group zeigt eine seit Jahren gleichbleibende Tendenz: Über 30% aller Software-Projekte werden (erfolglos) vorzeitig beendet, in über 50% aller Software-Projekte kommt es zu drastischen Kosten- oder Terminüberschreitungen.[1]

1.1 Software-Architekten

Software-Architekten allein können diese Probleme nicht lösen. Auftraggeber mit klaren Zielvorstellungen und ein effektives und flexibles Projektmanagement sind wichtige Voraussetzungen für den Projekterfolg, ebenso ein motiviertes und sachkundiges Entwicklungsteam.

Architekten kommt in Software-Projekten eine besondere Rolle zu:

 Software-Architekten bilden die Schnittstelle zwischen Analyse, Entwurf, Implementierung, Management und Betrieb von Software.

Diese verantwortungsvolle Schlüsselrolle bleibt in vielen Projekten oft unbesetzt oder wird nicht angemessen ausgefüllt. Architekten müssen als „Anwälte der Kunden" arbeiten. Sie müssen garantieren, dass die Anforderungen der Kunden einerseits umsetzbar sind und andererseits auch umgesetzt werden.

Architekten als Anwälte der Kunden

Das Buch gibt aktiven und angehenden Software-Architekten praktische Ratschläge und Hilfsmittel, diese komplexe Aufgabe effektiver zu erfüllen. Es unterbreitet konkrete Vorschläge, wie Sie als Software-Architekt in der Praxis vorgehen sollten.

Auch wenn Sie in anderen Funktionen in Software-Projekten arbeiten, kann dieses Buch Ihnen helfen. Sie werden verstehen, welche Bedeutung Architekturen besitzen und wo die Probleme beim Entwurf von Architekturen liegen.

---

[1] Quelle: The Standish Group Chaos Report. Erhältlich unter www.standishgroup.com.

1.2 Effektiv, agil und pragmatisch

Effektivität, Agilität und Pragmatismus prägen die Grundhaltung erfolgreicher Software-Architekten.

Agilität ist notwendig

Software wird in vielen Projekten immer noch als starres, unveränderliches Produkt betrachtet, obwohl Anwender und Auftraggeber laut nach hochgradig flexiblen Lösungen rufen. In der Praxis ähnelt die Software-Entwicklung leider oftmals eher dem Brückenbau: Eine Rheinbrücke bleibt auch in den kommenden Jahren eine Rheinbrücke. Weder verändert sich der Flusslauf, noch wird aus einer Eisenbahnbrücke eine Startbahn für Passagierflugzeuge. Für Software stellt sich die Lage ganz anders dar: Hier kann aus einem abteilungsinternen Informationssystem schnell eine Internet-E-Business-Lösung oder eine lokale Anwendung entstehen.

Langjährige Untersuchungen ergeben, dass sich 10 bis 25% der Anforderungen an Software pro Jahr ändern (Quelle: Peter Hruschka, in [Rupp2001]). Management und Architekten von Software-Projekten müssen sich durch flexible und bedarfsgerechte Vorgehensweisen darauf einstellen. Das Schlüsselwort lautet „Agilität".

Agilität anstelle starrer Verfahren

Agilität und flexibles Vorgehen wird in Software-Projekten an vielen Stellen dringend benötigt:

- Requirements Manager müssen in Projekten flexibel mit Änderungen von Anforderungen umgehen.

Stabile Grundgerüste

- Software-Architekturen müssen stabile Grundgerüste bereitstellen, die die Umsetzung neuer und geänderter Anforderungen ermöglichen. In der heutigen Marktsituation müssen solche Änderungen schnell und effektiv erfolgen – oder sie sind wirkungslos.

- Projektmanager müssen in der Lage sein, während des Projektverlaufs flexibel auf neue Anforderungen, neue Technologien oder aktualisierte Produkte zu reagieren. Hier bietet risikobasiertes Projektmanagement viele Vorteile gegenüber den strikt am Vorgehensmodell orientierten konventionellen Methoden.

Inhalt wichtiger als Form

- Dokumentation muss sich an spezifischen Projektbedürfnissen orientieren, statt an fix vorgegebenen Ergebnistypen. Inhalt ist in flexiblen Projekten wichtiger als Form.

Agilität braucht Verantwortung

- Agilität erfordert allerdings auch hohe Qualifikation und Professionalität der Beteiligten. Wer in einem agilen Projekt als Architekt arbeitet, kann nicht seinem Chef das Denken überlassen, sondern muss Verantwortung übernehmen.

Insgesamt zählt in einem Projekt nur das Ergebnis. Selten kümmern sich Anwender oder Auftraggeber im Nachhinein um die Einhaltung starrer Vorgehensmodelle.

Software-Architekten müssen in ihrer Funktion als Schnittstelle zwischen den Projektbeteiligten diesen Ansatz der Agilität aufnehmen und in der Praxis umsetzen.

Seien Sie agil!

Von Peter Hruschka

Agil heißt beweglich und flexibel sein. Mitdenken statt „Dienst nach Vorschrift" und Dogma.

Keines der heute verfügbaren Vorgehensmodelle passt für alle Projekte. Eine agile Vorgehensweise beurteilt das jeweilige Risiko der unterschiedlichen Aufgaben bei der Software-Entwicklung und wählt dann die geeigneten Maßnahmen. Folgende Schwerpunkte werden dabei gesetzt:

- Offen für Änderungen statt Festhalten an alten Plänen
- Eher Ergebnis-orientiert als Prozess-orientiert
- „Miteinander darüber reden" statt „gegeneinander schreiben"
- Eher Vertrauen als Kontrolle
- Bottom-up „Best Practices" austauschen und etablieren statt top-down Vorgaben diktieren

Trotzdem heißt „Agilität" nicht, Anarchie zuzulassen:

- Agile Vorgehensmodelle haben Ergebnisse, nur unterscheiden sich diese für unterschiedliche Projekte in Anzahl, Tiefgang und Formalismus.
- Agile Entwicklung kennt Prozesse, nur lassen diese mehr Spielraum für Alternativen und Kreativität.
- Agile Methoden setzen auf Verantwortung; es werden jedoch nur notwendige Rollen besetzt.

Das Risiko entscheidet: Jeder Projektleiter, Systemanalytiker, Architekt, Tester und Designer überprüft ständig Risiken und entscheidet in seinem Umfeld über notwendige Maßnahmen, damit aus Risiken keine Probleme werden.

Dr. Peter Hruschka (hruschka@b-agile.de) ist unabhängiger Trainer und Methodenberater. Er ist Prinzipal der Atlantic Systems Guild, eines internationalen Think Tanks von Methodengurus, deren Bücher den State-of-the-Art wesentlich mitgestaltet haben (www.systemsguild.com).

b-∀gile

Effektiv = Ziele erreichen

Da das Begriffspaar „effektiv und effizient" immer wieder für Missverständnisse sorgt, möchte ich die Bedeutung beider Wörter hier kurz gegenüberstellen.

Eine Lexikon-Definition des Begriffes „Effizienz" lautet „Wirkungsgrad", also das Verhältnis von Aufwand zu Ertrag. Wenn Sie Aufgaben effizient erledigen, dann arbeiten Sie also mit hohem Wirkungsgrad. Sie investieren für den gewünschten Ertrag einen minimalen Aufwand. Spitzensportler etwa vermeiden in ihren Disziplinen überflüssige Bewegungen oder Aktionen, was in hochgradig effizientem Ausführen der jeweiligen Sportart resultiert.

Effizient = hoher Wirkungsgrad

Prägnant ausgedrückt bedeutet das:

Effizient = Dinge richtig machen

Effektiv = zielorientiert

„Effektiv" bedeutet zielorientiert. Sie arbeiten effektiv, wenn Sie Dinge erledigen, die zur Erreichung Ihrer konkreten Ziele notwendig sind. Auch für diesen Begriff wieder eine prägnante Definition:

Effektiv = Die richtigen Dinge machen

Es ist viel wichtiger, die richtigen Dinge zu erledigen, als irgendwelche Dinge besonders effizient zu tun.

Softwarearchitekten müssen in hohem Maße effektiv arbeiten. Kunden und Auftraggeber bestimmen Ziele, Architekten müssen sicherstellen, dass diese Ziele auch erreicht werden.

Effektiv = Agil und angemessen

Effektiv bedeutet auch, angemessen und bedarfsgerecht zu agieren. Auf die Entwicklung von Software angewandt heißt das, sich permanent an den Bedürfnissen der Kunden und Auftraggeber zu orientieren (und nicht starr an den Buchstaben eines formalen Vorgehensmodells). Ich plädiere in diesem Buch für Agilität in diesem Sinne.

Effektiv = Pragmatisch

Projekterfolg wird grundsätzlich vom Auftraggeber beurteilt, nicht vom Architekten. Auftraggeber wollen in erster Linie ein produktives System erhalten und nicht die Einhaltung eines starren Vorgehensmodells erzwingen. Architekten müssen daher den Zweck des Systems im Auge behalten.

Pragmatisches Vorgehen bedeutet:

- Auf Dogmen und starre Vorschriften zu verzichten, wo sie nicht angemessen sind.
- Zielorientiert (= effektiv) Lösungen im Sinne der Kunden zu entwickeln.
- Auf Perfektionismus zu verzichten. 80% des Ertrags erreicht man mit 20% des Aufwands.

1.3 Wer sollte dieses Buch lesen?

Grundsätzlich können alle Stakeholder[2] von diesem Buch profitieren und erhalten Antworten auf zentrale Fragen.

- Kunden und Auftraggeber
- Projektmanager:
  - Warum sollen Sie für Architektur Geld ausgeben? Warum ist Software-Architektur wichtig?
- Projektleiter:
  - Was genau bewirkt Architektur im Projekt?
  - Welche Aufgaben erfüllen Software-Architekten?
  - Welche Tätigkeiten unterstützen und vereinfachen sie?
  - Welche Bedeutung hat die Dokumentation von Architekturen („Was bedeuten all diese Symbole?")?
  - Welche grundlegenden Lösungsansätze gibt es für Architekturen?
- Software-Architekten
  - Was sind die Methoden und Werkzeuge unserer Zunft?
  - Wie geht man beim Entwurf von Architekturen sinnvoll vor?
  - Welche praktisch erprobten Heuristiken und Ratschläge gibt es?
  - Wie meistert man die externen Einflussfaktoren, die den Entwurf von Architekturen erschweren?
  - Welche Sichten auf Architekturen benötigt man in der Praxis? Wie entwirft man diese Sichten?
- Software-Entwickler
  - Was bedeutet die Architektur für die Implementierung?
  - Welche allgemeinen Prinzipien von Software-Architektur und -Entwurf sollten bei der Implementierung unbedingt befolgt werden?

---

[2] Im Verlaufe des Buches benutze ich den Begriff Stakeholder stellvertretend für diejenigen Personen, die am Projekt oder dem entwickelten System Interesse haben.

1.4 Wegweiser durch das Buch

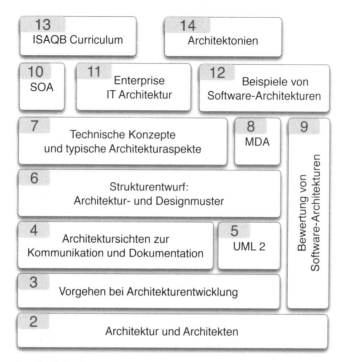

BILD 1.1 Wegweiser durch das Buch

Kapitel 2 erläutert die Begriffe „Architektur und Architekt". Es beantwortet die Fragen nach dem Was, Warum und Wer von Software-Architekturen.

Kapitel 3 legt den Grundstock für eine flexible und systematische Vorgehensweise zum Entwurf von Software-Architekturen. Es beschreibt die wesentlichen Aktivitäten bei der Architekturentwicklung, das Vorgehen „im Großen". Insbesondere erfahren Sie, wie Sie aus den Faktoren, die eine Architektur beeinflussen, angemessene Lösungsstrategien ableiten kann.

Kapitel 4 beschreibt, wie Sie mit praxisorientierten Sichten Ihre Software-Architekturen kommunizieren und dokumentieren. Jede Sicht beschreibt das System aus einer anderen Perspektive. Außerdem finden Sie hier einige Hinweise für gute Architekturdokumentation (nach arc42) sowie Strukturvorlagen für wichtige Dokumente.

arc42
Template

Passend dazu fasst *Kapitel 5* die Modellierungssprache UML 2.0 für Sie zusammen, abgestimmt auf die Bedürfnisse von Software-Architekten.

Kapitel 6 widmet sich der Strukturierung von Systemen. Sie finden her Architektur- und Entwurfsmuster sowie Entwurfsprinzipien, die Sie in unterschiedlichen Bereichen der Software-Entwicklung anwenden können. Es gibt Ihnen Werkzeuge an die Hand, um unerwünschte Abhängigkeiten in Ihren Entwürfen zu erkennen und aufzulösen.

Kapitel 7 enthält einen Katalog häufig benötigter Architekturbausteine. Hierzu zählen Persistenz (Datenspeicherung), Integration, Verteilung, Kommunikation, Sicherheit, grafische Benutzeroberflächen, übergreifende Ablaufsteuerung (Workflow Management), Ausnahme- und Fehlerbehandlung sowie Management von Geschäftsregeln.

Kapitel 8 führt Sie in die Model Driven Architecture (MDA) ein und erklärt, wieso das trotz des Namens nichts mit Software-Architektur zu tun hat. Sie lernen modellbasierte Entwicklung (MDSD) als praxisorientierte Variante von MDA kennen.

Kapitel 9 erklärt Ihnen die qualitative und szenariobasierte Bewertung von Software-Architekturen.

In *Kapitel 10* stelle ich Ihnen die Grundlagen serviceorientierter Architekturen (SOA) vor – sowohl aus geschäftlicher wie aus technischer Sicht.

Schließlich hebt *Kapitel 11* Ihren Blick über den Tellerrand reiner Software-und Systemarchitekturen hinaus und führt Sie in die Unternehmens-IT-Architektur ein – neudeutsch Enterprise-IT-Architektur.

Kapitel 12 enthält Beispiele von Software-Architekturen, beschrieben nach der Strukturvorlage aus Kapitel 4.

Kapitel 13 erläutert Ihnen, wie der standardisierte Lehrplan des *International Software Architecture Qualification Board* (ISAQB) inhaltlich mit diesem Buch zusammenhängt.

In *Kapitel 14* finden Sie eine etwas *andere* Zusammenfassung in Form eines Reiseberichtes durch die IT-Welt.

Jedes Kapitel bietet kommentierte Literaturverweise, die Ihnen Hinweise und Empfehlungen für die Vertiefung des jeweiligen Themas geben.

Tipps, Ratschläge, Heuristiken und Regeln

Dieses Buch enthält viele praktische Tipps, Ratschläge, Heuristiken und Regeln. Damit Sie diese Regeln leichter auffinden können, sind sie typografisch durch graue Schattierung hervorgehoben.

1.5 Webseite zum Buch

Auf der Website www.esabuch.de finden Sie Informationen, die aus Platzgründen ins Internet weichen mussten. Dazu gehören aktuelle Literaturhinweise und Links sowie Hilfsmittel (Templates, Vorlagen) für Software-Architekten zum Download.

Website: www.esabuch.de

Sie sollten unbedingt auf www.arc42.de den aktuellen Stand des praxisnahen und umfassend erprobten Architekturtemplates herunterladen.

Website: www.arc42.de

1.6 Weiterführende Literatur

[Beck99] zeigt bewährte Praktiken der Softwareentwicklung, die zum Erfolg von Projekten beitragen.

Jeder, der mit Software-Entwicklung zu tun hat, sollte das überaus pragmatische und praxisnahe Buch [Hunt+03] kennen.

[DeMarco+07] beschreiben (äußerst humorvoll und gnadenlos wahr) mehr als 80 hilfreiche „Verhaltensmuster" aus IT-Projekten – die sollten meiner Meinung nach alle ITler kennen.

Für eilige Software-Architekten: In [Starke+09] haben Peter Hruschka und ich in Kurzform die wesentlichen Grundlagen von Software-Architektur und deren Dokumentation und Kommunikation zusammengefasst.

Da die Ursache der meisten Krankheiten in Software-Projekten in menschlichen statt technischen Problemen liegt, lege ich Ihnen die eingehende Lektüre von „Soft-Skills für Informatiker" nahe ([Vigenschow+07]). Eine wirkliche Bereicherung für (ansonsten technisch ausgerichtete) Softwerker.

1.7 Danksagung

Meinem fachlichen Mentor (und Mitgründer von arc42), Peter Hruschka, danke ich für seine konstruktive Kritik, seine motivierenden Kommentare, Humor, Wiener Tee und gemeinsame Thai-Suppen.

Danke an meine Traumfrau, Cheffe Uli, für Engelsgeduld, Motivation und gemeinsamen (mittlerweile lactosefreien) Latte Macchiato. Du sorgst für mein glückliches Leben!

Danke an meine fleißigen, produktiven und geduldigen Mitautoren Kerstin Dittert, Wolfgang Korn und Dr. Martin Bartonitz.

Danke an meine Diskussionspartner, Reviewer und Unterstützer, durch deren Hilfe, Kommentare und Ergänzungen das Buch Form (und Inhalt) annehmen konnte: Gerald Baumann, Jens Coldewey, Dirk Däberitz, Mahbouba Gharbi, Holger Günther, Wolfgang Keller (alias Mr. Review-Torture), Jürgen Krey, Craig Larman, Margarete Metzger, Klaus Pohl, Uta Pollmann, Rolf Rosenbaum, Peter Roßbach, Chris Rupp, Martina Schesny, Michael Stal, Stefan Tilkov, Fritz Weichbrodt, Irene Weilhart und Stephan Wendler.

Lynn und Per, für die wirklichen Prioritäten. Zeit mit euch ist immer zu kurz.

Zu guter Letzt vielen Dank an meine Kunden, dass ich in Ihren/Euren Projekten so viel über Software-Architekturen erfahren durfte.

2 Architektur und Architekten

Architecture is about People.

Norman Foster

Fragen, die dieses Kapitel beantwortet:
- Was ist Software-Architektur?
- Welche Aufgaben erfüllen Software-Architekten?
- Warum ist Architektur für Software-Systeme wichtig?
- In welchem Kontext steht Architektur?
- Wie entstehen Architekturen?

Dieses Kapitel beantwortet die Frage „Was ist Software-Architektur?". Es beschreibt Architekturen im Kontext der gesamten Softwareentwicklung. Eine zentrale Stellung kommt der vielseitigen Rolle des Software-Architekten zu.

Softwaresysteme werden zunehmend komplexer und umfangreicher. Damit nimmt die Bedeutung von Entwurf und Beschreibung grundlegender Systemstrukturen zu, während die Bedeutung der Auswahl von Programmiersprachen, Algorithmen und Datenstrukturen zurückgeht.

2.1 Was ist Architektur?

Software-Architektur beschäftigt sich mit Abstraktion, mit Zerlegung und Zusammenbau, mit Stil und Ästhetik.

[Kruchten95]

Das renommierte Software Engineering Institute (SEI) der US-amerikanischen Carnegie-Mellon-Universität hat vor einiger Zeit den Versuch gestartet, den Begriff „Software-Architektur" exakt zu definieren. Die entsprechende Webseite[1] wartet mit mehr als 50 unterschiedlichen Lesarten des Begriffs auf. Die einschlägige Fachliteratur hält hier mit – mehrere Dutzend unterschiedlicher Definitionen werben um die Gunst des Fachpublikums.

Statt zu dieser verwirrenden Vielfalt beizutragen, möchte ich Ihnen den Begriff „Software-Architektur" in einigen Absätzen erläutern.

Architektur besteht aus Strukturen

Strukturen, Zerlegung, Schnittstellen, Beziehungen

Die Architektur eines Softwaresystems besteht nach [Bass03] aus seinen Strukturen[2], der Zerlegung in Komponenten, deren Schnittstellen und Beziehungen untereinander.

Architektur muss demnach die Komponenten (auch Bausteine genannt, siehe Abschnitt 4.4) eines Systems definieren, deren wesentliche (extern sichtbare) Merkmale beschreiben sowie die Beziehungen zwischen diesen Komponenten charakterisieren.

Damit beschreibt Architektur sowohl statische als auch dynamische Aspekte. Sie erfüllt sowohl die Aufgabe eines *Bauplans* als auch die eines *Ablaufplans* für Software.

Architektur beschreibt eine Lösung

Die Architektur eines Systems beschreibt ein System im Sinne einer Konstruktionszeichnung oder eines Bauplans. So besteht die Architektur eines Gebäudes aus einer Sammlung von Plänen – nicht aber aus Stein und Zement.

Für Softwaresysteme gilt das ebenfalls: Ihre Architektur besteht aus (abstrakten) Komponenten und Schnittstellen, die durch eine konkrete Implementierung zu einem realen System wird.

Architektur basiert auf Entwurfsentscheidungen

Entwurfsentscheidungen

Die Architektur eines Softwaresystems resultiert aus einer Vielzahl von Entscheidungen. Einige davon bilden die Grundlage für den Entwurf der Komponenten, andere bestimmen über die Auswahl der eingesetzten Technologie.

---

[1] http://www.sei.cmu.edu/architecture/definitions.html
[2] Sie lesen richtig: Es sind mehrere unterschiedliche. Die weiter unten beschriebenen „Sichten" beschreiben dasselbe System, aber unterschiedliche Strukturen. Im weiteren Verlauf des Buches benutze ich aus Gründen der Lesbarkeit trotzdem meistens den Singular.

Seien Sie sich als Software-Architekt der Tatsache bewusst, dass Sie die Konsequenz vieler Ihrer Entscheidungen erst viel später bewerten können. So können Sie beispielsweise erst nach einigen Änderungen und Anpassungen eines Systems beurteilen, ob es die gewünschte Änderbarkeit oder Flexibilität auch wirklich erreicht hat.

Entscheidungen von besonderer Tragweite sollten Sie systematisch vorbereiten, treffen und dokumentieren – dazu gibt Ihnen Kapitel 3 weitere Hinweise.

Architektur bildet den Übergang von der Analyse zur Realisierung

Software-Architektur bildet den schwierigen Übergang von der Analysephase zur konkreten technischen Realisierung. Sie schlägt die Brücke zwischen der Fachdomäne und deren Umsetzung in Software, indem sie die geforderte Funktionalität auf eine Struktur von Softwarekomponenten und deren Beziehungen untereinander abbildet. Welchen Freiheitsgrad Sie als Architekt dabei haben, hängt von der Situation ab, in der Sie die Architektur entwickeln:

- Wenn Sie „auf der grünen Wiese" entwickeln, sind Sie relativ frei in der Wahl von Komponenten und der Abbildung der Fachdomäne auf Komponenten.
- Wenn Sie ein Teilsystem innerhalb einer existierenden Systemlandschaft entwickeln, unterliegen Sie starken Restriktionen (die Sie ermitteln müssen).
- Wenn Sie nach einer vorgegebenen domänen-spezifischen Software-Architektur eines von vielen ähnlichen Systemen entwickeln, reduziert sich die Architektur darauf, Fachlichkeit in eine bestehende Architektur zu gießen.

Architektur besteht aus verschiedenen Sichten

Gebäudearchitekten erstellen eine Vielzahl unterschiedlicher Pläne und Sichten für Gebäude. Einige Beispiele dafür sind Grundriss, Statik, Elektro- und Heizungsplan, 3D-Sicht. Jede dieser einzelnen Sichten dokumentiert einzelne Aspekte des Gesamtsystems. Den verschiedenen Projektbeteiligten wird damit eine spezifische und ihren jeweiligen Belangen angemessene Sicht vermittelt. Jede Sicht ist für bestimmte Stakeholder nützlich.

Für Software-Architekturen gilt das völlig analog: Sie sollten Architekturen in unterschiedlichen Sichten beschreiben. Die wichtigsten Sichten für Software-Architekturen sind die Bausteinsicht, die Laufzeitsicht sowie die Verteilungssicht, die eine Abbildung von Laufzeitbausteinen auf technische Infrastruktur (Hardware) beschreibt. Kapitel 4 beschäftigt sich ausführlich mit den Sichten, ihrer Notation und Entwicklung. In Bild 2.1 auf der nächsten Seite sehen Sie die Sichten im Überblick.

Unterschiedliche Sichten

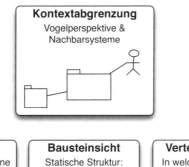

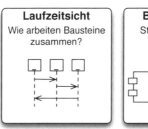  

BILD 2.1 Vier Sichten auf Architektur

Architektur schafft Verständlichkeit

Architektur schafft Ordnung

Software-Architekturen machen Komplexität von Systemen beherrschbar und verständlich, indem sie (komplexe) Anforderungen in (geordnete) Strukturen übersetzen und diese Strukturen übersichtlich dokumentieren.

Architektur ermöglicht Überblick

Für alle Projektbeteiligten dokumentieren sie angemessen und problembezogen die Struktur und das Zusammenwirken der einzelnen Komponenten. Architekturen stellen, damit das Verständnis von Systemen für alle Projektbeteiligten sicher:

- Für das Management bilden sie die erste Möglichkeit der Verifikation, ob die Anforderungen erfüllbar sind und erfüllt werden.
- Für neue Projektmitarbeiter sind Architekturen der erste Schritt, sich mit der Struktur des Systems, seinem Entwurf und seinen Bestandteilen vertraut zu machen.
- Architekturen ermöglichen Wartungsteams, die betroffenen Bestandteile leichter zu finden und die Folgen von Änderungen abzuschätzen (*impact analysis*).
- Für Betreiber von Software-Systemen dokumentieren Software-Architekturen, welche Software-Komponenten auf welchen physischen Systemteilen ablaufen. Sie stellen damit die Basis integrierter System-Architekturen dar, die neben Software auch Hardware und Organisationsstrukturen umfassen.

Architektur ist der Rahmen für flexible Systeme

Architektur stellt Erweiterbarkeit sicher

Software-Architektur ist nach Tom DeMarco ein *„framework for change"*. Sie bildet also den Rahmen, der Flexibilität und Erweiterbarkeit von Software sicherstellt.

Software-Architekturen berücksichtigen dabei die Auswirkungen externer Einflussfaktoren organisatorischer und technischer Art auf das System. Diese Faktoren sind häufig Auslöser neuer Anforderungen an das System. Sie bestimmen, in welcher Hinsicht das System Flexibilität besitzen muss.

Architektur ist Abstraktion

Im ersten Moment mag es Ihnen unglaublich vorkommen: Eine essenzielle Aufgabe von Architekten besteht darin, die für eine bestimmte Aufgabe nicht benötigten Informationen gezielt wegzulassen, zu abstrahieren. Diese Abstraktion besitzt eine Analogie in der Gebäudearchitektur: Eine Grundrisszeichnung enthält beispielsweise keine Informationen über Elektro- und Wasserleitungen. Hier wird bewusst Information gefiltert, um eine spezifische Darstellung der Architektur lesbar und verständlich zu halten.

Architektur lässt nicht benötigte Informationen gezielt weg

Architektur schafft Qualität

Die Qualität eines Systems bezeichnet die Summe seiner nichtfunktionalen Eigenschaften. Hierzu zählen Aspekte wie Performance, Verständlichkeit, Flexibilität und eine Reihe weiterer wichtiger Eigenschaften, die samt und sonders unabhängig von der eigentlichen Funktionalität eines Systems sind.

Anforderungen an Qualitätseigenschaften, so genannte nichtfunktionale Anforderungen (NF-Anforderungen), stellen häufig die wirklich schwierigen Aufgaben für Software-Architekten dar. Einen bestimmten Algorithmus ohne jegliche NF-Anforderungen zu programmieren, ist erheblich leichter, als dieses Programm gleichzeitig auch noch verständlich, erweiterbar und performant für viele parallele Benutzer zu entwickeln.[3]

Die Architektur eines Systems bildet die Basis für dessen Qualität. Sie ist auch die Grundlage, um spezifische Qualitätseigenschaften bewerten zu können (Kapitel 9 erklärt Ihnen die Bewertung von Software-Architekturen).

In Abschnitt 3.7 (Lösungsstrategien entwickeln) finden Sie Tipps zur Erfüllung typischer Qualitätsanforderungen.

Architektur und Design

„Architektur" und „Design" beschäftigen sich mit dem Entwurf von Systemen. Ich vertrete die Auffassung, dass die Grenze zwischen Software-Architektur und Software-Design fließend ist.

Damit rücken die Begriffe Design und Architektur sehr eng zusammen. Design oder Entwurf bezeichnet den Prozess der Erstellung der Architektur. Die Entwurfsphase konstruiert oder erschafft in diesem Sinne die Architektur.

Manchmal gehört der Entwurf einer konkreten Klassenstruktur zur Aufgabe von Architekten, in anderen Fällen werden zusätzliche Designer diese Aufgabe lösen. Gehen Sie mit diesen Begriffen pragmatisch um, und suchen Sie nicht nach einer „formalen" Definition.

---

[3] Das ist auch ein Grund, wieso sich Übungsbeispiele aus Programmierkursen fast nie in die Wirklichkeit übertragen lassen: Die (hohe) Komplexität nichtfunktionaler Anforderungen bleibt in solchen Beispielen in der Regel außen vor – genau **die** jedoch erschwert in der Praxis die Softwareentwicklung!

Was NICHT Architektur ist …

Betrachten Sie Bild 2.2. Diagramme dieser Art tauchen sehr häufig unter dem Titel „Architekturdiagramm" auf (nach [Bass98]).

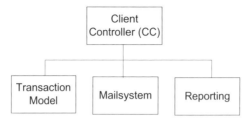

BILD 2.2 Typische, aber wenig informative Sicht einer Architektur

Welche Informationen können Sie dieser Darstellung entnehmen?

- Das System enthält vier Teile.
- Drei davon könnten Gemeinsamkeiten aufweisen, weil sie auf einer Ebene angeordnet sind.
- Die Teile stehen aufgrund der Verbindungslinien in Beziehung zueinander.

Eine ganze Reihe wichtiger Informationen fehlen jedoch:

- Um welche Art Komponenten handelt es sich? Müssen sie neu entwickelt werden, oder handelt es sich um vorhandene Systeme? Warum sind sie in der Darstellung getrennt? Bezieht sich diese Trennung eher auf die Laufzeit der Komponenten oder auf ihre Entwicklung in getrennten Teams? Repräsentieren diese Komponenten, Klassen, Objekte, Funktionen, Prozeduren, verteilte oder lokale Subsysteme oder etwas ganz anderes?
- Welche Bedeutung besitzen die Verbindungen? Kommunizieren jeweils verbundene Komponenten miteinander, kontrollieren sie sich gegenseitig, übermitteln sie sich gegenseitig Daten, rufen sie sich gegenseitig auf, synchronisieren sie sich? Mit welchen Mechanismen wickeln die Komponenten diese Kommunikation oder Zusammenarbeit ab?
- Besitzen die Komponenten oder das System Schnittstellen zur Außenwelt? Handelt es sich dabei um eine Benutzer- oder Programmierschnittstelle? Welches Ein-/Ausgabeverhalten zeigt das System?
- Besitzt die grafische Anordnung der Elemente eine Bedeutung? Ruft die Komponente CC die übrigen auf? Bedeutet diese Anordnung eine Hierarchie im Sinne von Verantwortlichkeit?
- Wie arbeitet dieses System zur Laufzeit? Wie gelangen Daten und Aufrufe von einer Komponente zur anderen? Gibt es von jeder Komponente eine Instanz oder mehrere?
- Wie lässt sich prüfen, ob das fertig implementierte System der Architektur genügt?

Anhand dieser Fragen merken Sie, dass dieses Diagramm keine Architektur zeigt, zumindest nicht auf nützliche Art und Weise. Darstellungen dieser Art können Architekturen allenfalls ergänzen, sie bedürfen aber in erheblichem Maße der Präzisierung und Erläuterung.

Wenn Ihnen jemand die Darstellung einer Architektur vorlegt, stellen Sie folgende Fragen (die in einer guten Architekturdokumentation immer beantwortet sind):

- Welche Verantwortlichkeiten (*responsibilities*) hat jedes der Kästchen und Verbindungslinien im Diagramm?
- Für jede Verbindungslinie: Warum existiert sie, und welche Semantik oder Bedeutung hat sie?
- Was wird zu welchem Zeitpunkt auf welche Weise über diese Verbindungen transportiert?

■

Schon mit diesen einfachen Fragen können Sie praktizierende Architekten in Projekten anregen, ihre Dokumente grundlegend zu verbessern.

■ 2.2 Die Aufgaben von Software-Architekten

> *Das Leben von Software-Architekten besteht aus einer langen und schnellen Abfolge suboptimaler Entwurfsentscheidungen, die meist im Dunkel getroffen werden.*
>
> [Kruchten2001]

Software-Architekten müssen deutlich mehr leisten, als „nur" Software-Architekturen zu entwerfen: sie sind die „Anwälte der Kunden" und die Berater von Projektleitung und Realisierungsteam.

Architekten konstruieren und entwerfen

Software-Architekten entwerfen und konstruieren alle Bestandteile, die für Entwicklung, Betrieb und Wartung eines Software-Systems notwendig sind:

- Komponenten: Architekten konstruieren Systeme aus Komponenten, die ihrerseits wieder komplexe Subsysteme sein können. Architekten definieren die *Verantwortlichkeiten* von Komponenten. Verantwortlichkeiten definieren

- Schnittstellen: Über Schnittstellen kommuniziert ein System mit der Außenwelt. Schnittstellen beschreiben die „Verträge", auf deren Basis Komponenten miteinander arbeiten (*design by contract*). Die Zusammenarbeit von Komponenten über Schnittstellen ermöglicht es dem System, mehr zu leisten, als die Summe seiner Einzelteile leistet. Diese Kooperation befähigt ein System, die gewünschte Funktion zu erfüllen. Schnittstellen beschreiben

- Strukturen: Durch Komponenten und ihr Zusammenspiel entwerfen Architekten sowohl statische als auch dynamische Strukturen. Strukturen entwerfen

Architekten entscheiden

Dem bekannten Software- und Systemarchitekt Phillipe Kruchten verdanken wir das Zitat zu Beginn dieses Abschnittes 2.2: Er bringt darin einige wesentliche Aspekte von Software-Architekten zum Ausdruck, die ich aus meiner persönlichen Erfahrung vollauf bestätigen kann:

- *„... schnelle Folge suboptimaler Entwurfsentscheidungen"*: Architekten müssen viele Entscheidungen treffen: Welche Bausteine, welche Schnittstellen, welche Abläufe? Welche technischen Frameworks? Selbst implementieren, kaufen oder einen Mittelweg davon? Welches Teilteam entwickelt welche Komponenten? Wie sollen die Bausteine der Architektur heißen?[4]

- *„... die meist im Dunkeln getroffen werden"*: Architekten wissen oftmals nur wenig über e Konsequenzen ihrer Entscheidungen. Teilweise zeigt sich erst Monate (oder Jahre!) später, ob eine Architekturentscheidung vernünftig, angemessen oder sinnvoll war. Darüber hinaus haben Software-Architekten oftmals mit innovativen technischen Frameworks, Betriebssystemen oder sonstigen Dingen zu tun, deren genaues Verhalten Sie gar nicht kennen können. Dabei hilft iteratives Vorgehen erheblich weiter (siehe Abschnitt 2.3).

Entscheidungen großer Tragweite sollten Sie angemessen dokumentieren. Am Anfang von Kapitel 3 finden Sie dazu einen Vorschlag.

Architekten garantieren die Erfüllung von Anforderungen

Architekten belegen Machbarkeit

Software-Architekten stellen die *Machbarkeit* und *Erfüllung* von Anforderungen sicher. Sie gewährleisten, dass Anforderungen einerseits erfüllbar sind und andererseits auch erfüllt werden. Dies bezieht sich sowohl auf die funktionalen Anforderungen (*required capabilities*) als auch auf die nichtfunktionalen Anforderungen und Randbedingungen (*required constraints*).

Architekten belegen die Machbarkeit des Systems durch Prototypen.

Nicht zuletzt sorgen Architekten auch dafür, dass Systeme mit angemessenen Kosten realisiert werden können!

Architekten beraten

Software-Architekten beraten andere Projektbeteiligte in architekturrelevanten Fragestellungen. Sie beraten:

- Management und Auftraggeber bei der Projektplanung und -organisation.
- Auftraggeber und Analyseteams hinsichtlich der Machbarkeit von Anforderungen. Dazu unterstützen sie bei der Bewertung von Kosten und Nutzen von Anforderungen. Sie klären die Auswirkungen von Anforderungen auf die Struktur, die Realisierung und den Betrieb von Systemen.

---

[4] Nach vielen selbst erlebten (und teilweise verschuldeten) Problemen mit Software-Systemen unterschiedlicher Größe bin ich mittlerweile fest davon überzeugt, dass die sinnvolle Benennung von Bausteinen jedweder Größenordnung ganz erheblich zur Qualität von Software-Architekturen und deren Implementierung beitragen kann. Vergeben Sie aussagekräftige Namen – für Subsysteme, Pakete, Komponenten, Klassen, Methoden oder sonstige Bezeichner! Benennen Sie um, wenn der Name eines Architekturbausteins nicht mehr seinen Zweck widerspiegelt. Dieser Ratschlag ist sehr, sehr ernst gemeint!

- Projektleiter bei der Organisation und Steuerung des Realisierungsteams.
- die Projektleitung beim Management (technischer) Risiken. Architekten müssen aber auch organisatorische Risiken kennen und berücksichtigen.
- die Implementierungsteam bei der Umsetzung der Architektur in Software. Dazu müssen Architekten das Team von der Architektur überzeugen und entsprechend ausbilden.
- die Hardware-Architekten und Betreiber des Systems hinsichtlich der Anforderungen, die das System an die zugrunde liegende Hardware stellt.
- die Qualitätssicherung hinsichtlich der Kritikalität und Testbarkeit von Systembestandteilen.

Architekten dokumentieren

Damit Projekte agil, flexibel und kurzfristig wandlungsfähig bleiben, müssen Architekten in hohem Maße angemessen und bedarfsgerecht arbeiten.

Im Wesentlichen kommt es darauf an, dass die Dokumentation angemessen ist. Sowohl Art als auch Umfang und Detaillierung müssen sich an den Bedürfnissen der jeweiligen Adressaten orientieren. Manchmal genügt eine kurze Skizze („auf der Rückseite eines gebrauchten Briefumschlags"), manchmal ein detailliertes UML-Diagramm, und in anderen Fällen treffen nur ausführliche und umfangreiche Dokumente die Bedürfnisse der Adressaten.

Angemessen dokumentieren

Kapitel 4 zeigt Ihnen, wie Sie eine bedarfsgerechte Dokumentation von Architekturen erstellen.

Architekten sind Diplomaten und Akrobaten

Als Diplomaten schließen Architekten Kompromisse zwischen widersprüchlichen oder konkurrierenden Forderungen.

Als Akrobaten balancieren Architekten mit einer Vielzahl von Faktoren, die sich gegenseitig beeinflussen. Tabelle 2.1 zeigt einige solcher Faktoren (nach [Rechtin2000]), die in Wettbewerb miteinander stehen (und für Architekten die Arbeit interessant machen). Bild 2.3 zeigt eine Lösung in Abhängigkeit von der Stärke solcher Forderungen und Einflüsse.

Architektur enthält Kompromisse

BILD 2.3 „Gummiband-Diagramm": Lösung als Kompromiss

TABELLE 2.1 Konkurrierende Faktoren, die Kompromisse und Balance benötigen

Form	⟷	Funktion
Systemanforderungen	⟷	externe Einflussfaktoren
Strikte Kontrolle	⟷	Agile Entscheidungen
Kosten & Termine	⟷	Leistung
Komplexität	⟷	Einfachheit
Neue Technologien	⟷	Etablierte Technologien
Top-down-Planung	⟷	Bottom-up-Realisierung
Kontinuierliche Verbesserung	⟷	Produktstabilität
Minimale Schnittstellen	⟷	Enge Integration

Architekten vereinfachen

Entwurfsprinzipien: Kapitel 6

Eine wichtige Regel für Architekten lautet:[5] Vereinfache! Vereinfache! Vereinfache! Eine andere Lesart lautet: Weniger ist (manchmal) mehr!

Einfache Strukturen sind leichter und günstiger realisierbar, einfacher verständlich, weniger fehleranfällig. Die zuverlässigste, preiswerteste und robusteste Komponente eines Systems ist diejenige, die erst gar nicht realisiert werden muss!

Architekten kommunizieren

Architekten müssen den anderen Stakeholdern die Architektur vermitteln und sie von den Architekturentscheidungen überzeugen. Dazu gehört sowohl der Wille als auch die Fähigkeit, technische Sachverhalte für unterschiedliche Stakeholder angemessen aufzubereiten (siehe Kapitel 4), zu präsentieren und zu diskutieren.

Gute Software-Architekten zeichnen sich dadurch aus, dass sie ihre Ideen, Entwürfe und Entscheidungen aktiv an die übrigen Projektbeteiligten kommunizieren können.

- Architekten erläutern und argumentieren ihre Entscheidungen, wenn nötig, verteidigen sie diese auch gegen Angriffe. Hierfür benötigen sie diplomatisches Geschick – davon wird im folgenden Abschnitt die Rede sein.
- Architekten überzeugen das Projektteam von Strukturen und Schnittstellen, indem sie Vor- und Nachteile transparent darstellen und unter den Rahmenbedingungen und Einflüssen des konkreten Projektes gegeneinander abwägen.
- Architekten präsentieren und vermarkten die Architektur, sodass möglichst alle Projektbeteiligten sie als DIE Architektur akzeptieren und in technischer Hinsicht an einem Strang ziehen.
- Sie unterrichten und coachen: treten als Berater, Trainer oder Lehrer auf, um das benötigte Know-how im Team zu verbreiten.

---

[5] nach [Rechtin2000], dem Kultbuch von System-Architekten.

Für diese Aufgaben benötigen Software-Architekten starke kommunikative Fähigkeiten, sollten motivieren, präsentieren und argumentieren können. Fundierte technische Kenntnisse stellen lediglich eine *notwendige* Voraussetzung für diesen Teil der Architekturarbeit dar.

Architekten bewerten

Architekten müssen die Güte der Architekturen bewerten, um jederzeit den Grad der Zielerreichung zu kennen. Sie müssen wissen, ob und an welchen Stellen der Systeme nichtfunktionale Anforderungen (wie etwa Performance) riskant oder kritisch sind. Aus dieser objektiven Bewertung heraus können Architekten Maßnahmen zur Optimierung oder Risikominderung ableiten – in der Regel gemeinsam mit anderen Projektverantwortlichen.

Zielerreichung bewerten

Mehr zur Bewertung von Architekturen finden Sie in Kapitel 10.

Architekten brauchen Mut

Am Ende eines erfolgreichen Projektes ist es sehr einfach, Entwurfsentscheidungen zu kritisieren. Zu diesem Zeitpunkt weiß man viel über Techniken, Produkte und auch Anforderungen, was Architekten mitten im Projektstress teilweise nur vermuten können. Architekten verfügen aus reinen Zeitgründen oftmals nicht über genügend Informationen, um optimale Entscheidungen zu treffen. Damit das Projekt weiterlaufen kann, müssen Architekten in solchen Fällen Mut zu (möglicherweise) suboptimalen Entscheidungen unter Unsicherheit aufbringen.

Unter Unsicherheit entscheiden

Beachten Sie den Unterschied zwischen Mut und Waghalsigkeit:

Mutig bedeutet, manche Risiken bewusst einzugehen, auch gegen den Willen anderer. Architekten benötigen Mut zu unbequemen Entscheidungen, zu potenziellen Konflikten mit anderen Projektbeteiligten, zu frühzeitigem Eingeständnis von früheren Fehlentscheidungen.

Waghalsigkeit hingegen nenne ich schnelle Entscheidungen ohne bewusste Risikoabwägung, ohne Beachtung von Konsequenzen oder ohne Prüfung möglicher Alternativen. ∎

Architekten können die Schuld nicht auf diejenigen schieben, die die Anforderungen gestellt haben. Allerdings sollten Architekten die übrigen Projektbeteiligten möglichst frühzeitig auf mögliche Konsequenzen bestimmter (kritischer) Anforderungen hinweisen (und damit das Risikomanagement ihrer Projektleiter unterstützen!).

Die Werkzeuge von Architekten

- Modelle, also vereinfachte Abbildungen und Abstraktionen der Wirklichkeit.

Modell

- System-Dokumentationen dienen Architekten als Grundlage effektiver Kommunikation mit anderen Projektbeteiligten. Eine Dokumentation enthält neben Modellen noch weitere Informationen. Siehe dazu Kapitel 4.

- Heuristiken (griechisch: *heuriskein*, einen Weg finden, führen): Erfahrungen, Regeln, Tipps. Dieses Buch enthält viele solcher Heuristiken und Tipps. Siehe dazu insbesondere Kapitel 6.

- Muster (*patterns*): Einfach anwendbare Vorlagen oder Schablonen für elegante Lösungen zu spezifischen Entwurfsproblemen.6 Durch Muster können Architekten Wiederverwendung auf hohem Niveau betreiben. Beispiele für Entwurfs- und Architekturmuster finden Sie in Kapitel 6.

Zerlegung

- Zerlegung (Partitionierung): Architekten beherrschen Komplexität durch Zerlegung in Teilprobleme. Sie finden mehr über Zerlegung in Kapitel 6.

Aggregation

- Zusammensetzung (Aggregation): Das Gegenstück zur Zerlegung. Architekten setzen Einzelteile zu Software-Systemen zusammen.

Iterationen

- Iteration: Software-Projekte brauchen iterative Prozesse und kurzfristiges Feedback. Daher sollten auch Architekten in Iterationen und Zyklen vorgehen. Anders ausgedrückt: Bei der Vielzahl von Einflussfaktoren und Anforderungen an Software ist es häufig schwierig, schon im „ersten Wurf" das Ziel exakt zu treffen.

Compiler, Debugger, Prototypen

- Compiler, Debugger und Prototypen: Diese Hilfsmittel benötigen Architekten, wenn es gilt, das Team bei der Implementierung zu unterstützen, die Machbarkeit von Implementierungsentscheidungen zu verifizieren oder technische Risiken zu überprüfen (*architect also implements*, nach [Coplien95]).

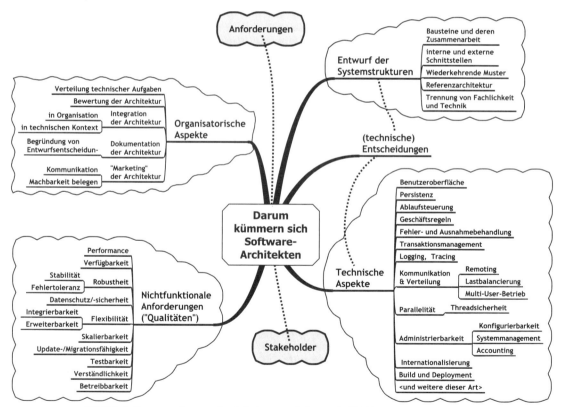

BILD 2.4 Zusammenfassung der Aufgaben von Software-Architekten

---

6 In der Pattern Community sind auch Muster für organisatorische Probleme, Prozessprobleme sowie Implementierungsprobleme beschrieben. Siehe http://www.hillside.net/~patterns

Fazit: Darum kümmern sich Software-Architekten!

Sie haben in den letzten Abschnitten das Aufgabenspektrum von Software-Architekten kennen gelernt. Bild 2.4 stellt Ihnen im Überblick dar, worum sich Software-Architekten in IT-Projekten kümmern sollten. Sie finden darin eine Zusammenstellung typischer technischer und organisatorischer Aspekte, deren Entscheidung in der Verantwortung des Architekten liegt.

Der nächste Abschnitt gibt Ihnen einige Anhaltspunkte, wie Sie die Fülle dieser Aufgaben angehen können: iterativ und in kleinen Teams.

2.3 Wie entstehen Architekturen?

In Zyklen und Iterationen

Die Anforderungen an Software, ihre Randbedingungen und Einflussfaktoren ändern sich. Am Ende eines Projektes sieht die tatsächliche Lösung immer etwas anders aus, als zu Projektbeginn geplant. Die Entwicklung von Software-Systemen ähnelt der Verfolgung von beweglichen Zielen (*moving targets*). Bild 2.5 illustriert, wie sich Zwischenlösungen und das bewegliche Ziel im Projektverlauf durch Iterationen immer besser einander annähern.

Iterativ und inkrementell vorgehen

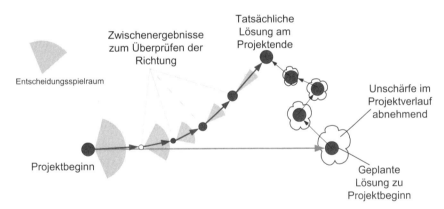

BILD 2.5 Verfolgung des „Moving Target" im iterativen Entwicklungsprozess
(mit freundlicher Genehmigung von Klaus Eberhardt, www.iteratec.de)

Gute Architekturen entstehen in Zyklen und Iterationen. Entwurfsentscheidungen können Rückwirkung auf Anforderungen beinhalten und damit auch organisatorische Abläufe beeinflussen (siehe Bild 2.6). [Bass98] nennen diesen Zyklus den *„Architecture Business Cycle"*.

Architecture Business Cycle

Die Abbildung zeigt, dass sowohl die Architektur als auch das fertige System Rückwirkungen auf die Organisation beinhalten. Architekten gewinnen durch diese Rückkopplungen Erfahrung, indem sie die Auswirkungen der von ihnen gestalteten Systeme auf Organisationen erleben. Beachten Sie in diesem Zusammenhang auch die zeitlose Regel von Conway:[7]

 Die Strukturen einer Organisation und ihrer Architektur sind isomorph.

Architekturen, Organisationen und Systeme beeinflussen sich gegenseitig.

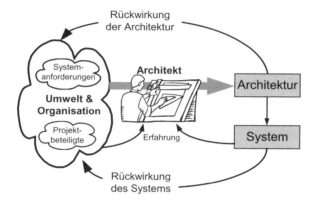

BILD 2.6 Iterationen zwischen Architektur, Organisation und System (nach [Bass98])

In kleinen Teams

Gute Architekturen sind das Ergebnis eines kleinen Teams mit dem gemeinsamen Ziel, die Anforderungen des Kunden zu erfüllen.

Gemischte Erfahrung: Software und Fachdomäne

Zum Erfolg braucht dieses Team eine gute Mischung aus Erfahrungen in Software-Engineering und in der jeweiligen Fachdomäne. Es benötigt Flexibilität hinsichtlich seiner internen Struktur und Arbeitsweise. Einzelne werden vielleicht zu Architekten von Subsystemen, andere werden zu fachlichen und organisatorischen Beratern des Kunden.

Wichtig ist jedoch ein klar identifizierter Teamleiter[8] mit folgenden Stärken:

- In Konflikten vermitteln und sie lösen.
- Mutige Entscheidungen treffen. Mutig bedeutet hierbei „zur Not unter Unsicherheit", es sollte nicht mutig im Sinne unerprobter Technologie sein.
- Motivieren.
- Kommunizieren.
- Strukturieren.

---

[7] Er hat sie schon 1968 formuliert. Sie finden eine ausführliche Erläuterung im Internet unter http://www.melconway.com/law/index.html

[8] Sie finden in Projekten für diese Rolle manchmal andere Bezeichnungen, etwa Chefarchitekt, Chief Technical Officer (CTO) oder Technischer Projektleiter.

Als Antwort auf die Frage nach dem „Wie" von Software-Architekturen stelle ich Ihnen in Kapitel 3 und 6 eine flexible und systematische Vorgehensweise vor, mit der Sie Architekturen entwerfen können.

Vorgehen: Kapitel 3 und 6

Wie Architekturen nicht entstehen sollten

- Im Architekturkomitee, das jeden Donnerstag um 15 Uhr im großen Besprechungsraum tagt.
- Im Elfenbeinturm, losgelöst von Kunden, Auftraggebern, der Projektleitung und dem Realisierungsteam.
- Nur auf bunten Marketing-Folien.[9]
- Als „Wir machen jetzt <Name-der-bevorzugten-Technologie>". Die Datenbank ist nicht die Architektur, ebenso wenig das Netzwerk, der Transaktionsmonitor, CORBA, die 4-GL-Sprache oder ein beliebiger Standard. Diese Begriffe sind Teile oder Aspekte der Architektur, aber die Architektur kann nicht nur aus einem isolierten Aspekt bestehen [Kruchten2001].

■ 2.4 In welchem Kontext steht Architektur?

In Softwareprojekten nimmt Architektur eine der zentralen Rollen ein. Sie fungiert als Brücke zwischen Analyse und Implementierung. Gleichzeitig dient die Architektur fast allen Projektbeteiligten als Leitbild oder Referenz.

Zentrale Rolle

Bild 2.7 auf der nächsten Seite zeigt, wie Softwarearchitektur mit anderen Entwicklungsaktivitäten zusammenhängt. In allen Fällen beeinflussen sich die Aktivitäten gegenseitig.

Das stellt ein weiteres Argument für die iterative Entwicklung dar. Nur durch Iterationen können Architekten die gegenseitigen Einflüsse aufeinander abstimmen.

Architektur und Anforderungsanalyse

In der Anforderungsanalyse werden die fachlichen und technischen Anforderungen an das System formuliert. Dazu gehören:

- funktionale Anforderungen (Required Capabilities);
- nichtfunktionale (Qualitäts-)Anforderungen (Required Constraints).

Auf Basis dieser Anforderungen und der externen Einflussfaktoren entsteht die Softwarearchitektur. Architekten prüfen die genannten Anforderungen hinsichtlich ihrer Umsetzbarkeit und stimmen gegebenenfalls Änderungen mit den Analyseteams ab.

---

[9] Bunte Marketingfolien *können* ein wichtiges Instrument zur Kommunikation der Architektur an Manager oder Auftraggeber sein. Diese Art von Architekturdokumentation, in der Regel stark abstrahiert, vereinfacht und für nicht-technische Projektbeteiligte ausgelegt, kann für die Akzeptanz von Architekturen höchst bedeutsam werden.

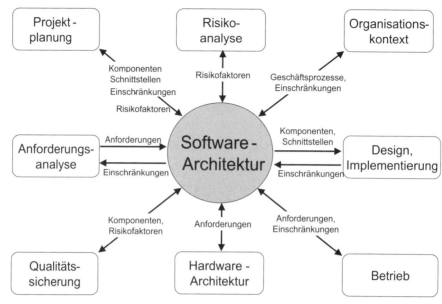

BILD 2.7 Architektur und andere Entwicklungsaufgaben

Architektur beeinflusst Anforderungen

Hierbei kommt es häufig vor, dass die Architektur weitreichende Rückwirkungen auf die Anforderungen hat. Architekten entscheiden häufig über die technische Machbarkeit fachlicher Anforderungen. Sie üben damit auch maßgeblichen Einfluss auf die detaillierte Projektplanung aus. Ein Auftraggeber wird eventuell auf eine „teure" Anforderung verzichten, um den Erfolg des Gesamtprojektes zu sichern oder ein vernünftiges Kosten/Nutzen-Verhältnis einzuhalten.

Es gehört zur Aufgabe des Architekten, die Anforderungen zu präzisieren, sie zu vervollständigen, ihre Auswirkungen zu prüfen und ihre Machbarkeit sicherzustellen!

> *Ein Architekt, der zu Beginn seiner Arbeit vollständige und konsistente Anforderungen benötigt, mag ein brillanter Entwickler sein – aber er ist kein Architekt.*
>
> *[Rechtin2000]*

Analyse = das Richtige entwickeln

Die Analysephase eines Projektes bestimmt oftmals dessen fachlichen Umfang (*scope*). Sie stellt sicher, dass das „richtige" System entwickelt wird. Die Entwurfsphase stellt sicher, dass man das System „richtig" entwickelt (nach [Larmann2001]).

Entwurf = richtig entwickeln

Der Scope eines Projektes ist die wichtigste Entscheidung überhaupt. Ein unklar definierter und bei den Entscheidern umstrittener Projektumfang gehört zu den größten Projektrisiken!

Architektur und Projektplanung

Großen Einfluss besitzt die Architektur auch auf die Projektplanung. Auf Basis der zu realisierenden Komponenten und Schnittstellen kann die Projektleiterin eine detaillierte und realistische *Work Breakdown Structure* und einen entsprechenden Projektplan erstellen.10 Die Architektur bietet der Projektleitung die Möglichkeit, eine detaillierte Aufgabenplanung vorzunehmen, insbesondere für die Aktivitäten innerhalb der Implementierungsphase sowie die Hard- und Softwarebeschaffung für Entwicklungs-, Test- und Produktionsumgebung.

Aufgabenplanung

Architektur und Risikoanalyse

Architekten können (und sollten) zur Risikoanalyse und zum Risikomanagement von Projekten erheblich beitragen. Sie können technische und organisatorische Risiken erkennen und bewerten und darauf abgestimmte, angemessene Lösungsstrategien zusammen mit der Projektleitung entwickeln.

Risikomanagement

 Arbeiten Sie als Architekt beim Risikomanagement eng mit Projektleitung, Kunden und Auftraggebern zusammen. Das gibt Ihnen die Möglichkeit, Risiken und passende Maßnahmen im Sinne von Lösungsstrategien aktiv zu steuern. ■

Mehr über Risikomanagement, Einflussfaktoren und Lösungsstrategien finden Sie in Kapitel 3.

Architektur und Organisationskontext

Softwaresysteme entstehen in einem organisatorischen Kontext, der ihre Entwicklung und damit verbunden auch die resultierende Architektur maßgeblich beeinflusst. Zu den organisatorischen Faktoren zählen etwa:

Organisatorische Faktoren: Kapitel 3

- Entwicklungsprozess
- Motivation und Erfahrung aller Beteiligten
- Termin- und Kostendruck

Manche Organisationen benutzen Vorgehensmodelle (wie z.B. das V-Modell [VMH97] oder den Rational Unified Process [Kruchten2001]), die den gesamten Prozess der Systementwicklung mehr oder minder detailliert beschreiben. Solche Vorgehensmodelle prägen durch ihre teilweise detaillierten Vorgaben die Erstellung von Architekturen.

Umgekehrt kann die Architektur auch organisatorische Abläufe bestimmen. Betriebswirtschaftliche Ablauf- oder Prozessoptimierung kann sich an Vorgaben oder Gegebenheiten von Systemarchitekturen orientieren.

---

10 Leider zeigt die Praxis oftmals ein anderes Bild: Projektleiter planen ohne Kenntnis von Architekturen. Dies führt im weiteren Projektverlauf zu Problemen, weil es zwei unterschiedliche Planungsstrukturen gibt: eine gemäß der Projektleitung und eine im Sinne der Architektur.

Architektur und Design/Implementierung

Architekturen bilden den abstrakten Rahmen, der durch die Implementierung zum laufenden System wird. Architekten bestimmen die zu implementierenden Komponenten, entwickeln Prototypen oder Musterlösungen als *Referenzarchitekturen*. Technische Details der Implementierung können die Architektur beeinflussen, indem sie Randbedingungen vorgeben.

Architektur und Betrieb

Die Architektur bestimmt die Art der Laufzeitkomponenten und beeinflusst damit den Betrieb eines Systems. Die für den Betrieb verantwortlichen Stakeholder müssen eine der Architektur entsprechende Laufzeitumgebung für das System bereitstellen. Diese umfasst beispielsweise Prozessoren, Speicher, Netzwerke, Betriebssysteme, Datenbanken und sonstige Software-Services.

(Software-)Architektur und Hardwarearchitektur

Bei der Erstellung komplexer Systeme müssen Software- und Hardwarearchitekten Hand in Hand arbeiten, weil sich beide gegenseitig beeinflussen. Insbesondere betrifft dies Qualitätsanforderungen, wie etwa Performanz, Hochverfügbarkeit oder Sicherheit.

Besonders kritisch stellt sich die Zusammenarbeit zwischen Software- und Hardwarearchitekten bei den so genannten eingebetteten Systemen (*Embedded Systems*) dar, weil dort essenzielle Systemfunktionen sowohl von Soft- als auch von Hardware wahrgenommen werden können. Details dazu finden sich in [Hatley2000] oder [b-agile2002a].

Architektur und Qualitätssicherung

Auf Basis der Softwarearchitektur kann die Qualitätssicherung eines Projektes gemeinsam mit dem Architekturteam die gestellten Anforderungen hinsichtlich ihrer Erfüllbarkeit bewerten.

Daneben sollte die Qualitätssicherung auf Basis der Architektur die Testplanung vornehmen. Die so genannten Black-Box-Tests können auch ohne Kenntnis der Architektur geplant werden, doch besitzen in vielen Fällen auch White-Box-Tests große Bedeutung für die Qualität von Systemen. Diese Tests beziehen sich explizit auf einzelne Systemkomponenten.

2.5 Weiterführende Literatur

[Bass+03] ist eine ausführliche und gründliche Einführung in das Thema Software-Architektur.

[Coplien95] beschreibt eine Vielzahl von „Organizational Patterns", die für Architekten große Bedeutung besitzen. Dazu gehören unter anderem: „Architekt steuert das Produkt", „Architekt implementiert", „Entwurf zu zweit", „Belohne Erfolg" und einige andere. Diese Muster sind für Architekten wie für Projektleiter und Auftraggeber gleichermaßen wertvoll.

[Hatley2000] beschreibt einen Prozess zum systematischen Entwurf von Software-Architekturen, der sich besonders gut für *Real-Time* und *Embedded* Systeme eignet.

[Hofmeister2000] erläutert, wie Einflussfaktoren und Randbedingungen die Erstellung von Software-Architekturen prägen.

[Martin08] zeigt die Bedeutung guten Quellcodes auf. Architekten können daraus viel über Verständlichkeit und Dokumentation lernen.

[Rechtin2000] ist eine ausführliche und verständliche Einführung in „System-Architektur". Die Autoren zeigen viele Gemeinsamkeiten zwischen Architekturen in unterschiedlichen Fachgebieten (etwa: Flugzeugbau, Gebäudearchitektur, Software-Architektur). Sie motivieren die Aufgabe der Architekten als „Anwälte der Kunden". Eine Kernthese lautet: Architekten müssen auf Heuristiken (als kodifiziertes Erfahrungswissen) zurückgreifen. Das Buch enthält mehr als hundert solcher „Ratschläge", die Sie auf jede Art von Architektur anwenden können.

[SEI2001] vergleicht verschiedene Definitionen des Begriffs „Software-Architektur" miteinander. Der Artikel zeigt eindrucksvoll, wie unterschiedlich und vielseitig die Fachwelt diesen Begriff interpretiert.

[Shaw96a] zeigen auf, welche Erkenntnisse über Software-Architekturen noch fehlen und begründen mit ihren Problemdefinitionen die systematische Forschung auf diesem Gebiet. Daneben stellen sie einige Architektur-Stile vor.

In [Starke+09] erklären Peter Hruschka und ich Ihnen in Kurzform die Aufgaben von Software-Architekten.

3 Vorgehen bei der Architekturentwicklung

Erfahrung ist die härteste Lehrerin.
Sie gibt Dir zuerst den Test und anschließend den Unterricht.

Susan Ruth[1], 1993

 Fragen, die dieses Kapitel beantwortet:
- Wie sollten Architekten vorgehen?
- Welche Rolle spielt die systematische Informationsbeschaffung über existierende Projekte?
- Wie entwickeln Sie eine „erste Vorstellung" vom System?
- Wie finden Sie die relevanten Einflussfaktoren?
- Wie berücksichtigen Sie diese Einflüsse beim Entwurf von Architekturen?
- Wie erreichen Sie Qualität (nichtfunktionale Anforderungen)?
- Welche typischen Risiken drohen bei Software-Architekturen?
- Welche Lösungsstrategien adressieren diese Risiken?

Wie sollen Architekten vorgehen?

Die schlechte Nachricht zuerst: Es gibt kein deterministisches Verfahren, das in jedem Fall zu guten Software-Architekturen führt.[2]

Und jetzt die gute Nachricht: Bild 3.1 zeigt einige grundlegende Aktivitäten, die Ihnen beim effektiven Entwurf von Architekturen helfen. Sie gehen auf die Erfahrungen vieler erfolgreicher Software-Architekten zurück.

---

[1] Zitiert nach [Rechtin2000].
[2] Architekturen würden dann automatisch generiert, und Sie hätten dieses Buch nicht gekauft.

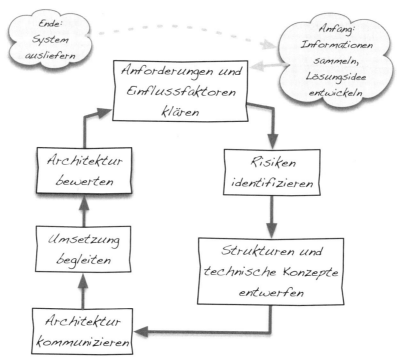

BILD 3.1 Systematischer Entwurf von Software-Architekturen

Komponenten wieder verwenden

- Sammeln Sie zu Beginn Informationen und Lösungsideen. Informieren Sie sich systematisch darüber, wer eine ähnliche Aufgabe vor Ihnen gelöst hat.
- Klären Sie Anforderungen mit den *maßgeblichen* Beteiligten. Im Idealfall liegen Ihnen dazu aktuelle, inhaltlich korrekte und präzise Beschreibungen aus dem *Requirements Engineering* vor.

Einflussfaktoren finden

- Identifizieren Sie projektspezifische Einflussfaktoren und Randbedingungen. Abschnitte 3.3 bis 3.7 helfen Ihnen dabei. Diese Faktoren bilden die *Leitplanken* Ihrer Entwurfsentscheidungen.
- Aus Anforderungen und Einflussfaktoren leiten Sie Risiken ab, die den Erfolg Ihrer Architekturarbeit bedrohen.
- Entwickeln Sie die grundlegende Lösungsidee. Dabei entwerfen Sie erste Strukturen. Abschnitt 3.2 hilft Ihnen, bei diesem ersten Wurf genau zu zielen.[3]

Sichten erstellen

- Nun entwerfen Sie Strukturen in verschiedenen Sichten: Welche Bausteine gibt es, wie arbeiten sie zusammen, wie und wo laufen sie ab? Diese Strukturentscheidungen folgen grundlegenden Entwurfsprinzipien, *„Best Practices"* und Heuristiken. Zusätzlich sollten Sie Architektur- und Entwurfsmuster, Referenzarchitekturen oder *Blueprints* ([Liebhart+07]) zu Rate ziehen. Schon mal vorweggenommen: Sie beginnen mit fachlichen Strukturen und

---

[3] Das Ziel dann auch zu treffen, bleibt jedoch Ihre Aufgabe!

erweitern diese dann sukzessive um technische Details. All dies lernen Sie in den Kapiteln 4 (Architektursichten) und 6 (Strukturentwurf) kennen.

- Neben den Systemstrukturen müssen Sie weitere Entwurfsentscheidungen zu vielen (meist technischen) Konzepten und Architekturaspekten (etwa: Persistenz, Benutzeroberfläche, Verteilung, Sicherheit u.a.) treffen. Das gesamte Kapitel 7 dieses Buches unterstützt Sie dabei. Das geschieht in der Regel parallel zum Entwurf der Strukturen – daher stehen diese beiden in Bild 3.1 zusammen.
- Kommunizieren Sie Ihre Software-Architekturen bedarfsgerecht und angemessen. In Kapitel 4 stelle ich Ihnen dazu unterschiedliche Sichten vor, die spezifische Interessen der verschiedenen Projektbeteiligten berücksichtigen. Diese Kommunikation geschieht sowohl schriftlich als auch mündlich!
- Während der Implementierung sollten Sie kontinuierlich Rückmeldungen Ihres Entwicklungsteams einholen. Überwachen Sie, ob Ihre Entscheidungen angemessen umgesetzt werden beziehungsweise die von Ihnen gewünschten Auswirkungen zeigen.
- Schließlich sollten Sie sich regelmäßig fragen, ob Ihre Architektur den Anforderungen Ihrer Kunden genügt – sowohl in funktionaler wie in qualitativer Hinsicht. Kapitel 10 zeigt Ihnen den Weg zu einer systematischen Bewertung Ihrer Architekturen.

Architekturen entstehen iterativ

Einige Aktivitäten aus Bild 3.1 können parallel stattfinden – in Ihrem Kopf oder auf verschiedene Personen verteilt. In jedem Fall klären Sie regelmäßig, welche Anforderungen und Einflussfaktoren sich geändert haben – daraufhin müssen Sie eventuell Ihre Entscheidungen überarbeiten und die Architektur Ihres Systems anpassen.

Verabschieden Sie sich von dem Gedanken, Software-Architekturen „einmal und für immer" zu entwickeln. Arbeiten Sie iterativ. Entwickeln Sie Ihre Entwürfe in Zyklen. Bleiben Sie agil und nehmen Sie Rückkopplungen zu den Projektbeteiligten und der Organisation in Ihre Entwürfe auf. So entstehen Architekturen, die an den wirklichen Bedürfnissen und Anforderungen orientiert sind!

Bild 3.2 auf der nächsten Seite zeigt schematisch, dass sowohl Ihre Kunden wie auch andere Projektbeteiligte Anforderungen und Einflussfaktoren ändern. Aufgrund dieser Änderungen müssen Sie Ihren Architekturentwurf und Ihre Architekturentscheidungen iterativ den veränderten Gegebenheiten anpassen.

Im vorigen Kapitel haben Sie unter dem Begriff „Architecture Business Cycle" bereits eine andere Art der *Iteration* von Architekturen kennen gelernt.

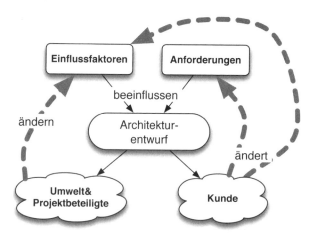

BILD 3.2 Iterativer Entwurf aufgrund veränderter Anforderungen

Treffen Sie Architektur- und Entwurfsentscheidungen bewusst, angemessen und systematisch

Machen Sie sich vor und während Ihrer Architekturentwicklung bewusst, welche architekturrelevanten Entscheidungen Sie oder andere Stakeholder treffen müssen. Stimmen Sie mit betroffenen Stakeholdern ab, ob und wann diese Entscheidung notwendig wird – es kann sowohl für schnelle wie auch für verzögerte Entscheidungen gute Gründe geben.

Entscheidungen dokumentieren

Wenn Sie eine Entscheidung für besonders wichtig oder bemerkenswert halten, dann sollten Sie diese dokumentieren: Halten Sie dazu den genauen Entscheidungsumfang („Was ist das Problem?") sowie die Auslöser für diese Entscheidung („Warum müssen wir das entscheiden?") fest, sowie die Rahmenbedingungen, Ihre getroffenen Annahmen, Risiken und mögliche (verworfene) Alternativen.[4] In jedem Fall sollten Sie Ihre Entscheidung begründen.

Entwickeln Sie Mut zu Entscheidungen! Akzeptieren Sie, dass Sie so manche unsichere Entscheidungen treffen müssen (und erinnern Sie sich bisweilen an das Zitat von Philippe Kruchten aus Abschnitt 2.2 …).

---

[4] Stefan Zörner schlägt vor, bei wichtigen Entscheidungen auch die Namen der Entscheider festzuhalten.

3.1 Informationen sammeln

Noch bevor Sie eine eigene Systemidee entwickeln, sollten Sie Material darüber sammeln, wie andere Architekten vor Ihnen ähnliche Probleme gelöst haben:

Quellen für Wiederverwendung finden

- Beginnen Sie mit Ihrer eigenen Erfahrung – Ihre Kunden erwarten sowohl Domänenwissen als auch technisches Wissen von Ihnen.
- Prüfen Sie die Projekte innerhalb Ihrer Organisation, ob sich Ergebnisse wieder verwenden lassen. Seien Sie dabei pragmatisch!
- Suchen Sie im Internet nach Beschreibungen ähnlicher Systeme. Vielleicht können Sie passende Komponenten dazukaufen.
- Suchen Sie in der technischen Literatur, und durchforsten Sie die Entwurfsmuster auf Ihrem Gebiet.

In vielen Fällen bekommen Sie dadurch Beispiele und Muster und müssen nur noch kleine Teile völlig neu entwerfen.

Sie sollten ein tiefes Misstrauen gegenüber solchen Lösungen hegen, die sich in den Grundzügen nicht auf bekannte Dinge zurückführen lassen. Nur die wenigsten, die solche (angeblich innovativen) Lösungen präsentieren, sind wirklich geniale Erfinder – die meisten haben nur schlecht recherchiert.

3.2 Lösungsidee entwickeln

Bevor Sie mit dem Entwurf der Software-Architektur eines konkreten Systems beginnen, sollten Sie eine erste Vorstellung einiger wichtiger Systemeigenschaften besitzen. Sie sollten folgende Fragen über das System beantwortet haben:

- Was ist die Kernaufgabe des Systems? Welches sind die wichtigsten Elemente der Fachdomäne?
- Wie wird das System genutzt?
- Wer nutzt das System?
- Welche Art von Benutzeroberfläche hat das System?
- Über welche Schnittstellen zu anderen Systemen verfügt das System?

- Wie werden die vom System bearbeiteten Daten verwaltet? Welche Art von Datenzugriffen ist notwendig?
- Wie wird das System gesteuert?

Die Antworten auf diese Fragen werden Ihnen eine Orientierung geben, nach der Sie eine erste Systemstruktur entwickeln können.

Dokumentieren Sie diese Antworten möglichst kurz und prägnant, eine einzige Seite sollte dafür genügen. Diese „Lösungsidee" (oder Systemidee) ist eine wichtige Grundlage der Kommunikation mit den Stakeholdern!

Im Normalfall verfügen Sie beim Entwurf einer Software-Architektur bereits über Erfahrung mit ähnlichen Systemen, vielleicht sogar aus einem ähnlichen fachlichen Bereich. Dann wird es Ihnen leichtfallen, einen ersten Vorschlag für die Software-Architektur zu entwickeln. Sie werden die obigen Fragen aus dem Stegreif beantworten.

Andernfalls befinden Sie sich auf fachlichem oder technischem Neuland. Sie haben es mit einem neuen Fachgebiet zu tun und noch keine vergleichbaren oder zumindest ähnlichen Systeme entworfen. Die folgenden Abschnitte zeigen Ihnen wichtige Aspekte und Alternativen auf, die Sie beim Entwurf beachten sollten.

Was ist die Kernaufgabe des Systems?

- Beschreiben Sie die Kernaufgabe und Verantwortlichkeit des Systems in zwei bis drei Sätzen. Formulieren Sie positiv, und benutzen Sie die Kernbegriffe der Fachdomäne.
- Fügen Sie die wichtigsten Begriffe oder Aspekte der Fachdomäne hinzu; an die fünf Begriffe genügen.*
- Stimmen Sie diese Formulierung mit Kunden und Auftraggebern ab!

* Zu diesem Zeitpunkt genügen die wesentlichen Begriffe – eine vollständige Modellierung der Fachdomäne erstellen Sie im Laufe des weiteren Architekturentwurfs.

Beispiel:
Das System unterstützt Call-Agents bei der Erfassung und Bearbeitung von Schadenmeldungen von Privatkunden.
Die wichtigsten Aspekte der Fachdomäne sind Vorfall, Schaden, Partner und Vertrag.

Eine solche kurze Formulierung erleichtert die Kommunikation über das System. Sie definiert für alle Beteiligten das wichtigste Projektziel (= das System). Gleichzeitig schafft sie einen wichtigen begrifflichen Kontext, an dem sich alle Beteiligten orientieren können.

Manchmal können Sie diese Aussagen aus der Anforderungsanalyse übernehmen. Andernfalls müssen Sie die Kernaufgabe mit Ihren Auftraggebern oder Kunden selbst formulieren.

Wie wird das System genutzt?

In vielen Fällen geben die Anforderungen bereits eindeutig die grundsätzliche Nutzungsart des Systems vor. In Zweifelsfällen sollten Sie prüfen, zu welcher Kategorie das gewünschte System gehört:

- Interaktive Online-Systeme: Auch als operationale Systeme [Blaha98] bezeichnet, arbeiten diese Systeme als Teil der normalen Geschäftsprozesse in Unternehmen. In den meisten Fällen enthalten sie Operationen auf Daten (Transaktionen, Einfüge-, Änderungs- und Löschoperationen), die vom Ablauf her in die Benutzeroberfläche eingebettet sind. Die Art der Transaktionen ist festgelegt. Die Systeme operieren auf möglichst aktuellen Datenbeständen. Sie erfordern ein hohes Maß an Systemverfügbarkeit und Performance. — *Online*

- Entscheidungsunterstützungssysteme (*decision support system*): arbeiten oftmals auf Kopien der aktuellen Unternehmensdaten (*data warehouse*) und enthalten hauptsächlich lesende Datenzugriffe. Die Art der Anfragen an die Daten ist flexibel. Benutzer können neue Anfragen (*queries*) formulieren. Daher ist die Laufzeit von Anfragen im Vorfeld kaum abschätzbar. Solche Systeme tolerieren nach [Blaha98] höhere Ausfallzeiten und geringere Performance. — *Decision-Support*

- Hintergrundsysteme (Offline-Systeme, Batch-Systeme): dienen hauptsächlich der Datenmanipulation, oftmals zur Vor- oder Nachverarbeitung vorhandener Datenbestände; werden zur Interaktion mit anderen Systemen eingesetzt. In Kapitel 7 finden Sie mehr zum Thema Integration. — *Batch/Offline*

- Eingebettete Systeme (*embedded systems*): arbeiten eng verzahnt mit spezieller Hardware. Ein Beispiel für eingebettete Systeme sind Mobiltelefone (viele haben auch Echtzeitanforderungen; Details dazu finden Sie in [b-agile 2002a]). — *Embedded*

- Systeme mit Echtzeitanforderungen (*real-time systems*): Operationen werden innerhalb garantierter Zeiten fertig gestellt. Beispiel: Produktionssteuerung (Fließbänder mit festen Taktzeiten), Herzschrittmacher. Details zur effektiven Erstellung von Echtzeitsystemen finden Sie in [b-agile2002a]. — *Real-Time*

> ✓
> - Dokumentieren Sie die wichtigsten Nutzungsarten des Systems in der „Systemidee". Fixieren Sie schriftlich, wenn Sie zusätzliche Nutzungsarten erwarten.
> - Wenn das System zu mehreren der genannten Kategorien gehört, sollte die Architektur aus entsprechenden Teilsystemen bestehen, die jeweils zu einer Kategorie gehören.

Von wem wird das System auf welche Weise genutzt?

Stakeholder
- Welche Personen oder Stakeholder benutzen das System? Beispiele sind Benutzer der Kernfunktionalität („Anwender"), Administratoren und Betreiber, Benutzer mit Sonderfunktionen (Genehmiger, Prüfer, Auswerter oder Ähnliche).
- Welche Stakeholder stehen dem (neuen) System negativ gegenüber? Die jeweilige Einstellung der Stakeholder prägt die Art der Informationen, die sie Ihnen über das System geben werden.[5]

Benutzerschnittstellen
- Welche Art von Benutzerschnittstellen muss das System bereitstellen:
  - Bildschirm- oder formularorientierte Bearbeitung
  - Objektorientierte Benutzeroberfläche
  - Bedienung über Konsole oder Kommandozeile
  - Bedienung über spezielle Hardware (bei eingebetteten Systemen)
- Muss die Benutzeroberfläche für verschiedene Nutzergruppen anpassbar sein (etwa: Laien, gelegentliche Benutzer, Experten, Administratoren)?
- Müssen für unterschiedliche Benutzergruppen verschiedene Benutzeroberflächen vorgesehen werden?
- Müssen die Benutzer das System selbst installieren und konfigurieren? Oder müssen Benutzer das System lediglich aufrufen?

 Nehmen Sie die Benutzer und die Art der Benutzerschnittstelle, die Sie durch diese Fragen identifiziert haben, in die Beschreibung der „Systemidee" auf.

Welche Schnittstellen gibt es?

Schnittstellen zu anderen Systemen
- Welche Schnittstellen gibt es zu externen Systemen? Hierzu zählen:
  - Schnittstellen anderer Systeme, die genutzt werden.
  - Schnittstellen, die für andere Systeme bereitgestellt werden.
- Sind diese externen Schnittstellen stabil? Wie zuverlässig sind sie? Wie fehlertolerant muss das neue System gegenüber den fremden Systemen sein?

Funktionale/ Datenschnittstellen
- Handelt es sich um funktionale Schnittstellen oder Datenschnittstellen? Können Sie über diese Schnittstellen Funktionen oder Methoden des anderen Systems aufrufen, oder funktioniert die Schnittstelle nur über den Austausch von Daten?
- Im Falle der funktionalen Schnittstelle:

Synchron/ Asynchron
  - Aufrufverhalten: Synchron oder asynchron?

---

[5] Software-Systeme sind soziale Systeme. Als Architekt werden Sie daher häufig mit subjektiven Eindrücken statt Tatsachen konfrontiert, mit Meinungen statt Fakten, mit unrealistischen Erwartungen statt begründeter Anforderungen. Stellen Sie sich darauf ein!

- Ist die Schnittstelle stabil oder variabel? (Das bedeutet: Sind die Fremdsysteme bezüglich ihrer Schnittstellen stabil?)
- Ist die Semantik der Aufrufe eindeutig und präzise beschrieben?
- Wie performant sind die anderen Systeme? Wie beeinflusst das Verhalten der Schnittstellen die Performance des Gesamtsystems?
- Gibt es die Möglichkeit, die Schnittstelle auf Seiten des anderen Systems zu ändern? Liegt der Quellcode der Schnittstelle vor?

Änderbarkeit

- Dokumentieren Sie, welche Schnittstellen Sie bis jetzt identifiziert haben.
- Wenn das System Schnittstellen zu Fremdsystemen besitzt, sollten Sie über einen funktionalen Prototypen die technische Machbarkeit verifizieren. Dieser Prototyp muss die Machbarkeit der zentralen Probleme demonstrieren, getreu dem Motto „Erledige die schwierigsten Dinge zuerst".

Das Schwierigste zuerst!

Wie verwaltet das System Daten?

Systeme können Datenverwaltung mit unterschiedlichen Alternativen realisieren: im Hauptspeicher, in Dateien oder in Datenbanksystemen (DBMS). Folgende Aspekte können die Entscheidung für diese Alternativen beeinflussen:

- Persistenz: Dateien und Datenbank-Managementsysteme (DBMS) können Daten persistent (dauerhaft) speichern. Daten im Hauptspeicher erfordern spezielle Maßnahmen gegen Datenverlust, etwa bei Stromausfall. Kapitel 7 enthält mehr zur Persistenz.

Persistenz

- Lizenzkosten und Wartungskosten: Manche DBMS verursachen hohe Lizenz- und Wartungskosten. Dateien sind von diesem Faktor nicht betroffen.

Lizenzen

- Datenvolumen: DBMS können mit nahezu beliebig großen Datenvolumina arbeiten, begrenzt meist nur durch die Grenze der physikalischen Speichermedien. Hauptspeicher ist nur begrenzt verfügbar. Dateigrößen sind meist durch das Betriebssystem begrenzt.

Volumen

- Performance: Datenstrukturen im Hauptspeicher bieten den schnellsten Zugriff. DBMS bieten oft Möglichkeiten, spezielle Zugriffe zu optimieren. Dateien können schnellen Zugriff durch *Caching* erreichen.

Performance

- Erweiterbarkeit: DBMS bieten Architekten und Entwicklern Unabhängigkeit von der Implementierung der Daten und ihrer Zugriffe. Auf bestehende Datenbanken können auch neue Systeme zugreifen. Physische Unabhängigkeit erlaubt, das DBMS zu optimieren (*tuning*), ohne die Anwendungslogik zu beeinflussen.

Erweiterbarkeit

- Paralleler Zugriff: DBMS bieten eine Vielzahl von Strategien zum parallelen und konfliktfreien Zugriff auf Daten an (*locking*). Dateien können von Betriebssystemen meist nur als Ganzes gesperrt werden.

Paralleler Zugriff

- Datenintegrität: Datenbank-Designer können bei DBMS Regeln für die Integrität von Daten spezifizieren. Das DBMS stellt die Einhaltung dieser Regeln sicher, unabhängig von Anwendungssystemen. Die Sicherung der Integrität funktioniert selbst übergreifend über mehrere Anwendungen, die ein und dieselbe Datenbank benutzen. Für Dateien und Daten im Haupt-

Integrität

speicher gibt es keine derartigen Mechanismen zur automatischen Sicherstellung der Datenintegrität.

Transaktionen
- Unterstützung von Transaktionen: Zusammengehörige Gruppen von Datenbank-Kommandos können bei DBMS in Transaktionen zusammengefasst werden. Das DBMS stellt sicher, dass entweder die gesamte Transaktion erfolgreich abgewickelt wird oder kein Teil der Transaktion. Dateien bieten keine automatische Unterstützung für Transaktionen.

- Anfragesprache: Viele DBMS bieten spezielle Anfragesprachen (etwa SQL, OQL) an, die auch in Anwendungsprogramme eingebettet werden können (etwa: embedded-SQL). Dateien oder Hauptspeicherdaten bieten solche Sprachen nicht.

Unbefugter Zugriff
- Sicherheit: DBMS können einzelne Daten (Tabellen und einzelne Datensätze) durch verschiedene Mechanismen vor unbefugtem Zugriff sichern (beispielsweise Benutzer- und Gruppenkonzepte mit Kennworten oder Verschlüsselung von Daten). Dateien oder Hauptspeicherdaten bieten keinen derart abgestuften Zugriffsschutz. Kapitel 7 enthält mehr zu Sicherheit.

Crash recovery
- Wiederherstellung nach Systemausfällen: DBMS verfügen oft über einen leistungsfähigen Katastrophenschutz. Selbst mit Systemabstürzen oder Hardwaredefekten können viele DBMS durch *crash recovery* ohne Daten- oder Integritätsverlust umgehen. Bei Dateien kann eine solche Sicherheit durch permanente Kopien (*continous backup*) erreicht werden.

In vielen Fällen geben die technischen Vorteile von Datenbanksystemen den Ausschlag gegenüber datei- oder hauptspeicherbasierter Datenverwaltung. Meiner Erfahrung nach kommen in kommerziellen Systemen praktisch nur DBMS zum Einsatz. Technische Systeme können ihre Datenverwaltung oftmals über Schnittstellen an kommerzielle Systeme delegieren.

 Dokumentieren Sie die wesentlichen Aspekte der Datenverwaltung in der Systemidee. Halten Sie fest, welche Entscheidungen bereits gefallen sind und welche Freiheitsgrade Sie beim Entwurf der Datenverwaltung noch besitzen.

Wie wird das System gesteuert?

Nach den Fragen über Nutzungsart, Benutzeroberfläche und Datenverwaltung sollten Sie nun eine Vorstellung entwickeln, wie das System gesteuert wird und wie es mit seinen Benutzern interagiert. Sie können folgende Fälle unterscheiden:

Event driven
- *Ereignisgetriebene (event driven) Steuerung:* Die Steuerung der Applikation obliegt einem Steuermechanismus (*controller, dispatcher*), den entweder das Betriebssystem, die Programmiersprache oder das System bereitstellt. Methoden- oder Funktionsaufrufe werden bestimmten Ereignissen zugeordnet, beispielsweise Tastatureingaben oder Mausklicks. Der Dispatcher ruft die entsprechenden Methoden auf, wenn die jeweiligen Ereignisse eintreten. Setzen Sie die ereignisgetriebene Steuerung für Systeme mit grafischen Benutzeroberflächen ein, für Client/Server-Systeme oder auch für Mess-, Steuer- oder Regelsysteme.

Prozedural
- *Prozedurale Steuerung:* Die gesamte Steuerung obliegt einer Implementierungskomponente. Diese Komponente ruft sequenziell andere Methoden oder Funktionen auf und wartet auf deren Rückgaben. Anschließend setzt die kontrollierende Komponente den Programmab-

lauf fort. Typische Konstrukte für die Implementierung der prozeduralen Steuerung ist die main()-Funktion eines C-Programms. Setzen Sie die prozedurale Steuerung dort ein, wo nur eine minimale Benutzerschnittstelle implementiert wird.

- *Parallele Steuerung:* Die Steuerung wird von mehreren unabhängigen Komponenten realisiert. Jede dieser Komponenten reagiert losgelöst von anderen auf Ereignisse oder Anfragen. Die parallele Steuerung lässt sich in Client/Server-Systemen einsetzen, wo Client-Sessions unabhängig voneinander ablaufen können.[6]

  Parallel

- *Deklarative oder regelbasierte Steuerung:* Der Programmablauf wird durch einen Regelinterpreter oder ähnliche Auswertungsmechanismen gesteuert. Programmiersprachen wie Prolog implementieren diese Art der Steuerung. Regelinterpreter können Sie ausgezeichnet in Ihre Architektur integrieren, um Geschäftslogik an zentraler Stelle zu behandeln. Abschnitt 7.2 (Geschäftsregeln) erläutert Ihnen diesen Ansatz näher.

  Deklarativ

- In großen Systemen müssen Sie häufig mehrere der obigen Ansätze kombinieren.
- Dokumentieren Sie die Aspekte der Steuerung in der Laufzeitsicht (siehe Kapitel 4.6).

Systemidee – und nun?

- Sie besitzen jetzt eine Systemidee, die Ihnen als Grundlage für Abstimmungen mit Stakeholdern und dem Projektteam dient. Falls Sie einzelne Aspekte des Systems nicht genau beschreiben konnten, ist dies ein Indikator für potenzielle Risiken.
- Stimmen Sie die Systemidee auf jeden Fall mit den Auftraggebern und der Projektleitung ab. Sie dient Ihnen zukünftig als Grundlage für Entwurfsentscheidungen.
- Kommunizieren Sie die abgestimmte Systemidee an alle Projektbeteiligten, insbesondere das Entwicklungsteam!

Vage Systemidee = Risiko

In der Regel werden Sie das System in mehrere Schichten zerlegen, etwa „Präsentation", „Fachdomäne" und „Infrastruktur". Näheres zu Schichten und Zerlegung finden Sie in Kapitel 6 (Strukturentwurf).

Mit der Systemidee haben Sie wichtige Aspekte der Präsentation und Infrastruktur bereits explizit gemacht. Damit wird Ihnen der Entwurf dieser Systemteile leichter fallen. Sie haben die wichtigsten Begriffe und Aspekte der Fachdomäne dokumentiert, die sich im Entwurf später wiederfinden werden.

Bevor Sie nun konkrete Entwurfs- und Architekturentscheidungen treffen, sollten Sie unbedingt die *Leitplanken* genauer untersuchen, die Sie bei diesen Entscheidungen beachten müssen: Einflussfaktoren und Randbedingungen.

---

[6] Hierzu zählen viele Internet-basierte Systeme, wie etwa Internet-Einkaufssysteme, Internet-Banking oder ähnliche.

■ 3.3 Was sind Einflussfaktoren und Randbedingungen?

Um als Software-Architekt anwendungs- und problembezogene Entwurfsentscheidungen zu treffen, müssen Sie die Faktoren untersuchen, die Ihre Architekturen beeinflussen können (siehe dazu Bild 3.3). Diese Faktoren besitzen einen prägenden Einfluss auf das Gesamtsystem.[7]

Einflussfaktoren finden

- Aus den Systemanforderungen sowie den Anforderungen der System-Umwelt ermitteln Sie architekturrelevante Einflussfaktoren. Im Folgenden stelle ich Ihnen einige typische Einflussfaktoren vor.
- Von besonderer Bedeutung für Architekturentscheidung sind dabei die nichtfunktionalen Anforderungen.
- Auf dieser Basis identifizieren Sie die projekt- und systemspezifischen Risiken.

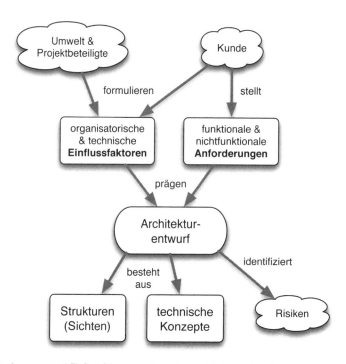

BILD 3.3 Anforderungen und Einflussfaktoren prägen den Architekturentwurf

In den folgenden Abschnitten schaffe ich einige Voraussetzungen, um die architekturrelevanten Einflussfaktoren zu charakterisieren. Sie erfahren, in welchen Kategorien Sie bei der Su-

---

[7] Die Idee, Einflussfaktoren und Randbedingungen bei der Architekturentwicklung systematisch zu berücksichtigen, stammt aus [Hofmeister2000].

che nach den Faktoren fündig werden. Zusätzlich beschreibe ich, was Flexibilität und Veränderlichkeit von Faktoren bedeuten.

Technik allein genügt nicht

Software-Architekten müssen bei der Entwicklung von Architekturen eine ganze Reihe verschiedener Faktoren berücksichtigen. Alle diese Faktoren fallen in eine der folgenden Kategorien:

- Organisatorische und politische Faktoren. Manche solcher Faktoren wirken auf ein bestimmtes System ein. Andere beeinflussen sämtliche Projekte innerhalb einer Organisation. [Rechtin2000] charakterisiert diese Faktoren als *facts of life*.

    <small>Einflüsse von Organisation</small>

- Technische Faktoren. Sie prägen das technische Umfeld des Systems und seiner Entwicklung.

    <small>Technik</small>

- System- oder Produktfaktoren. Sie beschreiben sowohl die funktionalen Eigenschaften (*required features*) des Systems als auch seine nichtfunktionalen „Qualitäten" (*required constraints*), wie Performance, Flexibilität und Wartbarkeit.

    <small>System-/ Produktfaktoren</small>

Diese zuletzt genannten Qualitäten sind in der Praxis häufig die Auslöser oder treibenden Kräfte zentraler Architekturentscheidungen. Abschnitt 3.6 stellt Ihnen dieses Thema vor.

Meiner Erfahrung nach tendieren Software-Architekten dazu, die politischen und organisatorischen Faktoren zu unterschätzen und zu vernachlässigen. Das kann im Extremfall dazu führen, dass an sich lauffähige Systeme nicht zum Einsatz kommen.

<small>Qualität als treibende Kraft von Architekturentscheidungen</small>

Das hat mehrere Gründe: Erstens bestimmen die technischen Faktoren ein System viel offensichtlicher. Zweitens sind Software-Architekten in technischen Themen oftmals erfahrener als in organisatorischen oder gar politischen. Drittens herrscht in Software-Projekten manchmal ein technischer Zweckoptimismus, getreu dem Motto: Mit der neuen X-Technik und dem Y-Werkzeug haben wir unsere Probleme im Griff.

Wie [Rechtin2000] es treffend formuliert: Es gibt keine rein technischen Probleme. Sie werden schnell zu organisatorischen oder politischen Schwierigkeiten, und damit entgleiten sie auch der Kontrolle rein technisch orientierter Projektbeteiligter.

<small>Keine technischen Probleme</small>

Welche Faktoren sind architekturrelevant?

*Information ist architekturrelevant,
wenn sie für Zwecke oder Ziele des Kunden notwendig ist.*

[Rechtin2000, p222]

Von den unzähligen Faktoren, die ein ganzes Projekt beeinflussen, gilt es diejenigen zu selektieren, die relevant für die Architektur sind. Hier einige Ratschläge, wie Faktoren auf ihre Relevanz geprüft werden können:

<small>Relevante Faktoren</small>

- Praktisch alle „nicht-funktionalen" Anforderungen (*required constraints*) besitzen Auswirkungen auf die Software-Architektur.
- Viele Faktoren, die für die Implementierung bedeutsam sind, haben Auswirkungen auf die Architektur. Hierzu zählen technische Faktoren, aber auch Vorgaben für spezielle Vorgehensweisen oder Methoden.
- Faktoren, die neuartige Verfahren oder Techniken betreffen, sind oft architekturrelevant. Das kann die Wahl einer neuen Programmiersprache sein, aber auch der Einsatz eines für Ihre Organisation neuen Entwicklungswerkzeugs.
- Faktoren, für die Erfahrung oder Fachwissen innerhalb der Organisation nur unzureichend vorhanden ist, können die Architektur beeinflussen.
- Alle Faktoren, die knappe Ressourcen betreffen. Hierzu gehören beispielsweise Zeit, Personen, Geld oder technische Ausstattung.

Im Zweifel: Faktor aufnehmen

Wenn Sie nicht entscheiden können, ob ein Faktor Relevanz für die Architektur besitzt, dann nehmen Sie ihn auf. Weil Sie die Tabelle mit Einflussfaktoren, Projektrisiken und Lösungsstrategien im Laufe des Projektes weiter pflegen, können Sie diesen Faktor auch später noch entfernen.

Einflussfaktoren sind flexibel

Flexibilität beachten

Sie können in den meisten Fällen mit den betroffenen Projektbeteiligten über die Prioritäten oder die konkrete Ausgestaltung der Einflussfaktoren verhandeln. Die Flexibilität eines Faktors beschreibt, welche Aspekte eines Faktors zur Disposition stehen können. Flexibilität von Faktoren bezieht sich daher auf gewollte oder bewusst herbeigeführte Änderungen.

Folgende Argumente und Fragen können dabei nützlich sein:

- Manche Einflussfaktoren widersprechen sich, etwa Performance und Flexibilität (hohe Flexibilität erreicht man durch Einführung von zusätzlichen Abstraktionsschichten, was sich negativ auf die Performance auswirken kann). Welche Faktoren sind für das konkrete Projekt wichtiger?
- Einzelne Faktoren oder Anforderungen können ein Projekt signifikant verteuern oder verlängern. Können Sie diese Faktoren umgehen oder abschwächen?
- In welcher Hinsicht können die Projektbeteiligten die Einflussfaktoren steuern, um Ihnen den Entwurf der Architektur zu erleichtern?

Konsequenzen bewusst machen

Ich habe in meinen Projekten die Erfahrung gemacht, dass manchen Projektbeteiligten die Konsequenzen ihrer Anforderungen nicht bewusst sind. Das hier beschriebene Vorgehen macht Einflussfaktoren und deren für die Software-Architektur wichtige Konsequenzen explizit. Es erleichtert dadurch eine konstruktive Kommunikation mit allen Projektbeteiligten über die architekturrelevanten Aspekte eines Projektes.

Einflussfaktoren werden sich ändern

Veränderungen von Einflussfaktoren können auch ohne Ihr aktives Eingreifen stattfinden. Pro Monat ändern sich in den meisten Projekten 1–2% der fachlichen Anforderungen.[8]

Eine zentrale Aufgabe von Architekten besteht darin, die erwarteten Veränderungen der relevanten Einflussfaktoren zu erkennen und in der Architektur entsprechend zu berücksichtigen. Peter Hruschka formuliert es treffend: „Entwerfen heißt, die Kundenwünsche von morgen vorauszuahnen."

Zukünftige Veränderungen erkennen

Ein solcher Blick in die Zukunft ist jedoch zwangsläufig mit Unsicherheit behaftet. Haben Sie dennoch keine Sorge, Sie brauchen nicht in eine Kristallkugel zu schauen! Die Orientierung an wichtigen Einflussfaktoren gewährleistet, dass Sie mit relativer Sicherheit die Elemente Ihrer Architekturen identifizieren können, an denen sich zukünftig Änderungen ergeben werden.

Um die Veränderbarkeit von Faktoren zu charakterisieren, sollten Sie folgende Fragen beantworten:[9]

- Auf welche Weise kann sich der Faktor ändern? Welche Änderungen an diesem Faktor können Sie (oder andere Projektbeteiligte) absehen?
- Wie häufig können Änderungen sein?
- Könnte sich der Faktor bereits während der Systementwicklung ändern?
- Hängt der Faktor mit anderen Einflussfaktoren zusammen?
- Was bedeutet eine Änderung des Faktors für die Architektur?

 Dokumentieren Sie diese möglichen Variabilitäten! Die verschiedenen Sichten auf die Architektur (siehe Kapitel 4) bieten dafür geeigneten Platz.

3.4 Einflussfaktoren finden

Im letzten Abschnitt haben Sie gelernt, was Einflussfaktoren sind und aus welchen Bereichen sie stammen. Nun gilt es, möglichst alle für die Software-Architektur eines konkreten Systems relevanten Einflussfaktoren zu identifizieren. Machen Sie diese Faktoren explizit und lassen Sie alle Projektbeteiligten wissen, welchen Einflüssen das Projekt oder das System ausgesetzt ist.

In den folgenden Abschnitten stelle ich Ihnen typische Einflussfaktoren vor. Ich zeige Ihnen, wie Sie diese Faktoren in einer einfachen und praxistauglichen Form systematisch erfassen und beschreiben können.

---

[8] Nach [Rupp2001] und [Hatley2000].
[9] In Anlehnung an [Hofmeister2000].

Beschreiben Sie Einflussfaktoren explizit

Tabelle von Einflussfaktoren

 Die Einflussfaktoren auf eine konkrete Software-Architektur sollten Sie in einer Tabelle (als Bestandteil der Architekturdokumentation) festhalten. Neben der Bezeichnung des Faktors gehört dazu auch die Beschreibung seiner Flexibilität und Veränderbarkeit.*

---

* Die Struktur dieser tabellarischen Beschreibung entstammt [Hofmeister2000].

Zusätzlich sollten Sie beschreiben, auf welche Elemente der Architektur jeder Faktor einwirkt. Dies ist vor dem Entwurf der Architektur (genauer: der Architektursichten) kaum möglich, weil die Elemente der einzelnen Sichten noch nicht identifiziert oder bestimmt sind. Sie sollten dies jedoch im Laufe der Iterationen des Architekturentwurfs nachtragen.

In den folgenden Abschnitten stelle ich Ihnen typische Einflussfaktoren vor.

Organisatorische Faktoren

Diese Faktoren beziehen sich im weitesten Sinne auf die Umgebung, in der das System erstellt wird. Sie prägen das System indirekt. Hierzu zählen Aspekte wie Termin- und Budgetplanung, vorhandene Mitarbeiter, technische Ressourcen, Entwicklungsprozesse, Vorgaben bezüglich Werkzeuge und Ähnliches. Tabelle 3.1 gibt einen Überblick über typische organisatorische Faktoren.[10]

Einige Tipps zur Identifikation von organisatorischen Faktoren Ihrer Projekte:

- Denken Sie negativ. Murphys Regel besagt: Wenn etwas schiefgehen kann, wird es irgendwann schiefgehen. Und es geschieht immer im denkbar schlechtesten Moment.

- Politik und Organisation, nicht Technik, setzen die Grenzen dafür, was ein Projekt erreichen kann und darf. Bringen Sie die „politischen" Stakeholder auf Ihre Seite. Stellen Sie sicher, dass Sie die Intention der „Politiker" innerhalb Ihrer Organisation richtig verstanden haben.

- Eine fundamentale Gleichung lautet: „Geld = Politik" ([Rechtin2000]). Die Politik gibt Projekten die Kostenregeln vor. Diese Kostenregeln besitzen prägenden Einfluss auf Architekturen.

- Finden Sie heraus, welche Ziele die einzelnen Stakeholder mit dem System verfolgen. Oftmals werden in einem Projekt verschiedene Ziele verfolgt!

Ziele der Stakeholder finden

- Die besten technischen Lösungen sind nicht unbedingt die besten politischen Lösungen. Im Regelfall sind „politische" Stakeholder die Auftraggeber und Eigentümer von Projekten (nach [Rechtin2000]). Sie entscheiden meist nach anderen Kriterien als „technische" Stakeholder.

---

[10] Einige dieser Faktoren sind auch für das Management von Projekten wichtig, insbesondere das Risikomanagement. Diese Zusammenhänge sind etwa in [b-agile2002b] dargestellt. Eventuell können Sie als Software-Architekt der Projektleitung mit der Übersicht der organisatorischen Einflussfaktoren einen großen Dienst erweisen (und umgekehrt!).

- Betrachten Sie systemübergreifende Prozesse oder Rollen innerhalb der Organisation. Beispiel: In vielen großen Unternehmen gibt es Vorgaben zur Datenmodellierung und zum Datenbankdesign (die von dedizierten Datenbankadministratoren geprüft und freigegeben werden müssen).
- Beziehen Sie andere Projekte innerhalb der Organisation in Ihre Betrachtung ein. Sie können aus deren Verlauf viel über Stärken und Schwächen der Organisation hinsichtlich Software-Erstellung lernen.
- Die Erfahrung der beteiligten Entscheider spielt meistens eine wichtige Rolle. So schränkt eine negative Erfahrung des Auftraggebers mit einer bestimmten Technologie Ihre Entwurfsalternativen möglicherweise ein.[11]
- Werfen Sie einen Blick auf das Risikomanagement Ihrer Projektleitung. Eventuell finden Sie dort neue und für die Architektur wichtige Faktoren.

TABELLE 3.1 Typische organisatorische Einflussfaktoren

Faktor	Erläuterung
Organisation und Struktur	
Organisationsstruktur beim Auftraggeber	- Droht Änderung von Verantwortlichkeiten? - Änderung von Ansprechpartnern
Organisationsstruktur des Projektteams	- mit/ohne Unterauftragnehmer - Entscheidungsbefugnis der Projektleiterin
Entscheidungsträger	- Erfahrung mit ähnlichen Projekten - Risiko-/Innovationsfreude
Bestehende Partnerschaften oder Kooperationen	- Hat die Organisation bestehende Kooperationen mit bestimmten Softwareherstellern? - Solche Partnerschaften geben oftmals (unabhängig von Systemanforderungen) Produktentscheidungen vor.
Eigenentwicklung oder externe Vergabe	Selbst entwickeln oder an externe Dienstleister vergeben?
Entwicklung als Produkt oder zur eigenen Nutzung?	Bedingt andere Prozesse bei Anforderungsanalyse und Entscheidungen. Im Fall der Produktentwicklung: - Neues Produkt für neuen Markt? - Verbessertes Produkt für bestehenden Markt? - Vermarktung eines bestehenden (eigenen) Systems - Entwicklung ausschließlich zur eigenen Nutzung?
Ressourcen (Budget, Zeit, Personal)	
Festpreis oder Zeit/Aufwand?	Festpreisprojekt oder Abrechnung nach Zeit und Aufwand?

(Fortsetzung nächste Seite)

---

[11] Edward Yourdon rät in seinem Buch „Death March: Surviving Mission Impossible Projects" dazu, bei einer nicht akzeptablen Fülle solcher Einschränkungen das Projekt zu verlassen oder zu kündigen, um das eigene (fachliche) Überleben zu sichern.

Faktor	Erläuterung
Zeitplan	Wie flexibel ist der Zeitplan? Gibt es einen festen Endtermin? Welche Stakeholder bestimmen den Endtermin?
Zeitplan und Funktionsumfang*	Was ist höher priorisiert, der Termin oder der Funktionsumfang?
Release-Plan	Zu welchen Zeitpunkten soll welcher Funktionsumfang in Releases/Versionen zur Verfügung stehen?
Projektbudget	Fest oder variabel? In welcher Höhe verfügbar?
Budget für technische Ressourcen	Kauf oder Miete von Entwicklungswerkzeugen (Hardware und Software)?
Team	Anzahl der Mitarbeiter und deren Qualifikation, Motivation und kontinuierliche Verfügbarkeit.
Organisatorische Standards	
Vorgehensmodell	Vorgaben bezüglich Vorgehensmodell? Hierzu gehören auch interne Standards zu Modellierung, Dokumentation und Implementierung.
Qualitätsstandards	Fällt die Organisation oder das System in den Geltungsbereich von Qualitätsnormen (wie ISO-9000)?
Entwicklungswerkzeuge	Vorgaben bezüglich der Entwicklungswerkzeuge (etwa: CASE-Tool, Datenbank, Integrierte Entwicklungsumgebung, Kommunikationssoftware, Middleware, Transaktionsmonitor).
Konfigurations- und Versionsverwaltung	Vorgaben bezüglich Prozessen und Werkzeugen
Testwerkzeuge und -prozesse	Vorgaben bezüglich Prozessen und Werkzeugen
Abnahme- und Freigabeprozesse	<ul><li>Datenmodellierung und Datenbankdesign</li><li>Benutzeroberflächen</li><li>Geschäftsprozesse (Workflow)</li><li>Nutzung externer Systeme (etwa: schreibender Zugriff bei externen Datenbanken)</li></ul>
Service Level Agreements	Gibt es Vorgaben oder Standards hinsichtlich Verfügbarkeiten oder einzuhaltender Service-Levels?
Juristische Faktoren	
Haftungsfragen	<ul><li>Hat die Nutzung oder der Betrieb des Systems mögliche rechtliche Konsequenzen?</li><li>Kann das System Auswirkung auf Menschenleben oder Gesundheit besitzen?</li><li>Kann das System Auswirkungen auf Funktionsfähigkeit externer Systeme oder Unternehmen besitzen?</li></ul>
Datenschutz	Speichert oder bearbeitet das System „schutzwürdige" Daten?
Nachweispflichten	Bestehen für bestimmte Systemaspekte juristische Nachweispflichten?

* Tom DeMarco beschreibt die Probleme mit Zeitplan und Funktionsumfang in seinem amüsanten und lehrreichen Roman über Projektmanagement („Der Termin", 1998 bei Hanser erschienen).

Faktor	Erläuterung
Internationale Rechtsfragen	- Wird das System international eingesetzt? - Gelten in anderen Ländern eventuell andere juristische Rahmenbedingungen für den Einsatz (Beispiel: Nutzung von Verschlüsselungsverfahren)?

Zu den organisatorischen Einflussfaktoren ein kleines Beispiel:

Die Informatik-Tochterfirma eines Konzerns erhielt den internen Auftrag, ein Internet-basiertes Informationssystem für Finanznachrichten und Geschäftsberichte zu entwickeln und zu vermarkten.

Das Entwicklungsteam schien anfangs frei von organisatorischen und technischen Einflüssen zu sein. Im Laufe der Entwicklung stellt sich heraus, dass die Firma mit Marktpartnern und Kunden projektübergreifende „Service Level Agreements" (SLAs) bezüglich der Verfügbarkeit von Software vertraglich vereinbart hatte. Als Konsequenz für die Architektur ergab sich die Notwendigkeit, eine (anfänglich nicht geplante) Überwachungskomponente zum verbindlichen Nachweis der Systemverfügbarkeit zu entwickeln. Dies machte eine kosten- und zeitintensive Änderung des gesamten Persistenzkonzeptes notwendig.

Der zuständigen Projektleiterin gelang es, mit den betroffenen Endkunden des Systems eine Änderung der Nachweispflicht und der SLAs zu vereinbaren und damit zumindest den Termindruck der notwendigen Änderungen zu entschärfen. ∎

Technische Faktoren

Technische Faktoren mit Relevanz für die Software-Architektur betreffen einerseits die technische Infrastruktur, also die Ablaufumgebung des Systems. Andererseits umfassen sie auch technische Vorgaben für die Entwicklung, einzusetzende Fremdsoftware und vorhandene Systeme.

Einige Tipps bei der Suche nach technischen Faktoren:

- Analysieren Sie andere Projekte innerhalb Ihrer Organisation. Befragen Sie Architekten und Projektleiter solcher Projekte.
- Betrachten Sie andere Systeme innerhalb der Organisation. Wie sieht die technische Umgebung dieser Systeme aus? Wie werden diese Systeme betrieben?
- Betrachten Sie die vorhandene Infrastruktur hinsichtlich Hardware und Software.
- Das Qualitätsmanagement der Organisation kann Hinweise auf weitere Einflussfaktoren geben.
- Gibt es Methoden, Standards oder Vorlagen für Software-Projekte?
- Analog zum Tipp bei den organisatorischen Faktoren: Betrachten Sie systemübergreifende Abnahme- und Freigabeprozesse. Sie machen häufig Vorgaben zur Gestaltung von Daten-

modellen, Datenbanken, Benutzeroberflächen, Geschäftsprozessen (Workflows), Sicherheit, Laufzeit- und Wartungsprozessen sowie der technischen Infrastruktur.

Tabelle 3.2 zeigt einige typische technische Einflussfaktoren.

TABELLE 3.2 Typische technische Einflussfaktoren

Faktor	Erläuterung
Hardware-Infrastruktur	Prozessoren, Speicher, Netzwerke, Firewalls und andere relevante Elemente der Hardware-Infrastruktur
Software-Infrastruktur	Betriebssysteme, Datenbanksysteme, Middleware, Kommunikationssysteme, Transaktionsmonitor, Webserver, Verzeichnisdienste
Systembetrieb	Batch- oder Online-Betrieb des Systems oder notwendiger externer Systeme?
Verfügbarkeit der Laufzeitumgebung	Rechenzentrum mit 7x24h Betriebszeit?
	Gibt es Wartungs- oder Backupzeiten mit eingeschränkter Verfügbarkeit des Systems oder wichtiger Systemteile?
Grafische Oberfläche	Existieren Vorgaben hinsichtlich grafischer Oberfläche *(Style Guide)*?
Bibliotheken, Frameworks und Komponenten	Sollen bestimmte „Software-Fertigteile" eingesetzt werden?
Programmiersprachen	Objektorientierte, strukturierte, deklarative oder Regelsprachen, kompilierte oder interpretierte Sprachen?
Referenzarchitekturen	Gibt es in der Organisation vergleichbare oder übertragbare Referenzprojekte?
Analyse- und Entwurfsmethoden	Objektorientierte oder strukturierte Methoden?
Datenstrukturen	Vorgaben für bestimmte Datenstrukturen, Schnittstellen zu bestehenden Datenbanken oder Dateien
Programmierschnittstellen	Schnittstellen zu bestehenden Programmen
Programmiervorgaben	Programmierkonventionen, fester Programmaufbau
Technische Kommunikation	Synchron oder asynchron, Protokolle

Systemfaktoren

Die Systemfaktoren beschreiben die Anforderungen an das System, die geforderten Eigenschaften (*required features*) und Randbedingungen (*required constraints*). Sie sind üblicherweise[12] in der Anforderungsanalyse[13] (*requirements engineering*) erarbeitet und dokumentiert worden.

Vielleicht kennen Sie die Systemfaktoren unter den Begriffen funktionale und nichtfunktionale Anforderungen.

---

[12] Zumindest werden die funktionalen Anforderungen (required features) meistens beschrieben. Meiner Erfahrung nach vergessen viele Projekte jedoch, die geforderten Qualitätseigenschaften detailliert zu beschreiben.

[13] Für weitere Informationen zur Anforderungsanalyse empfehle ich [Rupp2001] und [Hatley2000] sowie [Volere]. [Bass+03] dokumentiert, wie Anforderungen auf Architekturen wirken.

Diese Kategorien haben folgende Bedeutung:

- „Required Features" oder funktionale Anforderungen beschreiben die geforderte Funktionalität des Systems. Sie können zur Laufzeit des Systems an dessen Ausgaben festgestellt werden.
- „Required Constraints", auch nicht-funktionale Anforderungen oder Qualitätsanforderungen genannt, schränken die Freiheitsgrade von Architekten beim Entwurf ein. Der nachfolgende Abschnitt beschreibt, was es mit Qualitätsanforderungen auf sich hat und wie Sie typische Qualitätsmerkmale in IT-Systemen erreichen.
- Zu guter Letzt sollten Sie die Abhängigkeiten von anderen IT-Systemen als Einflussfaktoren beachten. Falls es diese Systeme bereits gibt, können Sie häufig von (relativ!) stabilen Schnittstellen ausgehen. Falls diese Systeme sich gerade in der Entwicklung befinden, müssen Sie erhöhte Aufwände und Risiken für die Definition, Abstimmung und Umsetzung der jeweiligen Schnittstellen berücksichtigen.

■ 3.5 Risiken identifizieren

Aufgrund der Anforderungen und Einflussfaktoren entstehen bei der Systementwicklung Risiken. Die Risiken sollten Sie explizit identifizieren und dagegen passende Maßnahmen und Lösungsstrategien entwickeln.

Die Kenntnis der Risiken hilft Ihnen bei Ihren Entwurfsentscheidungen. Stehen Sie vor der *Qual der Wahl*, dann sollten Sie neben konkreten Anforderungen und Einflussfaktoren bei Ihrer Entscheidung die drohenden Risiken berücksichtigen. Betrachten Sie diese Aktivität als eine Art „kritische Zusammenfassung" von Anforderungen und Einflussfaktoren. Stellen Sie die Risiken Ihren Projektbeteiligten vor, insbesondere den Auftraggebern.

 Machen Sie Auftraggebern klar, welche Risiken durch welche Einflussfaktoren und Anforderungen entstehen. Diese explizite Darstellung von Risiken gibt Ihnen die Möglichkeit, mit Ihren Auftraggebern über Prioritäten von Anforderungen und Einflussfaktoren zu diskutieren.

Leider gibt es jedoch keinen systematischen oder deterministischen Weg, die Risiken von Software-Projekten zu identifizieren. Hier helfen Ihnen lediglich Ihre Erfahrung und Ihr Sachverstand. Nachfolgend finden Sie in Kurzform einige Techniken, mit denen Sie auf Basis der Einflussfaktoren wichtige Risiken identifizieren können:

- Laden Sie verschiedene Projektbeteiligte zu einer Brainstorming-Sitzung ein.
- Diskutieren Sie die Liste Ihrer spezifischen Einflussfaktoren mit Mitarbeitern aus anderen Projekten.
- Orientieren Sie sich am Risikomanagement der Projektleitung.
- Abstrahieren Sie von den Einflussfaktoren. Verallgemeinern Sie.
- Beachten Sie die Wechselwirkungen oder gegenseitige Verstärkung von Faktoren. Beispiel: Das Entwicklungsteam besitzt keine Erfahrung mit der geforderten Programmiersprache, und gleichzeitig gibt es kein Budget für Schulung.

Tabelle 3.3 zeigt einige typische Projektrisiken, die nach meiner Erfahrung in der Praxis immer wieder auftreten.

TABELLE 3.3 Typische Risiken von Software-Projekten

Problem	Erläuterung
Enger Zeitplan	Übermäßig optimistische Zeitplanung, Unterschätzen von Aufwand und Komplexität
Eingeschränkte Verfügbarkeit von Ressourcen	- Mitarbeiter (Entwickler, Anwender, Tester) - technische Ressourcen wie Test- und Integrationsumgebung, Netzkapazität - Verfügbare Rechenleistung oder I/O-Kapazität, insbesondere für erwartete Lastspitzen
Eingeschränkte Eignung vorhandener Ressourcen	Entwurfs- und Entwicklungswerkzeuge, beispielsweise CASE-Werkzeuge, Entwicklungsumgebungen, Programmiersprachen, Datenbanksysteme, Kommunikationssysteme
Eingeschränkte Verfügbarkeit von Fachwissen	Mitarbeiter mit unpassenden Fähigkeiten oder Erfahrungen
Neue (nicht erprobte) Produkte	Betriebssysteme, Datenbanken, Middleware, Application Server, Klassenbibliotheken und andere
Kritische Schnittstellen zu externen Systemen	- Ungeeignete Schnittstellen: Die verfügbaren Dienste sind ungeeignet, Datenmodelle unterscheiden sich, Aufrufverhalten (synchron, asynchron) anders als notwendig. - Schnittstellen nicht flexibel (nicht anpassbar, Quellcode nicht verfügbar, Anpassung birgt zu hohes Risiko) - Performance externer Systeme schlecht oder unzuverlässig - Sicherheit (Verschlüsselung, Authentizität, Zugriffsschutz) nicht gewährleistet. - Verfügbarkeit der externen Systeme schlecht oder unzuverlässig - Potenzielle technische Konflikte (anderes Betriebssystem, anderes Datenbanksystem, andere Kommunikationsprotokolle)

Problem	Erläuterung
Technische Infrastruktur	- Heterogene Betriebssysteme und Ablaufumgebungen - Verfügbare Netzkapazitäten - Verfügbare Rechenleistung - Verfügbare Datenbankleistung (Transaktionsraten für Aktualisierungs-, Einfüge- oder Suchoperationen)
Schlechte Anforderungen	- Schlechte Dokumentation der Anforderungen - Widersprüche oder Konflikte in den Anforderungen - Mehrdeutige Anforderungen - Keine Priorisierung der Anforderungen
Hohe Volatilität von Anforderungen	- Anforderungen ändern sich sehr schnell - Neue Arten oder Gruppen von Anwendern kommen im Laufe der Entwicklung und während des Systembetriebs hinzu.

Dokumentieren Sie die Risiken

- Seien Sie bei der Dokumentation von Software-Architekturen pragmatisch – weniger ist oftmals mehr.
- Stellen Sie vor allem sicher, dass sämtlichen Projektbeteiligten die Risiken des Projektes bekannt sind. Frühzeitige Offenlegung der (potenziellen) Probleme ermöglicht es allen Beteiligten, zur Lösung beizutragen.*

Probleme offenlegen!

- Daher: Dokumentieren Sie die Projektrisiken. Dazu genügt eine formlose Tabelle. Notieren Sie dazu, welche Einflussfaktoren auf welche Risiken Einfluss haben. Dann können Sie im Projektverlauf abschätzen, welche Auswirkungen durch Veränderungen der Einflussfaktoren hervorgerufen werden.

* Anders formuliert: Wenn Sie (und die Projektleitung) Risiken und Probleme nur lange genug „für sich behalten", ist das einer der schnellsten Wege ins Projekt-Desaster!

Möglicherweise übernimmt Ihre Projektleitung das Risikomanagement. Dann können Sie durch Identifikation technischer oder architektureller Risiken und passender Maßnahmen helfen.

3.6 Qualität explizit beschreiben

Qualität, laut Duden definiert als „Beschaffenheit, Güte, Wert", bildet ein wichtiges Ziel für Software-Architekten. Bei Qualität handelt es sich allerdings um ein vielschichtiges Konzept, das mit einer Reihe gravierender Probleme behaftet ist:

- Qualität ist nur indirekt messbar: Es gibt kein absolutes Maß für die Qualität eines Produktes, höchstens für einzelne Eigenschaften (etwa: Zeit- oder Ressourceneffizienz).
- Qualität ist relativ: Verschiedene Stakeholder haben unterschiedliche Qualitätsbegriffe und -anforderungen.
  - Manager und Auftraggeber fordern Kosteneffizienz, Flexibilität und Wartbarkeit.
  - Endanwender fordern hohe Performance und einfache Benutzbarkeit.
  - Projektleiter fordern Parallelisierbarkeit der Implementierung und gute Testbarkeit.
  - Betreiber fordern Administrierbarkeit und Sicherheit.
- Qualität der Architektur korreliert nicht notwendigerweise mit der Qualität des Endproduktes: Gute Architekturen können schlecht implementiert sein und dadurch die Qualität des Gesamtsystems mindern. Aus hervorragendem Quellcode kann jedoch nicht auf die Qualität der Architektur geschlossen werden. Insgesamt gilt daher: Architektur ist für die Qualität eines Systems notwendig, aber nicht hinreichend.
- Die Erfüllung sämtlicher funktionaler Anforderungen lässt keinerlei Aussage über die Erreichung der Qualitätsanforderungen zu. Betrachten Sie das Beispiel eines einfachen Sortierverfahrens: Die (triviale) Anforderung, eine Menge von Variablen gemäß eines vorgegebenen Sortierkriteriums aufsteigend zu ordnen, ist eine beliebte Programmieraufgabe für Einsteiger. Nun denken Sie an einige zusätzliche nichtfunktionale Anforderungen, etwa:
  - Sortierung großer Datenmengen (Terabyte), die nicht mehr zeitgleich im Hauptspeicher gehalten werden können.
  - Sortierung robust gegenüber unterschiedlichen Sortierkriterien (Umlaute, akzentuierte Zeichen, Phoneme, Ähnlichkeitsmaße und anderes).
  - Sortierung für viele parallele Benutzer.
  - Sortierung unterbrechbar für lang laufende Sortiervorgänge.
  - Erweiterbarkeit um weitere Algorithmen, beispielsweise für ressourcenintensive Vergleichsoperationen.
  - Entwickelbarkeit im räumlich verteilten Team.

Diese Qualitätsanforderungen können von naiven Implementierungen nicht erfüllt werden – dazu bedarf es grundlegender architektonischer Maßnahmen!

Viele Publikationen[14] über Software-Architektur ignorieren das Thema der nichtfunktionalen Anforderungen völlig. Es scheint fast, als fielen Verständlichkeit, Wartbarkeit und Perfor-

---

[14] Asche auf mein Haupt – in der ersten Auflage dieses Buches habe ich die gleiche Unterlassung begangen. Sie halten zum Glück eine neuere Auflage in der Hand. ☺

mance von Systemen als Nebenprodukte ab, wenn der eifrige Architekt nur in ausreichender Menge Design- und Architekturmuster anwendet. Das Gegenteil ist der Fall:

 Qualitätsmerkmale müssen Entwurfsziele sein. Treffen Sie Entscheidungen zur Erreichung solcher Ziele bewusst und frühzeitig. Qualität entsteht nicht von selbst, sondern muss konstruiert werden!

3.6.1 Qualitätsmerkmale von Software-Systemen

Die Qualität von Software-Systemen wird immer bezogen auf einzelne Eigenschaften oder Merkmale. Beispiele für solche Merkmale sind Effizienz (Performance), Verfügbarkeit, Änderbarkeit und Verständlichkeit.

Es gibt eine ganze Reihe unterschiedlicher Definitionen von Qualitätsmodellen und Qualitätsmerkmalen. Die bekannten Qualitätsmodelle (siehe etwa [Wallmüller01]) definieren einige zentrale Qualitätseigenschaften (beispielsweise Zuverlässigkeit, Effizienz, Wartbarkeit, Portabilität etc.) und verfeinern diese Eigenschaften durch eine Hierarchie weiterer Merkmale.

Egal, welches dieser Modelle Sie verwenden: Achten Sie darauf, innerhalb Ihrer Projekte, besser noch innerhalb ganzer Organisationen, eine einheitliche Terminologie einzuführen.

Tabelle 3.4 zeigt Ihnen die Qualitätsmerkmale gemäß DIN/ISO 9126.[15] Diese Norm enthält die wesentlichen Begriffe rund um Software-Qualität. Ihr fehlen jedoch zwei wichtige Qualitätsziele von Software-Architekturen:

- Verständlichkeit der Architektur selbst.
- Testbarkeit der Architektur.

Falls Sie in dieser Tabelle (vergeblich) nach dem Stichwort „Performance" suchen – im DIN-normierten Sprachgebrauch heißt es „Effizienz".

TABELLE 3.4 Qualitätsmerkmale nach DIN/ISO 9126

Funktionalität	Vorhandensein von Funktionen mit festgelegten Eigenschaften; diese Funktionen erfüllen die definierten Anforderungen
▪ Angemessenheit	Liefern der richtigen oder vereinbarten Ergebnisse oder Wirkungen, z.B. die benötigte Genauigkeit von berechneten Werten
▪ Richtigkeit	Eignung der Funktionen für spezifizierte Aufgaben, z.B. aufgabenorientierte Zusammensetzung von Funktionen aus Teilfunktionen
▪ Interoperabilität	Fähigkeit, mit vorgegebenen Systemen zusammenzuwirken. Hierunter fällt auch die Einbettung in die Betriebsinfrastruktur.
▪ Ordnungsmäßigkeit	Erfüllung von anwendungsspezifischen Normen, Vereinbarungen, gesetzlichen Bestimmungen und ähnlichen Vorschriften

(Fortsetzung nächste Seite)

---

[15] Es gibt einige Nachfolgestandards (ISO 25000 – 25030), die jedoch in die Praxis bislang wenig Einzug gehalten haben.

▪ Sicherheit		Fähigkeit, unberechtigten Zugriff, sowohl versehentlich als auch vorsätzlich, auf Programme und Daten zu verhindern
Zuverlässigkeit		Fähigkeit der Software, ihr Leistungsniveau unter festgelegten Bedingungen über einen festgelegten Zeitraum zu bewahren
▪ Reife		Geringe Versagenshäufigkeit durch Fehlzustände
▪ Fehlertoleranz		Fähigkeit, ein spezifiziertes Leistungsniveau bei Software-Fehlern oder Nicht-Einhaltung ihrer spezifizierten Schnittstelle zu bewahren
▪ Wiederherstellbarkeit		Fähigkeit, bei einem Versagen das Leistungsniveau wiederherzustellen und die direkt betroffenen Daten wiederzugewinnen.
Benutzbarkeit		Aufwand, der zur Benutzung erforderlich ist, und individuelle Beurteilung der Benutzung durch eine festgelegte oder vorausgesetzte Benutzergruppe; hierunter fällt auch der Bereich Softwareergonomie.
▪ Verständlichkeit		Aufwand für den Benutzer, das Konzept und die Anwendung zu verstehen
▪ Erlernbarkeit		Aufwand für den Benutzer, die Anwendung zu erlernen (z.B. Bedienung, Ein-, Ausgabe)
▪ Bedienbarkeit		Aufwand für den Benutzer, die Anwendung zu bedienen
Effizienz		Verhältnis zwischen dem Leistungsniveau der Software und dem Umfang der eingesetzten Betriebsmittel unter festgelegten Bedingungen
▪ Zeitverhalten		Antwort- und Verarbeitungszeiten sowie Durchsatz bei der Funktionsausführung
▪ Verbrauchsverhalten		Anzahl und Dauer der benötigten Betriebsmittel für die Erfüllung der Funktionen
Änderbarkeit		Aufwand, der zur Durchführung vorgegebener Änderungen notwendig ist. Änderungen: Korrekturen, Verbesserungen oder Anpassungen an Änderungen der Umgebung, der Anforderungen und der funktionalen Spezifikationen
▪ Analysierbarkeit		Aufwand, um Mängel oder Ursachen von Versagen zu diagnostizieren oder um änderungsbedürftige Teile zu bestimmen
▪ Modifizierbarkeit		Aufwand zur Ausführung von Verbesserungen, zur Fehlerbeseitigung oder Anpassung an Umgebungsänderungen
▪ Stabilität		Wahrscheinlichkeit des Auftretens unerwarteter Wirkungen von Änderungen
▪ Prüfbarkeit		Aufwand, der zur Prüfung der geänderten Software notwendig ist
Übertragbarkeit		Eignung der Software, von einer Umgebung in eine andere übertragen zu werden. Umgebung kann organisatorische Umgebung, Hardware- oder Software-Umgebung einschließen.
▪ Anpassbarkeit		Software an verschiedene festgelegte Umgebungen anpassen
▪ Installierbarkeit		Aufwand, der zum Installieren der Software in einer festgelegten Umgebung notwendig ist
▪ Konformität		Grad, in dem die Software Normen oder Vereinbarungen zur Übertragbarkeit erfüllt
▪ Austauschbarkeit		Möglichkeit, diese Software anstelle einer spezifizierten anderen in der Umgebung jener Software zu verwenden, sowie der dafür notwendige Aufwand

3.6.2 Szenarien konkretisieren Qualität

Jetzt kennen Sie zwar die wichtigsten Qualitätsmerkmale, benötigen aber noch ein Mittel, um diese Merkmale praxisgerecht für Ihre Projekte zu konkretisieren und zu definieren. Hierzu eignen sich Szenarien (nach [Bass+03]). Szenarien beschreiben, was beim Eintreffen eines Stimulus auf ein System in bestimmten Situationen geschieht. Sie charakterisieren damit das Zusammenspiel von Stakeholdern mit dem System. Szenarien operationalisieren Qualitätsmerkmale und machen sie messbar.

Typen von Szenarien

Es gibt einige unterschiedliche Typen von Szenarien:

- *Anwendungsszenarien* beschreiben, wie das System zur Laufzeit auf einen bestimmten Auslöser reagieren soll. Hierunter fallen auch Szenarien zur Beschreibung von Effizienz oder Performance. Beispiel: Das System beantwortet eine Benutzeranfrage innerhalb einer Sekunde.
- *Änderungsszenarien* beschreiben eine Modifikation des Systems oder seiner unmittelbaren Umgebung. Beispiel: Eine zusätzliche Funktionalität wird implementiert, oder die Anforderung an ein Qualitätsmerkmal ändert sich.
- *Stress- oder Grenzszenarien* beschreiben, wie das System auf Extremsituationen reagiert. Beispiele: Das System soll jetzt im Online- statt wie bisher im Batch-Betrieb laufen. Wie reagiert das System auf einen Stromausfall?

Beispiele für Szenarien

Ich möchte Ihnen die Anwendung von Szenarien zur Konkretisierung von Qualitätsanforderungen anhand einiger Beispiele verdeutlichen.

- *Anwendungsszenarien:*
  - Die Antwort auf eine Angebotsanfrage muss Endbenutzern im Regelbetrieb in weniger als 5 Sekunden dargestellt werden. Im Betrieb unter Hochlast (Jahresendgeschäft) darf eine Antwort bis zu 15 Sekunden dauern, in diesem Fall ist vorher ein entsprechender Hinweis darzustellen.
  - Ein Benutzer ohne Vorkenntnisse muss bei der erstmaligen Verwendung des Systems innerhalb von 15 Minuten in der Lage sein, die gewünschte Funktionalität zu lokalisieren und zu verwenden.
  - Bei Eingabe illegaler oder fehlerhafter Daten in die Eingabefelder muss das System entsprechende spezifische Hinweistexte ausgeben und anschließend im Normalbetrieb weiterarbeiten.
- *Änderungsszenarien:*
  - Die Programmierung neuer Versicherungstarife muss in weniger als 30 Personentagen möglich sein.
  - Die Unterstützung einer neuen Browser- oder Client-JDK-Version muss in weniger als 30 Personentagen programmiert und getestet werden können.

- *Stress- oder Grenzszenarien:*
  - Bei Ausfall einer CPU muss das Ersatzsystem (Hot-Spare) im Normalbetrieb innerhalb von 15 Minuten online sein.
  - Die Anbindung eines neuen CRM-Systems[16] muss innerhalb von 60 Tagen möglich sein.

Bestandteile von Szenarien

Nach diesen Beispielen können Sie sicherlich etwas Methodik vertragen: Szenarien bestehen aus folgenden wesentlichen Teilen (in Klammern die Terminologie aus [Bass+03]):

- Auslöser (*stimulus*): beschreibt eine spezifische Zusammenarbeit des (auslösenden) Stakeholders mit dem System. Beispiele: Ein Benutzer ruft eine Funktion auf, ein Entwickler programmiert eine Erweiterung, ein Administrator installiert oder konfiguriert das System.
- Quelle des Auslösers (*source*): beschreibt, woher der Auslöser stammt. Beispiele: intern oder extern, Benutzer, Betreiber, Angreifer, Manager.
- Umgebung (*environment*): beschreibt den Zustand des Systems zum Zeitpunkt des Auslösers. Befindet sich das System unter Normal- oder Höchstlast? Ist die Datenbank verfügbar oder nicht? Sind Benutzer online oder nicht? Hier sollten Sie alle Bedingungen beschreiben, die für das Verständnis des Szenarios wichtig sind.
- Systembestandteil (*artifact*): beschreibt, welcher Bestandteil des Systems vom Auslöser betroffen ist. Beispiele: Gesamtsystem, Datenbank, Webserver.
- Antwort (*response*): beschreibt, wie das System durch seine Architektur auf den Auslöser reagiert. Wird die vom Benutzer aufgerufene Funktion ausgeführt? Wie lange benötigt der Entwickler zur Programmierung? Welche Systemteile sind von Installation/Konfiguration betroffen?
- Antwortmetrik (*response measure*): beschreibt, wie die Antwort gemessen oder bewertet werden kann. Beispiele: Ausfallzeit in Stunden, Korrektheit Ja/Nein, Änderungszeit in Personentagen, Reaktionszeit in Sekunden.

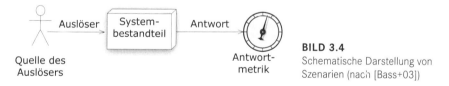

BILD 3.4 Schematische Darstellung von Szenarien (nach [Bass+03])

Szenarien und Qualitätsmerkmale

Ich möchte Ihnen nun etwas allgemeiner vorstellen, wie Sie Qualitätsmerkmale mit Hilfe von Szenarien beschreiben. Dazu stelle ich zu ausgewählten Qualitätsmerkmalen mögliche Werte für die einzelnen Teile von Szenarien vor. Das Konzept dieser Darstellung stammt aus [Bass+03].

---

[16] CRM (Customer-Relationship-Management, deutsch *Verwaltung von Kundenbeziehungen*) hat das Ziel, Kundenbeziehungen in einem Unternehmen zu organisieren und somit die Kundenzufriedenheit und -bindung sowie die Profitabilität zu erhöhen (nach: [Wikipedia]).

Bitte beachten Sie, dass es sich bei dieser Darstellung um allgemeine exemplarische Darstellungen handelt, die Sie für die Qualitätsanforderungen Ihrer Projekte spezifisch anpassen müssen. Einige Beispiele spezifischer Szenarien finden Sie im vorangehenden Abschnitt.

In Abschnitt 3.7 finden Sie einige Vorschläge, wie Sie Qualitätsanforderungen erfüllen.

TABELLE 3.5 Allgemeine Szenarien für Zuverlässigkeit

Teil des Szenarios	Mögliche Werte
Quelle des Auslösers	intern oder extern
Auslöser	Fehler, Aus- oder Wegfall eines Systemteils, korrekte oder inkorrekte Nutzung eines Systemdienstes
Umgebung	Normalbetrieb oder besondere (eingeschränkte) Betriebsbedingungen
Systembestandteil	Gesamtsystem oder beliebige Bestandteile
Antwort	• Das System entdeckt und behebt den Fehler, benachrichtigt Verantwortliche, schaltet fehlerhafte Bestandteile ab oder ersetzt sie. • Das System oder ein Bestandteil geht durch den Auslöser in einen Fehlerzustand über oder stellt die Funktion ein.
Antwortmetrik	• Zeiten, in denen das System verfügbar oder wiederhergestellt sein muss. • Zeit, die zwischen der Entdeckung eines Fehlers/Fehlverhaltens und seiner Behebung vergeht. • Zeit, die das System in eingeschränktem Betriebszustand oder Fehlerzustand verbleiben darf.

TABELLE 3.6 Allgemeine Szenarien zur Änderbarkeit

Teil des Szenarios	Mögliche Werte
Quelle des Auslösers	Benutzer, Entwickler, Systemadministrator, Manager, Organisatorischer Kontext
Auslöser	Wunsch nach: • erweiterter oder geänderter Funktionalität • erweiterter nichtfunktionaler Eigenschaft • anderem Einsatz-, Nutzungs- oder Betriebskonzept • geänderten organisatorischen Rahmenbedingungen (Gesetzesauflagen, Normen)
Umgebung	Entwicklungs-, Betriebs- oder Laufzeit
Systembestandteil	Gesamtsystem, beliebiger Systembestandteil (Anmerkung: Von Änderungsszenarien können auch externe Systeme betroffen sein.)
Antwort	Identifikation der zu ändernden Systembestandteile innerhalb der Architektur, Durchführung der Änderung (mit/ohne Nebenwirkung auf weitere Systemteile), Test und Inbetriebnahme der Änderung
Antwortmetrik	Kosten, Aufwand, Umfang der von der Änderung betroffenen Systemteile (Funktionen, Daten, sonstige Systembestandteile).

TABELLE 3.7 Allgemeine Szenarien zur Effizienz (landläufig: Performance)

Teil des Szenarios	Mögliche Werte
Quelle des Auslösers	intern oder extern
Auslöser	beliebiges Ereignis: periodisch, sporadisch, zufällig, gezielt
Umgebung	Normalbetrieb, Hochlast, Überlast
Systembestandteil	Gesamtsystem
Antwort	Auslöser beeinflusst Ausführungsverhalten (Kann das System nach dem Auslöser vollständig oder nur noch eingeschränkt genutzt werden? Sind Funktionen und Daten eingeschränkt oder vollständig nutzbar?) oder Laufzeitverhalten des Systems (wie ändern sich Zeitverhalten oder Ressourcennutzung durch den Auslöser?).
Antwortmetrik	Latenz, Reaktionszeit, Durchsatz Fehlerrate, Menge verlorener Daten oder nicht mehr verfügbarer Funktionen, Schwankungen in der Möglichkeit des Systemzugriffs

Hierzu gehören die üblicherweise als Mengengerüste bezeichneten Informationen: Wie viele Benutzer bearbeiten wann wie viele Daten in welcher Zeit? Welche Reaktionszeiten oder Durchsätze soll das System erbringen, welche Prozessor- oder Datenbanklast darf dabei entstehen?

Mengen- und Zeitangaben solcher Art bilden eine gute Grundlage für Effizienz- oder Performanceszenarien.

TABELLE 3.8 Allgemeine Szenarien zu Benutzbarkeit und Verständlichkeit

Teil des Szenarios	Mögliche Werte
Quelle des Auslösers	Benutzer, Architekt, Entwickler
Auslöser	Quelle versucht: • effiziente und korrekte Benutzung des Systems zu erlernen • Bedien- oder Anwendungskonzept des Systems zu verstehen • Auswirkung von Fehlbedienung zu minimieren • System an eigene Bedürfnisse anzupassen (zu konfigurieren) • System- und Softwarearchitektur zu verstehen
Umgebung	Normalbetrieb, Laufzeit, Installations- oder Konfigurationszeit
Systembestandteil	Gesamtsystem (betroffen meist Benutzungsoberfläche und Ablaufsteuerung), Architekturdokumentation
Antwort	• System unterstützt durch Beispiele oder Erklärungen. • Fehlerhafte Bedienung hat lokale/übergreifende Auswirkung. • System(teil) ist nicht konfigurierbar. • System- und Softwarearchitektur mit zugrunde liegenden Konzepten ist nicht dokumentiert.

Teil des Szenarios	Mögliche Werte
Antwortmetrik	- Zeitaufwand, Einarbeitungszeit, Zeit bis zum Verständnis einer neuen Funktion, Verhältnis der erfolgreichen Nutzungen zu den Nutzungen insgesamt, Umfang beschädigter Daten - Hinsichtlich der Verständlichkeit der Architektur: Schulnoten

In den Szenarien bezüglich Benutzbarkeit und Verständlichkeit weiche ich von der DIN/ISO 9126 ab, weil insbesondere die Verständlichkeit der Software-Architektur für mich zu den wichtigen Architekturzielen und damit nichtfunktionalen Anforderungen gehört.

Eine leicht verständliche Architektur ohne (unliebsame) Überraschungen gehört zu den wesentlichen Voraussetzungen für Wartbarkeit und Änderbarkeit.

 Verständlichkeit von Architekturen entzieht sich der sinnvollen Quantifizierbarkeit. Ich habe positive Erfahrung mit der Vergabe von Schulnoten gemacht: Lassen Sie die Leser und Reviewer von Architekturen die Verständlichkeit der Architektur und ihrer Dokumentation (kapitel-/dokumentenweise) bewerten. Zwar ist diese Metrik subjektiv, sie gibt Ihnen aber wertvolle Hinweise, wo und bei wem Sie die Verständlichkeit erreicht haben und wo nicht.

TABELLE 3.9 Allgemeine Szenarien zur Sicherheit

Teil des Szenarios	Mögliche Werte
Quelle des Auslösers	- intern oder extern - Person (korrekt, fehlerhaft oder gar nicht identifiziert)
Auslöser	Quelle versucht: - Daten anzuzeigen, zu ändern oder zu löschen - Dienste oder Daten des Systems zu nutzen - Verfügbarkeit des Systems einzuschränken
Umgebung	Entwicklungs-, Lauf- oder Betriebszeit, mit/ohne Firewall oder ähnlichen Schutzmechanismen.
Systembestandteil	Gesamtsystem, Dienste/Funktionen des Systems, bearbeitete oder gespeicherte Daten, verbundene Fremdsysteme
Antwort	- Benutzer wird korrekt/inkorrekt authentisiert/autorisiert. - Zugriff auf Daten oder Funktionen erlaubt/verweigert - Daten werden gelesen, verändert, gelöscht. - Erkennung eines Angriffs, Benachrichtigung - Verfügbarkeit des Systems wird eingeschränkt.

(Fortsetzung nächste Seite)

Teil des Szenarios	Mögliche Werte
Antwortmetrik	- Zeit/Aufwand zur Umgehung der Sicherheitsmaßnahmen - Wahrscheinlichkeit eines erfolgreichen Angriffs oder der Entdeckung eines Angriffs - Menge der bei oder nach einem Angriff noch verfügbaren Daten oder Systemdienste - Grad/Umfang der Schädigung innerhalb und außerhalb des Systems

Hier kann ich bei weitem nicht alle Aspekte von Sicherheit in der IT abdecken. In [Möricke04] finden Sie weiterführende Hinweise.

Szenarien unterstützen bei Architekturbewertung

Bewertung: Kapitel 10

Sie können Szenarien auch nutzen, um Ihre Architekturen hinsichtlich spezifischer Qualitätsmerkmale zu bewerten. Eine kurze Einführung in die Architekturbewertung finden Sie in Kapitel 10.

Im folgenden Abschnitt 3.7 möchte ich Ihnen einige Maßnahmen vorstellen, mit denen Sie bestimmte Qualitätsmerkmale erreichen können.[17] Sie dienen in Ihren Projekten als Ausgangspunkte oder Diskussionsgrundlagen.

3.7 Lösungsstrategien entwickeln

Nach der Klärung von Anforderungen, Einflussfaktoren und Risiken, insbesondere der geforderten Qualitätsmerkmale und Projektrisiken, kennen Sie also die Schwierigkeiten, die beim Entwurf des Systems auf Sie zukommen. Nun gilt es, passende Lösungsstrategien und -alternativen zu entwickeln.

Diese Strategien entwickeln Sie parallel zum Entwurf von Sichten und Aspekten (zu denen Sie in Kapitel 4, 5 und 7 noch viel mehr lesen).

Wie bereits bei der Identifikation der Projektrisiken gilt: Es gibt keinen allgemeingültigen Weg zu Lösungsstrategien.

Ich möchte Ihnen in diesem Abschnitt Ratschläge und Anregungen zu einigen häufig vorkommenden Problembereichen von Software-Systemen geben:

- Organisatorische Probleme: Mangel an Zeit, Budget oder Erfahrung
- Performance
- Flexibilität und Erweiterbarkeit

---

[17] [Bass+03] nennen solche Maßnahmenvorschläge *Architectural Tactics*.

Sollten einige Ihrer spezifischen Probleme in eher technischen Bereichen angesiedelt sein, kann Ihnen sicherlich der Katalog typischer Architekturaspekte (Kapitel 7) weiterhelfen. Dort finden Sie Tipps und Hinweise zu einer Vielzahl von Aspekten des praxisorientierten Software-Entwurfs.

3.7.1 Strategien gegen organisatorische Risiken

Meiner Erfahrung nach leiden die meisten Software-Projekte unter mindestens einem der folgenden (organisatorischen) Risiken:

- *Zu wenig Zeit:* Die Zeit bis zum Endtermin ist zu knapp bemessen, um die Anforderungen mit dem zugehörigen Projektteam zu erfüllen.
- *Zu wenig Budget:* Es mangelt dem Projekt an Geld. Aus Projektsicht notwendige Investitionen in Hardware, Software oder Wissen (in Form von Schulungen oder weiteren Mitarbeitern) unterbleiben.
- *Zu wenig Wissen und Erfahrung:* Es mangelt dem Projektteam an Wissen und Erfahrung in einigen Bereichen der Entwicklung. Beispielsweise wird ein neues, dem Team unbekanntes Entwicklungswerkzeug eingesetzt.

> Zu wenig Zeit, knappes Budget
>
> Knappe Ressourcen

In seinem Buch „Death March" ([Yourdon99]) gibt Edward Yourdon einige Ratschläge, wie Sie in schwierigen Projekten Ihr eigenes fachliches Überleben sichern. Falls die Situation Ihrer Ansicht nach völlig aussichtslos erscheint, sollten Sie dort nach Rettungsvorschlägen suchen.

Für die in der Praxis häufig vorkommenden „normal kritischen" Situationen gebe ich Ihnen bezüglich der Software-Architektur folgende Ratschläge:

- Arbeiten Sie bei organisatorischen Problemen eng mit der Projektleitung oder dem Projektmanagement zusammen.
- Sie als Software-Architekt können wertvolle Hinweise zum Risikomanagement des Projektes liefern. Auf diese Weise können manche der Einflussfaktoren verhandelt werden (was Ihnen wiederum mehr Spielraum beim Entwurf der Architektur lässt).
- Sie können gemeinsam mit der Projektleitung alternative Modelle der Auslieferung oder Fertigstellung erarbeiten. Beispiel: Am vereinbarten Endtermin wird lediglich ein Teil der gewünschten Funktionalität geliefert.
- Sie können gemeinsam mit der Projektleitung die Auswirkung kritischer Anforderungen mit dem Auftraggeber diskutieren (und hier ebenfalls eine Entspannung der Situation erreichen).
- Falls sich die organisatorischen Probleme direkt auf technische Aspekte des Systems oder einzelne Bestandteile auswirken: Nutzen Sie diese Sachverhalte für Verhandlungen mit Projektleitung, Auftraggebern und Kunden.
- Prüfen Sie mit dem Auftraggeber, ob eine Revision der *Make-or-buy*-Entscheidung die Situation entschärfen kann. Gegebenenfalls kann auch der Zukauf einzelner Komponenten oder Systembestandteile helfen.

> Kooperation mit Projektleitung und Risikomanagement

- Überarbeiten Sie mit dem Auftraggeber die Anforderungen an das System. Verhandeln Sie über andere Prioritäten der Anforderungen, um die Einschränkungen durch einige Einflussfaktoren zu lockern. Besonders kritisch und aufwändig sind (oftmals überzogene) Anforderungen an Verfügbarkeit und Performance.

Bedenken Sie bei organisatorischen Problemen einige wichtige Erfahrungen von Software-Projekten:

- Niemand arbeitet unter hohem Druck besonders produktiv. Und keiner denkt unter Druck schneller. Im Gegenteil: Hoher Druck erhöht die Fehlerquote und die Bereitschaft zu „schmutzigen Tricks".
- Einem verspäteten Projekt mehr Mitarbeiter zu geben, macht das Projekt noch später ([Brooks95]).
- Zusätzliche Probleme tauchen von allein auf. Bauen Sie daher in alle Schätzungen Sicherheitszuschläge ein. Unterschätzen Sie sich lieber, als sich zu überschätzen.
- Wenn die Politik nicht mitspielt, wird das System niemals laufen.

3.7.2 Strategien für hohe Performance

In meinen Projekten habe ich gelernt, dass praktisch jeder Auftraggeber eine hohe Performance[18] fordert. In vielen Fällen wird diese Forderung sehr allgemein formuliert („kurze Antwortzeiten").

BEISPIEL: Für eine Call-Center-Software forderte der Auftraggeber eine maximale Antwortzeit von einer Sekunde für sämtliche Operationen. Diese Anforderung wurde sehr hoch priorisiert und als formales Abnahmekriterium festgeschrieben. Gleichzeitig schrieb der Auftraggeber vor, sämtliche Daten des Systems mittels bereits vorhandener Mainframe-Systeme zu bearbeiten. Sekundäre oder redundante Datenspeicher zur Performancesteigerung waren nicht erlaubt.

Durch einen funktionalen Prototypen konnte der Architekt nachweisen, dass viele der Zugriffe auf diese Mainframe-Systeme bereits deutlich mehr als eine Sekunde benötigten.

Die Anforderung bezüglich der Antwortzeiten wurde daraufhin neu verhandelt. Der Auftraggeber verringerte die Priorität und formulierte sie wie folgt um:

„Die Antwortzeiten des Systems dürfen maximal eine Sekunde plus die kumulierten Antwortzeiten der beteiligten Mainframe-Systeme betragen."

---

[18] Ich bleibe hier beim Begriff „Performance", obwohl die in Abschnitt 3.5 vorgestellte DIN/ISO Norm 9126 von „Effizienz" spricht.

Einige grundlegende Hinweise zur Bewältigung hoher Performanceanforderungen:

- Benutzen Sie einen Profiler, und führen Sie Lasttests durch. Lastkurven helfen in vielen Fällen, die Performance-Engpässe zu finden.
- Lösen Sie das Problem durch zusätzliche Hardware. Hardware ist (manchmal) preiswerter als Gehirnschmalz. Zusätzliche Prozessoren, schnellere Netzwerke oder schnellere Datenbankserver können in manchen Fällen für ausreichende Performance sorgen. Einige Probleme bleiben mit diesem Ansatz jedoch erhalten:
  - Er erfordert teilweise erhebliche (Anfangs-) Investitionen.
  - Sie müssen im Vorfeld den „Beweis" erbringen, dass die zusätzliche Hardware die Performance-Anforderungen erfüllt.
- Versuchen Sie, mit Ihren Auftraggebern die gewünschte Performance des Systems neu zu verhandeln.
- Verringern Sie die Kommunikation der Systemkomponenten. Fügen Sie Platzhalter oder Proxy-Klassen ein, um Kommunikation und Datentransfer zu sparen (Details finden Sie in Kapitel 5).
- Verringern Sie die Flexibilität des Systems. Verzichten Sie auf zusätzliche Abstraktionsschichten.
- Verzichten Sie auf Verteilung. Verlagern Sie performancekritische Teile der Software zusammen auf einen Rechner oder Knoten, statt sie auf unterschiedliche Knoten zu verteilen.
- Führen Sie Redundanzen ein: Sie können Kopien kritischer Daten im Speicher halten, statt sie aus einer Datenbank zu lesen.
- Seien Sie pragmatisch: Wenn Performance wirklich wichtig ist, können Sie den Abstraktionsgrad der Programmiersprache verringern: Setzen Sie betriebssystemnahe Sprachen oder Assembler statt objektorientierter Sprachen ein.

Zusätzliche Hardware

BEISPIEL: Eine Bank entwickelte ein System für Online-Überweisungen im Internet. Die Zielplattform waren „Personal Digital Assistants" (PDA) in Verbindung mit Mobiltelefonen. Als Programmiersprache sollte Java eingesetzt werden. Die Sicherheit der Datenübertragung sollte durch den „Secure Socket Layer" (SSL) erreicht werden. Die Performance war kritisch für die Akzeptanz und wurde daher hoch priorisiert.

Ein erster Prototyp, vollständig in Java implementiert, benötigte für den (komplexen) Anmeldevorgang (mit SSL-Handshake) am zentralen Server mehr als drei Minuten – eine nicht akzeptable Zeit.

Zusätzliche oder andere Hardware war in diesem Fall nicht möglich. Daher wurde die Architektur des Systems vereinfacht: Abstraktionsschichten innerhalb der Java-Anwendung entfielen. Zusätzlich entschloss sich der verantwortliche Software-Architekt, für die SSL-Implementierung Assembler statt Java einzusetzen. Mit Erfolg – die Anmeldung dauert mittlerweile nur noch etwa 4 Sekunden.

Der Nachteil: Das System hat dadurch massiv an Wartbarkeit und Verständlichkeit verloren. Die erwarteten Vorteile von Java hinsichtlich Portierbarkeit konnten nur eingeschränkt genutzt werden.

3.7.3 Strategien für Anpassbarkeit und Flexibilität

Flexibilität eines Systems umfasst Analysierbarkeit (änderungsbedürftige Teile identifizieren), Modifizierbarkeit (Anpassung) und Stabilität (keine unerwarteten Auswirkungen nach Änderungen). In praktisch allen Fällen kollidiert die Forderung nach hoher Anpassbarkeit und Flexibilität mit den Forderungen nach hoher Performance.

BEISPIEL: In einem unserer Projekte stand aufgrund der hohen erwarteten Lebensdauer des Systems (mehr als 15 Jahre!) die Flexibilität der Anwendung im Vordergrund aller Anforderungen. Sämtliche Details der eingesetzten Hard- und Softwareplattform sollten durch Architekturmittel gekapselt werden, CORBA war „politisch" verpönt. Direkte Methodenaufrufe zwischen verschiedenen Komponenten wurden vom Auftraggeber untersagt und ausschließlich über das Entwurfsmuster „Command" erlaubt. Die Software-Architekten konnten diese Anforderungen durch die Einführung mehrerer Abstraktionsschichten erreichen, die jeweils technische Details der darunter liegenden Schichten kapselten.

Gleichzeitig forderte der Auftraggeber allerdings eine sehr hohe Performance und kurze Antwortzeiten. Diese Forderung kollidiert mit der Schichtenbildung, die für die gewünschte Flexibilität notwendig war.

In diesem Fall zeigte ein ausführlicher technischer Prototyp die Unvereinbarkeit beider Anforderungen. Nach langen Verhandlungen willigte der Kunde ein, die (aus meiner Sicht übertriebenen) Forderungen hinsichtlich der Flexibilität zu lockern.

Wenn Flexibilität zu den Risiken (oder wichtigen Anforderungen) Ihres Systems gehört, dann können Ihnen folgende Ratschläge helfen:

Finden Sie gemeinsam mit Auftraggeber und Anwendern des Systems heraus, in welcher Hinsicht das System flexibel sein muss:

- Funktionalität (Hinzufügen neuer oder Modifizieren bestehender Funktionen)
- Datenstrukturen oder Datenmodell
- Eingesetzte Fremdsoftware (Datenbanksystem, GUI-Bibliothek, Middleware oder andere)
- Schnittstellen zu anderen Systemen (neue Schnittstellen, Modifikation bestehender Schnittstellen)

- Benutzerschnittstelle (veränderte Gestaltung oder Inhalte)
- Zielplattform (Portabilität auf andere Betriebssysteme, Datenbanken oder Kommunikationssysteme)

Diese Informationen können den Bereich der notwendigen Flexibilität einschränken und Ihnen beim Entwurf des Systems mehr Freiheiten verschaffen. Sie können auf Basis dieser Informationen „Was-wäre-wenn"-Szenarien entwickeln, um verschiedene Architekturalternativen auf ihre Eignung zu prüfen. Mehr zum Thema „Bewertung von Architekturen" finden Sie in Kapitel 9 sowie in [Clements+02], [Bosch2000], [Bass+03] und [Parnas72].

- Betreiben Sie möglichst ausgiebig „Information Hiding":
  - Verbergen Sie die internen Details einer Komponente vor anderen Komponenten.
  - Führen Sie interne Abstraktionsschichten ein.
  - Verringern Sie Abhängigkeiten zwischen Komponenten. Dabei kann Ihnen Kapitel 5 über Entwurfsprinzipien helfen.
- Halten Sie die Änderungen möglichst lokal: Die notwendigen oder erwarteten Änderungen sollten auf möglichst wenige Bausteine des Gesamtsystems beschränkt bleiben.
- Entkoppeln Sie Systembestandteile weitmöglichst voneinander:
  - Lassen Sie Bausteine immer über Schnittstellen miteinander kommunizieren
  - verwenden Sie möglichst niemals Implementierungsdetails der benutzten Bausteine (das gewährleistet die Austauschbarkeit von Bausteinen).
  - Verwenden Sie Adapter, Fassaden oder Proxies (siehe Kapitel 5 und [GoF]), um Bausteine voneinander zu entkoppeln.
- Sorgen Sie für verständlichen Quellcode – der unterstützt auch den Umbau im Großen. In Robert Martins empfehlenswertem Buch *Clean Code* ([Martin08]) finden Sie mehr dazu.

Falls Sie auch Flexibilität zur Laufzeit Ihrer Systeme benötigen, können Ihnen die folgenden Vorschläge helfen. Ihr Tenor lautet: Entscheiden Sie möglichst spät.

- Verwenden Sie Konfigurationsdateien, um Installations- oder Laufzeitparameter möglichst lange flexibel zu halten.
- Für objektorientierte Systeme:
  Verwenden Sie Polymorphismus*, um die Identifikation konkreter Typen erst zur Laufzeit vornehmen zu lassen (leider funktioniert das nur mit objektorientierten Programmiersprachen).

---

* Falls Ihnen der Begriff Polymorphismus nicht behagt: Bruce Eckel nennt es in [Eckel99] „Run-Time-Type-Identification".

3.7.4 Strategien für hohe Verfügbarkeit

Sie können die Verfügbarkeit Ihrer Systeme durch folgende grundsätzliche Maßnahmen verbessern: Fehlererkennung (*fault detection*), Fehlerbehebung (*fault recovery*) und Fehlerverhütung (*fault prevention*). Zu allen Dreien gebe ich Ihnen einige (kurze) Ratschläge, die Sie für Ihre konkreten Anforderungen spezialisieren müssen:

- Zur Fehlererkennung:
  Prüfen Sie frühzeitig auf Situationen, die zu Ausfällen oder Beeinträchtigungen führen können. Spendieren Sie beispielsweise Ihren Systemen eine robuste Ausnahmebehandlung, und/oder realisieren Sie Mechanismen, die periodisch (über *ping*- oder *echo*-Mechanismen) oder kontinuierlich (*heartbeat*) die Verfügbarkeit Ihrer Systeme prüfen.

- Zur Fehlerbehebung:
  – Lassen Sie mehrere redundante Bausteine über die Richtigkeit von Ergebnissen abstimmen (*voting*). Dies ist ein beliebtes, aber aufwändiges Mittel aus der Hochsicherheitstechnik.
  – Halten Sie Systembestandteile mehrfach redundant verfügbar (*hot spare*), und ersetzen Sie im Fehlerfall den defekten Systembestandteil durch ein solches Ersatzteil. Das gilt für Hardware wie auch für Software. Beispiel hierfür ist die Auslegung großer Rechenzentren, in denen die komplette Hard- und Software mehrfach und voneinander räumlich getrennt vorgehalten wird.[6]

- Zur Fehlerverhütung:
  – Verwenden Sie Transaktionen, indem Sie logisch zusammengehörige Operationen klammern. Falls innerhalb einer solchen Transaktion ein Fehler auftritt, setzen Sie das System durch ein Rollback auf den Zustand vor der Transaktion zurück.
  – Speichern Sie periodisch den gesamten Systemzustand in so genannten *Checkpoints*. Im Fehlerfall können Sie auf den letzten Checkpoint zurücksetzen.

* Für diese Strategie finden Sie auch den Begriff des Failover Cluster, wobei zwischen Hot-Standby- (Ersatzteil übernimmt ausschließlich im Fehlerfall) und Active-Active- (alle Teile laufen ständig mit und im Fehlerfall wird der defekte Teil ausgeschaltet) -Clustern differenziert wird. Eine gute Erläuterung dazu finden Sie in [Wikipedia].

Weiter mit Sichten und Dokumentation!

Schon mal als Vorwarnung: Im nächsten Kapitel stelle ich Ihnen die wichtigsten Sichten auf Software-Architekturen vor. Die müssen Sie kennen, bevor Sie mit dem Entwurf von Strukturen loslegen – dessen Prinzipien Sie in Kapitel 4 finden.

Das alles sollte die Systemanalyse geliefert haben

In einer idealen Situation hat die Systemanalyse oder das Requirements Engineering bereits alle hier aufgeführten Informationen passend aufbereitet. Gute Systemanalytiker entwickeln ein fachliches Modell, stellen Anforderungen, Einflussfaktoren und Randbedingungen systematisch dar und beschreiben die geforderten Qualitäten des Systems in Form von Szenarien.

Nach meiner Erfahrung betreiben jedoch nur wenige Projekte eine so ausführliche und methodische Systemanalyse. In den übrigen Projekten müssen die Software- und Systemarchitekten Teile dieser Analyse nachholen, insbesondere die hier dargestellten Einflussfaktoren, Randbedingungen, Risiken und Qualitätsmerkmale ermitteln und beschreiben.

■ 3.8 Weiterführende Literatur

Die hier vorgestellten Ansätze, Einflussfaktoren zu gruppieren, zu priorisieren und mit spezifischen Strategien zu adressieren, werden in einigen anderen Disziplinen seit langem erfolgreich angewandt, etwa im Risikomanagement von Projekten (siehe auch [Dorofee96]) oder dem *System Engineering* (siehe [Rechtin2000]).

[Bass+03] diskutieren Qualitätsmerkmale und Möglichkeiten zur Umsetzung als so genannte Architectural Tactics.

[Blaha98] beschreiben Ansätze zum Entwurf datenorientierter Systeme.

[Dorofee96] fokussiert auf ein durchgängiges System von Risikomanagement und beschreibt dazu ein System von Einflussfaktoren auf Projekte.

[Hofmeister2000] beschreibt eine „globale Analyse", die auch auf die Darstellung der Einflussfaktoren sowie die Entwicklung von Strategien abzielt.

[Martin08] zeigt den durchweg positiven Effekt von *Clean Code* auf: Verständlicher Quellcode hilft auch beim Verständnis von Architekturen.

[Meszaros97] stellt einige Muster zur Definition von Architekturen vor.

[Möricke04] bietet einen aktuellen Überblick über weitere Aspekte der IT-Sicherheit.

[Rechtin2000] ist eine Fundgrube für Heuristiken und Vorgehensweisen beim Entwurf von Architekturen.

[Siedersleben04] beschreibt das Vorgehen beim Entwurf von Komponenten. Zwar bleiben dabei viele der hier genannten Einflussfaktoren außen vor, jedoch erläutert er nachvollziehbar und praxisorientiert, wie Sie zu einer angemessenen Struktur von Komponenten kommen können.

[Yourdon99] charakterisiert pragmatisch und sehr praxisorientiert die Probleme „unmöglicher" Projekte („*mission impossible projects*"). Hier finden Sie Ratschläge und Heuristiken zur Schadensminimierung für die Projektbeteiligten.

4 Architektursichten zur Kommunikation und Dokumentation

> *Es ist offensichtliche Wahrheit,*
> *dass auch eine perfekte Architektur nutzlos bleibt, wenn sie nicht verstanden wird ...*
> *Die Architektur zu dokumentieren,*
> *ist der kritische, krönende Schritt zu ihrer Erschaffung.*
>
> [Bachmann2000]

Fragen, die dieses Kapitel beantwortet:

- Was müssen Architekten kommunizieren und dokumentieren?
- Was ist eine Sicht auf eine Architektur?
- Welche nützlichen Architektursichten gibt es?
- Wie entwerfen Sie die Sichten?
- Was gehört neben Sichten noch zur Architekturdokumentation?
- Welche Anforderungen muss eine Architekturdokumentation erfüllen?
- Was sollten Sie bei der Dokumentation von Architekturen beachten?

Software-Architekten müssen im Rahmen ihrer Kommunikations- und Dokumentationsaufgabe den übrigen Beteiligten des Projekts ihre Architektur erklären. Dazu gehören die Strukturen, Entscheidungen und Konzepte, deren Begründungen sowie Vor- und Nachteile. Manchmal müssen Software-Architekten all dies gegen Widerstände verteidigen oder die Architektur regelrecht vermarkten. Dazu bedarf es einer ausgewogenen Mischung aus Fingerspitzengefühl und Durchsetzungsvermögen, gepaart mit technischer und fachlicher Kompetenz. Aber Sie wussten ja bereits, dass es Software-Architekten manchmal schwer haben, oder?

In diesem Kapitel möchte ich Ihnen die genannte Aufgabe erläutern und die Anforderungen an eine praxisgerechte Dokumentation vorstellen. Im zweiten Schritt präsentiere ich Ihnen einfache Grundregeln, mit deren Hilfe Sie bereits eine ganze Reihe dieser Anforderungen erfüllen können. Im Hauptteil des Kapitels lernen Sie das Konzept von Sichten und Perspektiven kennen. Danach wissen Sie, wie Sie die Architekturdokumentation in Ihren Projekten aufbauen.

■ 4.1 Architekten müssen kommunizieren und dokumentieren

Software-Architekten treffen vielfältige Entwurfsentscheidungen, die von prägendem Einfluss auf die Arbeit anderer Projektbeteiligter sind. Um ein gemeinsames Verständnis der Architektur sicherzustellen, müssen Architekten ihre Architekturen (d.h. ihre Arbeitsergebnisse) *kommunizieren*. Bild 4.1 zeigt diese Aufgabe im Zusammenhang mit der Architekturentwicklung.

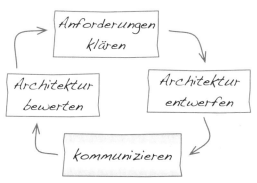

BILD 4.1 Kommunikationsaufgabe von Architekten

Nur durch Kommunizieren können Architekten ihre Entscheidungen motivieren, ihre Entwürfe propagieren sowie die spezifische Architektur dem gesamten Team vermitteln!

Diese Kommunikation erfolgt in der Regel zunächst mündlich (durch Erklären, Vorstellen und Überzeugen) und danach schriftlich (durch Dokumente). Für die langfristige Verwendung über die Lebensdauer von IT-Systemen hinweg ist die schriftliche Kommunikation wesentlich – praktisch jedes Projekt profitiert daher von einer methodisch und strukturell fundierten Dokumentation.

 In der Praxis scheitern Projekte immer wieder, weil Software-Architekten ihrer Kommunikationsaufgabe nicht angemessen nachkommen. Stimmen Sie mit Ihren Projektbeteiligten den jeweiligen Kommunikations- und Dokumentationsbedarf ab:

- Holen Sie aktiv Rückmeldungen von Ihren Stakeholdern ein – das hilft Ihnen, Defizite in Ihrer Architekturkommunikation frühzeitig zu erkennen.
- Bleiben Sie offen für Verbesserungsvorschläge – aber zeigen Sie bei Bedarf auch Durchsetzungs- oder Durchhaltevermögen. Sie tragen die Verantwortung für technische Entscheidungen.
- Verwenden Sie Sichten zur getrennten Beschreibung der unterschiedlichen Strukturen.
- Trennen Sie diese Sichten von den übergreifenden technischen Konzepten (deren Erläuterung finden Sie in Kapitel 7).

- Kommunizieren und dokumentieren Sie top-down: Beginnen Sie mit *Vogelperspektiven* und fügen schrittweise Details hinzu.
- Benutzen Sie Vorlagen oder Templates für die Gliederung Ihrer Dokumentation (einen bewährten Vorschlag finden Sie in Abschnitt 4.9.1).

Darum sollten Sie Architekturen dokumentieren

Der reine Quellcode kann in realen IT-Systemen aufgrund seines Umfangs[1] sowie seines niedrigen Abstraktionsniveaus die Aufgabe der Dokumentation nicht übernehmen. Nur Architekturen ermöglichen eine effektive (d.h. zielgerichtete) Kommunikation über ein IT-System.

Die Lebensdauer von IT-Systemen übersteigt in der Regel deutlich die ursprüngliche Erstellungszeit: Viele Systeme entstehen in Projekten von ungefähr einem Jahr Dauer und bleiben für fünf bis zehn Jahre im Einsatz.[1] Verständliche, aktuelle und redundanzfreie Dokumentation ermöglicht es in solchen Situationen, auch über einen langen Zeitraum

- den Überblick zu wahren,
- auftretende Fehler und Probleme kurzfristig zu beseitigen,
- geänderte Anforderungen mit angemessenem Aufwand zu erfüllen und
- auf Änderungen im gesamten technischen Umfeld (Hardware, Betriebssysteme, Middleware, Fremdsysteme, Datenbanken etc.) zu reagieren.

In IT-Systemen signifikanter Größe korreliert der Aufwand für die oben genannten Aktivitäten direkt mit der Güte der Architekturdokumentation.

4.2 Sichten

Ich möchte das Konzept von Sichten mit einer Analogie aus dem Immobilienbau motivieren: Beim Entwurf und Bau von Immobilien entstehen für unterschiedliche Projektbeteiligte völlig unterschiedliche Pläne. Hier eine (unvollständige) Liste:

TABELLE 4.1 Sichten auf Immobilien

Plan/Sicht	Bedeutung	Format	Nutzer
Grund- und Aufriss	Lage und Beschaffenheit von Mauern, Maueröffnungen (Türen, Fenstern, Durchgängen), Böden, Decken	Normiert nach DIN	Maurer, Käufer

(Fortsetzung nächste Seite)

---

[1] In manchen Bereichen, wie etwa der Eisenbahntechnik, bleiben Softwaresysteme teilweise länger als 30 Jahre in Betrieb (bzw. die Hersteller müssen für diese Zeit die Wartung und Weiterentwicklung gewährleisten).

Plan/Sicht	Bedeutung	Format	Nutzer
Elektroplan	Lage von spannungsführenden Leitungen, Schaltern, Steckdosen, Verteilern, Sicherungen sowie sonstiger Elektroinstallation	Normiert nach DIN	Architekt, Käufer, Elektriker, Küchenbauer, Verwaltung (wegen Stromversorgung)
Heizungs-, Wasser- und Sanitärplan	Lage von Wasser- und Abwasserleitungen, Heizungsrohren sowie Gasleitungen	Normiert nach DIN	Architekt, Heizungs- und Sanitärinstallateur, Käufer, Küchenbauer, Verwaltung (wegen Abwasseranschluss)
3D-Modell	Dreidimensionale Darstellung des Gebäudes im Ganzen oder in Teilen	Beliebig, Bilder oder Filme („virtuelle Begehung")	Käufer, Verkäufer
Raumplan	Zweidimensionale Darstellung von Zimmern und Einrichtung	Beliebig, angelehnt an DIN	Käufer, Innenarchitekt, Küchenbauer

Diese unterschiedlichen Pläne sind allesamt Modelle, d.h. Abstraktionen der Realität. Kein einzelner Plan gibt die gesamte Komplexität eines Hauses wieder, jeder Plan (jede Sicht) vernachlässigt gewisse Details: Jede Zielgruppe erhält genau die Pläne, die sie für ihre jeweilige Projektaufgabe benötigt!

Dieses Prinzip heißt Sichtenbildung. Viele Ingenieursdisziplinen arbeiten danach und verwenden dazu Normen, die Struktur, Syntax und Semantik ihrer Pläne (Sichten) detailliert beschreiben.

Interpretieren Sie eine Sicht als eine spezifische Perspektive, aus der heraus Sie ein beliebiges System betrachten können.

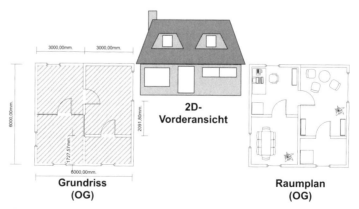

BILD 4.2 Drei Sichten auf eine Gebäudearchitektur

4.2.1 Sichten in der Software-Architektur

- Eine einzelne Darstellung vermag die Vielschichtigkeit und Komplexität einer Architektur nicht auszudrücken. Betrachten Sie dazu Bild 4.2. Daher sollten Sie Architekturen grundsätzlich aus mehreren Sichten oder Perspektiven beschreiben.
- Sichten ermöglichen die Konzentration auf einzelne Aspekte des Gesamtsystems und reduzieren somit die Darstellungskomplexität.
- Die Beschreibung von Architekturen ist für viele Projektbeteiligte mit ganz unterschiedlichen Informationsbedürfnissen wichtig. Zum Beispiel benötigen Auftraggeber und Projektleiter andere Informationen aus der Architekturbeschreibung als Programmierer, Qualitätssicherer und Betreiber.

Stakeholder, Anforderungen und Dokumente

Stakeholder benutzen Dokumente, um Architekturen zu verstehen und darüber zu kommunizieren. Verschiedene Stakeholder benötigen meistens auch unterschiedliche Arten von Dokumenten. In Abschnitt 4.9 finden Sie Beispiele einiger typischer Architekturdokumente.

 Eine Architekturdokumentation sollte sämtliche architekturrelevanten Belange der Stakeholder adressieren. Sie als Architekt stehen in der Pflicht, diese Stakeholder und deren Belange zu identifizieren und in der Architektur sowie ihrer Dokumentation zu berücksichtigen.

Sichten, Dokumente und Architekturdokumentation

Eine Sicht zeigt das System aus einer spezifischen Perspektive. Sie abstrahiert von Details, die für diese Perspektive nicht von Bedeutung sind. Sichten erlauben die Konzentration auf bestimmte Details oder bestimmte Aspekte.

Die Analogie aus der Gebäudearchitektur aus Bild 4.2 zeigt das Konzept von Sichten: Grundriss, Raumplan und 3D-Darstellung eines Gebäudes sind Sichten auf dessen Architektur, die jeweils einen bestimmten Aspekt hervorheben und dafür von anderen Details abstrahieren.

Dokumentation von Software- und Systemarchitekturen besteht ebenso aus mehreren Sichten, (meist) verteilt auf mehr als ein Dokument.

Die Diagramme oder textlichen Beschreibungen einer Sicht können auch unterschiedliche Abstraktionsebenen oder Detaillierungsstufen beschreiben. Damit können Sie verschiedene Teile einer einzigen Sicht beispielsweise für unterschiedliche Adressaten nutzen.

Sichten als Grundlage agiler Software-Architekturen

Architektursichten ermöglichen die praxisrelevante Beschreibung von Software-Architekturen. Die Sichten bleiben so flexibel, dass sie auch unterschiedlichen und heterogenen Projektanforderungen genügen. Damit bilden sie, neben den agilen Prozessen, eine wichtige Grundlage flexibler und anwendungsorientierter Softwareentwicklung.

Bei der Definition der Sichten standen *Agilität* und *Angemessenheit* im Vordergrund:

- Legen Sie Wert auf Flexibilität statt auf starre Muster. Setzen Sie Sichten bedarfsgerecht und effektiv ein, indem Sie die konkreten Informationsbedürfnisse der Stakeholder adressieren. Fragen Sie Ihre Stakeholder ausdrücklich, welche Aspekte des Systems sie für ihre jeweiligen Aufgaben benötigen.
- Und noch eine schwierige Regel: Verwenden Sie so wenig Formalismus wie möglich, aber so viel wie nötig.
- Orientieren Sie den Umfang der Dokumentation (von Sichten) am jeweiligen Risiko: Dokumentieren Sie Komponenten oder Systeme mit vielen Risikofaktoren ausführlich und detailliert. Bei Komponenten mit überschaubarem Risiko können Sie pragmatisch vorgehen und auf manche Details verzichten.

Wenig Formalismus

Orientierung am Risiko

4.2.2 Vier Arten von Sichten

Bild 4.3 zeigt die vier wichtigsten Arten von Sichten, um Software-Architekturen effektiv und bedarfsgerecht zu beschreiben. Je nach Art Ihres Projektes können Sie diese Sichten verschieden detailliert darstellen oder unterschiedlich gewichten.

Die Pfeile zwischen den Sichten symbolisieren dabei mögliche Abhängigkeiten oder Wechselwirkungen.

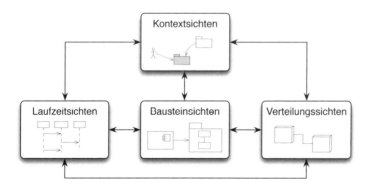

BILD 4.3 Vier Arten von Sichten

Der Plural bei der Bezeichnung der Sichten drückt aus, dass Sie in der Regel mehr als eine Sicht dieser Art entwickeln werden:

- Sie verfeinern einzelne Teile der Sichten: Die interne Struktur von Elementen, die in einer (abstrakteren) Sicht als Black-Boxes stehen, wird in Verfeinerungen offengelegt und erläutert.
- Sie beschreiben unterschiedliche Architekturbausteine des gleichen Abstraktionsniveaus in verschiedenen Sichten der gleichen Art. Wenn Ihr System beispielsweise aus drei Subsystemen besteht, würden Sie zu jedem dieser Subsysteme eine eigene Baustein- und Laufzeitsicht entwickeln.

Die Sichten – ein Überblick

- *Kontextabgrenzungen* – Wie ist das System in seine Umgebung eingebettet? Kontextabgrenzungen zeigen das System als Blackbox in seinem Kontext aus einer Vogelperspektive. Hier zeigen Sie die Schnittstellen zu Nachbarsystemen, die Interaktionen mit wichtigen Stakeholdern sowie die wesentlichen Teile der umgebenden Infrastruktur. Diese Sicht können Sie als „Vision" etwas abstrakter betrachten als die übrigen Sichten.[2]

- *Bausteinsichten* – Wie ist das System intern aufgebaut? Bausteinsichten zeigen die statischen Strukturen der Architekturbausteine des Systems, Subsysteme, Komponenten und deren Schnittstellen. Sie können (und sollten!) die Bausteinsichten top-down entwickeln, ausgehend von einer Kontextsicht. Die letzte mögliche Verfeinerungsstufe der (Baustein-) Zerlegung bildet der Quellcode. Bausteinsichten unterstützen Projektleiter und Auftraggeber bei der Projektüberwachung, dienen der Zuteilung von Arbeitspaketen (in Form von Architekturbausteinen) an Teams und Mitarbeiter und fungieren darüber hinaus als Referenz für Software-Entwickler.

- *Laufzeitsichten* – Wie läuft das System ab? Die Laufzeitsichten beschreiben, welche Bausteine des Systems zur Laufzeit existieren und wie sie zusammenwirken. Im Gegensatz zur statischen Betrachtungsweise bei den Bausteinsichten beschreiben Sie hier dynamische Strukturen.

- *Verteilungssichten (Infrastruktursichten)* – In welcher Umgebung läuft das System ab? Diese Sichten beschreiben die Hardwarekomponenten, auf denen das System abläuft. Sie dokumentieren Rechner, Prozessoren, Netztopologien und protokolle sowie sonstige Bestandteile der physischen Systemumgebung. Die Infrastruktursicht zeigt das System aus Betreibersicht.

Gibt es noch weitere Sichten?

Neben den oben genannten Arten von Sichten benötigen manche Stakeholder Ihrer Projekte möglicherweise weitere Darstellungen bestimmter Systemaspekte.

Es spricht vieles dafür, Stakeholdern auch spezifische (oder exotische?!) Wünsche zu erfüllen, da zufriedene Stakeholder die Projektarbeit erheblich erleichtern, aber:

Mein Tipp:
Verzichten Sie möglichst auf weitere Sichten. Jede Sicht kostet Erstellungs- und Wartungsaufwand, der Sie eventuell von (wichtigeren) Architekturaufgaben abhält. Die grundlegenden Aspekte der Architektur- und Systementwicklung decken Sie mit den vier Sichten (Kontextsicht, Bausteinsicht, Laufzeitsicht, Verteilungssicht) bereits ab.

---

[2] Sie können für die konzeptionelle Sicht auch bunte Marketing-Bilder einsetzen, solange sie inhaltlich konsistent mit den übrigen Sichten bleibt.

Beispiel (nach Peter Hruschka):
Beim Häuserbau könnten Kakteen- und Orchideenzüchter nach der Sonneneinstrahlung in einzelnen Räumen fragen und zum Wohle ihrer pflanzlichen Lieblinge einen gesonderten Plan wünschen. Wie groß ist Ihrer Erfahrung nach die Zahl derer, die beim Bau oder beim Kauf einer Immobilie diese „pflanzliche" Sicht als Entscheidungskriterium verwenden? ∎

Falls Sie unbedingt eine neue Sicht beschreiben wollen (oder müssen): Definieren Sie vorher, welche Art von Elementen diese neuen Sichten enthalten und mit welcher Notation sie beschrieben werden sollen.

Wo sind Daten beschrieben?

Bei hochgradig datengetriebenen Anwendungen kann es nützlich sein, Daten- oder Informationsflüsse innerhalb des Systems explizit zu beschreiben. Dafür können Sie eigenständige Datensichten erstellen. Solche sind bei der Modellierung von Geschäftsprozessen nützlich und kommen deshalb bei der Entwicklung komplexer betrieblicher Systeme zum Einsatz, die aus vielen unterschiedlichen Softwaresystemen bestehen.

Ich erachte Datensichten nicht als reine Architektursichten, daher habe ich sie nicht in Bild 4.4 aufgenommen. Weil jedoch die Beschreibung von Datenstrukturen und -modellen gerade bei kommerziellen Informationssystemen oftmals große Bedeutung besitzt, finden Sie in Abschnitt 4.8 einige Tipps zu Datensichten.

Wo sind Schnittstellen dokumentiert?

Schnittstellen beschreiben Sie im Normalfall in den Bausteinsichten. Wenn Schnittstellen in Ihren Projekten eine herausragende Rolle spielen, dann extrahieren Sie Schnittstellenbeschreibungen in eigenständige Dokumente (und referenzieren in den Bausteinsichten darauf!).

In Abschnitt 4.7 lernen Sie, wie Sie Schnittstellen effektiv und verständlich beschreiben.

4.2.3 Entwurf der Sichten

Der Entwurfsprozess der Sichten wird von deren starken Wechselwirkungen und Abhängigkeiten geprägt. Software-Architekturen sollten daher iterativ entstehen, weil die Auswirkungen mancher Entwurfsentscheidungen erst über die Grenzen von Sichten hinweg spürbar werden.

Wechselwirkungen der Architektursichten

Der Entwurf einer bestimmten Architektursicht hat oftmals prägenden Einfluss auf andere Sichten. Änderungen einer Sicht ziehen Anpassungen anderer Sichten nach sich.

Betrachten Sie dazu nochmals Bild 4.3. Die Linien zeigen, wie sich die einzelnen Sichten gegenseitig beeinflussen. Nebenbedingungen oder Einschränkungen in einer der Sichten wirken sich auf die übrigen aus.

In welcher Reihenfolge entstehen die Sichten?

Letztlich spielt es kaum eine Rolle, mit welcher Architektursicht Sie beginnen. Im Laufe des Entwurfs der Software-Architektur werden Sie an allen Sichten nahezu parallel arbeiten oder häufig zwischen den Sichten wechseln.

Einige Tipps zum Vorgehen: Beginnen Sie den Entwurf der Architektursichten mit einer

- Bausteinsicht, wenn Sie:
  - bereits ähnliche Systeme entwickelt haben und eine genaue Vorstellung von benötigten Implementierungskomponenten besitzen;
  - ein bereits teilweise bestehendes System verändern müssen und damit Teile der Bausteinsicht vorgegeben sind.
- Laufzeitsicht, wenn Sie bereits eine erste Vorstellung wesentlicher Architekturbausteine besitzen und deren Verantwortlichkeit und Zusammenspiel klären wollen.
- Verteilungssicht, wenn Sie viele Randbedingungen und Vorgaben durch die technische Infrastruktur, das Rechenzentrum oder den Administrator des Systems bekommen.

Meiner Erfahrung nach beginnen die meisten Projekte mit einer Bausteinsicht und entwickeln parallel dazu erste Laufzeitszenarien.

Pragmatismus und Effektivität

Sie erhalten mit den Sichten ein mächtiges Werkzeug, das Sie in Projekten vielseitig unterstützen kann. Setzen Sie dieses Werkzeug angemessen und pragmatisch ein.

- Machen Sie die Architekturdokumentation allen Projektbeteiligten zugänglich.
- Stellen Sie sicher, dass alle Projektbeteiligten die Architektur verstehen. Kommunizieren Sie die Architektur und die zugehörigen Entwurfsentscheidungen. Denn: „Sie glauben nur so lange, dass Ihr Entwurf perfekt ist, bis Sie ihn jemand anderem gezeigt haben" (nach [Rechtin2000]).
- Dokumentieren Sie nur so viel wie nötig. Identifizieren Sie konkrete Informationsbedürfnisse der Projektbeteiligten, dann können Sie Ihre Dokumentation darauf ausrichten.
- Beachten Sie Rückmeldungen der Projektbeteiligten. Auch ein Entwurfs- oder Programmierfehler kann eine solche Rückmeldung sein – vielleicht hätten Sie anders dokumentieren sollen.

Wie viel Aufwand für welche Sicht?

Rechnen Sie damit, dass Sie 60 bis 80% der Zeit, die Sie für den Entwurf der Architektursichten insgesamt benötigen, alleine für die Ausgestaltung der Bausteinsicht aufwenden. Der ausschlaggebende Grund hierfür: Die Bausteinsicht wird oftmals wesentlich detaillierter ausgeführt als die übrigen Sichten.

Dennoch sind die übrigen Sichten für die Software-Architektur und das Gelingen des gesamten Projektes wichtig! Lassen Sie sich von diesem relativ hohen Aufwand für die Bausteinsicht in keinem Fall dazu verleiten, die anderen Sichten zu ignorieren.

Spezielle Wechselwirkungen dokumentieren

 Sie sollten in Ihren Architekturbeschreibungen die Entwurfsentscheidungen dokumentieren, die besonderen Einfluss auf andere Sichten haben. Beispielsweise bestimmt die Entscheidung für eine zentrale Datenhaltung in der Bausteinsicht maßgeblich den Aufbau der technischen Infrastruktur.

Es gibt eine Reihe von Gründen dafür, die Wechselwirkungen zwischen den Architektursichten zu beschreiben:

Traceability

- Es vereinfacht die Nachvollziehbarkeit (*traceability*) von Entwurfsentscheidungen.

Impact analysis

- Sie können die Auswirkungen von Änderungen auf andere Aspekte des Systems leichter erkennen (impact analysis).

- Es erleichtert das Verständnis der Architekturbeschreibung, weil Zusammenhänge zwischen einzelnen Sichten und Aspekten verdeutlicht werden.

■ 4.3 Kontextabgrenzung

Was zeigt die Kontextabgrenzung?

Kontext bedeutet Zusammenhang oder Umfeld. Die Kontextabgrenzung zeigt das Umfeld eines Systems sowie dessen Zusammenhang mit seiner Umwelt. In diesem Sinne ist die Kontextabgrenzung eine Vogelperspektive oder konzeptionelle Übersicht.[3] Sie zeigt das System als Black-Box sowie dessen Verbindungen und Schnittstellen zur Umwelt. Es ist eine Sicht auf hoher Abstraktionsebene.

Fast alle Projektbeteiligten benutzen diese Vogelperspektive als Überblick oder Systemlandkarte. Sie erleichtert das Verständnis der übrigen Architektursichten.

---

[3] In der Literatur finden Sie auch folgende Bezeichnungen: „Conceptual Architecture View" [Hofmeister2000], „Logical View" [Kruchten95], „Enterprise View" [ISO96], „Capability Viewpoint" [Hilliard99].

4.3.1 Elemente der Kontextabgrenzung

Kontextabgrenzungen zeigen

- das System als Black-Box, d.h. in einer Sicht von außen;
- die Schnittstellen zur Außenwelt, zu Anwendern, Betreibern und Fremdsystemen, inklusive der über diese Schnittstellen transportierten Daten oder Ressourcen;
- die wichtigsten *Anwendungsfälle* (Use Cases) des gesamten Systems;
- die technische Systemumgebung, Prozessoren, Kommunikationskanäle.

Hohe Abstraktionsebene

Die Kontextabgrenzungen stellen also eine Abstraktion der übrigen Sichten dar, jeweils mit dem Fokus auf den Zusammenhang oder das Umfeld des Systems.

4.3.2 Notation der Kontextabgrenzung

Da Sie in der Kontextabgrenzung abstrakte Darstellungen der Baustein-, Laufzeit- und Verteilungs-/Infrastruktursichten zeigen, können Sie auch deren jeweilige Notation verwenden:

- Für die Darstellung der „großen" Systemstruktur verwenden Sie Klassendiagramme, angereichert um Pakete und Komponenten.
- Schnittstellen zur Außenwelt zeigen Sie in Klassendiagrammen über Assoziationen zu anderen Systemen oder Akteuren.
- Anwendungsfälle oder Abläufe zeigen Sie durch dynamische UML-Diagramme (Sequenz-, Kommunikations- oder Aktivitätsdiagramme).
- Die technische Systemumgebung zeigen Sie in Verteilungsdiagrammen.

4.3.3 Entwurf der Kontextabgrenzung

Im Idealfall erhalten Sie die Kontextabgrenzung als ein Ergebnis der Anforderungsanalyse – zumindest den fachlichen Teil davon.

 Ich empfehle Ihnen, beim Entwurf der Kontextabgrenzung von einer fachlichen Sicht (Facharchitektur) auszugehen und auf dieser Basis eine Vogelperspektive des Systems zu entwerfen. Das minimiert den logischen Unterschied (representational gap) zwischen fachlichen und technischen Architekturmodellen. ∎

Zeigen Sie in jedem Fall sämtliche (!) Nachbarsysteme, ohne Ausnahme. Alle ein- und ausgehenden Daten und Ereignisse müssen in der Kontextabgrenzung zu erkennen sein.

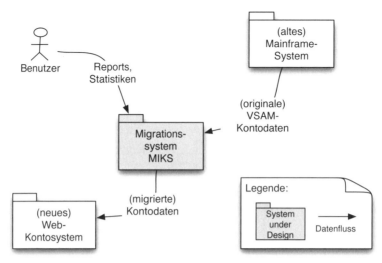

BILD 4.4 Beispiel: Diagramm einer Kontextabgrenzung

Verwenden Sie Kontextabgrenzungen zur Kommunikation

Kommunizieren Sie

Die Kontextabgrenzungen des Systems sowie die ersten Baustein- und Laufzeitsichten bieten Ihnen eine hervorragende Möglichkeit, mit anderen Projektbeteiligten über das System zu diskutieren. Nutzen Sie diese Gelegenheit!

- Erläutern Sie Auftraggebern oder Kunden, wie das System die Anforderungen erfüllen soll (und hören Sie auf deren Rückmeldungen).
- Beschreiben Sie der Projektleitung den Entwurf, und weisen Sie auf mögliche Risikofaktoren hin.
- Fragen Sie Entwickler nach ihrer Meinung. Ihr Entwurf befindet sich wahrscheinlich noch „weit weg von Technik". Entwickler kennen häufig die Risiken und Tücken, von denen die Kontextabgrenzung abstrahiert!
- Sprechen Sie mit den zukünftigen Betreibern des Systems.
- Lassen Sie die Ergebnisse dieser Gespräche in die Entwürfe einfließen.

4.4 Bausteinsicht

Was sind Bausteine von Software-Architekturen?

Unter dem Begriff „Bausteine" fasse ich sämtliche Software- oder Implementierungskomponenten zusammen. Sie stellen letztendlich Abstraktionen von Quellcode dar. Dazu gehören Klassen, Prozeduren, Programme, Pakete, Komponenten (nach der UML-Definition) oder Subsysteme. Bild 4.5 illustriert das in Form eines Metamodells.

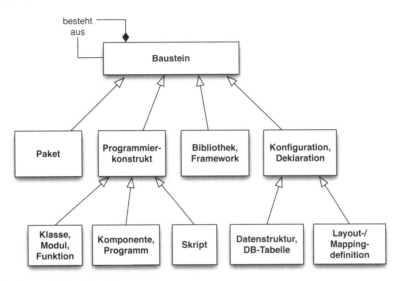

BILD 4.5 Metamodell von Bausteinen

Was zeigt die Bausteinsicht?

Die Bausteinsicht bildet die Aufgaben[4] des Systems auf Software-Bausteine oder -Komponenten ab. Diese Sicht macht Struktur und Zusammenhänge zwischen den Bausteinen der Architektur explizit. Bausteinsichten zeigen statische Aspekte von Systemen. In dieser Hinsicht entsprechen sie den konventionellen Implementierungsmodellen.

In der Bausteinsicht müssen Sie Funktionalitäten (Anwendungsfunktionalität, Kontrollfunktionalität sowie Kommunikationsaufgaben) und nichtfunktionale Anforderungen auf Architekturbausteine abbilden.[5]

Die Bausteinsicht beantwortet folgende Fragen:

- Aus welchen Komponenten, Paketen, Klassen, Subsystemen oder Partitionen besteht das System?
- Welche Abhängigkeiten bestehen zwischen diesen Bausteinen?

---

[4] Während der Entwicklung zeigt die Bausteinsicht die gewünschte Struktur der Bausteine, beim fertigen System die vorhandene.
[5] Daneben gibt es eine Reihe von Anforderungen, wie etwa Hochverfügbarkeit oder Clusterfähigkeit, die sich nicht ausschließlich durch systemeigene Bausteine umsetzen lassen, sondern Unterstützung durch die jeweilige Infrastruktur benötigen.

- Welche Bausteine müssen Sie implementieren, konfigurieren oder kaufen, um die gewünschten Anforderungen zu erfüllen?

Ihre Adressaten sind alle an Entwurf, Erstellung und Test von Software beteiligten Projektmitarbeiter, zusätzlich die Qualitätssicherung. Dem Projektmanagement hilft die Bausteinsicht bei der Erstellung von Arbeits- oder Aktivitätsplänen.

Bausteinsichten zeigen zwei verschiedene Arten von Abstraktionen, nämlich Black- und Whiteboxes:

- Blackboxes sind ausschließlich durch ihre externen Schnittstellen und ihre Funktionalität beschrieben. Sie folgen dem Geheimnisprinzip: ihr gesamtes Innenleben und damit ihre innere Komplexität bleiben verborgen.
- Whiteboxes sind *geöffnete* Blackboxes: sie zeigen deren innere Struktur und Arbeitsweise. Whiteboxes bestehen ihrerseits wiederum aus einer Anzahl von Blackboxes.

Verfeinern Sie Bausteinsichten top-down

Sie können Blackboxes weiter verfeinern, indem Sie ihren „Inhalt" als Whitebox zeigen. In Bausteinsichten zeigen Sie abwechselnd Blackbox- und Whitebox-Darstellungen. Hier stellen Sie Bausteine in Hierarchien oder Architekturebenen („Levels") dar, wobei Sie den Detaillierungsgrad der Sichten schrittweise verfeinern.

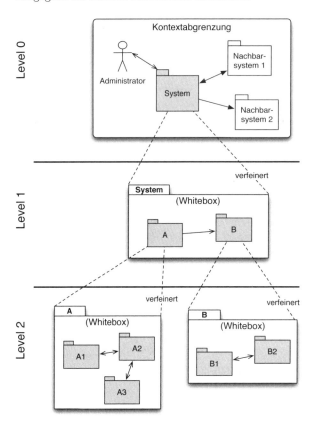

BILD 4.6
Hierarchie und Verfeinerung von Bausteinsichten

Bild 4.6 zeigt diese Hierarchie von Verfeinerungen. Sie beginnt grundsätzlich mit der Kontextsicht, die das gesamte System als Blackbox darstellt. Die erste Verfeinerungsebene („Level 1") stellt dann das Gesamtsystem als Whitebox dar.

Nutzen Sie die Verfeinerung pragmatisch

Manchmal treten bei der schrittweisen Verfeinerung von Systemen Fälle auf, bei denen die oben gezeigte Art der Hierarchie schwierig oder umständlich ist. Wägen Sie in diesen Fällen Verständlichkeit, Wartbarkeit und Einfachheit ab. Im Zweifelsfall fragen Sie Ihre Leser!

Einige Beispiele solcher Situationen:

- Die Detaillierung einer Blackbox lässt sich durch Quellcode oder anderen Text leichter oder präziser beschreiben als durch Diagramme.
- Sie müssen mehrere Blackboxes gemeinsam verfeinern. Nutzen Sie in diesem Fall die Hierarchie im Sinne Ihrer Leser: Verfeinern Sie, was zusammengehört. In der folgenden Abbildung sehen Sie die Blackboxes A und B aus Bild 4.6 gemeinsam in einer Whitebox.

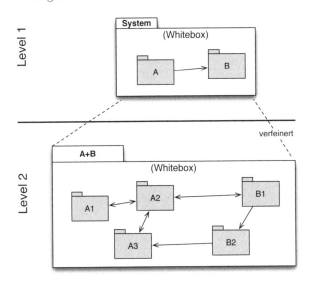

BILD 4.7
Gemeinsame Verfeinerung von Bausteinen

Verfeinern Sie redundanzfrei

Sie sollten bei der zunehmenden Detaillierung der Bausteinsicht auf wiederkehrende Muster oder Strukturen achten und die dadurch drohenden Redundanzen vermeiden: Dokumentieren Sie solche Muster nur einmal, und verweisen Sie bei weiterem Auftreten jeweils auf diese Musterdokumentation.

Ein bekanntes Beispiel dafür ist der Zusammenhang von Domänenobjekten mit ihrer Benutzeroberfläche: Innerhalb eines GUI-Frameworks wird diese Struktur immer gleich aussehen – daher sollte sie auch nur einmal beschrieben werden.

In diesem konkreten Fall bietet sich meiner Meinung nach eine Kombination aus Diagramm und Quellcode zur Dokumentation an.

4.4.1 Elemente der Bausicht

Verwenden Sie für Bausteine (Implementierungskomponenten) die folgenden Elemente (Symbole) der UML – unabhängig, ob Sie Black- oder Whiteboxes darstellen:

- Klassensymbole bezeichnen einzelne Bausteine. Das können Klassen einer objektorientierten Programmiersprache sein, aber auch alle anderen ausführbaren Software-Einheiten (Funktionen, Prozeduren, Programme).
- Komponenten bezeichnen ebenfalls einzelne Bausteine, bieten jedoch die Möglichkeit, die ein- und ausgehenden Schnittstellen genau zu beschreiben.
- Pakete stehen für Gruppen, Mengen oder Strukturen von Bausteinen. Diese Symbole zeigen, dass es sich um Abstraktionen handelt (die in der Architektur oder im detaillierten Entwurf weiter verfeinert werden).

Beschreiben Sie Verantwortlichkeiten und Schnittstellen von Blackboxes

 Sie sollten zu jedem Blackbox-Baustein dessen spezifische Verantwortlichkeit oder Aufgabe in Kurzform dokumentieren.

CRC-Karten

Hierzu können Sie die im objektorientierten Entwurf bewährten CRC-Karten (*Class-Responsibility-Collaborators,* Klassenkarten) einsetzen.[6] Eine Verantwortlichkeit beschreibt den Zweck eines Bausteins auf abstrakter Ebene (und in wenigen Worten!). Wozu dient er, welche Aufgabe erfüllt er?

Zusätzlich beschreiben Sie die Ein- und Ausgabeschnittstellen der Blackboxes. Schnittstellen können verschiedene Ausprägungen annehmen, etwa: Aufruf/Rückgabe (*call-return*), synchron-asynchron, *push/pull* oder Benachrichtigung (*event notification*). Sie sollten die Semantik dieser Beziehungen angemessen dokumentieren:

Schnittstellen dokumentieren

- Falls Sie eine bestimmte benötigte Semantik mit den Symbolen der UML nicht direkt ausdrücken können, benutzen Sie Notizen, oder verfeinern Sie die Darstellung durch zusätzliche Diagramme.
- Beschreiben Sie kritische Schnittstellen, etwa zu Nachbarsystemen, möglichst früh im Projekt und mit der gebotenen Genauigkeit für die Lesergruppe, so dass Überraschungen in der Zusammenarbeit mit Außenstehenden rechtzeitig entdeckt werden können.

Weitere Hinweise und Vorschläge zur Dokumentation von Schnittstellen finden Sie in Abschnitt 4.7.

---

[6] Unter http://c2.com/doc/oopsla89/paper.html oder in [Wirfs-Brook90] finden Sie dazu Details. Eine hervorragende Einführung in den Entwurf mit Verantwortlichkeiten *(General Responsibility Assignment Patterns, G*RASP) finden Sie in [Larman2001].

Ich empfehle Ihnen, zu Blackboxes einige weitere Elemente zu beschreiben:

- Die wichtigsten zugehörigen Code-Artefakte. Damit dokumentieren Sie, welche Teile des Quellcodes diese Blackbox implementieren. Beschränken Sie sich dabei auf die *wesentlichen* Teile, und hüten Sie sich vor zu vielen Details – sonst wird die Pflege der Dokumentation zu teuer.
- Mögliche Variabilität, erwartete Änderungen oder auch Konfigurationsmöglichkeiten dieses Bausteins. Diese Information hilft Ihnen, den Baustein in einem anderen Kontext gegebenenfalls wieder zu verwenden. Zusätzlich dient sie dazu, ihn so flexibel wie nötig zu gestalten.[7]

Beschreiben Sie die Struktur von Whiteboxes

Jede Whitebox-Beschreibung muss die innere Struktur eines Bausteins darstellen. Dabei helfen Diagramme und Modelle – ergänzt durch textuelle Erläuterung. Jede Whitebox-Beschreibung sollte die in Tabelle 4.2 beschriebenen Elemente umfassen.

TABELLE 4.2 Elemente von Whitebox-Beschreibungen

Überschrift	Inhalt
Übersichtsdiagramm	Ein Diagramm (UML Paket- oder Klassendiagramm), das die innere Struktur dieser Whitebox zeigt. Ein Beispiel (Auszug aus Abbildung 4.6): **BILD 4.8** Beispiel: Whitebox-Darstellung
Lokale Bausteine	Tabelle oder Liste der lokalen Blackbox-Bausteine. Deren interne Struktur können Sie in einer weiteren Verfeinerungsebene darstellen.
Lokale Beziehungen	Tabelle oder Liste der Abhängigkeiten und Beziehungen zwischen den lokalen Bausteinen.
Entwurfsentscheidungen	Gründe, die zu dieser Struktur geführt haben (oder zur Ablehnung von Alternativen).

---

[7] Ein Risiko beim Entwurf ist es, *zu viel* Flexibilität bereitzustellen. Oftmals geht das mit zu viel Komplexität oder zu wenig Festigkeit einher und führt zu den berüchtigten *Kaugummi-Architekturen*: In jeder Richtung flexibel, in keiner Richtung stabil.

Gemeinsamkeiten mit anderen Systemen ausnutzen

 Bevor Sie sich an den Entwurf der Bausteinsicht begeben, prüfen Sie, ob Sie Teile dieses Systems aus anderen Quellen wieder verwenden können. Suchen Sie in anderen Projekten, in der Literatur und bei Anbietern von Software-Komponenten nach Teilen, die Sie für Ihr aktuelles Projekt (wieder) verwenden können!

Suchen Sie dabei auch an den Stellen, die nicht unbedingt zum Kern Ihres konkreten Systems gehören, sondern allgemeine (und daher unauffällige) Basisdienste darstellen! ∎

Selbst wenn diese Wiederverwendung nur kleine Teile des Systems betrifft, die Taktik des „Nicht-mehr-entwerfen-Müssens" wirkt sich positiv aus!

4.4.2 Notation der Bausteinsicht

UML-Diagramme: siehe Kapitel 5

Zur Notation der Bausteinsicht stehen Ihnen verschiedene Diagrammarten der UML zur Verfügung. Meine Empfehlung: Zeigen Sie diese Sicht in jedem Fall durch Klassendiagramme, bei Bedarf unterstützt durch Komponenten- und Paketsymbole. UML-Klassen in diesen Diagrammen repräsentieren beliebige Bausteine oder Implementierungskomponenten.

Pakete symbolisieren Bausteine, die eine (komplexe) innere Struktur aufweisen, deren exakte Schnittstelle(n) Sie nicht genauer beschreiben wollen oder die keine physische Repräsentation zur Laufzeit besitzen. Sie stellen eine logische Kapselung oder Abstraktion dar.

UML-Komponenten sind Bausteine, für die Schnittstellenbildung und Kapselung wichtig sind. Zur Laufzeit wird es immer mindestens eine Instanz von Komponenten geben.

4.4.3 Entwurf der Bausteinsicht

Beim Entwurf der Bausteinsicht sind Sie als Architekt sozusagen beim Kern des eigentlichen Problems angelangt. Jetzt müssen Sie exakt beschreiben, wie das System (strukturell) aufgebaut ist und aus welchen Bausteinen es besteht.

Beginnen Sie Ihren Entwurf mit einer Vogelperspektive der Implementierungsbausteine. Zerlegen Sie Ihr System dazu in große Architekturelemente, wie Sub- oder Teilsysteme. Mittlerweile sind Sie mit allerlei Rüstzeug gewappnet, diese Herausforderung zu meistern!

- Sie haben auf der Basis einer „Systemidee" einen „ersten Wurf" des Systems vor Augen. Wenn nicht: Unternehmen Sie einen (literarischen) Ausflug in Kapitel 3 (Vorgehen bei der Architekturentwicklung) und kehren anschließend hierher zurück.
- Sie berücksichtigen Einflussfaktoren und Randbedingungen bei der Definition von Bausteinen. Insbesondere kennen Sie

- die technische Infrastruktur: Wo und wie muss das System ablaufen (Rechner, Betriebssysteme, Netzwerke)?die technischen Einflussfaktoren: Programmiersprachen, Middleware, Datenbank, Transaktionsmonitor, Entwicklungsumgebung.
- die organisatorischen Einflussfaktoren: Über welche Erfahrung verfügt das Team?
- die Qualitätsanforderungen: Welche Performance und Zuverlässigkeit muss das System erreichen, welche Ansprüche bestehen hinsichtlich Änderbarkeit und so weiter. Siehe dazu auch Kapitel 3 (Vorgehen bei der Architekturentwicklung).

- Sie können beim Entwurf der obersten Abstraktionsebene der Bausteinsichten von Elementen oder Begriffen der Fachdomäne starten.
- Sie können Architekturmuster oder Referenzarchitekturen einsetzen. Einige Hinweise dazu erhalten Sie in Kapitel 6 (Strukturentwurf).

4.5 Laufzeitsicht

Alias: Ausführungssicht

Die Laufzeitsicht beschreibt, welche Bestandteile des Systems zur Laufzeit existieren und wie sie zusammenwirken. Dabei kommen wichtige Aspekte des Systembetriebs ins Spiel, die beispielsweise den Systemstart, die Laufzeitkonfiguration oder die Administration des Systems betreffen.

Darüber hinaus dokumentiert die Laufzeitsicht, wie Laufzeitkomponenten sich aus Instanzen von Implementierungsbausteinen zusammensetzen.

Für eingebettete Systeme oder Echtzeitsysteme ist es darüber hinaus wichtig, auch die Abbildung auf Prozesse, Tasks oder Threads detailliert zu beschreiben. Mehr dazu finden Sie in [b-agile2002a].

Dokumentieren Sie das System zur Laufzeit

Neben der internen Struktur von Software-Systemen sollten Sie beschreiben, welche Komponenten zur Laufzeit existieren, wie diese Komponenten zusammengesetzt sind und wie sie ablaufen.

 BEISPIEL: Die Fachlogik eines Systems im industriellen Bereich besteht aus einem Paket von nur 3 Klassen. Zur Laufzeit wird das System durch einen komplexen Konfigurationsprozess für jeden angeschlossenen Client als eigenständiger Betriebssystemprozess gestartet und durch einen Monitorprozess kontinuierlich überwacht.

> Die Konfigurations- und Administrationskomponenten stellen einen großen Teil der Laufzeitsicht dar. Sie müssen auch in Bausteinsichten erscheinen. Möglicherweise (da es sich um vorgefertigte Komponenten handelt) werden in der Bausteinsicht nur ihre Schnittstellen beschrieben.

Dokumentieren Sie spezielle Aspekte der Laufzeit:

- Wie arbeiten die Systemkomponenten zur Laufzeit zusammen?
- Wie werden die wichtigsten Use-Cases durch die Architekturbausteine bearbeitet?
- Welche Instanzen von Architekturbausteinen gibt es zur Laufzeit, und wie werden diese gestartet, überwacht und beendet?

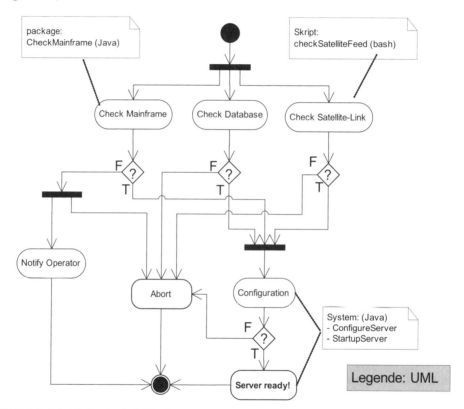

BILD 4.9 Beispiel einer Laufzeitsicht (Systemstart)

- Wie arbeiten Systemkomponenten mit externen und vorhandenen Komponenten zusammen?
- Wie startet das System (etwa: notwendige Startskripte, Abhängigkeiten von externen Subsystemen, Datenbanken, Kommunikationssystemen etc.)?

4.5.1 Elemente der Laufzeitsicht

Elemente der Laufzeitsicht sind ausführbare Einheiten sowie deren Beziehungen zueinander:

- Instanzen von Implementierungsbausteinen – alle diejenigen Architekturbausteine, von denen zur Laufzeit Exemplare erzeugt werden. Bitte beachten Sie, dass dies nicht unbedingt für alle Architekturbausteine gilt. Denken Sie an abstrakte Klassen oder logische Interfaces. Laufzeitelemente sind nur diejenigen, die als Einheit ausgeführt oder aufgerufen werden.
- Beziehungen zwischen den Laufzeitelementen – das können sowohl Daten- als auch Kontrollflüsse sein.

4.5.2 Notation der Laufzeitsicht

Dokumentieren Sie die Laufzeitsicht mit UML-Sequenz-, Aktivitäts- oder Kollaborations-/Kommunikationsdiagrammen.[8] In Bild 4.10 zeigt ein Sequenzdiagramm das Zusammenwirken einiger Bausteine der Kundendaten-Migration MIKS.

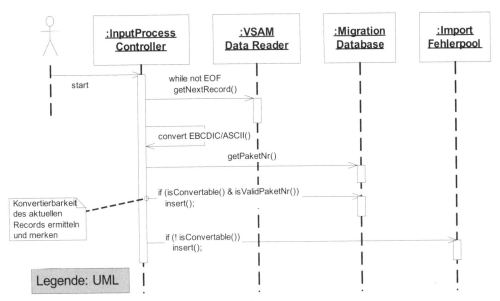

BILD 4.10 Beispiel: Laufzeitsicht MIKS InputProcessing

Gerade bei den Sequenzdiagrammen sollten Sie die UML pragmatisch einsetzen: Anstelle der üblichen Objektsymbole können Sie bei Bedarf auch Paketsymbole oder andere verwenden. Dazu finden Sie ein Beispiel in Bild 4.11.

---

[8] Die UML 2.0 hat die (guten alten) Kollaborationsdiagramme sang- und klanglos in Kommunikationsdiagramme umgetauft: NrOfUnmotivatedChanges+=1;

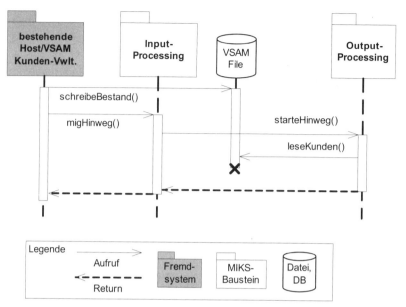

BILD 4.11 Beispiel: Laufzeitsicht Top-Level Use-Case MIKS

Eine Laufzeitsicht als Aktivitätsdiagramm zeigt Bild 4.9. Dort sehen Sie den Startvorgang eines Systems, bei dem zur Laufzeit vor der Konfiguration und dem Start des eigentlichen Systems die Verfügbarkeit einiger externer Subsysteme geprüft wird. Als UML-Notiz sind außerdem die Namen einiger beteiligter Skripte und Pakete genannt, die nicht Bestandteil des eigentlichen Systems sind.

Tipp:
Zur Beschreibung von Abläufen können Sie auch nummerierte Listen oder Quellcode verwenden, sofern er für Ihre Leser gut verständlich ist und – meine persönliche Regel – der entsprechende Text auf eine einzige Seite passt

4.5.3 Entwurf der Laufzeitsicht

Beachten Sie bei der Dokumentation der Laufzeitsicht auch die Informationsbedürfnisse der Betreiber und Administratoren des Systems, nicht nur die von Managern und Entwicklern.

Elemente der Laufzeitsichten sind Instanzen der (statischen) Architekturbausteine, die Sie in den Bausteinsichten dokumentieren. Ein möglicher Weg zur Laufzeitsicht führt daher über die Bausteinsichten: Beschreiben Sie die Dynamik der statischen Bausteine, beginnend bei den wichtigsten Use-Cases des Gesamtsystems. Eventuell hilft Ihnen dabei auch die Kontextsicht, die Sie in Abschnitt 4.3 kennen gelernt haben.

Ein anderer Weg besteht darin, die Laufzeitsicht auf Basis der Verteilungs-/Infrastruktursicht (siehe folgender Abschnitt) zu entwickeln.

■ 4.6 Verteilungssicht

Alias: Infrastruktursicht

In Verteilungssichten (oder Infrastruktursichten) beschreiben Sie die Ablaufumgebung des Systems in Form von Hardwarekomponenten (wie Prozessoren, Speicher, Netzwerke, Router und Firewalls) mit den beteiligten Protokollen. Sie können in der Infrastruktursicht die Leistungsdaten und Parameter der beteiligten Elemente darstellen, wie etwa Speichergrößen, Kapazitäten oder Mengengerüste. Außerdem können Sie zusätzlich die Betriebssysteme oder andere externe Systeme aufnehmen.

<!-- margin: Technische Infrastruktur -->

Die Verteilungssicht ist von großer Bedeutung für die Betreiber des Systems, die Hardware-Architekten, das Entwicklungsteam sowie Management und Projektleitung.

4.6.1 Elemente der Verteilungssicht

In der Verteilungssicht beschreiben Sie folgende Elemente:

- Bestandteile der technischen Infrastruktur, so genannte Knoten. Dies sind entweder Rechner oder Prozessoren, aber auch sonstige Hardware (Firewalls, Router, Speicher oder anderes).
- Laufzeitelemente, auch Laufzeitartefakte genannt (d.h. Instanzen von Bausteinen, siehe Abschnitt 4.4), die auf Knoten ablaufen (und dort installiert, neudeutsch *deployed*, werden).
- Kanäle sind Verbindungen zwischen Knoten (physische Kanäle) beziehungsweise zwischen Laufzeitelementen (logische Kanäle). Logische Kanäle müssen immer über physische Kanäle realisiert werden.

4.6.2 Notation der Verteilungssicht

Nutzen Sie für die Verteilungs-/Infrastruktursicht UML-Einsatzdiagramme (*deployment diagrams*). Sie können Knoten für beliebige technische Elemente verwenden, Komponenten- und Paketsymbole für die Laufzeitelemente (Software-Systeme) sowie UML-Beziehungen für die physischen Verbindungen zwischen den Knoten oder Laufzeitelementen.

<!-- margin: Deployment Diagramme -->

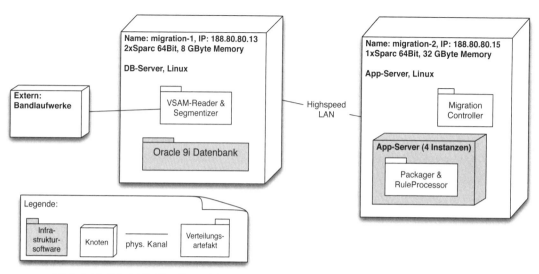

BILD 4.12 Beispiel für Verteilungssicht

Ein Beispiel finden Sie in Bild 4.12. Dort sind logische Kanäle grafisch von den physischen abgehoben.[9]

Noch ein ergänzendes Wort zu den Kanälen: Für manche Stakeholder sind die logischen Kanäle wichtiger als die physischen oder umgekehrt. Erfragen Sie, welche Bedürfnisse Ihre Stakeholder für die Verteilungssicht genau haben. Für Entwickler sind oftmals die logischen interessanter, für Betreiber und Manager die physischen.

4.6.3 Entwurf der Verteilungssicht

Landkarte

- Ein Modell der Infrastruktursicht sollte eine Landkarte der beteiligten Hardware und der externen Systeme sein. Diese Information sollte sämtlichen Projektbeteiligten zur Verfügung stehen.
- Gleichen Sie die Infrastruktursicht mit den Mengengerüsten der beteiligten Daten ab. Genügen die verfügbare Hardware und die Kommunikationskanäle, oder gibt es potenzielle Engpässe?
- Sie können Mengengerüste und Datenvolumina mit der Infrastruktursicht überlagern, um potenzielle Engpässe zu erkennen.

Middelware beachten

- Falls Ihre Systeme in verteilten oder heterogenen Umgebungen ablaufen, sollten Sie vorhandene Kommunikationsmechanismen, Protokolle und Middleware in die Infrastruktursicht aufnehmen. Das ermöglicht einen Abgleich mit der Bausteinsicht.

---

[9] ... was gegen die reine UML-Lehre verstößt, Stakeholder aber möglicherweise beglückt.

- In heterogenen und verteilten Systemlandschaften sollten Sie eine detaillierte Sicht der technischen Infrastruktur erstellen. Diese sollte mindestens folgende Aspekte berücksichtigen: Netztopologie und Protokolle, real verfügbare Netzkapazitäten (maximale und mittlere Werte), Anzahl und Leistung der vorhandenen Prozessoren sowie die Speicherkapazitäten der beteiligten Rechner.
- Berücksichtigen Sie die realen Verfügbarkeiten der technischen Komponenten. Teilweise sind Komponenten durch nächtliche Datensicherungen, Batch-Läufe oder Wartungsarbeiten regelmäßig nicht verfügbar. Dokumentieren Sie diese Einschränkungen.
- Oftmals ist die „Verpackung" von Implementierungsbausteinen in Deployment-Artefakte eine aufwändige oder komplexe Aufgabe, die hoffentlich Ihr Build-Prozess automatisiert. Bei Bedarf übernehmen Sie die Zuordnung von Bausteinen zu Deployment-Artefakten in Ihre Architekturdokumentation, oder Sie verweisen auf Ihre Build-Skripte.

4.7 Dokumentation von Schnittstellen

Schnittstellen besitzen als Abgrenzungen zwischen den verschiedenen Bausteinen von Systemen besondere Bedeutung: Über Schnittstellen arbeiten diese zusammen und erzeugen letztlich den Mehrwert des Gesamtsystems.

Schnittstellen beinhalten in der Regel den Transfer von Daten oder Steuerungsinformation. Manche Schnittstellen basieren auf Standardkonstrukten der eingesetzten Programmiersprachen (Methoden- oder Prozeduraufrufe, Remote-Procedure-Calls, Shared-Memory etc.). Andere Schnittstellen sind organisatorischer Art.

Viele Schnittstellen werden bereits als Bestandteile von Sichten dokumentiert, insbesondere in den Bausteinsichten. Häufig besteht seitens einiger Projektbeteiligter der Bedarf nach einer eigenständigen Schnittstellendokumentation.

Struktur von Schnittstellenbeschreibungen

Wie auch bei der Beschreibung von Sichten sollten Sie bei der Beschreibung von Schnittstellen eine einheitliche Gliederung verwenden.

Nachfolgend bezeichnet der Begriff *Ressource*[10] jeglichen Baustein einer Software-Architektur, der eine Interaktion über die betroffene Schnittstelle anbietet.

---

[10] Das Konzept der ressourcenbasierten Schnittstellenbeschreibungen stammt aus [Clements +03].

TABELLE 4.3 Struktur von Schnittstellenbeschreibungen

Überschrift	Inhalt
Identifikation	Genaue Bezeichnung und Version der Schnittstelle

Bereitgestellte Ressourcen	Welche Ressourcen stellt dieses Element für Ihre Akteure (Benutzern, Aufrufern) bereit? Sie müssen hier mehrere Aspekte dokumentieren:
	
	• Syntax der Ressource, etwa die Signatur von Methoden, das API. Hierzu können Sie beispielsweise CORBA-IDL verwenden (siehe folgenden Abschnitt).
	• Semantik der Ressource: Welche Auswirkungen hat ein Aufruf dieser Ressource? Hierzu gibt es mehrere Möglichkeiten:
	  – Welche Events werden ausgelöst?
	  – Welche Daten werden (wie) geändert?
	  – Welche Zustände ändern sich?
	  – sonstige von Menschen oder anderen Systemen wahrnehmbare Nebenwirkungen
	• Restriktionen bei der Benutzung der Ressource

Fehlerszenarien	Beschreiben Sie sowohl mögliche Fehlersituationen als auch deren Behandlung.
Variabilitäten und Konfigurierbarkeit	Kann das Verhalten der Schnittstelle oder der Ressourcen verändert oder konfiguriert werden? Hier sollten Sie mögliche Konfigurationsparameter beschreiben.
Qualitätseigenschaften	Welche Qualitätseigenschaften wie Verfügbarkeit, Performance, Sicherheit gelten für diese Schnittstelle? Die neudeutsche Bezeichnung dieses Teils dieses Teils der Schnittstellenbeschreibung lautet *Quality-of-Service (QoS) Requirements*.
Entwurfsentscheidungen	Welche Gründe haben zum Entwurf dieser Schnittstelle geführt? Welche Alternativen gibt es, und warum wurden diese verworfen?
Benutzungshinweise	Hinweise oder Beispiele zur Benutzung dieser Schnittstelle

Schnittstellenbeschreibung mit CORBA-IDL

Die CORBA *Interface Definition Language*[11] (IDL) erlaubt die Technologie-neutrale und rein deklarative Beschreibung von Schnittstellen. Aufgrund ihrer Unabhängigkeit von Programmiersprachen eignet sie sich gut für die Beschreibung von Schnittstellen zwischen Bausteinen von Software-Architekturen. Nachfolgend zeige ich Ihnen einige wichtige Merkmale der IDL, die Detaillierung genügt für viele Architekturbeschreibungen. Bei Bedarf finden Sie ausführliche Sprachbeschreibungen in der Literatur.

- Schnittstellen (*interface*) definieren Operationen (Methoden, Funktionen).
- Die Parameter sowie Rückgabewerte und Aufrufverhalten dieser Operationen werden beschrieben. Parameter besitzen einen Modus (*in, out, inout*), der die Richtung der Datenübergabe definiert, und einen Typ, der den Wertebereich oder Datentyp der Ergebnisse definiert.

---

[11] Die Sprache wurde von der Object Management Group (OMG) entwickelt und standardisiert.

- Die IDL ermöglicht die Deklaration eigener Datentypen, unterstützt Vererbung, exakte Spezifikation der Ausnahmebehandlung von Operationen sowie synchrone und asynchrone Operationen.

Hier ein Beispiel für die IDL-Beschreibung einer Schnittstelle:

```
module Geldinstitut {
    interface Konto {
        exception KeineAbhebungMoeglich {string Grund};
             void hebeGeldAb(
                 in float Betrag;
                 out float NeuerKontostand;)
                 raises KeineAbhebungMoeglich); ...
    }}
```

IDL und asynchrone Kommunikation

Benutzen Sie zur Beschreibung asynchroner Operationen das IDL-Konstrukt oneway. Diese Beschreibung ist rein deklarativ und sagt nichts über Details der Implementierung[12] aus.

 Falls Sie weitere Eigenschaften der Kommunikation oder der Schnittstelle beschreiben wollen, stehen Ihnen in der IDL Kommentare und in UML-Diagrammen Notizen sowie die Ball/Socket-Notation zur Verfügung (siehe Kapitel 5).

Für die Realisierung asynchroner Kommunikation gibt es viele technische Möglichkeiten (etwa: Message Queues, Dateien oder E-Mail). Siehe auch die Erläuterung zum Architekturaspekt „Kommunikation" in Kapitel 7.

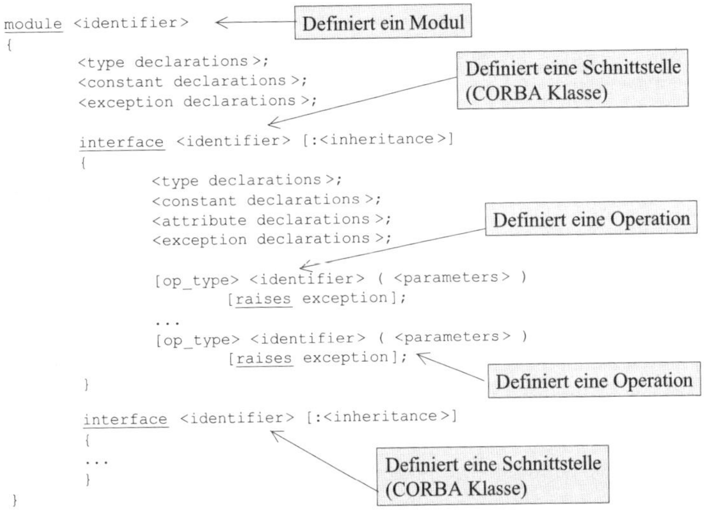

```
module <identifier>          ← Definiert ein Modul
{
        <type declarations>;
        <constant declarations>;
        <exception declarations>;
                                 Definiert eine Schnittstelle
                                 (CORBA Klasse)
        interface <identifier> [:<inheritance>]
        {
                <type declarations>;
                <constant declarations>;
                <attribute declarations>;
                <exception declarations>;
                                             Definiert eine Operation
                [op_type] <identifier> ( <parameters> )
                        [raises exception];
                ...
                [op_type] <identifier> ( <parameters> )
                        [raises exception];
                                             Definiert eine Operation
        }
        interface <identifier> [:<inheritance>]
        {
        ...
        }                      Definiert eine Schnittstelle
}                              (CORBA Klasse)
```

BILD 4.13
Struktur einer IDL-Beschreibung

---

[12] Hierzu noch eine technische Ergänzung: Das oneway-Konstrukt hat eine „*best-effort*"-Semantik; entsprechende CORBA-Produkte sollen sich also „größte Mühe" bei der Umsetzung geben. Allerdings *müssen* in CORBA oneway-Aufrufe nicht unbedingt asynchron implementiert sein – auch wenn sie in der IDL so deklariert sind. IDL-Compiler besitzen danach die Freiheit, oneway-Konstrukte zu ignorieren oder auch synchrone Aufrufe daraus zu erzeugen.

4.8 Datensicht

Alias: Datenmodell, Informationsmodell, Datenfluss

In manchen Fällen kann es nützlich sein, die von einem System bearbeiteten Daten oder Informationen und ihre Flüsse explizit als eigene Sicht zu beschreiben. Besonders bei stark datenzentrierten Anwendungen erleichtert eine eigenständige Datensicht den Überblick. Sie kann die Kommunikation mit Auftraggebern und Anwendern vereinfachen.

Betrachten Sie die Datensicht lediglich als Ergänzung zu den Baustein-, Laufzeit- und Zuordnungssichten. Sie stellt keine eigenständige Architektursicht dar, weil sie keine Strukturen auf Architekturebene vorgibt.

Die Datensicht erlaubt Ihnen, die Struktur von Datenelementen und deren Beziehungen zu anderen Bestandteilen der Architektur zu beschreiben:

- Welche Daten werden von Komponenten der konzeptionellen oder Bausteinsicht benötigt oder bearbeitet?
- Infrastrukturkomponenten: Auf welchen Rechnern, Datenbanken oder externen Systemen werden die betreffenden Daten gespeichert oder bearbeitet? Über welche technischen Kanäle werden sie geliefert?

In den folgenden Fällen sollten Sie eine Datensicht erstellen:

- Externe Anwendungssysteme oder Datenbanken fungieren als Datenquellen oder -senken des Systems. Solche externen Systeme machen häufig Vorgaben bezüglich der Datenstrukturen oder der Repräsentation von Daten.
- Die Auftraggeber oder Anwender des (neuen) Systems denken stark datenorientiert. Als Indiz hierfür fokussieren diese Stakeholder in Interviews und Gesprächen hauptsächlich auf Daten und Datenstrukturen, weniger auf Algorithmen und Prozessen.

Falls das System hinsichtlich seiner Datenbasis autark ist und nur in geringem Umfang mit externen Systemen zusammenarbeitet, können Sie meist auf eine gesonderte Datensicht verzichten.

Notation der Datensicht

Ich empfehle Ihnen zur Darstellung von Datensichten einige pragmatische Ansätze: Klassendiagramme, Datenlexikon sowie Entity-Relationship-Diagramme.

- *Klassendiagramme:* Kennzeichnen Sie in UML-Klassendiagrammen Ihre Datencontainer mit dem Stereotyp <<entity>>. Beschreiben Sie damit:
  - Beziehungen dieser Daten zu Architekturbausteinen.
  - Zugehörigkeit von Daten zu Paketen oder Subsystemen.
  - Herkunft von Daten (falls diese beispielsweise aus externen Systemen oder Datenquellen stammen).

- *Datenlexikon:* Wenn Sie die Struktur von Daten spezifizieren wollen, können Sie auf das Datenlexikon zurückgreifen, das sich schon in der strukturierten Analyse (siehe [McMenamin88] oder [Yourdon89]) bewährt hat. Es ist im Allgemeinen leicht verständlich, wird jedoch von UML-Werkzeugen nicht unterstützt. Das Datenlexikon benutzt eine Textnotation mit einfachen Symbolen (siehe Tabelle 4.4).

    Beispiel (nach [Yourdon89]):
    ```
    name = titel + vorname + nachname
    titel = {[Herr | Frau | Dr. | Professor ]}
    ** titel ist Iteration einer Auswahl.
    vorname = {erlaubtesZeichen}
    nachname = {erlaubtesZeichen}
    erlaubtesZeichen = [A-Z|a-z|-|'| |]
    ```

     Sie können zur Beschreibung auch eine andere Notation (etwa SQL) wählen, sollten aber die Bedeutung der Notation in einer Legende und einigen Beispielen erklären!

    TABELLE 4.4 Notation des Datenlexikons

Symbol	Bedeutung
=	besteht aus
+	und
( )	optional (kann vorhanden sein oder nicht)
[ ]	wählt eine von mehreren alternativen Möglichkeiten aus
{ }	Iteration
**	Kommentar
@	Eindeutiger Bezeichner (Schlüssel)
|	trennt verschiedene Alternativen in der Auswahl mit [ ]

- *Entity Relationship-Diagramme (ERDs)* dienen der Beschreibung von Zusammenhängen zwischen Daten. Diese Diagrammart ist im Datenbankbereich sehr verbreitet und wird daher von vielen Datenbank-Administratoren und -Designern sowie von Software-Entwicklern gut verstanden.

4.9 Typische Architekturdokumente

In diesem Abschnitt stelle ich Ihnen einige häufig benötigte Arten von Dokumenten und deren mögliche Gliederung vor. Sie können diese als Vorlagen für Ihre eigenen Architekturdokumentationen verwenden:

- Zentrale Architekturbeschreibung: die ausführliche Referenz. Enthält (möglichst) alle architekturrelevanten Informationen. Dazu gehören Architekturziele und Qualitätsanforderungen, Sichten, Entwurfsentscheidungen, verwendete Muster und Ähnliches. Einen Strukturvorschlag finden Sie in Abschnitt 4.9.1, ein ausführliches Beispiel in Kapitel 12.

- Architekturüberblick: ein kompaktes Dokument (maximal 30 Seiten), das die Architektur des Systems motiviert und ihre wesentlichen Strukturen erläutert. Es beschreibt die Funktionsweise des Systems und begründet die wesentlichen Architekturentscheidungen. Wenn Sie keine Möglichkeit für eine ausführliche Architekturdokumentation haben, sollten Sie in jedem Fall einen solchen Architekturüberblick erstellen und pflegen. Seine Gliederung sollten Sie an den Vorschlag aus Abschnitt 4.9.1 anlehnen.

- Dokumentationsübersicht: ein Verzeichnis sämtlicher architekturrelevanter Dokumente, sozusagen die Architektur der Architekturdokumentation.

- Übersichtspräsentation: eine Sammlung von Folien, mit der Sie in maximal einer Stunde die Architektur Ihres Systems fachlich und technisch motivieren und die Strukturen in den Grundzügen erläutern können.

- Architekturtapete: eine Mischung aus Baustein- und Verteilungssicht, die viele Architekturaspekte zusammen zeigt. Eine solche Tapete widerspricht dem „7 +/- 2"-Prinzip, kann allerdings manchmal eine gute Diskussionsbasis für Architekten und Entwickler sein.

- Handbuch zur Architekturdokumentation: hier beschreiben Sie, wie die Architekturdokumentation in Ihrem Projekt funktioniert. Sie benennen Ihre Sichten mit zugehöriger Notation und erläutern die Struktur Ihrer Sichtenbeschreibungen. In vielen Fällen genügt das vierte Kapitel aus diesem Buch,[13] die Informationen der Website [arc42] oder das überaus kompakte [Starke+09].

- Technische Informationen zum Entwicklungsprozess: ein oder mehrere Dokumente mit den wichtigsten Informationen für Entwickler und Tester hinsichtlich Entwicklungsmethoden, Programmierung, Übersetzung/Bau sowie Start und Test des Systems. Ein solches Dokument können Sie *Programmers' Daily Reference Guide* nennen und sehr kurz halten – seine typische Leserschaft bevorzugt einstellige Seitenzahlen.

---

[13] Zugegeben: Dies ist ein schamloser Fall von Eigenwerbung. Lieber wäre es mir natürlich, Sie würden mich mit einer spezifischen Anpassung beauftragen.

4.9.1 Zentrale Architekturbeschreibung

Die zentrale Architekturbeschreibung stellt den umfangreichsten und auch detailliertesten Teil der Architekturdokumentation dar. Sie heißt manchmal auch SWAD[14], Architektur-Gesamtdokument, Architektur-Referenz oder auch *Architecture-State-of-the-Art*. In Tabelle 4.5 finden Sie einen Gliederungsvorschlag, der auf dem (frei verfügbaren) Template in [arc42] basiert.

TABELLE 4.5 Gliederungsvorschlag für die zentrale Architekturbeschreibung

Überschrift	Erläuterung
1. Einführung und Ziele	Die maßgeblichen Forderungen der Auftraggeber.
	In diesem Kapitel fassen Sie (kurz!) wichtige Punkte der Anforderungsdokumentation zusammen.
1.1 (Fachliche) Aufgabenstellung	Eine kompakte Zusammenfassung des fachlichen Umfelds. Erklärt den „Grund" für das System.
	Stellen Sie die wichtigsten vom System bearbeiteten Geschäftsprozesse als Use-Cases (Text und Diagramm) dar. Verweisen Sie für Details auf die (hoffentlich vorhandene) Anforderungsdokumentation.
1.2. Qualitätsziele	Beschreiben Sie hier Qualitätsanforderungen, deren Erfüllung oder Einhaltung den maßgeblichen Stakeholdern besonders wichtig ist.
	Sprechen Sie hier insbesondere architekturrelevante Themen wie Performance, Sicherheit, Änderbarkeit, Bedienbarkeit und Ähnliches an.
	Hierzu gehören auch Mengengerüste: Benennen und quantifizieren Sie wichtige Größen des Systems, etwa Datenaufkommen und Datenmengen, Dateigrößen, Anzahl Benutzer, Anzahl Geschäftsprozesse, Transfervolumen und andere.
	Beschränken Sie sich auf die wichtigsten (5 bis 10) Ziele.
1.3. Stakeholder	Eine Liste der wichtigsten Personen oder Organisationen im Umfeld des Systems.
2. Einflussfaktoren und Randbedingungen	Führen Sie organisatorische und technische Randbedingungen auf, die Auswirkungen auf Architekturentscheidungen besitzen können. Führen Sie die wichtigsten Einschränkungen der Entwurfsfreiheit auf.
	Insbesondere gehören hier technische, organisatorische und juristische Randbedingungen sowie einzuhaltende Standards hinein.
3. Kontextabgrenzung	Sicht aus der „Vogelperspektive", zeigt das Gesamtsystem als Blackbox und den Zusammenhang mit Nachbarsystemen, wichtigen Stakeholdern sowie der technischen Infrastruktur.
	Sie sollten sowohl den fachlichen als auch den technischen Kontext darstellen.
	Siehe Abschnitt 4.3.

(Fortsetzung nächste Seite)

---

[14] SWAD = Software Architektur Dokumentation

Überschrift	Erläuterung
4. Lösungsstrategie	Stellen Sie hier die Kernidee Ihrer Lösung dar: Was sind Ihre zentralen Lösungsansätze, Gestaltungskriterien oder Herangehensweisen?
	Dieses Kapitel sollten Sie kompakt halten – die ausführliche Darstellung können Sie auf die Bausteine beziehungsweise technischen Konzepte verschieben.
5. Bausteinsichten	Statische Zerlegung des Systems in Bausteine (Subsysteme, Module, Komponenten, Pakete, Klassen, Funktionen) und deren Zusammenhänge und Abhängigkeiten.
	Beginnt mit der Whitebox-Darstellung des Gesamtsystems, wird über abwechselnde Black- und Whitebox-Sichten schrittweise weiter verfeinert.
	Siehe Abschnitt 4.4.
5.1, 5.2, 5.3...	Verfeinerungsebenen 1, 2, 3 der Bausteinsicht.
6. Laufzeitsichten	Zeigen Sie das Zusammenspiel der Architekturbausteine in Laufzeitszenarien. Sie sollten hier mindestens die Erfolgsszenarien der zentralen Use-Cases beschreiben sowie weitere aus Ihrer Sicht wichtige Abläufe.
	Siehe Abschnitt 4.5.
7. Verteilungs- oder Infrastruktursicht	Diese Sichten zeigen, in welcher Umgebung das System abläuft, sowohl Hardware (Rechner, Netze etc.) als auch Software (Betriebssysteme, Datenbanken, Middleware etc.).
	Siehe Abschnitt 4.6.
8. Typische Muster, Strukturen und Abläufe	Manchmal reicht die hierarchische Zerlegung der Bausteine nicht aus, um den Überblick über die Strukturen des Systems zu behalten. Wenn beispielsweise bestimmte Strukturmuster mehrfach auftreten, können Sie diese hier dokumentieren.
	Genau wie bei den übrigen Bausteinsichten verwenden Sie die statischen UML-Diagramme plus die zugehörigen Erläuterungen (analog der Black- und Whitebox-Dokumentation).
9. Technische Konzepte und übergreifende Architekturaspekte	Zu übergreifenden technischen Konzepten zählen beispielsweise Persistenz, Ausnahme- und Fehlerbehandlung, Logging und Protokollierung, Transaktions- und Session-Behandlung, der Aufbau der grafischen Oberfläche, Ergonomie sowie Integration oder Verteilung des Systems.
	In Kapitel 7 stelle ich Ihnen einige dieser Konzepte näher vor.
10. Entwurfsentscheidungen	Dokumentieren Sie hier die wichtigen *übergreifenden* Architekturentscheidungen und deren Gründe. Beschreiben Sie auch verworfene Alternativen.
	Entscheidungen bezüglich der Struktur einzelner Bausteine sollten Sie in den jeweiligen Whitebox-Darstellungen der Bausteinsicht beschreiben.
11. Qualitätsszenarien	Szenarien beschreiben, was beim Eintreffen eines Stimulus auf ein System in bestimmten Situationen geschieht. Sie charakterisieren damit das Zusammenspiel von Stakeholdern mit dem System.
	Szenarien operationalisieren Qualitätsmerkmale und bilden eine wichtige Grundlage für Architekturbewertung. Sie besitzen langfristigen Wert und

Überschrift	Erläuterung
	bleiben meistens über längere Zeit stabil. Daher lohnt es sich, sie in die Architekturdokumentation aufzunehmen.
	Mehr dazu erfahren Sie in Kapitel 9.
12. Risiken	Risikomanagement ist im Allgemeinen die Aufgabe von Projektleitern und sollte auch von ihnen dokumentiert werden. Falls Ihr Projektleiter das jedoch vernachlässigt, haben Sie hier einen passenden Platz, um technische Risiken mit ihren möglichen Auswirkungen und Abhilfemaßnahmen zu dokumentieren.
13. Erwartete Änderungen	Falls Änderungen an organisatorischen Randbedingungen oder Einflussfaktoren maßgeblichen Einfluss auf die Architektur haben, sollten Sie diese hier beschreiben (oder auch die dann notwendigen Maßnahmen).
14. Glossar	Nur wenn nötig; ansonsten Verweis auf das Projektglossar.

Einige Beispiele für entsprechende Architekturdokumentationen finden Sie in Kapitel 12.

Welches Werkzeug: Dokument, Modell oder Wiki?

Der Umfang der zentralen Architekturdokumentation übersteigt schnell die „Schmerzgrenze" von Textverarbeitungssystemen, Erstere lässt sich dann nur noch mit großer Mühe als einzelnes Dokument oder einzelne Datei pflegen.

Betrachten Sie den Gliederungsvorschlag aus Tabelle 4.5 als Rahmen, den Sie mit unterschiedlichen Werkzeugarten bearbeiten können:

- *Textverarbeitungssysteme*, beispielsweise Microsoft-Word™, OpenOffice™ oder ähnliche. Diese Medien haben den Vorteil der einfachen Benutzbarkeit, sind jedoch etwas *sperrig* zu pflegen;
- *(UML-)Modellierungswerkzeuge*. Hier bedarf es teilweise umfangreicher Konfiguration, bis die Reportgeneratoren der Werkzeuge die gewünschten Ergebnisse produzieren. Dafür sind Modelle meistens leichter wart- und aktualisierbar. Modelle besitzen viele Vorteile, wenn Sie Teile Ihrer Code-Artefakte generieren (siehe Kapitel 8 über MDA und MDSD);
- *Wikis*: Kann ein Kompromiss aus Dokumenten und Modellen sein, sofern Ihr Wiki über eine ordentliche Export-Funktion verfügt. Vorsicht: Die Haltung gegenüber Wikis entwickelt sich schnell zu einer „Glaubensfrage" bei Managern und Entwicklern.

4.9.2 Architekturüberblick

Der Architekturüberblick ist ein Textdokument, das die Inhalte der Übersichtspräsentation enthält, doch ohne weitere Erläuterung verständlich sein muss.

Im Architekturüberblick ist Kürze gefragt, nicht Vollständigkeit. Meine persönliche Zielvorstellung liegt bei diesen Überblicksdokumenten bei maximal 30 bis 40 Seiten – mehr mag ein gestresster Projektleiter oder termingeplagter Manager kaum lesen.

In jedem Fall enthält dieses Dokument die zentralen Sichten und erläutert daran die Funktionsweise der Architektur hinsichtlich der wichtigsten funktionalen und nichtfunktionalen Anforderungen.

Bei der Gliederung können Sie sich an der Übersichtspräsentation orientieren.

4.9.3 Dokumentationsübersicht

In der Regel werden Architekturdokumentationen aus mehreren Einzeldokumenten bestehen. Der Zusammenhang zwischen diesen Teilen wird in einer eigenständigen Dokumentationsübersicht *(Documentation Roadmap)* beschrieben.

- Welche Dokumente gibt es (mit Namen und Ablageort)?
- Was ist deren Ziel und Inhalt (Abstract)?
- Welche Projektbeteiligten sollten was in welcher Reihenfolge lesen?
- Welche Abhängigkeiten bestehen zwischen den Dokumenten?

 Ich habe in Projekten gute Erfahrungen damit gemacht, Dokumentationsübersichten im Wiki zu dokumentieren.

4.9.4 Übersichtspräsentation der Architektur

Im Laufe eines Projektes ergibt sich immer wieder die Notwendigkeit, die Architektur des Systems in Form einer Präsentation zu erläutern. Dazu sollten Sie eine Übersichtspräsentation erstellen, die Sie (möglicherweise in leichten Variationen) dann wieder verwenden können. Dafür schlage ich Ihnen folgende Gliederung vor:

- *Einführung:* Welches Problem löst das System? Verwenden Sie zwei bis drei Folien, nehmen Sie die allerwichtigsten Anforderungen an Architektur und technische Infrastruktur mit auf.
- *(Architektonischer) Lösungsansatz:* Beschreiben Sie auf ca. zwei Folien die Strategie sowie die Besonderheiten der Architektur. Benennen Sie grundlegende Architekturmuster oder -stile.
- *Kontext des Systems:* Zeigen Sie eine Kontextsicht mit den Grenzen des Systems sowie seinen Nachbarsystemen. Nehmen Sie in die Übersicht nur die wesentlichen Daten- und Kontrollflüsse auf. Wenn nötig, sollten Sie eine Verfeinerung bereitstellen, die sämtliche Flüsse in und aus dem System zeigt.
- *Architektursichten:* 5 bis 15 Folien zeigen jeweils eine Grafik mit Erläuterungen einiger wichtiger Architekturbausteine. Verweisen Sie auf die Elementkataloge in den detaillierten Sichtenbeschreibungen. Hierin sollten mindestens ein bis zwei Bausteinsichten, eine Laufzeitsicht (für die wichtigsten Use-Cases des Systems) sowie eine Infrastruktursicht enthalten sein.

- *Funktionsweise der Architektur hinsichtlich der wichtigsten Qualitätsmerkmale:* Welche Maßnahmen haben Sie als Architekt ergriffen, um die geforderten Qualitätsmerkmale (etwa: Effizienz/Performance, Flexibilität, Skalierbarkeit, Sicherheit etc.) zu erreichen (zwei bis drei Folien)?
- *Übersicht über die Projektbeteiligten:* Ein bis zwei Folien stellen möglichst alle Projektbeteiligten sowie deren Ziele oder Intentionen und spezifische Informationsbedürfnisse dar.
- *Glossar* (wenn nötig).

4.9.5 Architekturtapete

In manchen Fällen kann eine Gesamtansicht vieler Architekturelemente auf einem einzigen Diagramm die Diskussion zwischen Architekten und Entwicklern vereinfachen. Eine solche Darstellung eignet sich in der Regel nicht als Einstieg oder Referenz, ermöglicht jedoch schnelle Sprünge von abstrakten zu detaillierten Aspekten der Architektur.

In meiner Berufspraxis habe ich so manches Mal die Nützlichkeit dieser „Tapeten" erlebt:

- Sie beeindrucken damit in der Regel Ihre Manager.
- Sie können Architekturelemente (Bausteine, Knoten oder Schnittstellen) mit Statusinformationen überlagern, etwa hinsichtlich Fertigstellungsgrad, Risiko, Performance oder ähnlichen wichtigen Managementinformationen.

Beachten Sie, dass die Erstellung riesiger Diagramme auch einen ungeheuren Aufwand bedeutet, ebenso wie deren Pflege. Erstellen Sie die Architekturtapete erst dann, wenn Stakeholder danach fragen.

■ 4.10 Effektive Architekturdokumentation

Für alle Arten von Architekturdokumentation gelten einige übergreifende Anforderungen und Regeln, die Sie bei der Erstellung solcher Dokumente berücksichtigen sollten. Ich stelle Ihnen zuerst die Anforderungen an Architekturdokumentation vor und leite daraus einige Grundlagen *guter* Dokumentation ab.

4.10.1 Anforderungen an Architekturdokumentation

In den folgenden Abschnitten stelle ich Ihnen die wesentlichen Anforderungen an Architekturdokumentation vor. Dabei unterscheide ich (wie bei der Entwicklung von Software-Systemen üblich) zwischen den *funktionalen* und *nichtfunktionalen* Anforderungen:

- Die funktionalen Anforderungen (an eine Dokumentation) beschreiben, was die Dokumentation für Ihre Leserschaft leisten muss. Konkret stelle ich Ihnen einige typische Fragen vor, die Ihre Architekturdokumentation beantworten muss.
- Die nichtfunktionalen Anforderungen beschreiben, welche Qualitätsmerkmale die Dokumentation haben muss.

Im Anschluss daran stelle ich Ihnen vor, wie Sie diese Anforderungen erfüllen können. Dazu lernen Sie eine praxistaugliche Struktur von Architekturdokumentation kennen.

Funktionale Anforderungen an Architekturdokumentation

Die Software-Architekturdokumentation (SWAD) muss den Stakeholdern eines IT-Systems eine Reihe wichtiger Auskünfte geben und ihre spezifischen Fragen zur Architektur und allen weiteren technischen Aspekten des Systems beantworten.

Universelle Fragen an Architekturdokumentation

Folgende universelle Fragen muss die SWAD beantworten:
- Wie fügt sich das System in seine Umgebung ein, insbesondere in seine technische Infrastruktur sowie die Projektorganisation?
- Wie ist das System als Menge von Implementierungseinheiten strukturiert, und welche Beziehungen gibt es zwischen diesen?
- Wie verhalten sich die Bausteine zur Laufzeit, und wie arbeiten sie zusammen?

Die meisten Stakeholder haben daneben noch einige spezifische Fragen. Tabelle 4.6 zeigt einige wichtige im Überblick:

TABELLE 4.6 Typische Fragen an die Architekturdokumentation

Stakeholder	Fragen
Kunden und Auftraggeber	- Hat das Projektteam das Problem verstanden? - Passen die Strukturen der geplanten Lösung zum Problem? - Ist diese Architektur für den geplanten Einsatz tragfähig hinsichtlich nicht-funktionaler Anforderungen wie Performance und Wartbarkeit?
Manager	- Was muss der Auftraggeber zuliefern, welche Teile müssen wir selbst entwickeln, welche Teile können wir zukaufen?
Fachexperten, Entwickler und Qualitätssicherer	- Welchen Teil des Systems entwerfe/realisiere/prüfe ich gerade, und wie ordnet sich dieser in das Gesamtsystem ein? - Aus welchen Gründen wurden Entwurfsentscheidungen getroffen? - An welchen Stellen muss das System flexibel und variabel sein?
Neue Mitarbeiter	- Was hat das Team bisher entworfen und entwickelt? - Wie sieht das System aus der Vogelperspektive aus? Was ist die „Philosophie" des Systems?

Stakeholder	Fragen
Administrator, Betreiber	- Wie müssen wir die Bausteine des Systems zur Laufzeit verteilen, damit alles korrekt funktioniert? - Welche Regeln und Randbedingungen müssen wir bei der Installation des Systems, im laufenden Betrieb sowie beim Austausch vom Systemteilen beachten? - Wie muss die zugrunde liegende Hardware dimensioniert sein? - Welche Abhängigkeiten von anderen Software-Systemen gibt es?

Sie entnehmen dieser (unvollständigen) Übersicht,[15] dass unterschiedliche Projektbeteiligte völlig unterschiedliche Fragestellungen hinsichtlich der Software-Architektur eines Systems haben.

Ihre Dokumentation muss möglichst alle diese Fragen beantworten. Das weiter unten vorgestellte Konzept unterschiedlicher Sichten hilft dabei, die unterschiedlichen Informationsbedürfnisse unterschiedlicher Leser angemessen zu erfüllen.

Nichtfunktionale Anforderungen (Qualitätsanforderungen) an Architekturdokumentation

Alle Beteiligten stellen an die SWAD hohe Qualitätsansprüche.

- *Aktuell:* Falls die Dokumentation einen veralteten Stand der „Wahrheit" widerspiegelt, wird sie niemand mehr lesen wollen.
- *Zielgruppenadäquat:* Die Dokumentation muss auf die Bedürfnisse ihrer jeweiligen Leserschaft eingehen und deren jeweilige Fragen beantworten.
- *Verständlich:* Ihre Leser möchten „abgeholt" werden. Verwenden Sie geeignete Ausdrucksmittel, und bitten Sie Ihre Stakeholder, die Verständlichkeit zu bewerten, etwa in Schulnoten. Zur Verständlichkeit gehört auch Konsistenz, also die durchgängige und einheitliche Verwendung von Begriffen, Modellen und Strukturen zur Darstellung bestimmter Aspekte.
- *Wartbar:* Damit die Forderung nach Aktualität erfüllt werden kann, muss die SWAD leicht angepasst werden können. Dabei hilft Modularität in der Dokumentation erheblich. Verständlichkeit steigt durch kontrollierte Redundanzen, die Wartbarkeit nimmt dadurch allerdings ab.
- *Kompakt:* Konzentrieren Sie sich auf die wesentlichen Fakten, die Ihre Leser kennen müssen. Arbeiten Sie aktiv und bewusst daran, Texte und Dokumente möglichst kurz und kompakt zu gestalten, Ihre Leser werden es Ihnen danken. Leider sind Kürze und Prägnanz in Dokumenten erheblich schwerer zu erreichen als übermäßige Länge.
- *Top-down oder hierarchisch organisiert:* Sie sollten einen kurzen Überblick über das System bereitstellen sowie davon abgeleitete Verfeinerungen. In den folgenden Abschnitten finden Sie einige Vorschläge für geeignete Dokumentarten und Strukturen. Achten Sie immer darauf, trotz vieler Bäume den Wald noch erkennen zu können.

---

[15] Stellen Sie bitte in Ihren Projekten sicher, dass Sie sämtliche Fragen, die Ihre Stakeholder an die Architekturdokumentation haben, im Vorfeld kennen!

- *Kostengünstig*: Zumindest Ihre Manager werden lautstark danach rufen. Als Architekt sollten Sie auf diesen berechtigten Ruf hören. Dokumentieren Sie angemessen: so viel wie nötig, aber so wenig wie möglich.

4.10.2 Regeln für gute Architekturdokumentation

Nun kennen Sie die (Mindest-)Anforderungen an die Architekturdokumentation, benötigen aber noch geeignete Mittel und Wege, sie zu erfüllen. Leider ist es nicht damit getan, einfach „drauflos" zu schreiben – Dokumentation benötigt Struktur! Ich habe genügend Projekte erlebt, in denen Hunderte, ja Tausende Seiten an (Detail-)Dokumentation produziert wurden, ohne dass die Verständlichkeit oder die Wartbarkeit des Gesamtsystems davon profitiert hätte. Häufig fehlte solchen Dokumentationen (die ihren Namen nicht verdienten) jegliche übergeordnete Struktur, sie blieben unverständlich und letztlich nutzlos.

Schaffen Sie Klarheit (um Missverständnisse zu vermeiden)

Sie müssen Syntax und Semantik einer Sprache kennen, um Sätze dieser Sprache zu verstehen. Andernfalls besteht das Risiko von Fehlinterpretationen und Missverständnissen.

Genauso verhält es sich mit Architekturbeschreibungen. Sie als Architekt und Ihre Leser, also die Projektbeteiligten, müssen von Syntax und Semantik der Architekturbeschreibung eine identische Vorstellung besitzen. Die in Abschnitt 4.9.1 beschriebene Strukturvorlage für Architekturbeschreibungen hilft Ihnen, Missverständnisse und Unklarheiten zu vermeiden. Sie gibt Ihnen eine Hilfestellung bezüglich Zweck, Form und Adressaten für die verschiedenen Sichten von Architekturbeschreibungen.

Ich habe in meiner Projektpraxis mehrfach Architekturbeschreibungen gesehen, die von Architekten, Auftraggebern, Projektleitern und Programmierern völlig unterschiedlich interpretiert wurden, zum Teil mit fatalen Folgen für die Projektziele. In Kapitel 2.1 haben Sie bereits ein (abschreckendes) Beispiel einer missverständlichen Architekturbeschreibung kennen gelernt.

Einige Tipps für mehr Klarheit und weniger Missverständnisse:

- Schaffen Sie eine Gesamtstruktur Ihrer Dokumentation, und legen Sie diese Struktur in Form einer Navigationshilfe oder eines *Documentation Guide* offen (die Architektur-der-Architekturdokumentation).[*]
- Kommunizieren Sie diese Struktur an alle Betroffenen, insbesondere die Leser und die Ersteller der Dokumentation.
- Stellen Sie sicher, dass alle Beteiligten die Syntax und Semantik der verwendeten Sprache oder Modellierungsmethoden kennen.
- Eine feste und in Ihrer Organisation etablierte Gliederung der Architekturdokumentation erleichtert deren Verständnis, sowohl für Leser als auch Autoren.

---

[*] Im Idealfall verfügt ein Projekt über eine *Architektur* der Gesamtdokumentation. Leider ist dieser Idealtypus in der Praxis nahezu ausgestorben.

Beherzigen Sie die Grundprinzipien von Dokumentation

Aufgrund ihrer zentralen Bedeutung fasse ich in diesem Abschnitt wesentliche Grundprinzipien für eine nützliche Dokumentation in Form einiger Anregungen zusammen.

Sie sollten diese Prinzipien bei der Erstellung von (Architektur-)Dokumenten beherzigen. Falls Sie als Reviewer solcher Dokumente tätig sind, können Sie die folgenden Ratschläge als Checkliste verwenden.

- Schreiben Sie aus der Sicht der Leser: Dokumente werden häufiger gelesen als geschrieben. Achten Sie darauf, dass Ihre Leser sie auch verstehen können. Sie sind als Autor Dienstleister am Leser. Verwenden Sie das Vokabular Ihrer jeweiligen Leserschaft. Erklären Sie zentrale und für das Verständnis wesentliche Begriffe in einem Glossar.
- Dokumentieren Sie das Warum: Beschreiben Sie die Gründe, die zu einem Entwurf geführt haben. Zu dieser Begründung gehört idealerweise auch die Beschreibung der verworfenen oder zurückgestellten Alternativen.
- Dokumentieren Sie Ihre Annahmen, Rahmenbedingungen und Voraussetzungen: Ihre Entscheidungen werden verständlicher, wenn Sie Annahmen und Voraussetzungen klar beschreiben. Bitte denken Sie daran: Für Sie als Autor sind möglicherweise ganz andere Dinge selbstverständlich als für Ihre Leser.
- Vermeiden Sie zu viele Wiederholungen (Don't repeat yourself, DRY-Prinzip), auch bekannt als Prinzip des Single-Point-of-Truth (SPOT-Prinzip). In der Praxis ist es manchmal nützlich, zur Verbesserung der Verständlichkeit kontrollierte Redundanz zuzulassen, um beispielsweise die Anzahl der Querverweise zu verringern. Beachten Sie, dass Redundanzen den Aufwand für die Pflege von Dokumenten stark erhöhen. — DRY & SPOT
- Vermeiden Sie Überraschungen (Principle of least astonishment, POLA-Prinzip). Lösungen sollen möglichst geringe Verwunderung auslösen. In Dokumentationen sollten Sie alle möglichen Ursachen für Verwunderung zumindest ansprechen und erklären. — POLA
- Erklären Sie Ihre Notation (oder verwenden Sie Standards, die erklärt sind): Solange Sie die Bedeutung von Symbolen offen lassen, bleibt Spielraum für Interpretation, Mehrdeutigkeit und Missverständnis. Sie sollten es Ihren Lesern möglichst einfach machen, die Bedeutung von Symbolen und Diagrammen so zu verstehen, wie Sie es gemeint haben.
- Geben Sie jedem Diagramm eine Legende. Eine Spezialisierung von „Erklären Sie Ihre Notation" — Legende
- Erklären Sie jedes Element in Diagrammen. Erklären Sie sämtliche Elemente (Bausteine und Beziehungen) innerhalb von (Architektur-)Diagrammen. (Siehe auch „Vermeiden Sie Mehrdeutigkeit".)

- (Möglichst) 7 +/- 2 Elemente pro Diagramm.* Eine Regel der kognitiven Psychologie besagt, dass der Mensch im Kurzzeitgedächtnis nur zwischen 5 und 9 Elementen speichern kann. Als Ausnahme gilt die „Architekturtapete" in Abschnitt 4.9.5.

Standardisierte Strukturen

- Verwenden Sie standardisierte Strukturen. Etablieren Sie eine standardisierte Gliederung für die Architekturdokumentation. Stellen Sie sicher, dass Ihre Leser diese Struktur kennen. Das hilft Ihnen und Ihren Lesern ungemein, Informationen schnell zu finden.

Offene Punkte kennzeichnen

- Kennzeichnen Sie offene Punkte. Falls Informationen noch nicht verfügbar sind, sollten Sie, anstatt Abschnitte oder Überschriften wegzulassen, solche Teile mit kurzen Kommentaren (etwa: <TBD> für to-be-done) kennzeichnen. (Siehe auch „Keine degenerierten Kapitel".)

- Prüfen Sie Dokumente auf Zweckdienlichkeit. Führen Sie inhaltliche Reviews der Dokumente durch, die mehr als nur Formalien prüfen. Fragen Sie verschiedene Projektbeteiligte in unterschiedlichen Rollen nach deren inhaltlichem Urteil und Meinung. Lassen Sie Reviewer Schulnoten für die Verständlichkeit vergeben (und beseitigen Sie die Ursachen möglicher schlechter Noten!).**

- Keine degenerierten Kapitel.*** Lassen Sie keine Abschnitte oder Kapitel leer – kennzeichnen Sie absichtlich oder vorläufig leere Teile zumindest mit Stereotypen oder Formatierungen wie <<entfällt>>, <<to-be-done>> oder <<unzutreffend>>.

---

* Hier lasse ich Ausnahmen zu – wenn es 20 sinnvolle Bausteine ohne Struktur gibt, dann sollten Sie auch keine künstliche Struktur schaffen. In solchen Fällen hilft es gelegentlich, sich in manchen Diagrammen auf einen Teil der gesamten Bausteine zu beschränken (und zu erwähnen, dass es noch weitere gibt!).

** Nein, Sie sollen NICHT Ihre Reviewer beseitigen, sondern die schlecht verstandenen Teile der Dokumentation verständlich machen!

*** Der Begriff „degenerierte Kapitel" spielt auf ein Anti-Pattern des objektorientierten Entwurfs an, bei dem Methoden einer Oberklasse in einer Unterklasse durch leere Implementierungen überschrieben werden. Im OO-Falle stellt dies eine krasse Verletzung des Liskov'schen Substitutionsprinzips dar.

4.11 Andere Ansätze zur Architekturdokumentation

4.11.1 TOGAF

TOGAF („The Open Group Architecture Framework") ist ein generisches und sehr flexibles Rahmenwerk (Framework) für Entwicklung und Management von Unternehmensarchitekturen. Es enthält eine Methode zur Architekturentwicklung („ADM"), die Aktivitäten und Prinzipien zur Entwicklung von Unternehmensarchitekturen umfasst. Weiterhin definiert TOGAF folgende vier Typen von Architekturen:

- Business Architecture: definiert die Geschäftsstrategie, IT-Governance und die wesentlichen Geschäftsprozesse.
- Information (oder Data) Architecture: beschreibt die Struktur der logischen und physischen Unternehmensdaten sowie die Ressourcen zum Management dieser Daten.
- Application Architecture: stellt eine Vorlage zur Definition und zum Betrieb einzelner Anwendungssysteme bereit. Enthält das Mapping zwischen Anwendungen und den in der Business Architecture definierten Geschäftsprozessen.
- Technical Architecture: beschreibt die zum Betrieb der Anwendungen nötige Hard- und Softwareausstattung.

Der Entwicklungsprozess ADM adressiert grundsätzlich diese Architekturtypen, bedarf jedoch der organisationsspezifischen Anpassung. In Abbildung 4.14 sehen Sie einen Überblick (nach [OpenGroup 09]).

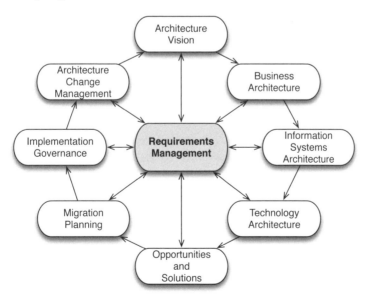

BILD 4.14 TOGAF Architecture Development Method

Wenn Sie sich jetzt immer noch nicht vorstellen können, wie Sie ein Stück Software mit TOGAF modellieren, stehen Sie nicht alleine da: Meiner Meinung nach eignet sich TOGAF aufgrund seiner größtenteils sehr abstrakten Konzepte kaum zur Modellierung konkreter Softwaresysteme, sondern spielt seine Stärken vielmehr bei der Entwicklung und Modellierung der Unternehmens-IT-Architekturen aus – von denen Sie in Kapitel 11 noch einiges lesen. Als eindeutiger Pluspunkt verbucht TOGAF ebenfalls eine generische, aber klare Begriffsbildung von Architekturen und (Enterprise-IT-)Architekturaufgaben.

Falls Sie jedoch für Ihr anstehendes oder laufendes Projekt eine methodische Unterstützung suchen, rate ich Ihnen von TOGAF ab: Die Aufwände zur Konfiguration von dessen Metamodell sowie die Umsetzung der zugehörigen Prozesse erfordert meines Erachtens mehr Zeit, als die meisten Entwicklungsprojekte aufbringen können – überlassen Sie das Ihrem IT-Vorstand oder Enterprise-IT-Architekt.

4.11.2 xADL (Extendable Architecture Description Language)

Unterschiedliche Forschergruppen haben unter dem Titel „Architecture Description Language" versucht, spezialisierte Sprachen zur Architekturbeschreibung zu entwickeln. In der Praxis tauchen solche ADL's höchst selten auf – allerdings enthalten mehrere von ihnen einige lehrreiche Konstrukte. Ich stelle Ihnen hier xADL 2.0 als Vertreter solcher Sprachen vor.

Für experimentierfreudige gibt es sogar[16] ein (Eclipse-basiertes) Modellierungswerkzeug für Software- und Systemarchitekturen mit dem vielversprechenden Namen „ArchStudio". Leider fehlt es an praktischen Anwendungsbeispielen beziehungsweise einer Methodik für den Alltagseinsatz.

Auf weitere Frameworks und Ansätze möchte ich hier nicht näher eingehen.

---

[16] Siehe die Website http://www.isr.uci.edu/projects/archstudio/

4.12 Weiterführende Literatur

[arc42] ist eine Sammlung von Architekturhilfsmitteln, Prozessbeschreibungen und Beispielen. Unter anderem finden Sie auf der Website einige Schablonen und Vorlagen für typische Architekturdokumente, basierend auf einem Metamodell. ARC42 ist für Software- und Systemarchitekten das, was [Volere] für Systemanalytiker und Requirements-Engineers ist.

[Bachmann2000] beschreibt die Bedeutung von Architekturdokumentation.

Die Website von Dana Bredemeyer enthält einen „Software Architecture Documentation Action Guide"[17] – prinzipiell eine vielversprechende Idee. Auch Bredemeyer differenziert zwischen Randbedingungen und Sichten und fordert unterschiedliche Dokumente für die verschiedenen Stakeholder. Leider gibt er zu wenige Hinweise für die praktische Umsetzung.

[Clements+10] stellt einen flexiblen Ansatz zur Architekturdokumentation vor, der Möglichkeiten zur Definition eigener Sichten offen lässt. Leider geben die Autoren kaum Empfehlungen, welche Aspekte von Software-Architekturen konkret zu dokumentieren sind.

[Hofmeister2000] stellen in den Kapiteln 3–7 ein System aus vier Sichten (*views*) vor (konzeptionelle Sicht, Modulsicht, Codesicht, Ausführungssicht). Zur Notation benutzen die Autoren eine über Stereotypen erweiterte UML.[18]

[ISO96] Der ISO-Standard 10746 spezifiziert ein Referenzmodell für „Open Distributed Processing" (RM-ODP). Er führt fünf unterschiedliche Sichten (*viewpoints*) auf Systeme ein (*Enterprise, Information, Computational, Engineering, Technology*). Für jede dieser Sichten enthält der Standard eine eigene Beschreibungssprache beziehungsweise die für eine entsprechende Sprache notwendigen Konzepte. Dies erschwert die Anwendung von ISO 10746 beträchtlich, da kaum kommerzielle Werkzeuge die geforderten Beschreibungssprachen unterstützen.

[Kruchten95] stellt ein Modell von fünf Sichten vor: Logische Sicht, Prozess-Sicht, Physische Sicht, Entwicklungssicht und Use-Case-Sicht.

[Rüping03] beschäftigt sich mit der Frage, wie man die zu dokumentierenden Aspekte von Software-Projekten finden und die Inhalte von Dokumenten verständlich strukturiert und layoutet.

[Siedersleben04] streift das Thema Dokumentation nur sehr kurz und fordert, in Projekten jeweils die Innen- und Außensicht von Komponenten zu dokumentieren. Die Außensicht beschreibt die Schnittstelle, die Innensicht legt die interne Struktur von Komponenten offen.

In [Starke+09] erläutern Peter Hruschka und ich in Kurzform den Aufbau und die Grundlagen des arc42-Templates.

[Vigenschow+07] erklären Kommunikation und andere „Soft-Skills" für Softwareentwickler. Warum mussten wir auf dieses Buch so lange warten? Viel zu wenige ITler kümmern sich um dieses Thema, obwohl die Wichtigkeit der „Kommunikationsaufgabe" mittlerweile hinlänglich bekannt ist.

---

[17] http://www.bredemeyer.com/architecture_documentation_action_guides.htm
[18] Leider unterstützen nur wenige kommerzielle CASE-Werkzeuge diese grafischen UML-Erweiterungen.

5 UML 2 für Architekten

von Peter Hruschka und Gernot Starke

*Wenn die Sprache nicht stimmt,
ist das, was gesagt wird, nicht das, was gemeint ist.*

Konfuzius

Fragen, die dieses Kapitel beantwortet:
- Warum sollten Sie die UML zur Dokumentation von Architekturen einsetzen?
- Welche Ausdrucksmittel stellt die UML für Architekten zur Verfügung?
- Welche Diagramme sollten Sie für welche Architektursicht einsetzen?
- Worauf sollten Sie beim Einsatz der verschiedenen Diagramme achten?

In den folgenden Abschnitten möchten wir Ihnen keineswegs die volle Schönheit und Komplexität von UML 2 vorstellen, sondern pragmatische Vorschläge unterbreiten, wie Sie die Ausdrucksmittel von UML zur Dokumentation von Software-Architekturen effektiv nutzen können. Das Kapitel baut auf dem Sichtenmodell aus dem vorigen Kapitel auf.

Warum sollten Sie UML nutzen

Viele Ingenieurdisziplinen haben Standards zur besseren Kommunikation ihrer Ergebnisse geschaffen. Denken Sie nur an Gebäudearchitekten und ihre Baupläne, oder an Elektrotechniker und deren Schaltpläne. Auch Chemiker haben eine Formelsprache, um sich über Verbindungen auszutauschen. In der Software-Industrie gab es bisher noch keine Einigung über Dokumentation von Modellen. Einige Ausdrucksmittel der Strukturierten Methoden wie Structure Charts waren zwar weit verbreitet, aber nie standardisiert und wurden daher immer mit unterschiedlichen Notationen verwendet. Obwohl der Begriff des Moduls seit Beginn der 70er-Jahre verbreitet ist und Sprachen wie Modula und Ada zu Beginn der 80er-Jahre entstanden, gab es für den Modulentwurf nie eine standardisierte Notation. Oftmals wurden Architecture Description Languages (ADLs) vorgeschlagen, aber keine davon hat den Durchbruch geschafft. Auch die ersten objektorientierten Methoden führten eher zu einer Diversifizierung der Darstellungsformen. Sie machten es zu Beginn der 90er-Jahre den Anhängern früher objektorientierter Methoden sehr schwer, sich für die Notation des einen oder anderen Gurus zu entscheiden.[1]

Seit die Object Management Group (OMG) 1997 die Unified Modeling Language (UML) standardisiert hat, haben auch die Software-Ingenieure ein weltweit anerkanntes Mittel zur Dokumentation von Analyse- und Architekturmodellen. In den sieben Jahren zwischen 1997 und 2004 wurde der Standard geringfügig modifiziert (von Version 1.1 bis Version 1.5). Für Endanwender hat sich in diesen Versionen kaum etwas verändert. Die in der Praxis benötigten Ausdrucksmittel sind seit 1997 stabil geblieben.

Die vielfältigen Erfahrungen mit den Ausdrucksmitteln der UML 1.x sind in eine erste größere Überarbeitung (UML 2.0) eingeflossen, die wir Ihnen hier in Kurzform vorstellen.

Auf den ersten Blick sieht die UML sehr kompliziert aus – und sie ist es auch. Aber Sie brauchen nicht jedes der dreizehn Diagramme zu kennen, um anfangen zu können. Im Lauf der Zeit werden Sie die für Ihre Arbeit als Architekt wichtigen Teile der UML auswählen – wir stellen Ihnen eine pragmatische Auswahl dazu vor.

UML ist derzeit als Standard konkurrenzlos. Die Unterstützung durch viele große Unternehmen sowie die breite Rückendeckung durch die Hunderten von OMG-Mitgliedern sichert diesen Status. Obwohl Forschungsstätten (wie z.B. das Software Engineering Institute) und Universitäten auch heute noch regelmäßig alternative, vermeintlich bessere Architekturbeschreibungssprachen entwickeln, sind diese keine ernst zu nehmende Konkurrenz für die UML. Sie gehen daher für die nächsten Jahre kein Risiko ein, wenn Sie sich heute für die UML als Dokumentationsmittel entscheiden.

■ 5.1 Die Diagrammarten der UML 2

Bevor wir Ihnen die Anwendung der UML 2 zur Darstellung von Software-Architekturen erläutern, möchten wir in Tabelle 5.1 einen Überblick über die dreizehn Diagrammarten der UML 2 geben.

TABELLE 5.1 Diagrammarten der UML 2

Diagrammart	Verwendung
Strukturdiagramme	
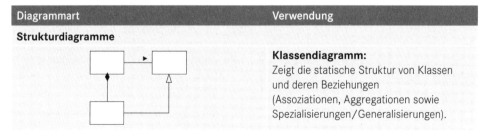	**Klassendiagramm:** Zeigt die statische Struktur von Klassen und deren Beziehungen (Assoziationen, Aggregationen sowie Spezialisierungen/Generalisierungen).

---

[1] Die Hersteller von Tools hatten auch die Qual der Wahl, wenn sie bei ihren Werkzeugimplementierungen zwischen den Wolkendiagrammen von Grady Booch, den Kästchendiagrammen von James Rumbaugh oder den Kreisen von Ivar Jacobson wählen mussten – und das, obwohl alle von Klassen und Objekten sprachen!

Diagrammart	Verwendung
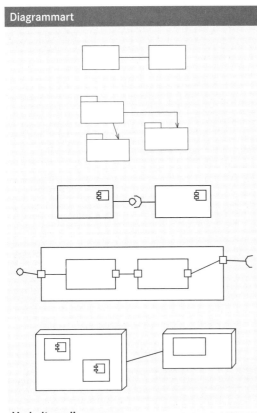	**Objektdiagramm:** Zeigt eine Struktur von Instanzen sowie deren Verbindungen. Bildet damit einen Schnappschuss des Klassendiagramms. **Paketdiagramm:** Gibt einen Überblick über die Zerlegung des Gesamtsystems in Pakete oder Teilsysteme. Enthält logische Zusammenfassungen von Systemteilen. **Komponentendiagramm:** Zeigt, wie Systembausteine zu Komponenten mit definierten Ein- und Ausgabeschnittstellen zusammengefasst werden. **Kompositionsstrukturdiagramm:** Zeigt den inneren Aufbau eines Systembausteins (Komponente, Klasse, Paket) sowie die Abbildung äußerer Schnittstellen auf innere. **Verteilungsdiagramm** *(Deployment-Diagram)*: Zeigt die Infrastruktur und ihre Abhängigkeiten, sowie die Verteilung der Laufzeitelemente auf die technische Infrastruktur (Hardware).
Verhaltensdiagramme	
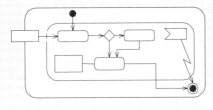	**Aktivitätsdiagramm:** Zeigt mögliche Abläufe innerhalb von Systembestandteilen (etwa: Klassen, Komponenten oder Use-Cases). Kann Algorithmen, Daten- und Kontrollflüsse sehr detailliert beschreiben.
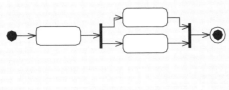	**Zustandsdiagramm** *(State Diagram)*: Zeigt die möglichen Zustände eines Systembestandteils sowie die erlaubten Zustandsübergänge an und verknüpft Aktivitäten mit diesen Zuständen und Übergängen.
	Anwendungsfalldiagramm *(Use Case Diagram)*: Zeigt eine Übersicht über alle Prozesse, mit denen das System auf Wünsche von Akteuren (oder Nachbarsystemen) reagiert.

(Fortsetzung nächste Seite)

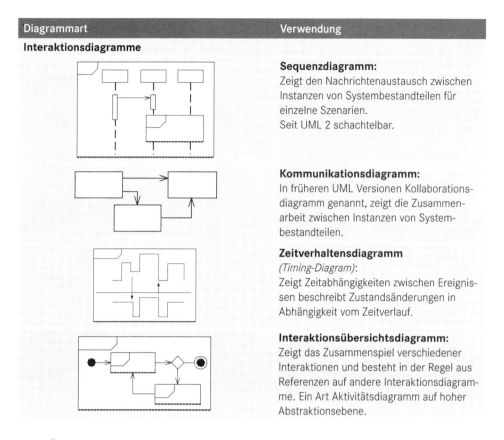

Einen Überblick über die UML 2 Notation finden Sie in [arc42] und [Rupp+12].

5.2 Die Bausteine von Architekturen

Die kleinsten Bausteine objektorientierter Software-Architekturen sind Klassen, bzw. zur Laufzeit daraus instanziierte Objekte. UML stellt diese als Kästchen dar, in denen Sie neben dem Namen Attribute und Operationen eintragen können. Generell gilt: Ein einzelner Name deutet auf eine Klassen hin. Wann immer Sie im Namensfeld Unterstreichung und einen Doppelpunkt entdecken, handelt es sich um konkrete Objekte.

Sobald Ihre Systeme etwas umfangreicher werden, benötigen Sie neben Klassen noch Möglichkeiten zur Modellierung größerer Einheiten. Sie müssen aus kleineren Bausteinen größere Bausteine zusammenstellen. Zwei Beweggründe treiben Sie dazu: Sie wollen abstrahieren und Sie wollen Sichtbarkeit und Zugriff regeln.

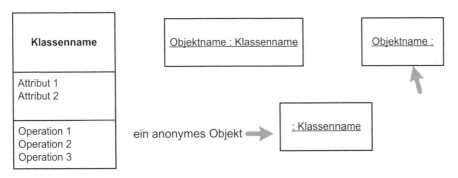

BILD 5.1 Klassen und Objekte in der UML

Dafür stellt die UML Pakete und Komponenten zur Verfügung. Etwas vereinfacht gelten folgende Regeln zur Unterscheidung:

1. Wenn Sie nur einen Namen für eine Menge von (kleineren und größeren) Bausteinen brauchen – also nur einen abstrakteren Begriff für eine Gruppe von z.B. acht kleineren Bausteinen –, dann sollten Sie Pakete verwenden.
2. Wenn Sie nicht nur abstrahieren wollen, sondern gleichzeitig auch Zugriffsschutz über sauber definierte Schnittstellen gewährleisten wollen, dann sind Komponenten das Ausdrucksmittel Ihrer Wahl.

BILD 5.2 Größere Bausteine: Pakete und Komponenten

Vereinfacht ausgedrückt sind Pakete nur Sammeltöpfe für kleiner Bausteine. Komponenten hingegen sind eine Art von großen Klassen: Sie können eigene Attribute haben (aber wer will schon globale Variable?), sie können Beziehungen eingehen, sie haben nach außen sichtbare und nach innen versteckte Teile.

Pakete und Komponenten dürfen beliebig geschachtelt werden. Somit lassen sich auch sehr komplexe Systeme mit Tausenden von Klassen durch drei bis vier Abstraktionsebenen von Paketen oder Komponenten überschaubar gestalten.

5.3 Schnittstellen

Die Art der Schnittstellendarstellung unterscheidet sich für die unterschiedlichen Bausteine von Architekturen.

Die Schnittstellen der kleinsten funktionalen Bausteine, der Operationen, sind deren Ein- und Ausgabeparameter. Dafür lässt die UML die Syntax offen. Üblicherweise nutzt man ähnliche Schreibweisen wie in der Programmiersprache Ihrer Wahl.

Die Schnittstellen einer Klasse bilden im einfachsten Fall die Operationen, die die Klasse öffentlich („public") macht (im Gegensatz zu den privaten Operationen, die von außen nicht aufgerufen werden können). Die UML verwendet das Zeichen „+" vor dem Operationsnamen für public und „-" für private (vgl. Bild 5.3)

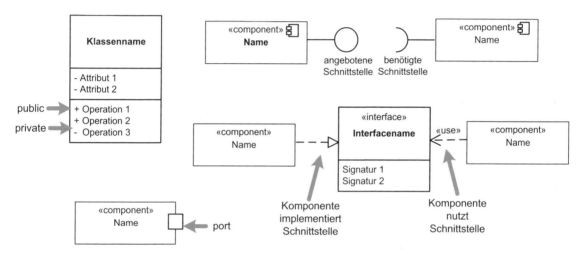

BILD 5.3 Verschiedene Arten der Schnittstellendarstellung

Interessant wird die Darstellung der Schnittstellen von Komponenten. Bei diesen sind für uns als Architekt zwei Aspekte wichtig:

- Welche Services bietet die Komponente anderen Komponenten an (die Export-Schnittstelle, „provided interface")?
- Was benötigt die Komponente von anderen (die Import-Schnittstelle, „required interface")?

Die UML nutzt dafür entweder die Ball- und abgekürzte Socketnotation (vgl. Bild 5.3) oder verbindet die Komponente explizit mit Interfaceklassen. Betrachten Sie eine Interface-Klasse als eine degenerierte Klasse, die neben dem Namen (und der Kennzeichnung mit dem Stereotyp <<interface>>) nur die Signaturen von Operationen enthält, jedoch keine „Bodies" und keine Attribute. Der Pfeil zu Schnittstellen, die der Baustein anbietet (d.h. implementiert), wird – nicht ganz zufällig – ebenfalls mit dem hohlen Dreieck notiert, wie die Generalisierung/Spezialisierung von Klassen (jedoch mit gestrichelter Linie). Die Komponente wird als

Spezialisierung der Schnittstelle verstanden. Schnittstellen, die benötigt werden, sind über den gestrichelten Abhängigkeitspfeil mit dem Stereotyp <<use>> verbunden.

Die UML 2 hat noch ein weiteres Ausdrucksmittel für Schnittstellen eingeführt: Ports, dargestellt als kleines Rechteck im Rahmen der Komponente. Ein Port ist nur eine abkürzende Schreibweise für eine benannte Gruppe von beliebig vielen Export- und Importschnittstellen – und bringt somit keine konzeptionellen Neuigkeiten. Um zu wissen, was an dem Port genau angeboten oder erwartet wird, müssen Sie diesen ausführlich beschreiben oder mit Ball- und Socketnotation explizit modellieren.

5.4 Die Bausteinsicht

Nach diesen Grundbegriffen zu Bausteinen und deren Schnittstellen können wir nun die UML-Modelle betrachten, mit denen Sie die Bausteinsicht darstellen können. Bild 5.4 zeigt ein UML-Klassendiagramm. Darin werden die Klassen statisch mit einfachen Assoziationen, Teile-Ganzes-Beziehungen („besteht aus"), oder Generalisierung/Spezialisierung („ist ein") in Zusammenhang gebracht.

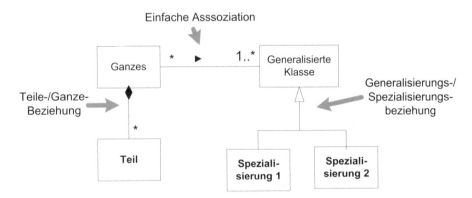

BILD 5.4 Klassendiagramm

Der Zusammenhang zwischen den größeren Bausteinen wird in Form von Paket- oder Komponentendiagrammen hergestellt. Die wesentliche Beziehung zwischen diesen ist die einfache Abhängigkeit („dependency"), die durch Stereotypes wie <<access>>, <<import>> oder andere präzisiert werden kann. Je nach Reifegrad Ihrer Architekturfestlegungen können dabei direkte Abhängigkeiten oder Abhängigkeiten über Schnittstellen eingezeichnet werden.

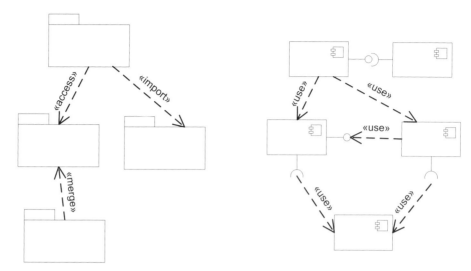

BILD 5.5 Paket- und Komponentendiagramm

Hier noch einige Tipps zum Erstellen von Klassen-, Paket- und Komponentendiagrammen.

- Denken Sie lieber dreimal statt einmal über gute Namen für Klassen und Komponenten nach.
- Nutzen Sie in Klassendiagrammen die Stärke der UML, Assoziationen mit Namen versehen zu können, Rollennamen anzugeben, die mögliche Navigationsrichtung vorzuschreiben und Multiplizitäten an beiden Enden festzulegen. Gepaart mit guten Namen werden die Diagramme semantisch aussagekräftiger und sparen das Nachschlagen in Hintergrunddokumenten.
- Entscheiden Sie sich – anders als in Bild 5.5, die alternative Möglichkeiten demonstriert – in einem Diagramm für nur eine Art von Schnittstellendarstellung. Sie verwirren den Leser, wenn Sie in einem Bild einige Schnittstellen explizit als Balls und Sockets hinzeichnen und andere, vorhandene Schnittstellen implizit lassen!
- Nutzen Sie Stereotypes für verschiedene Arten von fachlichen und technischen Klassen und Komponenten, z.B. <<entity>> für datenorientierte, <<control>> für steuerungsorientierte Bausteine und <<viewY>> für Sichtbildung. Mehr dazu in [b-agile2002a].

Die bisher erwähnten Diagramme der Bausteinsicht stellen statische Aspekte in den Vordergrund. Zwei Diagramme für dynamische Aspekte ergänzen die Bausteinsicht: Aktivitätsdiagramme und Zustandsdiagramme. In beiden wird unabhängig von Laufzeitaspekten das allgemein gültige Verhalten von Bausteinen beschrieben. Wie Bild 5.6 zeigt, lassen sich in Aktivitätsdiagrammen mit Bahnen (engl. Swimlanes) einzelne Aktivitäten den Bausteinen zuordnen. In Zustandsdiagrammen modellieren Sie die für jede Instanziierung eines Bausteins prinzipiell vorhandenen Zustände und die Ereignisse, die Übergänge auslösen. Die

Operationen können dabei entweder den Übergängen zugeordnet werden oder den Zuständen.

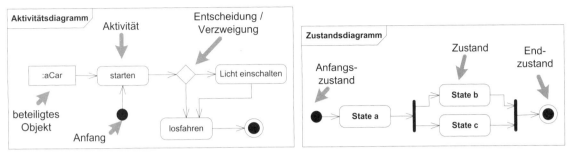

BILD 5.6 Aktivitäts- und Zustandsdiagramme

- Beim Reengineering von Architekturen können Sie Aktivitätsdiagramme mit Bahnen benutzen, um aufzuzeigen, welche Funktionen derzeit welchem Baustein zugeordnet sind. Zeigen Sie so z.B. die Aufteilung zwischen Client und Server, zwischen verschiedenen Standorten oder Rechnern oder zwischen verschiedenen Abteilungen.
- Nutzen Sie Bahnen in Aktivitätsdiagrammen beim Neuentwurf gezielt, um Funktionen in die Verantwortung größerer Bausteine zu übergeben.
- Wenn es Ihnen schwer fällt, Funktionsreihenfolgen in Aktivitätsdiagrammen linear zu modellieren, dann verbergen sich dahinter oft Zustände. Nutzen Sie in diesem Fall Zustandsmodelle, um Funktionen in Abhängigkeit von externen, internen oder Zeitereignissen zu modellieren.
- Zustandsmodelle eignen sich hervorragend, um Lebenszyklen komplexer Klassen zu modellieren (von der Geburt nach Ausführung des Konstruktors über alle Ereignisse, die Objekten der Klassen danach zustoßen können, bis hin zur Zerstörung im Destruktor).
- Verwenden Sie Zustandsmodelle auch zur Modellierung des Verhaltens komplexer, asynchron operierender Subsysteme. Ein Beispiel dafür sind Echtzeitsysteme, die auf unabhängige äußere Ereignisse reagieren müssen; ein anderes Beispiel sind Benutzungsoberflächen, die kontextabhängig bei Benutzereingaben Menüs wechseln und Tastenbelegungen aktualisieren müssen.

Nutzen Sie Klassen- oder Komponentendiagramme auch für die Modellierung der statischen Kontextsicht. Zeichnen Sie ein Diagramm mit Ihrem System in der Mitte als Black Box und ordnen Sie rundherum alle Quellen an, von denen Ihr System Informationen erhält, und alle Senken, an die Ihr System Informationen liefert. Die UML hat dieses bewährte Kontextdiagramm nicht als eigenständiges Diagramm aufgenommen, jedoch erfüllt das Klassendiagramm diesen Zweck, wenn Sie sich die Freiheit nehmen, die Assoziationen zwischen System und Systemumgebung gerichtet zu zeichnen und sie mit den Ein- und Ausgabenamen zu beschriften (vgl. Bild 5.7).

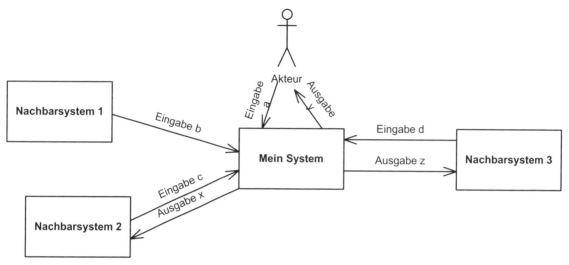

BILD 5.7 Klassendiagramm zur Darstellung des statischen Kontexts

▍ 5.5 Die Verteilungssicht

Software ohne Hardware und Infrastruktur tut sehr wenig. Deshalb stellt uns die UML auch eine Diagrammart zur Verfügung, um Infrastruktur unserer Software-Architektur zu modellieren und die Bausteine der Software-Architektur dieser Infrastruktur zuzuordnen: das Verteilungsdiagramm (engl. deployment diagram).

Die Hauptelemente dieser Verteilungsdiagramme sind Knoten und Kanäle zwischen den Knoten. Stellen Sie sich Knoten als Standorte, als Cluster, als Rechner, als Chips oder als Devices vor – kurz alles, was sich etwas merken kann (d.h. Daten persistent festhalten) und etwas tun kann (d.h. Operationen ausführen). Die Kanäle, die die Knoten verbinden, repräsentieren die physikalischen Übertragungswege, auf denen Informationen zwischen Knoten ausgetauscht werden können – also alles von Kabeln über Rohrpost, Rauchzeichen bis hin zu Bluetooth und anderen Wireless-Verbindungen. Die UML behandelt (auch in der Version 2) diese Infrastruktur immer noch etwas stiefmütterlich. Für verteilte Systeme sind diese Diagramme jedoch unabdingbar.

Knoten sind das einzige dreidimensionale Symbol in der UML, um die Prozessoren und Devices mnemonisch besser ausdrücken zu können. Die Kanäle sind als normale Assoziationen (wie im Klassendiagramm) dargestellt. Knoten sind schachtelbar, um z.B. die Prozessoren eines Clusters oder die verschiedenen Platinen in einem großen Gehäuse darstellen zu können.

Eigenschaften von Knoten wie den Rechnertyp oder die Speichergröße können über Stereotypen (<<Security Server>>) oder Tagged Values ({memory = 40Gbyte}) in den Diagrammen festgehalten werden.

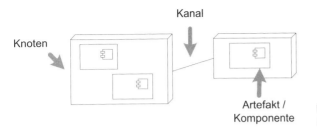

BILD 5.8
Knoten, Kanäle und verteilte Artefakte

- Modellieren Sie die Infrastruktur nur soweit, wie Sie es für die Diskussion der Verteilung der Software benötigen. Beschriften Sie auch die Kanäle nur so ausführlich, wie Sie z.B. redundante Datenwege erläutern möchten.
- Versuchen Sie nicht, die Details einer Hardwarelösung* mit Verteilungsdiagrammen darzustellen. Die Hardware-Modellierer haben normalerweise Modelle zur Verfügung, die ihre Belange wesentlich besser ausdrücken können als das UML-Verteilungsdiagramm.
- Ordnen Sie die Knoten im Bild so an, wie sie auch in der realen Welt angeordnet sind: bei geographisch verteilten Systemen z.B. Hamburg eher oben im Bild und Freiburg eher links unten; bei Prozessoren und Speichereinheiten in einem Gehäuse so, wie Sie diese Teile nach dem Aufschrauben des Gehäuses auch sehen können. Dies erleichtert die Wiedererkennung und verbessert die Lesbarkeit der Diagramme.

---

* Wie genaue Pin-Belegungen, Spannungslevels und andere hardwarespezifische Feinheiten.

Der Hauptzweck der Verteilungsdiagramme ist die Zuordnung von Bausteinen zu Knoten. Da unsere Bausteine aber logische, abstrakte Designeinheiten sind, müssen wir sie vorher noch in Dinge umwandeln, die man auf Infrastruktur verteilen kann. UML nennt diese Dinge „Artefakte". Beispielsweise manifestiert sich ein Designbaustein als (eine oder mehrere) exe-Datei, als dll-Datei oder Daten als Datenbank, als File etc.[2]

Zeichnen Sie auch für die Verteilungssicht ein physikalisches Kontextdiagramm. Dazu setzen Sie den Knoten, auf dem Ihr System läuft, in die Mitte und ordnen – ähnlich wie beim logischen Kontextdiagramm – alle menschlichen Akteure und Nachbarprozessoren rundherum an. Legen Sie jetzt jedoch die physikalischen Schnittstellen fest, die zu den Nachbarsystemen vorhanden sind, z.B. Thin-Wire-Ethernet als Verbindung, das Druckerkabel, Bus-Systeme, Bluetooth etc. (vgl. Bild 5.9). Dieses Bild hilft Ihnen, die Abbildung von logischen Ein- und Ausgaben auf entsprechende Medien herzustellen.

---

[2] Die UML erlaubt m:n-Beziehungen zwischen Designbausteinen und deren Artefakten. Wenn Sie diese zusätzliche Abbildung vermeiden können, rate ich Ihnen, möglichst 1:1 Beziehungen anzustreben. Dann kann man (etwas salopp) davon sprechen, dass die Bausteine auf die Hardware verteilt werden – obwohl präziserweise deren Artefakte den Knoten zugeordnet werden müssen.

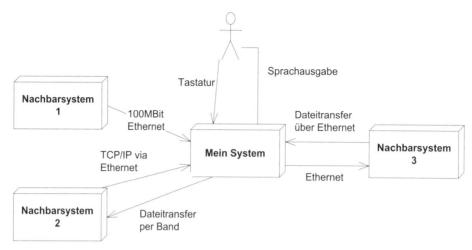

BILD 5.9 Physikalisches Kontextdiagramm: die Kanäle zu Ihrem System

5.6 Die Laufzeitsicht

Oftmals interessiert Sie nicht nur die prinzipielle Struktur der Bausteine Ihrer Architektur, sondern gezielte Aussagen, was zur Laufzeit Ihres Systems passieren soll. Auch dafür stellt die UML eine Menge von Diagrammen zur Verfügung. Betrachten wir zunächst die Elemente der Laufzeitsicht. Dabei handelt es sich immer um Instanzen von Bausteinen, die in der Bausteinsicht enthalten sind, also um Objekte zu den Klassen oder um instanziierte Komponenten.

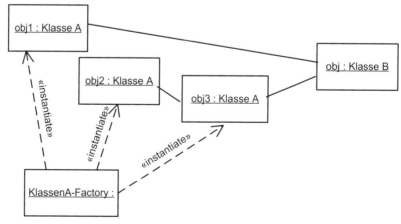

BILD 5.10 Objektdiagramm

Mit Objektdiagrammen können Sie Schnappschüsse der existierenden Laufzeitobjekte darstellen und auch instanziierte Beziehungen. Die UML bietet dabei die Möglichkeit zwischen aktiven und passiven Objekten zu unterscheiden. Letztere werden, wie der Name schon ausdrückt, nicht selbst aktiv, sondern warten darauf, benutzt zu werden. Alle aktiven Bausteine (gekennzeichnet mit doppelter Seitenlinie in der Grafik) sind unabhängig voneinander selbständig aktiv und führen Prozesse gemäß ihrer Spezifikation aus.

- Nutzen Sie Objektdiagramme, wenn Sie gezielt die Konstellation spezieller Objekte zur Laufzeit zeigen wollen, wie z.B. die wirklich instanziierten Empfangsplätze in einem Hotel zu den Zeiten größeren Andrangs morgens und am frühen Abend im Gegensatz zu der Minimalbesetzung zwischendurch, oder die Zuordnung einzelner Fluglotsen zu bestimmten Flugzeugen statt der allgemeinen Beziehung „Lotse überwacht Flugzeug".

Das zweite statische Diagramm zur Modellierung der Laufzeitsicht ist das Kompositionsstrukturdiagramm (engl. composite structure diagram). Mit diesem können Sie einen detaillierten Einblick in die Struktur einer Komponente zur Laufzeit erhalten. Sie sehen, welche innenliegenden Objekte instanziiert sind, wie sie zusammenhängen – und vor allem – welche Schnittstelle der Komponente intern durch welche Objekte bedient wird.

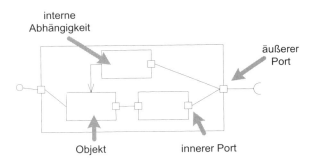

BILD 5.11 Kompositionsstrukturdiagramm

- Nutzen Sie dieses Diagramm zur Darstellung komplexer Konstruktoren, z.B. zur Modellierung, was eine Abstract Factory als Ergebnis abliefert.
- Diskutieren Sie anhand dieses Diagramms, welches interne Objekt welchen Teil der Versprechungen an der Komponentenschnittstelle implementiert, bzw. welches Objekt für die Beschaffung von Informationen über benötigte Schnittstellen verantwortlich ist.

Mehr noch als die beiden bisher erwähnten statischen Modelle werden Sie zur Darstellung der Laufzeitsicht dynamische Modelle nutzen. Die UML verwendet für diese Diagramme den Sammelbegriff „Interaktionsdiagramme", weil alle davon die Zusammenarbeit von Objekten zur

Laufzeit beschreiben, d.h. den Austausch von Nachrichten, die gegenseitigen Aufrufe bzw. das Senden und Empfangen von Ereignissen.

Das populärste Diagramm ist das Sequenzdiagramm. Es stellt beispielhafte Abläufe (Szenarien) durch das System dar. Wie Bild 5.12 zeigt, sind die am Szenario beteiligten Objekten durch ein Rechteck mit daran hängender Lebenslinie gekennzeichnet. Von oben nach unten sehen Sie die Ereignisse und Nachrichten, die von einem Objekt zu einem anderen geschickt werden.

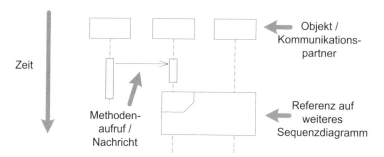

BILD 5.12 Sequenzdiagramm

UML 2 hat die Sequenzdiagramme um zahllose Konstrukte erweitert, wie Abfragen, Schleifen, Parallelität, Schachtelung, etc. Sie können auch die Art der Kommunikation durch unterschiedliche Pfeile grafisch darstellen (synchron mit und ohne Antwort, asynchrone Nachrichten, etc.) Tasten Sie sich langsam an die Notationselemente heran, die Ihnen für die Kommunikation zwischen Systemteilen wichtig sind.

- Nutzen Sie Sequenzdiagramme, um „Kandidatenobjekte" zu finden, d.h. Bausteine, die für eine bestimmte Aufgabe die Verantwortung übernehmen können. So helfen Diagramme der Laufzeitsicht die Elemente der Bausteinsicht zu identifizieren.
- Nutzen Sie Szenarien auch, um Ihre Architekturen zu überprüfen. Zeichnen Sie typische, offensichtliche Abläufe zwischen den Instanzen und
- Prüfen Sie, ob ihre Klassen und Komponenten entsprechende Operationen bereitstellen.
- Nutzen Sie Sequenzdiagramme auf verschiedenen Abstraktionsebenen. Die gröbste Abstraktion ist ein Laufzeitkontextdiagramm (siehe Bild 5.12). Sie können sich auch ausschließlich auf die Kommunikation zwischen Rechnern konzentrieren, indem Sie je ein Stellvertreterobjekt für jeden Rechner zeichnen und die Kommunikation zwischen diesen. Unterdrücken Sie dabei alle Nachrichten, die innerhalb eines Rechners ausgetauscht werden. Modellieren Sie dann auf einer nächstfeineren Ebene z.B. die Kommunikation zwischen Anwendungen, die auf einem Rechner laufen, und erst auf der feinsten Ebene die Kommunikation zwischen den primitiven Objekten innerhalb einer Komponente.

Auch in der Laufzeitsicht lohnt es sich, ein Kontextdiagramm zu zeichnen. Wiederum ist Ihr System dabei ein einziges Black-Box-Objekt. Sie zeigen in diesem Laufzeitkontextdiagramm beispielhafte Kommunikation des Gesamtsystems mit Akteuren und anderen Nachbarsystemen.

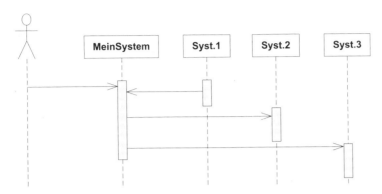

BILD 5.13 Laufzeitkontextdiagramm

- Nutzen Sie diese Kontextsicht für die frühzeitige Klärung der heikelsten Schnittstellen Ihres Systems: der Schnittstellen nach außen!

Während Sequenzdiagramme die Abläufe „sequenziell" von oben nach unten lesbar darstellen, können Sie mit Kommunikationsdiagrammen eher die Topologie Ihrer Klassen- und Komponentendiagramme aufgreifen. Stellen Sie sich ein Kommunikationsdiagramm als ein instanziiertes Klassendiagramm dar, in das Sie jetzt (natürlich nummeriert) die Folge von Nachrichten einzeichnen, die zwischen den Beteiligten ausgetauscht werden.

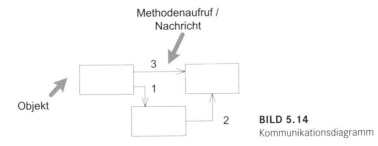

BILD 5.14 Kommunikationsdiagramm

- Nutzen Sie Kommunikationsdiagramme, wenn Sie schon Klassen und Komponenten gefunden haben und nun über deren beispielhafte Zusammenarbeit diskutieren wollen.
- Modellieren Sie ein Szenario für den Normalfall und dann z.B. Szenarien für heikle Sonderfälle. Testen Sie somit, ob die Klassen schon über geeignete Operationen verfügen, um den Gesamtablauf zu bewerkstelligen.

Da Interaktionen bei großen Systemen manchmal sehr komplex werden können, hat die UML 2 noch ein weiteres, sehr nützliches Diagramm bereitgestellt: das Interaktionsüberblicksdiagramm. Es bringt keine wesentlichen neuen Modellierungselemente ins Spiel. Stellen Sie sich das Diagramm als eine Art grafisches Inhaltsverzeichnis oder Übersichtsplan für viele einzelne Interaktionsdiagramme vor. Auf sehr hoher Ebene zeichnen Sie die Abhängigkeiten zwischen Interaktionsdiagrammen. Für genaueres Wissen zoomen Sie dann jeweils in eines der Diagramme hinein.

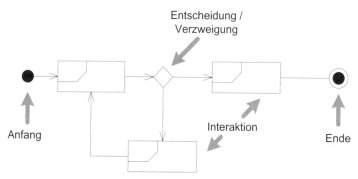

BILD 5.15 Interaktionsüberblicksdiagramm

Mit den Ausdrucksmitteln aus Aktivitätsdiagrammen (Verzweigung, Parallelität, Verfeinerung, ...) können Sie in diesem Überblicksdiagramm alle möglichen Fragmente von Interaktionen kombinieren, die dann jeweils in eigenständigen Sequenz- oder Kommunikationsdiagrammen weiter ausgeführt sind.

- Nutzen Sie die Stärke von Szenarien. Während die Methoden der 8oer-Jahre hauptsächlich auf die Bausteinsicht mit Strukturen und generalisierten Verhaltensmodellen Wert gelegt haben, bietet die UML jetzt zusätzlich die Aussagekraft der Beispiele an. Interaktionsdiagramme sind grundsätzlich beispielhafte Abläufe. An einem guten Beispiel lernen Sie mehr als an einer schlechten Abstraktion!
- Wählen Sie die Beispielabläufe gezielt aus (so wie sie Testfälle auswählen): ein Beispiel für den Normalfall, einige Beispiele für Grenzfälle und seltene Ausnahmen, vielleicht auch ein Gegenbeispiel, um die Robustheit des Systems zu testen.

5.7 Darum UML

So hilfreich es auch ist, gemeinsam an einer Wandtafel zu stehen und Ideen über die Gestaltung von Architekturen durch Skribbeln von Bildchen auszutauschen – die Zusammenarbeit wird noch effektiver, wenn jeder hinter den Kästchen und Strichen das Gleiche versteht.

Die UML hat die Kästchen und Striche für uns standardisiert. In den statischen Modellen lassen sich die Bausteine der Architektur auf verschiedenen Abstraktionsebenen (vom Gesamtsystem als Black Box über Subsysteme, Komponenten und Pakete bis zu den kleinsten Klassen) modellieren und miteinander in Beziehung setzen.

In den dynamischen Modellen zeigen Sie, wie Instanzen dieser Bausteine, d.h. Objekte, aktive Klassen, Prozesse und Threads zur Laufzeit zusammenarbeiten und miteinander kommunizieren.

Verteilungsdiagramme erlauben das Mapping (von Artefakten) der Bausteine auf die vorhandene Infrastruktur.

Somit stellt Ihnen UML genügend grafische Hilfsmittel zur Verfügung, um alle Aspekte einer Software-Architektur transparent zu machen – und das in einer Weise, die weltweit verstanden wird.

Tabelle 5.2 fasst die statischen und dynamischen UML-Modelle nochmals zusammen und zeigt, welches Diagramm in welcher der drei Sichten am besten einzusetzen ist.

TABELLE 5.2 Abbildung statischer und dynamischer Modelle auf die Sichten

	Statische UML 2-Modelle	Dynamische UML 2-Modelle
Bausteinsicht	Darstellung von Bausteinen und deren statische Beziehungen: • Klassendiagramm • Komponentendiagramm • Paketdiagramm	Prinzipielles Verhalten (unabhängig von Laufzeitaspekten): • Zustandsdiagramm • Aktivitätsdiagramm • Zeitverhaltensdiagramm
Laufzeitsicht	Instanzen von Bausteinen und zur Laufzeit vorhandene Verbindungen: • Objektdiagramm • Kompositionsstrukturdiagramm	Zusammenarbeit von Instanzen zur Laufzeit: • Sequenzdiagramm • Kommunikationsdiagramm • Interaktionsübersichtsdiagramm
Verteilungssicht	Infrastruktur mit zugeordneten Bausteinen: • Verteilungsdiagramm	keine Unterstützung in der UML. (wäre nur bei dynamischer Lastverteilung von Instanzen auf die Knoten interessant)

Use-Case-Diagramme fehlen in der Tabelle. Sie sind das Verbindungsglied, das die Systemanalytiker den Architekten hoffentlich als Ausgangspunkt für die Gestaltung der drei Sichten vorgegeben haben.

Einige Tipps zur praktischen Modellierung:

- Modellieren Sie erste Versionen im Team am Whiteboard und fotografieren Sie die Ergebnisse! Diese Art der Zusammenarbeit verbessert das gemeinsame Verständnis der jeweiligen Systemteile erheblich!
- Manche Modellierungswerkzeuge bieten einen *Napkin-Style* an, bei dem Diagramme ähnlich wie handgemalt aussehen. Damit können Sie optisch sehr schön ausdrücken, dass das betreffende Modell einen Zwischenstand repräsentiert oder noch nicht ganz fertig ist.
- Vermeiden Sie das Streben nach Vollständigkeit Ihrer Modelle – meistens genügen Ausschnitte oder Teile des Systems für das Verständnis!

5.8 Weiterführende Literatur

[Rupp+12] ist das derzeit ausführlichste UML 2-Buch – nicht nur im deutschsprachigen Markt. Mit einer Vielzahl von Beispielen aus alltäglichen Situationen präsentieren die Autoren die volle Ausdruckskraft des neuen Standards.

[b-agile2002a] zeigt die Nutzung der UML für Echtzeitsysteme auf. Der Schwerpunkt liegt dabei nicht auf der detaillierten Erklärung der Diagramme, sondern in einem pragmatischen Vorgehensmodell für technische Systeme, die den Einsatz der verschiedenen Diagramme erläutert.

[OMG_UML] ist die Originalquelle des UML 2-Standards: 4 Dokumente mit mehreren Hundert Seiten für Liebhaber staubtrockener Literatur (böse Zungen empfehlen diese Werke gegen Schlaflosigkeit).

[ARC42] www.arc42.de: Mehr zum Thema UML-Einsatz für Architekten.

Sehr pragmatisch finde ich die Hinweise von Scott Ambler zu gutem Modellierungsstil – zu finden unter http://www.agilemodeling.com/style/. Scott gibt sehr nützliche Hinweise, wie Sie die Mittel der UML besser, lesbarer und einfacher anwenden können.

6 Strukturentwurf, Architektur- und Designmuster

*Der Schlüssel zur Maximierung der Wiederverwendung
liegt im Voraussehen von neuen Anforderungen ...
sowie im Entwurf Ihrer Systeme derart,
dass sie sich entsprechend entwickeln können.*

[Gamma95] (Übersetzung Dirk Riehle)

Fragen, die dieses Kapitel beantwortet:
- Was sind Heuristiken?
- Wie können Sie Komplexität beherrschen?
- Welche Architekturmuster helfen beim „Entwurf im Großen"?
- Was sind Schichten, Layer und Tiers?
- Welche wichtigen Grundregeln gelten für den Entwurf von Software?
- Warum sind Abhängigkeiten ein gravierendes Problem?
- Wie kann man die negativen Folgen von Abhängigkeiten in Entwürfen minimieren oder verhindern?
- Welche Entwurfsmuster reduzieren oder verhindern Abhängigkeiten?
- Wie hängen Entwurf und Qualitätssicherung zusammen?

In diesem Kapitel stelle ich Ihnen einige Ansätze zum Entwurf von Strukturen vor, zur Zerlegung eines Systems in Bausteine. Das ist die *klassische* Entwurfsaufgabe, zu der es keine algorithmische Lösung gibt. Wichtige Werkzeuge für angemessene (d.h. effektive) Entwürfe sind (und bleiben!) Erfahrung und Geschmack, gepaart mit einer Portion Wiederverwendung.

In den folgenden Abschnitten erfahren Sie einiges über Grundsätze der Zerlegung, über Architekturmuster und Heuristiken zum Entwurf. Daneben lernen Sie einige wichtige Entwurfsmuster und Entwurfsprinzipien kennen. Die Kombination dieser Ideen kommt Ihren Entwürfen zugute – leider aber ohne Erfolgsgarantie, denn Entwurf bleibt eine kreative Tätigkeit.

Aus Fehlern klug werden:
Software-Architekten haben zu wenig Zeit

Erfolg kommt von Weisheit.
Weisheit kommt von Erfahrung.
Erfahrung kommt von Fehlern.

[Rechtin2000]

Dieses Zitat umschreibt die Erfahrung, dass man aus Fehlern hervorragend lernen kann. Leider sind nur wenige Auftraggeber bereit, die für Ihre Erfahrung als Software-Architekt notwendigen Fehler zu akzeptieren.

Heuristik ist Erfahrung

In dieser Situation helfen Heuristiken. Sie kodifizieren Erfahrungen anderer Architekten und Projekte, auch aus anderen Bereichen der Systemarchitektur.

Heuristiken sind nicht analytisch

Heuristiken, Abstraktionen von Erfahrung, sind nicht analytisch. Es sind Regeln zur Behandlung komplexer und wenig strukturierter (= schwieriger) Probleme (für die es meist beliebig viele Lösungsalternativen gibt). Heuristiken können helfen, Komplexität zu reduzieren.

Statt Heuristiken können Sie auch die Begriffe „Regel", „Muster" oder „Prinzip" verwenden; im Grunde geht es immer um Ratschläge, die aus konkreten Situationen verallgemeinert oder abstrahiert wurden.

Heuristiken geben Orientierung, keine Garantie

Auf dem Weg in den sicheren Hafen (des fertigen Systems) bieten Heuristiken Orientierung im Sinne von Wegweisern, Straßenmarkierungen und Warnschildern. Aber Vorsicht: sie geben lediglich Hinweise und garantieren nichts. Es bleibt in Ihrer Verantwortung, die passenden Heuristiken für eine bestimmte Situation auszuwählen:

Die Kunst der Architektur liegt nicht in der Weisheit der Heuristiken,
sondern in der Weisheit, a priori die passenden Heuristiken für das aktuelle Projekt auszuwählen.

[Rechtin2000]

Heuristiken effektiver Architektur

- Erfolg wird vom Kunden definiert, nicht vom Architekten.
- Beginnen Sie mit den schwierigsten Teilen. Diese Teile enthalten das höchste Risiko. Erstellen Sie Prototypen für diese Teile des Systems.
- Nehmen Sie nicht an, dass die ursprünglichen Anforderungen notwendigerweise die richtigen sind. Die endgültigen Anforderungen sind ein Ergebnis der Architektur! Hinterfragen Sie Anforderungen, weisen Sie auf Konsequenzen und Alternativen hin. Helfen Sie Auftraggebern und Projektleitung dabei, Aufwand und Nutzen der Anforderungen abzuwägen.

- Ein Modell ist keine Realität. Verifizieren Sie Ihre Modelle, möglichst gemeinsam mit Kunden und Auftraggebern. Wenn Sie glauben, Ihr Entwurf ist perfekt, dann haben Sie ihn noch niemandem gezeigt. Diskutieren Sie frühzeitig mit anderen Projektbeteiligten über Alternativen und Konsequenzen Ihrer Entwurfsentscheidungen.

- Entwerfen (und behalten) Sie Alternativen und Optionen so lange wie möglich in Ihren Entwürfen. Sie werden sie brauchen.

6.1 Von der Idee zur Struktur

Ich möchte Ihnen hier einige Techniken vorstellen, mit denen Sie die Komplexität eines Systems beherrschen können. Diese Heuristiken helfen Ihnen bei der Strukturierung von Systemen.

6.1.1 Komplexität beherrschen

Wenn Du es nicht in fünf Minuten erklären kannst, hast Du es entweder selbst nicht verstanden, oder es funktioniert nicht.

[Rechtin2000]

Ein klassischer und systematischer Ansatz der Beherrschung von Komplexität lautet „teile und herrsche" (*divide et impera*). Zerlegen Sie Ihr Problem in immer kleinere Teile, bis diese Teilprobleme eine überschaubare Größe annehmen. Diesen Grundsatz der systematischen Vereinfachung können Sie für Software-Architekturen in verschiedenen Ausprägungen anwenden:

Komplexität wird durch Zerlegung beherrschbar

- „In Scheiben schneiden": Zerlegen Sie ein System in (horizontale) Schichten. Jede Schicht stellt einige klar definierte Schnittstellen zur Verfügung und nutzt Dienste von darunter liegenden Schichten.

- „In Stücke schneiden": Zerlegen Sie ein System in (vertikale) Teile: Jeder Teil übernimmt eine bestimmte fachliche oder technische Funktion.

Bei der Vereinfachung durch Zerlegung sollten Sie ein zentrales Prinzip der Informatik beachten, die Kapselung (*information hiding*). Wenn Sie zerlegen, dann kapseln Sie Komplexität in Komponenten.

Betrachten Sie diese Komponenten als „black box", und verschonen Sie die Umgebung dieser Komponenten durch klar definierte Schnittstellen vom komplexen Innenleben.

Ohne Kapselung wird alles schwieriger

Wenn Sie die Kapselung missachten, entstehen ungewollte und schwierige Abhängigkeiten zwischen den einzelnen Systemteilen (Subsystemen, Komponenten), die insgesamt zu einer höheren Komplexität führen. Ohne Kapselung erschwert eine Zerlegung des Systems das Problem, statt es zu vereinfachen (denn: was bekannt ist, wird auch ausgenutzt!).

6.1.2 Zerlegen – aber wie?

 Die wichtigsten Ratschläge für die Strukturierung Ihrer Systeme:
- Verwenden Sie etablierte und erprobte Strukturen wieder. Erfinden Sie möglichst wenig neu, sondern halten Sie sich an Bewährtes.

Iterativ entwerfen!

- Entwerfen Sie in Iterationen. Überprüfen Sie die Stärken und Schwächen eines Entwurfes anhand von Prototypen oder „technischen Durchstichen". Bewerten Sie diese Versuche explizit und überarbeiten daraufhin Ihre Strukturen. Dieses iterative Vorgehen haben Sie in Kapitel 3 (Vorgehen beim Architekturentwurf) bereits kennen gelernt – wenden Sie es beim Entwurf von Strukturen intensiv und dauernd an.

Entscheidungen festhalten

- Dokumentieren Sie die Entscheidungen, die zu einer bestimmten Struktur führen. Andere Projektbeteiligte werden sie künftig verstehen müssen.

Einige allgemeine Tipps zur Zerlegung von Systemen:

 Eine Struktur soll geringe Kopplung und hohe Kohäsion besitzen.

Dieses Prinzip ist als „*Kopplung und Kohäsion*" schon 1979 von Larry Constantine und Ed Yourdon beschrieben worden. Kopplung ist ein Maß dafür, wie eng zwei Komponenten miteinander in Beziehung stehen oder voneinander abhängig sind. Kohäsion ist ein Maß, wie eng die Funktionen, die zwei Komponenten ausführen, miteinander in Beziehung stehen. Jedes Subsystem als Ergebnis einer Zerlegung sollte eine Menge von Konzepten oder Abstraktionen enthalten, die logisch oder inhaltlich eng zusammengehören (= hohe Kohäsion). Insbesondere soll die Kopplung von Komponenten innerhalb eines solchen Subsystems enger sein als zu Teilen anderer Subsysteme. Mehr zum Thema Kopplung finden Sie in Abschnitt 6.4.

- Wählen Sie bei der Zerlegung die Elemente so, dass sie möglichst unabhängig voneinander sind. Wenige Abhängigkeiten deuten häufig auf hohe Flexibilität und leichte Wartbarkeit von Systemen hin. Der ganze Abschnitt 6.4 ist diesem Thema gewidmet.

- Betrachten Sie Alternativen. Betrachten Sie das Problem von einem anderen Standpunkt aus. Überdenken Sie vermeintlich offensichtliche Ansätze.

- Eine Struktur sollte spätere Änderungen ermöglichen. Sie erreichen dies, wenn Ihre Entwürfe modular, verständlich und nachvollziehbar bleiben und Sie Verantwortlichkeiten trennen und kapseln (siehe Abschnitt 6.3.2).

- Komponenten sollen keine Annahmen über die Struktur anderer Komponenten machen.

Unabhängigkeit

Alternativen schaffen

Änderungen ermöglichen

Keine Annahmen über andere

6.1.3 Fachmodelle als Basis der Entwürfe

Beginnen Sie Ihren Entwurf grundsätzlich mit der Strukturierung der jeweiligen Fachdomäne. Dieser Ratschlag stellte bereits die Grundlage der (ehrwürdigen) *strukturierten Analyse* der frühen 80er Jahre dar, gilt aber unverändert weiter. In den letzten Jahren hat Eric Evans dafür den Begriff *domain driven design* (DDD)[1] geprägt und die zugehörigen Konzepte präzisiert. Ich gebe Ihnen nachfolgend eine kurze Zusammenfassung, lege Ihnen zur Vertiefung jedoch den zugrunde liegenden Klassiker [Evans04] ans Herz.

Modellieren Sie die Sprache der Fachdomäne

Die Basis jeder *guten* Software ist ein profundes Verständnis der jeweiligen Fachdomäne. Zu Beginn jeder Softwareentwicklung sollten Sie daher Ihr Domänenverständnis vertiefen. Modellieren Sie eine Abstraktion der Domäne, diskutieren Sie diese Abstraktion intensiv mit Fachexperten, aber auch mit Softwareentwicklern. Halten Sie dieses Domänenmodell frei von technischen Aspekten, beschränken Sie sich ausschließlich auf fachliche Themen!

Ein stabiles und akzeptiertes Domänenmodell bietet Ihnen (mindestens) folgende Vorteile:

- Über das Modell verbessern Sie die Kommunikation zwischen Fachexperten und Entwicklungsteam.
- Die Fachexperten können ihre Anforderungen präziser ausdrücken.
- Wenn Sie das Domänenmodell direkt in Software abbilden, können Sie es sehr leicht testen – ein unschätzbarer Vorteil.

Auf der Basis des gemeinsam abgestimmten Domänenmodells entsteht eine gemeinsame Sprache; [Evans04] nennt sie *ubiquitous language*. Das wird Ihr Projektjargon, Ihre domänenspezifische Sprache (deren Elemente Sie in das Projektglossar aufnehmen sollten).

---

[1] Nicht zu verwechseln mit dem ehrwürdigen Debugger-Frontend gleichen Namens, zu finden unter http://www.gnu.org/software/ddd/

Für das Domänenmodell verwenden Sie folgende Basisbausteine ([Evans04] nennt sie *Patterns*):

- Entities[2] verfügen innerhalb der Domäne über eine unveränderliche Identität (einen Schlüssel) und einen klar definierten Lebenszyklus. Entities sind praktisch immer persistent. Sie stellen die Kernobjekte einer Fachdomäne dar.
- Value-Objects besitzen keine eigene Identität und beschreiben den Zustand anderer Objekte. Sie können aus anderen Value-Objekten bestehen, niemals aber aus Entitäten.
- Services stellen Abläufe oder Prozesse der Domäne dar, die nicht von Entities wahrgenommen werden. Es handelt sich dabei um Operationen, die in der Regel nicht über einen eigenen Zustand verfügen. Parameter und Ergebnisse dieser Operationen sind Domänenobjekte (Entities oder Value-Objects).

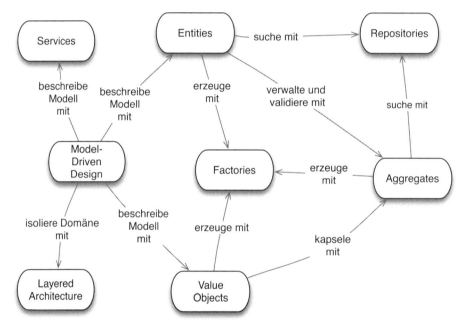

BILD 6.1 Muster des Domain Driven Design (nach [Abram+06] bzw. [Evans04])

Isolieren Sie die Domäne in der Architektur

Das Fachmodell, auch Analysemodell genannt, dient als Grundlage des weiteren Entwurfs. Damit auch langfristig die Struktur und Konzepte der Fachdomäne in der Architektur repräsentiert sind, sollten Sie die Domänenkonzepte (Entitäten, Services und Value-Objekte) in eine eigene Schicht der Architektur (*layered architecture*, siehe auch Abschnitt 6.2.1) verlagern.

DDD propagiert folgende Schichten:

---

[2] Falls Sie es mit der Objektorientierung sehr genau nehmen, sollten Sie auf die Unterscheidung zwischen Entitätstyp und Entität(sinstanz) achten ([Liebhart+07]).

User Interface (Presentation Layer)	Darstellung und Informationsanzeige, nimmt Eingaben und Kommandos von Benutzern entgegen.
Application Layer	Beschreibt oder koordiniert Geschäftsprozesse, delegiert an den Domain Layer oder den Infrastructure Layer.
Domain Layer (Fachmodell-Schicht)	Der Kern von DDD! Diese Schicht repräsentiert die Fachdomäne. Hier „lebt das Modell" ([Evans04]) mit seinem aktuellen Zustand. Die Persistenz seiner Entitäten delegiert diese Schicht an den Infrastructure Layer.
Infrastructure Layer	Allgemeine technische Services wie beispielsweise Persistenz, Kommunikation mit anderen Systemen.

Verwalten Sie Domänenobjekte systematisch

- [Evans04] schlägt drei verschiedene Arten von „Verwaltungsobjekten" vor, mit deren Hilfe Sie Ihre Domänenobjekte systematisch verwalten können:
- Aggregate: Sie kapseln vernetzte (d.h. miteinander assoziierte) Domänenobjekte. Ein Aggregat hat grundsätzlich eine einzige Entität als Wurzelobjekt. Diese Wurzel ist der einzige „Einstiegspunkt" in das Aggregat, sämtliche mit der Wurzel verbundene Domänenobjekte sind *lokal*. Objekte von außen dürfen nur Referenzen auf die Wurzelentität halten.
- Factories: Entities und insbesondere Aggregate können komplexe Strukturen vernetzter Objekte bilden, die Sie nicht über triviale Konstruktoraufrufe erzeugen können oder wollen. Verwenden Sie Factories, um die Erzeugung von Aggregaten und Entitäten zu kapseln. Factory-Objekte arbeiten ausschließlich innerhalb der Domäne und haben keinen Zugriff auf den Infrastruktur-Layer.
- Repositories: Alle Arten von Objekten (sowohl aus dem Domain Layer wie auch dem Application Layer) benötigen eine Möglichkeit, die Objektreferenzen anderer Objekte zu erhalten. *Repositories* kapseln die technischen Details der Infrastrukturschicht gegenüber den Domänenobjekten. Dadurch bleibt das Domänenmodell auch in dieser Hinsicht „technolo-

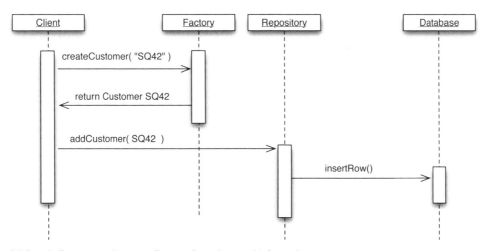

BILD 6.2 Zusammenwirken von Factory, Repository und Infrastruktur

giefrei". Repositories beschaffen beispielsweise Objektreferenzen von Entitäten, die aus Datenbanken gelesen werden müssen.

In Bild 6.2 (nach [Avram+06]) erkennen Sie das Zusammenwirken von Factory und Repository: Während die Factory Domainobjekte (Entities oder Aggregate) erzeugt, kümmert sich ein Repository um deren Übergabe an den Infrastructure Layer (im Beispiel repräsentiert durch die Datenbank). Somit stellen Repositories die Verbindung aus Fachdomäne und Infrastruktur da.

6.1.4 Die Fachdomäne strukturieren

Für die Zerlegung der Fachdomäne möchte ich Ihnen einige Tipps geben:

Konzeptionelle Integrität

- Bewahren Sie vor allem die konzeptionelle Integrität: Zerlegen Sie möglichst alle Teile nach ähnlichen Aspekten. Versuchen Sie, dieses „Konzept" der Zerlegung (oder Kapselung) im System konsistent anzuwenden.
- Kapseln oder gruppieren Sie Aspekte ähnlicher Änderungsrate. Gruppieren Sie Elemente, die in ähnlichen Intervallen modifiziert werden.*

* Dieser Ratschlag gilt auch für die Gestaltung grafischer Oberflächen!.

Sie können die Fachdomäne nach zwei Gesichtspunkten strukturieren, nach Fachobjekten oder nach Benutzertransaktionen.

Struktur nach Fachobjekten

Eine Zerlegung nach Fachobjekten (oder Fachklassen) entspricht im Wesentlichen der objektorientierten Zerlegung.

Wie auch bei der objektorientierten Modellierung kann es schwierig sein, die Verantwortlichkeit der eigentlichen Ablauflogik zu identifizieren.

Objekt-
orientierte
Zerlegung

Strukturieren Sie nach Fachobjekten, wenn:
- Teile der Fachlogik in anderen Systemen wieder verwendet werden sollen;
- die Fachlogik komplex, umfangreich oder flexibel ist;
- Architekten und Entwickler das objektorientierte Paradigma beherrschen

Struktur nach Benutzertransaktionen

Eine Benutzertransaktion umfasst eine Aktion, die ein Benutzer des Systems ausführen kann, inklusive sämtlicher systeminterner Operationen (etwa: Eingabedaten prüfen, Berechnungen ausführen, Ausgabedaten bereitstellen und anzeigen). Eine solche Benutzertransaktion kapselt einen systeminternen Ablauf.

Strukturieren Sie nach Benutzertransaktionen, wenn:
- die Fachlogik im Wesentlichen aus Datenbeschaffung und einfachen Operationen auf diesen Daten besteht;
- die Fachlogik im Wesentlichen aus der Integration verschiedener Fremdsysteme besteht;
- sehr einfache oder sehr wenig Fachlogik vorliegt;
- Architekten oder Entwickler nur wenig mit Objektorientierung vertraut sind (und die Strukturierung nach Fachobjekten nicht beherrschen).

6.2 Architekturmuster

Architekturmuster können Ihnen bei der Zerlegung Ihres Systems in Bausteine und bei der Verteilung der Verantwortlichkeiten helfen. Sie bilden Vorlagen für Systemstrukturen.

Im Vergleich zu den Entwurfsmustern („Design Patterns", siehe Abschnitt 6.5 sowie [GoF]) beschreiben Architekturmuster die Struktur von Systemen als Ganzes, weniger die Struktur einzelner Klassenverbünde oder Komponenten.

In der Literatur zu Software-Architektur finden Sie in Zusammenhang mit Architekturmustern auch den Begriff „Architektur-Stil". Eine grundlegende Einführung bieten [Buschmann+96] und [Shaw96a].

Architektur-Stil und -muster

6.2.1 Schichten (Layer)

In Software-Architekturen hat sich die Schichtenbildung (*layering*)[3] als ein klassisches Mittel zur Strukturierung etabliert.[4] Eine Schicht stellt dabei eine „virtuelle Maschine" dar, die den darüber liegenden Schichten eine bestimmte Menge von Diensten (*services*) anbietet. Eine Schicht kapselt die Details ihrer Implementierung gegenüber der Außenwelt. Sie kann dabei ein beliebig komplexes Subsystem darstellen.

Schichten, Layer

Komponenten innerhalb einer Schicht besitzen einen ähnlichen Abstraktionsgrad. So kapseln „niedrige" Schichten oftmals technische oder sogar physikalische Aspekte von Systemen („Hardware- oder Infrastrukturschich").

---

[3] Layer (englisch): Schicht, Lage, Ebene
[4] [Buschmann+96] beschreibt noch weitere Ansätze (Pipes & Filter sowie Blackboards).

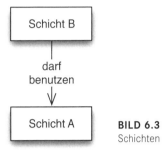

BILD 6.3 Schichten

Schichten funktionieren analog einer Zwiebel – jede Schicht verbirgt die darunter liegenden Schichten vor dem Zugriff durch äußere Schichten.

Gegenüber anderen Zerlegungsmechanismen legt die Schichtenbildung einige wichtige Eigenschaften fest. So darf eine höhere Schicht („B") Dienste einer darunter liegenden Schicht („A") benutzen.

Die umgekehrte Nutzung (eine darunter liegende Schicht benutzt eine höhere) sollten Sie nur in Ausnahmefällen und mit Vorsicht einsetzen. Sie schränkt die Unabhängigkeit einer Schicht von den darunter liegenden ein. Wenn die wechselseitige Nutzung von Komponenten notwendig ist, sollten sich diese Komponenten möglichst in ein- und derselben Schicht befinden.

Schichten haben Vorteile ...

- Schichten sind voneinander unabhängig, sowohl bei der Erstellung als auch im Betrieb von Systemen.
- Sie können die Implementierung einer Schicht austauschen, sofern die neue Implementierung die gleichen Dienste anbietet.
- Schichtenbildung minimiert Abhängigkeiten zwischen Komponenten.
- Schichtenbildung ist ein leicht verständliches Strukturkonzept.

Ein Beispiel für (erfolgreiche) Schichtenbildung sind die OSI/ISO-Schichten für Kommunikation. So können Sie jederzeit einen eigenen ftp-Klienten auf Basis der TCP/IP-Schicht schreiben, ohne die Details darunter liegender Schichten zu kennen (siehe Abschnitt 7.4 (Kommunikation)).

... aber auch Nachteile

- Schichtenbildung kann die Performance eines Systems beeinträchtigen, weil Anfragen unter Umständen durch mehrere Schichten durchgereicht werden, bis sie anschließend bearbeitet werden. Abhilfe schafft das so genannte *Layer-Bridging*.[5] Es erlaubt das „Überspringen" von Zwischenstufen (siehe dazu Abbildung 6.4). Ein Aufruf der Schicht C an einen Service, der von Schicht A bereitgestellt wird, kann eine Schicht überspringen. Der Vorteil besserer Performance wird durch die zusätzliche Abhängigkeit (Schicht C hängt von Schicht A ab) erauft.

---

[5] Meiner Erfahrung nach gibt es nur wenige kommerzielle Systeme, bei denen KEIN Layer-Bridging eingesetzt wird.

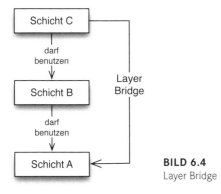

BILD 6.4
Layer Bridge

- Manche Änderungen eines Systems werden von Schichten schlecht unterstützt. Beispiel:[6] Sie fügen einem System ein neues Datenfeld hinzu, das sowohl gespeichert als auch in der grafischen Benutzeroberfläche angezeigt werden soll. Das zieht Änderungen an allen Schichten nach sich.

Ein (Standard-)Vorschlag für Schichten

Die folgenden Schichten bieten einen guten Startpunkt für eine weitere Zerlegung (siehe auch die Diskussion zu *Domain Driven Design* in Abschnitt 6.1.3):

- Präsentation (Benutzeroberfläche).
- (optional): Applikationsschicht, Koordination von Fachobjekten und Delegation an Fachdomäne und Infrastruktur.
- Fachdomäne (*Business Architecture*): Ein solches Subsystem ermöglicht seinen Entwicklern, sich auf die fachlichen Aspekte des Systems zu konzentrieren.
- Infrastruktur (*Technical Architecture*): Kapselt die Komplexität der technischen Infrastruktur gegenüber der Fachdomäne und der Präsentation.
  Die technische Infrastruktur können Sie bei Bedarf in weitere Komponenten oder Schichten zerlegen. Typische Untergliederungen hierfür sind:
  - Persistenz und Datenhaltung
  - Physikalische Infrastruktur (Schnittstellen zur Hardware)
  - Integration (von Fremdsystemen)
  - Sicherheit
  - Kommunikation und Verteilung

Interessant für die Praxis ist häufig die Aufteilung der Präsentation in einen Client- und einen Server-Teil. Der Client-Teil läuft dabei auf den Client-Rechnern ab, die Server-Präsentationsschicht auf dem Server.

Client/Server

---

[6] Nach Martin Fowler, www.martinfowler.com.

- Vermeiden Sie es, Aspekte der Fachdomäne (fachliche Logik) in die Präsentationsschicht zu verlagern. Das führt einerseits zu schwer wartbaren Systemen, andererseits reduziert es die Möglichkeit der Wiederverwendung innerhalb der Fachdomäne.
- Wenn Sie viele externe Ressourcen (Fremdsysteme) integrieren, kann eine Aufteilung der Infrastrukturschicht in Integrationsschicht und Ressourcenschicht übersichtlich sein.

* Diese Unterteilung wird für Enterprise-Java-Systeme vorgeschlagen; siehe java.sun.com.

Schichten und Tiers

In vielen modernen Systemen spricht man von „n-Tier"[7]-Architekturen. Diese Tiers sehen Schichten sehr ähnlich, bedeuten oftmals aber eine Abbildung von Software-Komponenten auf die zugrunde liegende Infrastruktur.[8]

Mit dem Schlagwort „n-Tier" können Sie Ihr Management davon überzeugen, dass Ihre Architektur modern ist.

Bild 6.5 zeigt einige Abhängigkeiten zwischen den Tiers in jeweils beide Richtungen. Dies widerspricht den eindeutig gerichteten Abhängigkeiten des formalen Schichtenbegriffs, wird aber in der Praxis häufig eingesetzt

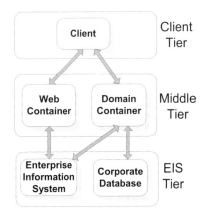

BILD 6.5
Web-basiertes 3-Tier-System

---

[7] Tier (englisch): Stufe, Lage, Reihe, Schicht
[8] Präziser und weniger missverständlich ist die Infrastruktursicht auf Software-Architekturen, die Sie in Kapitel 4 kennenlernen.

6.2.2 Pipes & Filter

Kennen Sie das Pipe-Symbol der Unix-Kommandozeile? Es leitet die Ausgabe einzelner Unix-Kommandos an nachfolgende Programme weiter. Ein Beispiel:

```
ls -l | CHVgrep ".pl"
```

Diese Befehlsfolge erzeugt zuerst (zeilenweise) eine Liste aller Dateien des aktuellen Verzeichnisses, übergibt das Resultat (durch das Symbol „|", gesprochen „pipe") an das grep-Programm zum Filtern aller Zeilen, in denen die Zeichenfolge „.pl" vorkommt.

Verallgemeinern Sie dieses Verfahren, gelangen Sie zum „Pipes-&Filter"-Architekturmuster: eine Folge von Verarbeitungseinheiten (Filter), miteinander durch Datenkanäle (Pipes) verbunden. Am Beispiel einer Digitalkamera zeigt Bild 6.6 dieses Muster. Jeder Filter gibt seine Ergebnisse direkt an den nächsten Filter weiter – die Pipes treten nicht als eigene Komponenten auf.

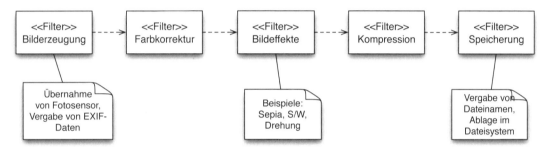

BILD 6.6 Pipes & Filter einer Digitalkamera (vereinfacht)

Zusammenarbeit zwischen Pipes und Filtern

Pipes und Filter können auf unterschiedliche Arten zusammenarbeiten:

- Ein Filter stellt seine Verarbeitung komplett fertig und übergibt sein Ergebnis aktiv an eine Pipe, die es zum nächsten Filter transportiert.
- Eine Pipe *erfragt* das nächste Ergebnis bei ihrem Eingangsfilter und übergibt es an den Ausgangsfilter.
- Eine zentrale Steuerung koordiniert das Zusammenwirken der Filter. Ein Beispiel hierfür, ein System zur Datenmigration, finden Sie in Kapitel 12 ausführlich beschrieben. Auch die Digitalkamera könnte auf diese Weise arbeiten – siehe Abbildung 6.7.
- Filter geben ihre Ergebnisse „stückchenweise" über Pipes an den nächsten Filter weiter. In dieser Variante sind sämtliche Pipes und Filter einer Verarbeitungskette gleichzeitig aktiv, ganz im Sinne *paralleler Prozesse*.

Beispiel: Kapitel 12

Die Pipes als Datenkanäle können Daten direkt oder auch zeitversetzt transportieren – das hängt vom Anwendungsfall ab. Pipes dienen damit als Puffer zwischen Filern.

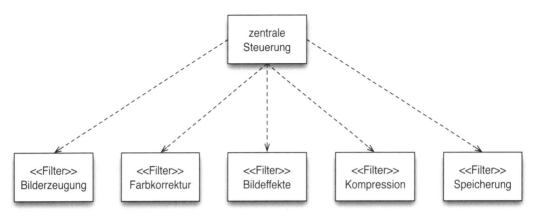

BILD 6.7 Pipes und Filter mit zentraler Steuerung

Pipes entkoppeln Filter

Die Pipes als Datenkanäle können Daten direkt oder auch zeitversetzt transportieren – das hängt vom Anwendungsfall ab. Manchmal dienen sogar Datenbanken als Pipes – das umfangreiche Beispiel aus Kapitel 12 illustriert dies.

- Andererseits können Pipes auch hinsichtlich Verarbeitungsort oder konkreter Instanz entkoppeln:
- Pipes können entscheiden, an welche Instanz eines Filters sie ihre aktuellen Daten weitergeben („Wer hat gerade freie Kapazitäten?").
- Pipes können auch kapseln, welche Filter überhaupt als nächste in der Verarbeitungskette folgen („Was soll als Nächstes mit diesen Daten geschehen?").

Pipes dienen damit als flexible Puffer zwischen Filtern und können helfen, die Kopplung in Systemen gezielt zu verringern.

Im Beispiel der Digitalkamera könnten Sie beispielsweise für einfache Kameramodelle den Bildeffekt-Filter per Konfiguration ausschalten, ohne an den übrigen Komponenten etwas ändern zu müssen.

Anwendungsfelder von Pipes & Filter

Typische Anwendungsfelder dieses Musters sind die einzelnen Phasen von Compilern (in denen Lexer, Parser und Codegeneratoren als Filter sich jeweils ihre Verarbeitungsergebnisse durch Pipes weiterreichen) oder Digitalkameras (in denen beispielsweise Bilderfassung, Farbkorrektur, Bildeffekte, Bildkompression und Bildspeicherung jeweils digitale Bilddaten einander weitergeben).

Vor- und Nachteile von Pipes & Filter

Die Implementierung von Pipes & Filtern gestaltet sich recht einfach, die Struktur ist leicht verständlich.

Eine Reihe von Aspekten kann bei der Umsetzung schwierig sein:

- Fehlerbehandlung: Da die Filter einander nicht kennen, können „Folgefehler" praktisch nicht behoben werden. Stellen Sie sich vor, ein Filter hat bereits 80% seiner Eingabedaten verarbeitet und 50% seiner Ausgabedaten erzeugt – und dann stürzt die nachgelagerte Pipe ab ...

- Konfiguration der gesamten Verarbeitungskette: Grundsätzlich können Sie Filter und Pipes flexibel miteinander kombinieren – in der Praxis möchten Sie sicherlich unterschiedliche Varianten verwenden. Sie können die Konfiguration und Steuerung der Verarbeitung einer „zentralen Steuerung" übertragen, oder die Pipes und Filter selbst mit etwas mehr Intelligenz ausstatten.

- Zustandsbehandlung: Filter kennen keinerlei gemeinsamen „Zustand". Alle Verarbeitungsinformationen müssen daher mit den Daten übertragen oder der zentralen Steuerung mitgegeben werden.

6.2.3 Weitere Architekturmuster

Einige weitere Architekturmuster möchte ich Ihnen zumindest in Kurzform vorstellen – vertiefende Informationen und Implementierungshinweise finden Sie in der genannten Literatur.

Blackboard

The Blackboard architectural pattern is useful for problems for which no deterministic solution strategies are known. In Blackboard several specialized subsystems assemble their knowledge to build a possibly partial or approximate solution.

Aus: [Buschmann+96, p71]

Blackboard wurde im Bereich der künstlichen Intelligenz für Expertensysteme eingesetzt, etwa zur Sprach- oder Mustererkennung. [Buschmann+96] nennen drei wesentliche Bestandteile:

- eine oder mehrere KnowledgeSources, die das Problem aus ihrer spezifischen Sicht untersuchen und Lösungsvorschläge an das Blackboard weitergeben;
- das zentrale „Blackboard", das die Lösungsansätze oder -bestandteile der KnowledgeSources verwaltet;
- eine Kontrollkomponente, die das Blackboard beobachtet und bei Bedarf die Ausführung der KnowledgeSources steuert.

Falls Sie sich mit künstlicher Intelligenz beschäftigen, könnte Blackboard für Sie passen – eventuell helfen Ihnen aber auch externalisierte Geschäftsregeln (siehe Kapitel 7.2) weiter.

Peer-to-Peer (P2P)

Peer-to-Peer-Architekturen bestehen aus gleichberechtigten und über Netzwerke verbundenen Komponenten (Peers), die im Netz gleichzeitig die Rolle von Clients und Servern wahrnehmen beziehungsweise sich *Ressourcen* teilen. Ressourcen in diesem Sinne sind etwa CPU-Zeit, Speicherplatz, aber auch Dateien.

Ein wichtiger Einsatzzweck von P2P-Netzen ist die ausfallsichere Datenverteilung,[9] bekannt durch Netzwerke wie Gnutella oder Bittorrent. Heute werden auch digitale Telefonate oder Instant-Messaging-Daten über P2P-Netze geleitet.[10]

Ich erwarte, dass in Zukunft auch Media-Streaming (z.B. Videodaten für On-Demand-Fernsehen) über P2P-Architekturen übermittelt wird, weil die bisher eingesetzte Client/Server-Architektur bei großen Benutzerzahlen an ihre Grenzen stößt.[11]

P2P-Architekturen zeichnen sich durch hohe Ausfallsicherheit aus, weil es keinen *Flaschenhals* für Verfügbarkeit gibt (keinen *single point of failure*): Andererseits ist das Auffinden und Erkennen von Peers in großen Netzen schwierig, ebenso die Fehler- und Ausnahmebehandlung (was geschieht beispielsweise, wenn ein einzelner Peer seine ihm zugewiesene Aufgabe falsch löst?).

Für *kleinere* Architekturen besitzt P2P praktisch keine Bedeutung, sondern kommt primär im Internet zum Einsatz.

Ich verzichte an dieser Stelle auf die Darstellung weiterer Architekturmuster und -stile, wie etwa Representational State Transfer (REST), Microkernel, Reflection und andere. Sie sollten jedoch wissen, dass es noch eine Vielzahl weiterer Architekturmuster gibt, die Ihnen in manchen Fällen die Entwurfstätigkeit erleichtern könnten. Insbesondere die Buchreihe „Pattern Languages of Program Design" (PloP) enthält dazu vieleAnregungen.

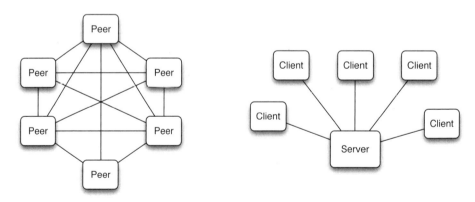

BILD 6.8 Peer-to-Peer versus Client/Server

---

[9] So werden beispielsweise umfangreiche Linux-Distributionen häufig durch P2P-Netze weitergegeben.
[10] Ein weiterer Anwendungsfall ist das verteilte Rechnen, bei dem komplexe Rechenaufgaben (wie Proteinfaltung, Spektralanalyse oder Primfaktorzerlegung) auf beteiligte Peers verteilt werden. Bekanntes Beispiel ist Seti@Home (http://setiathome.ssl.berkeley.edu) zur Suche nach außerirdischer Intelligenz durch Analyse der von Radioteleskopen aufgenommenen Hintergrundstrahlung. Solche Systeme arbeiten meist als Kombination eines Servers mit einem P2P-Netzwerk. Eine ausführliche Einführung finden Sie auf http://www.sternenkojote.de/seti.html
[11] Eine kompakte Zusammenfassung dazu finden Sie in cs.winona.edu/CSConference/2005proceedings/lisa.pdf.

6.3 Heuristiken zum Entwurf

Nach dem Ausflug zu den Architekturmustern möchte ich nun zu grundlegenden Entwurfsregeln oder -heuristiken kommen. Sämtliche der hier vorgestellten Entwurfsprinzipien sind bereits seit langer Zeit dokumentiert. Ich stelle bei der Analyse bestehender Systeme jedoch immer wieder mit Schrecken fest, dass sie in der Praxis oft sträflich vernachlässigt werden.

6.3.1 Das So-einfach-wie-möglich-Prinzip

Einfachheit oder Schlichtheit sind wünschenswerte Eigenschaften eines jeglichen Softwareentwurfs. (Es sei denn, Sie möchten verhindern, dass andere Menschen diesen Entwurf verstehen.)

Entwerfen Sie nach dem Prinzip „So einfach wie möglich". Fragen Sie bei jeder, aber wirklich jeder Entwurfsentscheidung immer wieder: Wie geht das einfacher? Dieser Ratschlag gilt für alle Ebenen des Entwurfs, für Geschäftsmodelle, Architekturen und Klassendiagramme.

Möglichst einfach!

Schlichtheit und Einfachheit erleichtern allen Personen, die Ihre Entwürfe später lesen, das Verständnis. Sie vermeidet, dass potenzielle Probleme durch überflüssige Komplexität verdeckt werden. Einfachheit hilft, Probleme bereits im Vorfeld zu erkennen.

Welche Komponenten Ihres Systems werden garantiert die wenigsten Fehler enthalten? Diejenigen, die Sie durch sinnvolle Vereinfachung weglassen konnten.

Angemessen komplex entwerfen

Das So-einfach-wie-möglich-Prinzip hängt eng mit dem Begriff der Angemessenheit zusammen:

Setzen Sie Komplexität in dem Maße ein, wie es Ihnen für den Sachverhalt angemessen erscheint. Im Zweifelsfall wählen Sie die weniger komplexe Alternative.

Angemessen komplex

Für „Angemessenheit" kann ich Ihnen keine Faustregel oder Metrik angeben. Dieses Kapitel stellt einige Prinzipien vor, die Ihnen bei der Entscheidung für angemessene Entwurfsalternativen helfen können.

Ich habe in Projekten Architekturdiagramme gesehen, die auf tapetengroßen Ausdrucken mehr als hundert Module gleichzeitig darstellten. Mit solchen Ungetümen können Sie bestenfalls Ihren Chef beeindrucken und schlimmstenfalls neue Mitarbeiter abschrecken. Als Entwurfsdokumentation für Projekte eignen sie sich mit Sicherheit nicht.

 Eine Faustregel der kognitiven Psychologie (die sich seit vielen Jahren auch bei Systemanalytikern etabliert hat) besagt, dass Diagramme zwischen fünf und neun Komponenten enthalten sollen.[*] Daran müssen Sie sich nicht sklavisch halten. Sie sollten aber darauf achten, eine angemessene (schon wieder dieser schwammige, ungenaue Begriff!) Komplexität in Entwürfen zu erreichen.

[*] Bereits die „Klassiker" der strukturierten Analyse [McMenamin88] und [Yourdon89] erwähnen diese Regel. Solche Diagramme sind besser lesbar als Tapeten, beeindrucken aber nicht alle Chefs.

Einfachheit und Agilität hängen eng zusammen

Einfache und schlichte Strukturen sind leichter verständlich und dadurch leichter veränderbar. Abhängigkeiten werden leichter erkannt und lassen sich leichter beseitigen.

In agilen Entwicklungsprozessen werden Einfachheit und Schlichtheit zu einer grundlegenden Maxime erhoben. Agile Prozesse funktionieren hochgradig iterativ. In kurzen Intervallen werden die aktuellen Kundenbedürfnisse mit den Vorgaben der Projekte abgeglichen. Dadurch entstehen Systeme, die an den aktuellen Bedürfnissen orientiert sind (und nicht an den Bedürfnissen von vor drei Jahren, als das Projekt gestartet wurde!).

 Agile Prozesse versuchen, die Softwareentwicklung durch bedarfsgerechte, angemessene Maßnahmen bei allen Entwicklungsaktivitäten zu verbessern. Sie priorisieren Einfachheit gegenüber Funktionsvielfalt.

6.3.2 Entwerfen Sie nach Verantwortlichkeiten

Verantwortlichkeit

Separation of concern

- Eine wichtige Regel des effektiven Entwurfs ist es, sich jeweils auf spezifische Verantwortlichkeiten, Zuständigkeiten oder Sachverhalte zu konzentrieren.
- Unterteilen Sie komplexe Diagramme in mehrere einfache, die jeweils einen einzelnen Aspekt modellieren. Setzen Sie gegebenenfalls Hierarchien oder zusätzliche Abstraktionen ein, um einzelne Sachverhalte darzustellen.
- Nennen Sie Verantwortlichkeiten beim Namen! Beschreiben Sie sie in kurzen, präzisen Sätzen.

Verantwortlichkeit sollten Sie auf allen Ebenen des Entwurfs beachten, für einzelne Klassen in objektorientierten Entwürfen genauso wie für ganze Systeme und Subsysteme.

Verantwortlichkeiten gibt es für „Wissen" (*knowing*) und „Handeln" (*doing*):

- *Wissen:* Eine Komponente ist für eine bestimmte Menge an Information verantwortlich.
- *Handeln:* Eine Komponente ist für bestimmte Aktivitäten verantwortlich (etwa: Steuern, Kontrollieren, Berechnen, Erzeugen).

Wenn Sie Verantwortlichkeiten an Komponenten delegieren, müssen Sie die Auswirkungen dieser Verantwortung berücksichtigen. Insbesondere haben Verantwortlichkeiten große Auswirkungen auf die Kopplung und Kohäsion von Komponenten untereinander. Diese Begriffe diskutiere ich in Abschnitt 5.4, in dem es um Abhängigkeiten von Bausteinen geht.

Trennung von Technik und Fachlichkeit

Besonders wichtig ist die Trennung technischer und anwendungsspezifischer (d.h. fachlicher) Teile des Systems. Halten Sie diese beiden Aspekte in Ihren Entwürfen strikt getrennt, um später sowohl Technik als auch Fachlichkeit getrennt voneinander weiterentwickeln zu können.

Die strikte Trennung dieser unterschiedlichen Aspekte des Systems erfüllt die Forderungen nach geringer Kopplung und hoher Kohäsion (siehe Abschnitte 5.4.1ff.). Sie erleichtert die Arbeitsaufteilung, weil sich Teams dadurch auf bestimmte Aspekte konzentrieren und spezialisieren können.

Modularität

Die Modularität eines Systems besagt, ob und wie es in eine Menge jeweils in sich geschlossener Bausteine (Module) zerlegt wurde. Jedes Modul sollte bestimmte Verantwortlichkeiten kapseln, die über wohldefinierte Schnittstellen zugänglich sind. Die Bausteine eines modularen Systems sollten Black-Boxes sein, deren Innenleben möglichst verborgen bleibt: es genügt, die Schnittstelle von Bausteinen zu kennen.

Modularität hat eine Reihe bestechender Vorteile: Modulare Bausteine

- können getrennt voneinander entwickelt,
- unabhängig voneinander geändert und
- ohne Nebenwirkungen durch andere Bausteine mit identischer Schnittstelle ausgetauscht werden.

6.3.3 Konzentrieren Sie sich auf Schnittstellen

Das Ganze ist mehr als die Summe seiner Teile. Dieses „Mehr" resultiert aus den gegenseitigen Beziehungen zwischen den Teilen des Systems. Diese Beziehungen werden durch Schnittstellen ermöglicht.

Von technischen Details abgesehen, stecken die wichtigsten Aspekte für Architekten in den Schnittstellen und Beziehungen zwischen den Komponenten ([Rechtin2000]). Das hat mehrere Gründe:

- Aus diesen Beziehungen resultiert, wie oben gesagt, der Mehrwert des Systems gegenüber den Einzelkomponenten. Die Beziehungen ermöglichen die einzigartige Funktion des Systems. Keine Komponente kann (auf Systemebene) die gewünschte Funktionalität allein bieten.
- Die einzelnen Komponenten oder Teilsysteme kommunizieren und kooperieren über Schnittstellen miteinander. Diese Zusammenarbeit bildet die Basis des Gesamtsystems.
- Die Spezialisten für einzelne Teilsysteme konzentrieren sich auf ihre (lokalen) Probleme. Sie betrachten die übrigen Systeme oder Komponenten als „Peripherie". Sie als Architekt halten die Fäden des Systems zusammen – eben über die Schnittstellen.
- Über Schnittstellen findet auch die Kommunikation mit der Außenwelt statt – ohne die jedes System nutzlos bleibt.

6.3.4 Berücksichtigen Sie Fehler

Sie sollten bei Entwürfen daran denken, dass sich Fehler praktisch nicht vermeiden lassen. Dies gilt gleichermaßen für Analyse-, Entwurfs-, Implementierungs- und Bedienungsfehler. Einige Tipps dazu:

- Sorgen Sie dafür, dass Fehler leicht gefunden werden können. Streben Sie in Entwürfen nach Einfachheit, Schlichtheit und Verständlichkeit.
- Halten Sie Auswirkungen von Fehlern möglichst lokal. Vermeiden Sie Störungen des Gesamtsystems nach dem Eintritt von Fehlersituationen.
- Streben Sie Robustheit an. Falsche Eingaben (garbage-in) dürfen niemals zu falschen Ausgaben (garbage-out) führen.
- Sorgen Sie dafür, dass alle beteiligten Entwickler diese Tipps beherzigen. Robuste Entwürfe sind ohne robusten Quellcode nutzlos.

■ 6.4 Optimieren von Abhängigkeiten

Erst Beziehungen zwischen Bausteinen oder Komponenten ermöglichen deren Zusammenarbeit, bilden also die Grundsubstanz kooperierender Strukturen von Software-Bausteinen. Andererseits bedeuten Beziehungen auch *Abhängigkeiten* zwischen Bausteinen. Diese Abhängigkeiten können jedoch auch zu einem gravierenden Problem führen:

Änderungen an einem Baustein führen zu Konsequenzen an anderen Stellen: Ändern Sie beispielsweise eine Schnittstelle, die ein anderer Baustein verwendet, so müssen Sie den nutzenden Baustein möglicherweise ebenfalls ändern.

Beziehungen zwischen Bausteinen implizieren Abhängigkeit dieser Bausteine voneinander – manchmal auch Kopplung genannt. Weiter vorne, in Abschnitt 6.1.2, habe ich Ihnen geraten, die Kopplung zwischen Bausteinen möglichst lose zu gestalten – nun möchte ich diesen Ratschlag etwas präzisieren. Aber lassen Sie mich zuerst mal ein generelles Problem von Software schildern, die über längere Zeit geändert (oder „gewartet") wird.

Struktur von Software degeneriert mit der Zeit

Architekten und Designer haben zuerst eine saubere und flexible Struktur für ein Softwaresystem entworfen. Auch in der ersten Version der Software ist diese Struktur erkennbar. Dann jedoch kommt die Software zum praktischen Einsatz, und es geschieht das Unvermeidliche: Anforderungen ändern sich. Die Software wird angepasst, verändert, erweitert, gepflegt. Manchmal übersteht die ursprüngliche Struktur diese Änderungen. In den meisten Fällen entsteht über die Zeit jedoch ein schwer verständlicher, unwartbarer Moloch ohne erkennbare Struktur. Änderungen sind schwierig und führen zu Problemen an völlig anderen Stellen. Das System wird labil, Erweiterungen werden immer riskanter. Robert C. Martin bezeichnet in [Martin2000] diesen Zustand als „verfaultes Design".

Viele Abhängigkeiten lassen Design verfaulen

Diese verbreitete Entwicklung resultiert daraus, dass der ursprüngliche Entwurf nicht berücksichtigt hat, dass später neue und geänderte Anforderungen hinzukommen können. Die Architektur war eben kein „Rahmenwerk für zukünftige Änderungen", wie der Methodenguru Tom DeMarco es von guten Architekturen fordert.

Architektur muss Rahmen für Änderungen sein

Symptome von verfaultem Design

Es sind im Wesentlichen drei Eigenschaften von Software, die auf ein verfaultes Design hinweisen:

- *Starrheit:* Selbst einfache Änderungen an der Software sind schwierig und bedingen Modifikationen in einer Vielzahl abhängiger Komponenten.
- *Zerbrechlichkeit:* Änderungen an einer Stelle des Programms führen zu Fehlern an ganz anderen Stellen.
- *Schlechte Wiederverwendbarkeit:* Selbst innerhalb eines Projektes können Komponenten kaum wieder verwendet werden, weil sie zu viele Abhängigkeiten von anderen Programmteilen enthalten.

Entwurf muss Wandel ermöglichen

Die Ursache dieser (in der Praxis verbreiteten Probleme) liegt in den ständigen Änderungen der Anforderungen an Software begründet. Alle Stakeholder wissen, dass sich Anforderungen ändern!

> *Wenn unsere Entwürfe aufgrund der permanent wechselnden Anforderungen versagen, so ist das der Fehler unserer Entwürfe!*
> *Wir müssen einen Weg finden, unsere Entwürfe unverwüstlich gegen solche Änderungen zu machen und sie vor Verfaulen zu schützen.*
>
> [Martin2000, p.4]

Abhängigkeiten verwalten

Unsere Herausforderung liegt darin, die gegenseitigen Abhängigkeiten aller Bestandteile von Software (Subsysteme, Komponenten, Pakete, Klassen, Funktionen) in einer vernünftigen Weise zu verwalten. Manche Abhängigkeiten zwischen Modulen lassen sich nicht vermeiden oder sind sogar erwünscht (etwa: einer anderen Klasse muss eine bestimmte Nachricht geschickt werden, eine bestimmte Funktion eines anderen Subsystems muss aufgerufen werden).

 Wir müssen in Entwürfen die Abhängigkeiten zwischen Komponenten derart konstruieren, dass künftige Änderungen keine neuen Abhängigkeiten erzeugen. ∎

Dabei gilt es, einige fundamentale Prinzipien zu berücksichtigen, die ich Ihnen in den nachfolgenden Abschnitten vorstellen möchte. Diese Prinzipien beziehen sich vordergründig auf den Entwurf objektorientierter Strukturen. Sie sollten diese Grundsätze jedoch auch bei anderen Betrachtungseinheiten beherzigen, weil sie Ihre Entwürfe erheblich stabiler gegenüber künftigen Änderungen machen. Auf der Ebene von Software-Architekturen helfen diese Prinzipien, die Wartbarkeit und Erweiterbarkeit Ihrer Systeme zu verbessern.

Als zusätzliches Hilfsmittel, mit dem Sie Abhängigkeiten in Ihren Entwürfen und Architekturen systematisch reduzieren können, haben sich einige Entwurfsmuster[12] (*design patterns*) erwiesen. Einige davon lernen Sie in Abschnitt 6.5 kennen.

Arten der Kopplung

Die Kopplung von Bausteinen ist ein Maß für die zwischen diesen Bausteinen bestehenden Abhängigkeiten. Eine geringe Kopplung erfüllt die Forderung nach Einfachheit (siehe Abschnitt 5.3.1) und ist eine wichtige Voraussetzung für die Flexibilität und die Verständlichkeit von Entwürfen. Hohe Kopplung bedeutet gleichzeitig hohe Komplexität und Starrheit der Entwürfe.

Falls Sie die Forderung nach minimalen Abhängigkeiten wörtlich nehmen und zwischen Ihren Bausteinen überhaupt keine Abhängigkeiten bestehen, verhindern Sie damit deren Zusammenarbeit ... Das wäre ja auch nicht im Sinne der Erfinder – gefragt ist also ein *gesundes* Maß an Abhängigkeit oder Kopplung.

Folgende Arten der Kopplung werden Ihnen in der Praxis oft begegnen:

- Kopplung durch Aufruf: Ein Baustein benutzt direkt einen anderen Baustein, ruft beispielsweise eine Funktion oder Methode des benutzten Bausteins auf.

- Kopplung durch Erzeugung: Ein Baustein erzeugt einen anderen (oder eine Instanz einer Klasse von anderen Bausteinen). Diese Art der Abhängigkeit können Sie durch Fabrik-Muster (*Factory-Pattern*, siehe [GoF] und [Eilebrecht+06]) verringern, in modernen Systemen auch durch *Dependency Injection*[13] (siehe auch Abschnitt 6.1.3).

---

[12] Entwurfsmuster sind zum größtenteils für objektorientierte Systeme publiziert. Das Verständnis dieser Muster übt jedoch unserer Erfahrung nach einen positiven Einfluss auf beliebige Softwaresysteme aus (siehe insbesondere [Gamma95] und [Buschmann+96]).

[13] Perfektioniert beispielsweise in Frameworks wie Spring (www.springframework.org). Eine einführende Motivation und Erklärung hat Martin Fowler online beschrieben: http://martinfowler.com/articles/injection.html

- Kopplung durch Daten oder Datenstrukturen: Das kann beispielsweise ein Parameter eines Funktions- oder Methodenaufrufs sein, oder aber eine Datenbankstruktur. In serviceorientierten Architekturen trifft diese Art der Kopplung auch auf so genannte Dokumentstrukturen zu.
- Kopplung über Hardware oder Laufzeitumgebung trifft zu, wenn Bausteine beispielsweise im gleichen Adressraum oder innerhalb der gleichen virtuellen Maschine oder des gleichen Netzwerksegmentes ablaufen müssen.
- Kopplung über die Zeit: Falls für Aktivitäten verschiedener Bausteine eine notwendige Reihenfolge besteht, beispielsweise eine Aktion eines Bausteins immer zeitlich *vor* einer anderen Aktion eines anderen Bausteins erfolgen muss.

6.4.1 Streben Sie nach loser Kopplung

> *To loosely couple systems, don't connect them.*
>
> David Orchard, BEA-Systems.

Die oben geforderte Wandlungsfähigkeit unserer Entwürfe beruht in hohem Maße darauf, wie eng die Bausteine eines Systems voneinander abhängen. Wenn es Ihnen gelingt, die Kopplung einzelner Bausteine lose zu gestalten, können Sie diese Bausteine unabhängig voneinander variieren – Ihr Gesamtsystem bleibt wandlungsfähig und flexibel.

Sie sollten Abhängigkeiten zwischen Bausteinen bewusst und vorsichtig einsetzen. Erinnern Sie sich stets daran, dass ein Übermaß an Abhängigkeiten die Flexibilität Ihres Systems drastisch reduziert und zu *verfaultem Design* führen kann.

 Kopplung von Systemen können Sie ausgezeichnet auf Quellcode-Ebene kontrollieren. Viele Werkzeuge[*] können entsprechende Metriken ermitteln. Setzen Sie solche Metriken ein, und beobachten Sie kontinuierlich die Kopplung Ihrer Systembausteine. Falls die Kopplung während der Entwicklung signifikant ansteigt, sollten Sie durch Zerlegung und Umstrukturierung gegensteuern.

Möglichst lose koppeln!

[*] Suchen Sie im Internet nach „Dependency Analyzer".

6.4.2 Hohe Kohäsion

Die Kohäsion, zu deutsch „Zusammenhangskraft", eines Architekturbausteins, gibt an, wie sehr dessen Elemente inhaltlich zusammengehören. Es ist sinnvoll, in Entwürfen nach hoher Kohäsion, das heißt nach hohem Zusammenhang von Bausteinen zu streben: Zusammen, was zusammengehört.

Möglichst hohe Kohäsion

In Abschnitt 5.3.2 hatte ich Sie bereits aufgefordert, Verantwortlichkeiten, insbesondere fachliche und technische Aspekte, in Entwürfen zu trennen. Das war ein Vorgriff auf die Forderung nach hoher Kohäsion: Fachliche und technische Aspekte besitzen in der Regel kaum inhaltliche Zusammenhänge und gehören daher getrennt.

6.4.3 Offen für Erweiterungen, geschlossen für Änderungen

 Komponenten sollen offen für Erweiterung sein, aber geschlossen für Änderungen (Offen-Geschlossen-Prinzip, OGP).*

---
* Bei der Benennung dieses Prinzips hat Robert C. Martin Pate gestanden.

OGP ist Ziel jeder Architektur!

Komponenten sollten grundsätzlich so beschaffen sein, dass künftige Erweiterungen ohne Änderungen des Quellcodes möglich werden. Egal, ob Sie Klassen, Pakete oder andere Strukturen entwerfen: Wenn Komponenten dem Offen/Geschlossen-Prinzip (OGP) genügen, können Sie neue und zusätzliche Eigenschaften hinzufügen, ohne bestehenden Code modifizieren zu müssen. OGP stellt sicher, dass künftige Erweiterungen ohne Nebenwirkungen funktionieren, weil sich Änderungen nicht im bestehenden und funktionierenden Code fortpflanzen können!

Wenn Sie funktionierenden Code ohne Änderung beibehalten, werden alle Komponenten, die diesen Code nutzen, auch weiterhin so arbeiten wie bisher!

Betrachten Sie das folgende (schlechte) Codefragment:

```
...
void draw(Form f) {
    if (f.type == circle)
        drawCircle( f );
    else if (f.type == square)
        drawSquare( f );
...
}
```

Hier soll in einer Methode draw() eine geometrische Form gezeichnet werden. Je nach deren Typ (Kreis oder Quadrat) wird über eine geschachtelte Abfrage die eigentliche Zeichenmethode aufgerufen.

Falls dieses Programm um weitere Formen, etwa Ellipse oder Dreieck, erweitert werden soll, müsste jedes Mal die oben gezeigte draw()-Methode entsprechend erweitert und im Quelltext angepasst werden.

Bild 6.9 zeigt eine sinnvolle Modellierung dieses Sachverhalts. Das Zeichnen geometrischer Objekte wurde in einer Schnittstelle (*interface*) modelliert. Die geometrischen Objekte selbst implementieren diese Schnittstelle. Das aufrufende System ist nur von der Schnittstelle abhängig und kennt die Klassen der beteiligten Objekte nicht mehr.

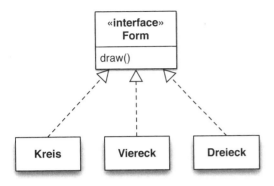

BILD 6.9
(Besseres) polymorphes Modell geometrischer Formen, genügt dem OGP

Diese Art der Modellierung nutzt eine der grundlegenden Eigenschaften[14] objektorientierter Sprachen, den Polymorphismus. Der Begriff stammt aus dem Griechischen und bedeutet *Vielgestaltigkeit*. Kurz gesagt, entkoppelt Polymorphismus die Schnittstelle von der Implementierung, das „Was" vom „Wie".

In den meisten objektorientierten Sprachen funktioniert Polymorphismus auf Basis von dynamischem Binden. Hierbei wird die Zuordnung zwischen aufrufendem und aufgerufenem Objekt erst zur Laufzeit getroffen. Prozedurale Sprachen legen diese Zuordnung bereits zur Übersetzungszeit statisch fest.

Polymorphismus

OGP für nicht-objektorientierte Systeme

Das Sprachmittel der Polymorphie steht in der Regel nur bei objektorientierten Programmiersprachen zur Verfügung. Dennoch können Sie in allen Fällen vom OGP profitieren. Selbst wenn nur die Modelle Ihrer Systeme dem Offen-Geschlossen-Prinzip genügen und die Implementierung ohne den Komfort von Polymorphismus auskommen muss – die konzeptionelle Auflösung von Abhängigkeiten verbessert die Qualität der Entwürfe.

OGP verbessert Entwürfe

6.4.4 Abhängigkeit nur von Abstraktionen

 Erlauben Sie Abhängigkeiten nur von Abstraktionen, nicht von konkreten Implementierungen.

Die Abhängigkeit von Abstraktionen[15] anstelle von konkreten Implementierungen ist der Schlüssel zu flexiblen und erweiterbaren Architekturen.

Klassische Entwürfe für prozedurale Sprachen zeigen eine sehr charakteristische Struktur von Abhängigkeiten. Wie Bild 6.10 illustriert, beginnen diese Abhängigkeiten meist an einer zentralen Stelle, etwa dem Hauptprogramm oder dem zentralen Modul einer Anwendung. Die

---

[14] Die anderen beiden zentralen Eigenschaften sind Datenabstraktion und Vererbung.
[15] In der Literatur, etwa [Martin2000], wird dieses Prinzip oft „Prinzip der Umkehrung von Abhängigkeiten" (*dependency inversion principle*) genannt.

Module auf einer so hohen Ebene implementieren oft abstrakte Prozesse. Sie sind aber direkt von der Implementierung der konkreten Einheiten, nämlich den einzelnen Funktionen, abhängig.

Abhängigkeit schafft Probleme

Diese Abhängigkeit schafft in der Praxis große Probleme. Sie verhindert nämlich, dass die Implementierung konkreter Funktionen geändert werden kann, ohne Auswirkungen auf das Gesamtsystem zu haben.

Es tritt genau das Gegenteil davon ein, was Sie sich für flexible Architekturen wünschen. Möchten Sie beispielsweise die proprietäre Verwaltung der Zugriffsrechte eines Systems durch eine Standardkomponente[16] ersetzen, stellt die Abhängigkeitsstruktur von Bild 6.10 ein großes Problem dar.

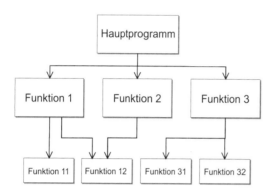

BILD 6.10
Typische (schlechte) Abhängigkeiten prozeduraler Systeme

Ihre Entwürfe werden viel flexibler und wartbarer, wenn Sie möglichst nur Abhängigkeiten von Abstraktionen zulassen. Betrachten Sie Bild 6.11. Dort hängt der zentrale Geschäftsprozess ausschließlich von abstrakten Klassen oder Schnittstellen ab. Konkrete Implementierungen hängen durch die Vererbungsbeziehung ebenfalls von Schnittstellen oder abstrakten Klassen ab. Auf hoher Ebene gibt es dabei keine Abhängigkeit von konkreten Implementierungen.

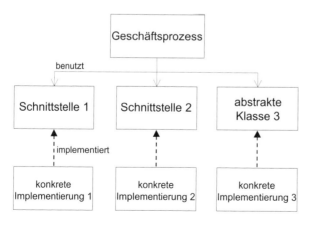

BILD 6.11
Ideale Abhängigkeitsstruktur

---

[16] Wie etwa das standardisierte LDAP (lightweight directory access protocol) oder das bei Mainframes verbreitete System RACF.

Abhängigkeitsstrukturen dieser Art erlauben es, Implementierungskomponenten austauschbar zu halten. Sie sind deshalb die Basis wichtiger Komponentenmodelle, etwa CORBA, COM oder EJB.

6.4.5 Abtrennung von Schnittstellen

 Mehrere spezifische Schnittstellen sind besser als eine große Universalschnittstelle.

Wenn eine Komponente von mehreren anderen Komponenten eines Systems benutzt wird, dann entwerfen Sie mehrere nutzerspezifische Schnittstellen.

 Modellieren Sie die verschiedenen Verantwortungsbereiche einzelner Komponenten in jeweils einer Schnittstelle.

Jede dieser spezifischen Schnittstellen modelliert ausschließlich Aufgaben einer Komponente. So vermeiden Sie umfangreiche Universalschnittstellen. Das hält die einzelnen Schnittstellen einfacher und verringert somit Komplexität.

Spezifische Schnittstellen

Was geschieht, wenn Sie dieses Prinzip nicht anwenden, sehen Sie in Bild 6.12.[17] Eine Klasse wird von zwei Komponenten benutzt (im Bild als Client A und Client B bezeichnet). Wird eine der ausschließlich von Client A genutzten Methoden geändert, muss auch der Code von Client B neu übersetzt, getestet und ausgeliefert werden.

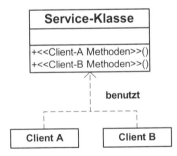

BILD 6.12
(Schlechte) Universalschnittstelle

In Bild 6.13 auf der nächsten Seite sehen Sie eine bessere Modellierung dieses Systems. Die spezifischen Schnittstellen für Client A und Client B sind explizit als solche modelliert. Eine Änderung in den spezifischen Methoden für Client A zieht keine Änderung an Client B nach sich. Insgesamt ist das System flexibler und wartungsärmer geworden.

---

[17] In Anlehnung an [Martin2000].

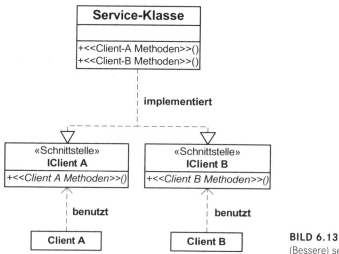

BILD 6.13
(Bessere) separierte Schnittstellen

 Aus einem etwas anderen Blickwinkel betrachtet: Wählen Sie Schnittstellen mit einem (einzigen) semantischen Zusammenhang, beispielsweise „sortierbar". Klassen können solche einfachen Schnittstellen leichter implementieren als große Schnittstellenmonolithen wie etwa „sortierDruckUndSpeicherbar".

Schnittstellen angemessen abtrennen

Die Einführung neuer Schnittstellen zur Entkopplung von Benutzern und Anbietern verbessert in vielen Fällen die Erweiterbarkeit und Flexibilität von Entwürfen. Gerade beim Entwurf von Klassenstrukturen kann die Abtrennung von Schnittstellen allerdings schnell unübersichtlich werden, weil die Anzahl der Schnittstellen stark wächst.

Beachten Sie daher das Prinzip der Schlichtheit: Wenn Ihre Entwürfe nach der Abtrennung von Schnittstellen unübersichtlich werden, dann

- gruppieren oder kategorisieren Sie Klassen und
- modellieren Sie Schnittstellen für jede Gruppe oder Kategorie.

Falls einzelne Methoden Ihrer Service-Klasse von mehreren Klassen genutzt werden, können Sie diese Methoden problemlos in mehrere Schnittstellen aufnehmen.

6.4.6 Zyklische Abhängigkeiten vermeiden

 Vermeiden Sie zyklische Abhängigkeiten (wie der Vampir den Knoblauch!).

Zyklische Abhängigkeiten sind für alle Arten von Strukturen problematisch, weil sie die Wartbarkeit und Änderbarkeit von Systemen erschweren. Bild 6.14 zeigt eine solche Struktur. Drei Module hängen zyklisch voneinander ab. Stellen Sie sich nun vor, Sie hätten die Implementierung von Modul A verbessert. Bevor Sie eine neue Version des Moduls freigeben können, müssen Sie nicht nur Modul A testen, sondern aufgrund der zyklischen Abhängigkeiten auch noch die Module B und C.

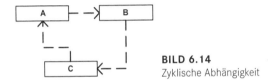

BILD 6.14
Zyklische Abhängigkeit

Praktisch werden Sie zyklische Abhängigkeiten nicht immer vermeiden können. Ihnen stehen jedoch einige Mittel zur Abhilfe zur Verfügung:

- Erzeugen Sie ein neues Modul oder Paket, je nachdem, welche Abstraktionsstufe eines Entwurfs Sie bearbeiten. Es enthält diejenigen Bestandteile aus A, die von C genutzt werden.
- Wenden Sie das Prinzip der Abhängigkeit von Schnittstellen an, wie in Bild 6.15 gezeigt: Modellieren Sie eine Schnittstelle für die von C genutzten Bestandteile des Moduls A, und platzieren Sie diese in Modul C. Dadurch ersetzen Sie die benutzt-Beziehung zwischen den Modulen durch eine Vererbungsbeziehung.

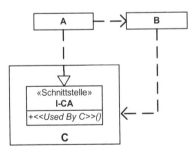

BILD 6.15
Auflösung einer zyklischen Abhängigkeit

6.4.7 Liskov-Substitutionsprinzip (LSP)

 Klassen sollen in jedem Fall durch ihre Unterklassen ersetzbar sein.
(Wenn Sie schon Vererbung einsetzen, dann auch richtig!)

Das Substitutionsprinzip wurde von Barbara Liskov in [Liskov81] beschrieben.[18] Es besagt, dass jede Basisklasse immer durch ihre abgeleiteten Klassen (Unterklassen) ersetzbar sein soll. Bild 6.16 illustriert dieses Prinzip: Eine Methode, die ein Objekt vom Typ der Basisklasse erwartet, soll auch korrekt funktionieren, wenn ein Objekt der Unterklasse U übergeben wird.

So selbstverständlich dies klingt – die Technik der Vererbung erlaubt auch anderes Verhalten.

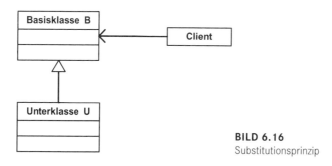

BILD 6.16 Substitutionsprinzip

Betrachten Sie das Beispiel von Kreis und Ellipse (nach [Martin2000]): Die Schulweisheit, wonach ein Kreis lediglich eine spezielle Ellipse darstellt, könnte dazu verleiten, die Vererbungsbeziehung aus Bild 6.17 zur Modellierung zu nutzen. Konzeptionell ist diese Darstellung zwar korrekt, doch birgt die Implementierung versteckte Risiken.

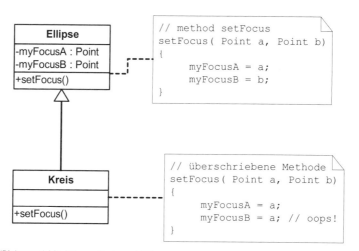

BILD 6.17 (Riskantes) Modell von Kreis und Ellipse

---

[18] [Martin2000] bringt es mit dem „Design-by-Contract" von Bertrand Meyer in Verbindung.

So besitzt eine Ellipse zwei Brennpunkte, ein Kreis jedoch nur einen, nämlich seinen Mittelpunkt. Die Implementierung der `setFocus()`-Methode der Ellipse wird in der Unterklasse Kreis überschrieben. Die Klasse Kreis stellt damit sicher, dass ihre Objekte nur einen einzigen Mittelpunkt haben. Das ist mathematisch korrekt, schafft jedoch ein Problem:

Ein Benutzer einer Ellipse darf erwarten, dass folgendes Stück Code erfolgreich funktioniert:

```
void f( Ellipse e) {
    Point p1 = new Point( 1,1);
    Point p2 = new Point( 2,2);
    e.setFocus( p1, p2 );
    assert ( e.getFocusB() == p2); // oh je!
}
```

Die Funktion setzt zwei Brennpunkte einer Ellipse und prüft anschließend, ob diese korrekt übernommen wurden.

Für Ellipsen funktioniert obiger Code problemlos. Sie können der Funktion jedoch auch eine Instanz von Kreis übergeben. In diesem Fall arbeitet die obige Methode jedoch fehlerhaft: Die überschriebene `setFocus()`-Methode der Klasse Kreis verhält sich anders als erwartet!

Substituierbarkeit gewährleistet Einhaltung von Verträgen

Wenn Sie das Substitutionsprinzip durchgängig berücksichtigen, erfüllen sämtliche Unterklassen die impliziten „Verträge" ihrer Oberklassen. Überschriebene Methoden besitzen keine stärkeren Vorbedingungen als die der Oberklasse und keine schwächeren Nachbedingungen. Robert Martin formuliert es prägnant:

 Unterklassen sollen nicht mehr erwarten und nicht weniger liefern als ihre Oberklassen.

6.4.8 Dependency Injection (DI)

Bei der Nutzung von Schnittstellen im objektorientierten Entwurf besteht immer das Problem, zu einer (abstrakten) Schnittstelle zur Laufzeit eine (konkrete) Instanz zu beschaffen: Wer übernimmt die Verantwortlichkeit, den Lebenszyklus der genutzten Instanzen zu verwalten? Wer entscheidet, welche konkrete Klasse zur Laufzeit letztlich instanziiert werden soll? Bild 6.18 auf der nächsten Seite zeigt diesen Fall: Ein Client der Klasse A modelliert eine benutzt-Beziehung zu einer Schnittstelle ISrv. Zur Laufzeit muss eine konkrete Instanz von ISrv erzeugt werden, auf die A zugreifen kann. Wer soll das bewerkstelligen? Wenn A dafür selbst verantwortlich ist, so besteht eine zu enge Kopplung zwischen A und dem Typ der konkreten Klasse (Srv).

Das „Entkopplungsmuster" *Dependency Injection* stellt dafür einen eigenständigen Baustein bereit (den *Assembler* oder *Dependency Injector*), der zur Laufzeit über die oben genannten Fragen entscheidet. Der Assembler übergibt die Referenzen auf konkrete Instanzen an die ab-

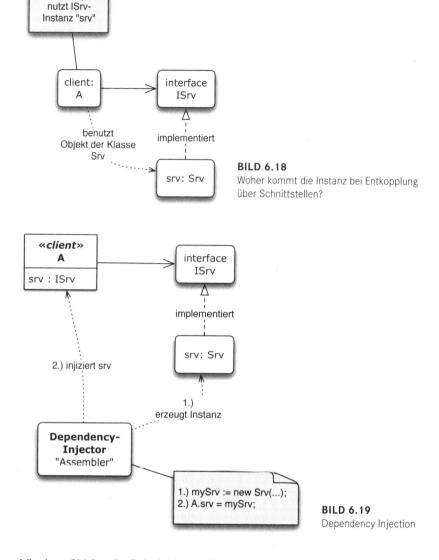

BILD 6.18
Woher kommt die Instanz bei Entkopplung über Schnittstellen?

BILD 6.19
Dependency Injection

hängigen Objekte. Im Beispiel (siehe Bild 6.19) erzeugt er in Schritt 1 eine Instanz (namens srv) und übergibt diese im zweiten Schritt an den Client A.

Martin Fowler diskutiert in seinem Einführungsartikel[19] die so genannte „Setter-Injection", bei der Abhängigkeiten über set-Methoden injiziert werden, und die „Constructor Injection", bei der die notwendigen Instanzen bereits beim Konstruktoraufruf mitgegeben werden. Viele Frameworks (wie Spring[20] für Java und .NET, PicoContainer, Guice oder ObjectBuilder)

---

[19] http://martinfowler.com/articles/injection.html
[20] www.springframework.org und www.springframework.net

implementieren dieses Prinzip und ermöglichen es somit, Abhängigkeiten „per Konfiguration" zu verwalten.

 Sollten Ihre Entwürfen unter einer großen Zahl von Abhängigkeiten (im Quellcode) leiden, sollten Sie den Einsatz eines Dependency-Injection-Frameworks in Erwägung ziehen. Allerdings kurieren diese Frameworks nur Abhängigkeiten auf Codeebene. Abhängigkeiten „im Großen", zwischen Paketen und Subsystemen, müssen Sie weiterhin selbst verwalten!

■ 6.5 Entwurfsmuster

Entwurfsmuster beschreiben einfache und elegante Lösungen für häufige Entwurfsprobleme. Die in Software-Kreisen mittlerweile berühmte „Gang-of-Four"[21] (GoF) legte mit [Gamma95] den Grundstein zu diesem interessanten und in der Praxis sehr wichtigen Gebiet des Software-Entwurfs. Ich habe hier einige Muster zusammengestellt, die auch über den Entwurf von Klassenstrukturen hinaus Bedeutung besitzen. Insbesondere können sie Ihnen dabei helfen, Abhängigkeiten in Entwürfen zu reduzieren.

Gang-Of-Four

6.5.1 Entwurf mit Mustern

Entwurfsmuster helfen Ihnen als Software-Architekt sowohl bei der eigentlichen Entwurfstätigkeit als auch bei der Kommunikation mit Designern und Entwicklern.

Muster vereinfachen Kommunikation

Weil viele wichtige Muster von ihren Autoren sehr präzise dokumentiert wurden, vermeiden sie Missverständnisse bei der Diskussion von Entwürfen. Mit ihrer Hilfe lässt sich ein gemeinsames Verständnis von Entwürfen auf hohen Abstraktionsebenen leichter herstellen. Die prägnanten Bezeichnungen von Mustern erlauben es, auch komplexe Strukturen in vergleichsweise wenigen Worten[22] präzise zu beschreiben. Das erleichtert es Teams, die „Vision" eines Entwurfs zu entwickeln und prägnant zu beschreiben.

Muster können Ihnen helfen, sich bei der Dokumentation Ihrer Entwürfe auf das Wesentliche zu konzentrieren, nämlich die Besonderheiten Ihrer konkreten Aufgabe. Wenn Sie Muster verwenden, können Sie unter Umständen mit 5 Seiten Entwurfsdokumentation auskommen, wo Sie bislang 50 Seiten benötigten.

---

[21] Erich Gamma, Rich Helm, Ralph Johnson, John Vlissides
[22] Erich Gamma und Kent Beck haben das mit [Gamma99] brillant vorgeführt. Die beiden beschreiben auf wenigen Seiten ein komplexes Testframework. Sie benutzen Entwurfsmuster, um die Konzepte dieser Architektur erstaunlich kompakt, aber dennoch präzise und verständlich darzustellen.

Abschließend aber eine Mahnung zur Vorsicht: Setzen Sie Muster bedarfsgerecht ein. Muster machen Ihre Entwürfe oft komplexer, indem sie zusätzliche Abstraktionen oder Komponenten einführen. Schlichtheit und Verständlichkeit können jedoch wichtiger sein als hohe Flexibilität. Wählen Sie im Zweifelsfall die schlichte Alternative (und dokumentieren Sie diese Entwurfsentscheidung).

6.5.2 Adapter

[Ein Adapter] passt die Schnittstelle einer Klasse an eine andere von ihren Klienten erwartete Schnittstelle an. Das Adaptermuster lässt Klassen zusammenarbeiten, die ansonsten dazu nicht in der Lage wären.

[Gamma95]

Wenn Sie DIES brauchen, aber DAS haben,[23] kann Ihnen das Adapter-Muster helfen. Genauer gesagt: Ein Adapter soll die Schnittstelle eines existierenden Moduls ändern.

 Setzen Sie dieses Muster ein, wenn Sie ein existierendes Modul verwenden wollen, dessen Schnittstelle nicht mit der von Ihnen benötigten Schnittstelle übereinstimmt.

Bild 6.20 zeigt das Adapter-Muster. Sie erkennen darin eine vorhandene Klasse, die DAS anbietet, und einen Klienten, der DIES braucht.

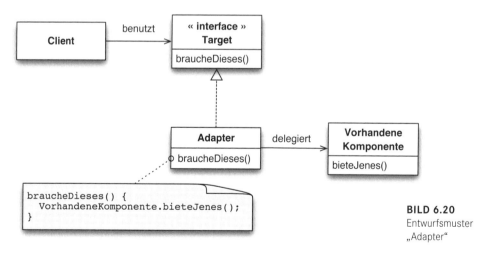

BILD 6.20 Entwurfsmuster „Adapter"

Adapter unterstützt Kapselung

Das Adapter-Muster benötigen Sie auch, wenn Sie bestehende Anwendungssysteme kapseln. Somit ist es ein wichtiges Werkzeug für die Integration und das Umwickeln (*Wrapping*) von Altsystemen (siehe Abschnitt 7.2).

---

[23] Frei übersetzt nach [Eckel2001].

[Gamma95] beschreibt das Muster im Detail und schlägt verschiedene Erweiterungen vor, etwa den Zwei-Wege-Adapter oder den steckbaren Adapter.

6.5.3 Beobachter (Observer)

Ein Observer definiert eine kontrollierte Abhängigkeit zwischen Objekten, sodass die Änderung eines Objektes die Benachrichtigung und Aktualisierung aller abhängigen Objekte auslöst.

 Verwenden Sie Observer, wenn eine Komponente in der Lage sein soll, andere Komponenten zu benachrichtigen, ohne zu wissen,
- wer die anderen Komponenten sind;
- wie viele Komponenten geändert werden müssen (nach [Gamma95]).

Es kommt vor, dass eine Komponente (= ein Beobachter) auf eine Zustandsänderung einer anderen Komponente (= das konkrete Subjekt) reagieren soll, ohne dass das Subjekt den Beobachter kennt. Ein Subjekt kann eine beliebige Zahl von Beobachtern besitzen. Verändert das Subjekt seinen Zustand, so werden alle diese Beobachter benachrichtigt. Als Reaktion darauf synchronisiert sich jeder Beobachter mit dem Subjekt, indem er dessen Zustand erfragt.

Beobachter reagiert auf Zustandsänderung

In Bild 6.21 verwaltet das Subjekt seine Beobachter. Es bietet ihnen eine Schnittstelle zum dynamischen An- und Abmelden. Konkrete Beobachter kennen ihre beobachteten (konkreten) Subjekte.

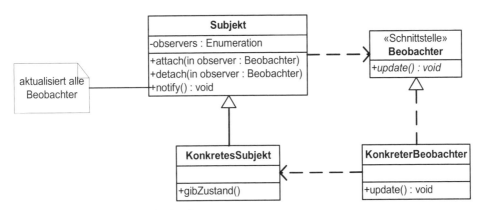

BILD 6.21 Entwurfsmuster „Beobachter"

Es ist interessant, das dynamische Verhalten des Beobachtermusters zu betrachten (siehe Bild 6.22 auf der nächsten Seite).

Das Beobachtermuster ist die Grundlage des Model-View-Controller-Musters, das häufig bei Entwurf und Implementierung von Benutzeroberflächen eingesetzt wird (siehe Abschnitt 7.6, Ablaufsteuerung von GUIs).

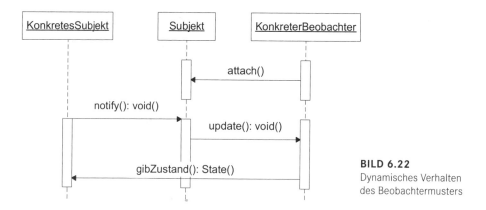

BILD 6.22 Dynamisches Verhalten des Beobachtermusters

6.5.4 Dekorierer (Decorator)

Ein Dekorierer erweitert eine Komponente dynamisch um Funktionalität.

 Verwenden Sie das Dekorierermuster, um einer Komponente dynamisch und transparent Funktionalität hinzuzufügen, ohne die Komponente selbst zu erweitern (nach [Gamma95]).

Im Gegensatz zum Adapter (Abschnitt 6.5.2) verändert ein Dekorierer Funktionalität, nicht aber die Schnittstelle einer Komponente. Ein Adapter liefert hingegen eine neue Schnittstelle.

Wie der Adapter besitzt auch das Dekorierer-Muster Bedeutung für die Integration, Kapselung und Weiterbenutzung bestehender Anwendungssysteme.

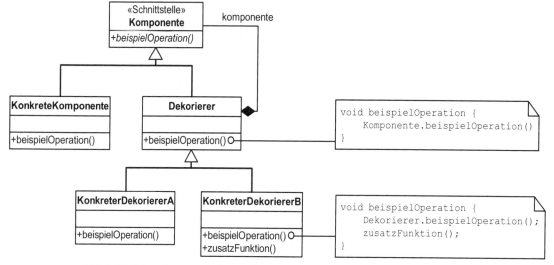

BILD 6.23 Entwurfsmuster „Dekorierer"

6.5.5 Stellvertreter (Proxy)

Ein Stellvertreter (Proxy) stellt einen Platzhalter für eine andere Komponente (Subjekt) dar und kontrolliert den Zugang zum echten Subjekt.

Die Schnittstelle des Stellvertreters ist identisch mit der Schnittstelle des echten Subjektes, sodass der Stellvertreter als Ersatz des Subjektes auftreten kann.

 Sie können das Stellvertreter-Muster einsetzen, wenn Sie den Zugriff auf das echte Subjekt kontrollieren wollen. Der Proxy kann das echte Subjekt erzeugen und löschen.

Darüber hinaus kann er weitere Verantwortlichkeiten besitzen:

- Entfernte Stellvertreter (*remote proxies*) sind verantwortlich für die Abwicklung von Anfragen an das entfernte Subjekt (das möglicherweise auf einem anderen Rechner existiert).
- Virtuelle Stellvertreter (*virtual proxies*) können Informationen des echten Subjektes enthalten, um den Zugriff auf das echte Subjekt zu verzögern. Dies ist nützlich, wenn der Zugriff auf das echte Subjekt langsam oder teuer ist, wenn dazu etwa Datenbankoperationen notwendig werden.
- Schützende Stellvertreter (*protection proxies*) prüfen, ob Zugreifer auf das echte Subjekt über die notwendigen Rechte verfügen.

Bild 6.24 zeigt die Struktur des Stellvertreter-Musters. Zur Laufzeit leitet ein Proxy Anfragen erst im Bedarfsfall an das echte Subjekt weiter.

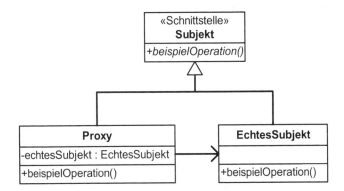

BILD 6.24 Entwurfsmuster „Stellvertreter (Proxy)"

6.5.6 Fassade

Eine Fassade „bietet eine einheitliche Schnittstelle zu einer Menge von Schnittstellen eines Subsystems".

[Gamma95]

Fassade reduziert Abhängigkeiten

Das Entwurfsmuster Fassade bietet eine weitere Möglichkeit, Abhängigkeiten zwischen unterschiedlichen Systemkomponenten zu reduzieren. Betrachten Sie dazu Bild 6.25. Es illustriert, wie die Fassade die internen Komponenten des Subsystems nach außen verbirgt.

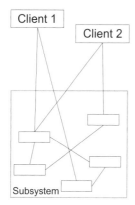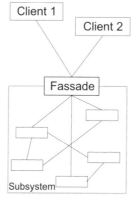

BILD 6.25 Entwurfsmuster „Fassade"

 Verwenden Sie das Fassade-Muster, wenn Sie
- zu einem komplexen Subsystem eine einfache Schnittstelle anbieten wollen;
- Klienten eine vereinfachte Sicht auf das Subsystem anbieten wollen (Klienten brauchen nicht hinter die Fassade zu schauen!);
- ein System in Schichten aufteilen wollen und einen (definierten) Eintrittspunkt in jede Schicht benötigen.

Eine Fassade kennt die internen Details des Subsystems. Sie muss wissen, welche der internen Komponenten für eine bestimmte Anfrage oder einen Aufruf zuständig ist. Sie delegiert Anfragen von Clients an die jeweils zuständigen Subsystemkomponenten (nach [Gamma95]).

Eine Spezialisierung des Fassade-Musters ist die Wrapper-Fassade, die sich auf die Kapselung von Daten und Funktionen nicht-objektorientierter Programmierschnittstellen bezieht. Siehe [Schmidt2000].

6.5.7 Zustand (State)

Das Zustandsmuster „ermöglicht einem Objekt, sein Verhalten zu ändern, wenn sein interner Zustand sich ändert. Es wird so aussehen, als ob das Objekt seine Klasse gewechselt hat".

[Gamma95]

Es kommt häufig vor, dass Komponenten abhängig von ihrem Zustand ein spezielles Verhalten zeigen sollen. In der UML modellieren Sie das in Zustands- oder Zustandsübergangsdiagrammen. In einem bestimmten Zustand darf eine Komponente dann nur bestimmte Operationen ausführen.

Das Zustandsmuster löst dieses Problem über Polymorphismus: Die in einem bestimmten Zustand möglichen Operationen werden durch eine (konkrete) Unterklasse implementiert, die bei Zustandsübergängen bei Bedarf ausgetauscht werden. Zur Laufzeit wird die jeweilige Operation vom (abstrakten) Zustand (in Bild 6.26 heißt er ItsState) über Polymorphismus durch den jeweilig instanziierten konkreten Zustand realisiert.

Eine leichte Variation dieses Musters, zusammen mit dem zugehörigen Zustandsdiagramm, finden Sie in Bild 6.27. Die konkreten Zustandsklassen implementieren sämtliche für ihren eigenen Zustand benötigten Operationen

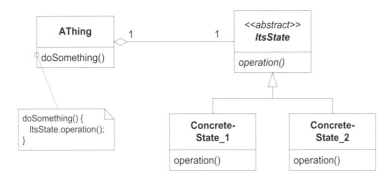

BILD 6.26 Entwurfsmuster „Zustand" (nach [Gamma95])

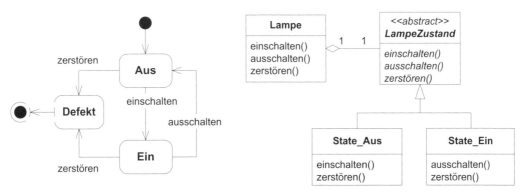

BILD 6.27 Beispiel für Zustandsmuster einer Lampe

6.6 Entwurf, Test, Qualitätssicherung

Die Themen Test und Qualitätssicherung werden in manchen Projekten mit den funktionalen Tests der Implementierung gleichgesetzt. Für Software-Architekten sollten Tests und Qualitätssicherung jedoch wesentlich früher beginnen. Bereits die einzelnen Sichten auf die Software-Architektur können hinsichtlich der Anforderungen geprüft und bewertet werden. Details zur Bewertung von Architekturen finden Sie im nachfolgenden Kapitel 6 sowie in [Bass+03], [Bosch2000] und [Clements+02].

Bewertung: Kapitel 6

Daneben sollten Sie als Architekt die Testbarkeit des fertig implementierten Systems im Auge behalten. Sie sollte von Anfang an zu Ihren wichtigen Kriterien für den Systementwurf gehören. Hierbei zeichnet sich insbesondere die Trennung fachlicher und technischer Bestandteile (wie beim *Domain Driven Design*) als besonders einfach testbar aus.

Einige wichtige Ratschläge zu diesem Thema:

Fehler sind gesellig

Die Anzahl der nach einem Test *nicht entdeckten* Fehler ist proportional zur Anzahl der in diesem Test *entdeckten* Fehler. Der Faktor ist selten kleiner als 0,5. Anders formuliert: Wenn Sie in einer Komponenten bereits viele Fehler gefunden haben, werden Sie dort noch weitere Fehler finden. Konzentrieren Sie sich beim Test auf diese (kritischen) Komponenten!

Die Kosten der Fehlerbehebung steigen exponenziell mit der Anzahl der Entwicklungsphasen, die seit dem Eintritt/Entstehen des Fehlers in das System vergangen sind. Entwickeln Sie daher Prototypen, um Fehler möglichst früh zu finden!

Beheben Sie Fehler immer sofort, nicht erst später.

6.7 Weiterführende Literatur

Obwohl das Thema Softwareentwurf zu den wichtigsten Fundamenten der Informationstechnik zählt, gibt es nur relativ wenig Literatur, die systematisch die Grundlagen dieses Gebietes darstellt.

Zu Grundlagen des Entwurfs

GRASP

[Larman2001] beschreibt die praktische Anwendung von UML und Mustern. Er orientiert sich stark am Begriff der „Verantwortlichkeit" (*responsibility*). Larman definiert dazu einige Muster (*General Responsibility Assignment Patterns,* GRASP) und illustriert an vielen Beispielen deren Anwendung. Mein persönlicher Favorit zu objektorientiertem Entwurf.

[Martin96] beschreibt die Grundlagen des objektorientierten Entwurfs. Seine Beispiele illustriert Robert Martin an der Sprache C++, die Entwurfsprinzipien gelten jedoch für sämtliche objektorientierten Sprachen, teilweise sind sie sogar unabhängig von der Objektorientierung.

[Martin2000] stellt neben einigen der auch hier beschriebenen Entwurfsprinzipien noch weitere vor, etwa einige Prinzipien zur Aufteilung von Klassen auf Pakete.

[Evans04] sowie [Avram+06] (Letzteres auch online verfügbar) stellen *Domain Driven Design* im Detail vor. Wenn Sie lieber kompakte Zusammenfassungen lesen, dann finden Sie in [Liebhart+07] die Grundideen von DDD zusammengefasst. Mein Tipp für ernsthafte DDD-Aspiranten: das Original von Eric Evans.

Domain Driven Design

[Liebherr89] stellt das so genannte „Gesetz von Demeter" vor, wonach Objekte möglichst wenig Annahmen über die Struktur anderer Objekte machen sollen.

[Siedersleben04] erläutert den Entwurf von Komponenten anhand der Trennung in technische und anwendungsbezogene Teile. Seine Darstellung des Themas ist sowohl gründlich als auch praxisbezogen.

Zu speziellen Aspekten des Entwurfs

[Blaha98] beschreibt Grundlagen des objektorientierten Entwurfs sowie der Implementierung von Datenbankanwendungen.

[Fowler99] erläutert die Methode des Refactoring. Sie stellt einen systematischen Umbau von Programmen dar und ermöglicht es, den Entwurf und die Implementierung bestehender Systeme zu verbessern.

[Eckel99] ist zwar primär eine Einführung in die Sprache Java, enthält jedoch viel grundlegendes Wissen zur Verbesserung des „Entwurfs" von Java-Programmen. Insbesondere zeigt der Autor, wie Polymorphie und Typidentifikation zur Laufzeit (*Run-Time Type Identification, RTTI*) ein Programm erheblich wartbarer und flexibler machen können.

[Johnson+05] stellt die praktische Anwendung von *Dependency Injection* mit dem Spring-Framework vor – eine lesenswerte Darstellung pragmatischen Software-Entwurfs. In die gleiche Bresche schlagen [Oates+06].

Zu Entwurfsmustern

Eine generelle Empfehlung zu Entwurfsmustern sind die Beiträge zu den Konferenzen über Entwurfsmuster (*Pattern Languages of Programs*, PloP, ChiliPloP) und deren europäische Schwesterkonferenz, EuroPloP. Die meisten Beiträge sind online verfügbar, http://www.hillside.net ist die Heimat der Pattern-Gemeinde im Internet.

[Gamma95] ist das Kultbuch für alle, die Software-Entwurf betreiben. Sollte zur Pflichtlektüre der entwerfenden und programmierenden Zunft gehören!

In [Gamma99] beschreiben Erich Gamma und Kent Beck die praktische Anwendung einiger Entwurfsmuster anhand des Testframeworks JUnit. Der Artikel zeigt eindrucksvoll, wie ein Entwurf durch Muster systematisch aufgebaut werden kann. Weitere Informationen dazu im Internet unter www.junit.org.

[Eckel2001] Der Autor beschreibt Entwurfsmuster aus der Sicht von Programmiersprachen.

[Eilebrecht+04] gibt einen kompakten Überblick über Muster.

[Schmidt2000] führt unter anderem die *WrapperFacade* ein.

Zu Architekturmustern und Referenzarchitekturen

[Buschmann+96] benutzen einige der grundlegenden Muster von [Gamma95] als Grundlage erweiterter oder umfangreicherer Architektur-Muster. So beschreiben sie ausführlich Schichten (*Layer*), Pipes-and-Filter, Model-View-Controller sowie den Befehlsverarbeiter (*Command Processor*).

[Fowler02] geht Muster von der pragmatischen Seite an: Fowler zeigt Lösungsmuster für typische Problemstellungen kommerzieller Informationssysteme auf. Der Titel des Buches (*Patterns for Enterprise Application Architecture*) ist meiner Meinung nach jedoch irreführend: Im Fokus des Buches liegen eindeutig Entwurfs- und Programmiermuster – Architekturmuster im Stil von [Buschmann+96] suchen Sie dort vergeblich. Allerdings ist seine Systematik unmittelbar anwendbar. Einige dieser Muster führen [Liebhart+07] in kompakter Form mit den Ansätzen des Domain-Driven-Design nach [Evans04] zusammen.

[Liebhart+07] stellt praxiserprobte *Architecture Blueprints* für Java und .NET vor – sehr pragmatisch, anschaulich und gut umsetzbar.

[Buschmann+07] ist der vierte Band der POSA-Serie (Pattern Oriented Software Architecture). Sehr lesenswerte Zusammenfassung des Vorgehens beim Entwurf, dem systematischen Übergang von *mud to structure*.

Zu Test und Qualitätssicherung

Test-Bibel: [Binder200]

Eine Fülle von Büchern beschäftigt sich mit dem Testen von Software-Systemen, für unterschiedliche Teststufen (System-, Integrations- oder Komponententest) und verschiedene Programmiersprachen. Als Software-Architekt sollten Sie meiner Meinung nach die Test-Bibel von Robert Binder [Binder2000] lesen – er beweist auf über 1000 Seiten, dass Testen ein spannendes Thema sein kann. Wenn Sie das Buch trotz meiner eindringlichen Empfehlung nicht selbst lesen wollen, stellen Sie zumindest sicher, dass Ihre Tester es gelesen haben!

Brian Marick gehört zu den Koryphäen auf dem Gebiet „Testen" und sein Artikel [Marick97] über *Classic Testing Mistakes* zu den Augenöffnern!

7 Technische Konzepte und typische Architekturaspekte

We shape our buildings: thereafter they shape us.

Winston Churchill

 Fragen, die dieses Kapitel beantwortet:
- Was ist Entwurf-durch-Routine und was bedeutet Entwurf-durch-Innovation?
- Was sind Strukturen und technische Konzepte?
- Wie behandelt man folgende Aspekte in Software-Entwürfen:
  - Persistenz
  - Geschäftsregeln
  - Integration, Verteilung und Kommunikation
  - Technik und Ergonomie graphischer Oberflächen
  - Ablaufsteuerung und Internationalisierung
  - Workflow-Management
  - Sicherheit
  - Protokollierung
  - Ausnahme- und Fehlerbehandlung

Routine und Innovation im Software Engineering

Der Ausdruck „Software Engineering" entstand 1969 im Zuge eines von der NATO veranstalteten Workshops ([NATO69]). Seither schmückt sich unsere Disziplin mit den Lorbeeren des *„ingenieurmäßigen* Vorgehens", wobei die Praxis sich doch erheblich von anderen Ingenieurdisziplinen unterscheidet. So ist es im Maschinenbau, der Elektrotechnik und der Gebäudearchitektur durchaus üblich, bei Neuentwicklungen auf bereits vorhandene Lösungen zurückzugreifen. Bei der Konstruktion einer Flugzeugbremse werden die beteiligten Ingenieure auf dokumentierte Erkenntnisse und Lösungen zurückgreifen und diese gegebenenfalls modifizieren. Kaum ein Maschinenbauingenieur käme beispielsweise auf die Idee, die für eine Bremse notwendigen Hydraulikpumpen, die Bremsscheiben und die Steuerelektronik von Grund auf neu zu entwerfen.

In Softwareprojekten sieht die Realität gänzlich anders aus: Dort entwickeln Softwarearchitekten oftmals sämtliche für ein System benötigten Bestandteile neu, obwohl große Teile davon in anderen, ähnlichen Systemen bereits vorhanden sind.

Entwurf-durch-Routine

Die klassischen Ingenieurdisziplinen verlassen sich im Gegensatz zur Informatik darauf, dass ihr Wissen in einer für Praktiker anwendbaren Form kodifiziert wird. Sie praktizieren damit eine Form des Entwurfs, den [Shaw96a] als *Entwurf-durch-Routine* bezeichnet. Diese Art des Entwurfs ist charakterisiert durch die Wiederverwendung großer Teile früherer Lösungen. Mit dieser Art des Entwurfs können Ingenieure die weitaus meisten praktischen Probleme lösen!

Entwurf-durch-Innovation

Im Gegensatz dazu erfordert der *Entwurf-durch-Innovation* die Entwicklung neuartiger Lösungen für bislang unbekannte Aufgabenstellungen. Diese innovative Arbeit mag spektakulärer oder auch interessanter sein, in der Praxis tritt sie jedoch höchst selten auf. Im Bereich der praktischen Informatik entstehen die meisten Softwaresysteme in bekanntem Kontext. Dennoch arbeiten Informatiker häufig nach dem Verfahren *Entwurf-durch-Innovation*. Sie verzichten dadurch auf Wiederverwendung und erhöhen gleichzeitig das Projektrisiko.

Wiederverwendung fördern

Muster nutzen

Entwerfen Sie möglichst „durch-Routine". Verwenden Sie erprobte Konzepte und Ansätze weiter. Pflegen Sie in Ihrer Organisation ein Wertesystem, das Wiederverwendung höher bewertet als Neuerfindung.

- Zahlreiche solche Muster finden Sie in der Literatur (etwa: [Gamma95], [Buschmann96], [Larman2001], [Fowler02]).
- Muster zu vielen Aspekten der Software-Entwicklung finden Sie im Internet unter den Tagungsberichten der Pattern-Konferenzen. Ein guter Startpunkt ist die Website www.hillside.net/~patterns

Der nachfolgende Katalog von Architekturaspekten unterstützt den *Entwurf-durch-Routine* und hilft Ihnen, Software ingenieurmäßig zu entwerfen, indem er Lösungsansätze für häufig wiederkehrende Architekturfragen aufführt.

Darum technische Konzepte und Architekturaspekte

In diesem Buch fasse ich unter der Überschrift *Technische Konzepte und Architekturaspekte* einige der übergreifenden und querschnittlichen *technischen* Themen zusammen, die Software-Architekten bei der Entwicklung von IT-Systemen häufig und intensiv beschäftigen. Zu solchen Konzepten gehören übergreifende oder querschnittliche Themen, die meistens mehrere Bausteine des Systems betreffen. Diese Konzepte prägen die Bausteinstrukturen oder deren Implementierung nachhaltig. Sie stellen oftmals zentrale technische Entscheidungen dar. Ziel dieses Kapitels ist es, Ihnen den Kontext dieser Konzepte oder Architekturaspekte und erste Lösungsansätze aufzuzeigen und Sie dann auf die einschlägige und vertiefende Literatur zu verweisen. Diese Lösungsansätze haben den Charakter grober Schablonen, die Sie für den konkreten Einsatz modifizieren oder anpassen müssen.

Dennoch lohnt sich die Anwendung solcher Vorlagen in der Praxis, weil Sie als Architekt mit Hilfe solcher Vorlagen beim Entwurf von Softwarearchitekturen drei wichtige Vorteile nutzen können. Sie können:

- Sie sparen Zeit, weil Ihnen Teile Ihrer Modellierungs- und Entwurfsarbeit durch Muster und Bausteine erleichtert werden.

    Zeit sparen

- Sie vermindern Unsicherheit, weil die Beschreibung der Muster und Bausteine Sie auf mögliche Risiken oder Problemzonen der jeweiligen Bereiche hinweist.

    Risiken mindern

- Sie vermindern das Projektrisiko, weil es sich bei den Mustern um praktisch erprobte Vorlagen handelt und Sie konkrete Tipps für deren Einsatz bekommen.

Das Buch deckt aus Platzgründen nur einige solcher technischen Konzepte ab. Zur Vertiefung finden Sie kommentierte Literaturhinweise.

Technische Konzepte beinhalten konkrete Technologien

Oft manifestieren sich in technischen Konzepten die Details der jeweiligen Implementierungstechnologie oder entsprechender Frameworks. Die technischen Konzepte beeinflussen die Bausteinstrukturen von Systemen – und umgekehrt.

In diesen Konzepten steckt technisches Wissen, und meistens können Sie solche Konzepte nur auf Basis fundierter technischer Erfahrung erstellen. Hier ist es besonders nützlich, auf die Erfahrung der Entwicklungsteams zurückzugreifen.

Welche Arten technischer Konzepte oder Architekturaspekte gibt es?

Zuerst möchte ich Ihnen eine Vorstellung von der thematischen Breite solcher Architekturaspekte vermitteln. In den weiteren Abschnitten dieses Kapitels finden Sie dann zu einigen[1] davon noch Details.

TABELLE 7.1 Architekturaspekte (nach einer Zusammenstellung aus [arc42])

Architekturaspekt	Bedeutung und Herausforderung
Persistenz (siehe Abschnitt 7.1)	Datenspeicherung, insbesondere von Objekt- und Klassenstrukturen auf Tabellen, Entkopplung von Fachdomäne und (Datenbank-)Infrastruktur
Geschäftsregeln (siehe Abschnitt 7.2)	Behandlung domänenspezifischer Zusammenhänge und Regeln als eigenständige („externalisierte") Einheiten
Integration (siehe Abschnitt 7.3)	Einbindung bestehender Systeme in einen neuen oder veränderten Kontext
Verteilung (siehe Abschnitt 7.4)	Verteilung von Systembestandteilen auf getrennte Ablaufumgebungen
Kommunikation (siehe Abschnitt 7.5)	Übertragung von Daten zwischen Systemkomponenten, innerhalb und außerhalb von Prozess- oder Adressräumen

(Fortsetzung nächste Seite)

---

[1] Wobei ich rein subjektiv diejenigen Aspekte ausgewählt habe, die mir in den letzten Jahren in Projekten als besonders wichtig erschienen.

Architekturaspekt	Bedeutung und Herausforderung
Ablaufsteuerung grafischer Oberflächen (siehe Abschnitt 7.6)	Steuerung von Navigation und Zustandswechseln in grafischen Benutzeroberflächen, Verarbeitung von Benutzereingaben und Ereignissen
Ergonomie grafischer Oberflächen (siehe Abschnitt 7.7)	Gestaltung grafischer Oberflächen und von Arbeitsabläufen, Interaktionsstile
Internationalisierung (siehe Abschnitt 7.8)	Anpassung des Systems an die Anforderungen und Merkmale unterschiedlicher Sprachen und Länder
Übergreifende Ablaufsteuerung, Workflowmanagement (siehe Abschnitt 7.9)	Steuerung systemübergreifender Abläufe, Koordination verschiedener Softwaresysteme
Sicherheit (siehe Abschnitt 7.10)	Methoden zur Gewährleistung von Datenschutz und -sicherheit, Verhinderung von Datenmissbrauch
Logging, Protokollierung, Tracing (siehe Abschnitt 7.11)	Sammeln von Informationen über den Programmzustand während der Laufzeit
Ausnahme- und Fehlerbehandlung (siehe Abschnitt 7.12)	Abweichungen von „erwarteten" Situationen, Fehlverhalten oder Defekte von Systemteilen, unerwartetes Verhalten von Benutzern oder anderen Systemen
Transaktionsbehandlung	Transaktionen sind nicht teilbare Arbeitsabläufe, die in sich komplett abgeschlossen sind. Transaktionen müssen immer komplett und vollständig abgearbeitet werden, oder aber „zurückgerollt". Solche Transaktionen müssen die ACID-Forderungen erfüllen: Atomicity, Consistency, Isolation und Durability.
Konfigurierbarkeit	Anpassung des Systems an besondere Umwelt- oder Umfeldbedingungen durch Änderungen von Installations-, Start- oder Laufzeitparametern
Zustands-, Session- oder Sitzungsbehandlung	Verwaltung von Client- und Server-Zuständen, Zuordnung von Clients zu spezifischen Sessions („Sitzungen"), insbesondere im verteilten Client/Server und Web-Umfeld wichtig
Plausibilisierung und Validierung von Eingabe- oder Eingangsdaten	Wo und wann sollen Datenprüfungen stattfinden, um einen angemessenen Kompromiss zwischen Wartbarkeit („zentralisierte Prüfung") und Laufzeit („Prüfung bei Dateneingang oder -eingabe") zu finden
Codegenerierung und modellbasierte Entwicklung (siehe Kapitel 8)	Generierung von Sourcecode aus Modellen

 Diese Liste ist für Sie möglicherweise unvollständig! Stellen Sie für Ihre Projekte oder Domäne eine ähnliche Tabelle als Checkliste bereit, damit Sie beim Entwurf Ihrer Architekturen an alle für Sie wesentlichen Aspekte denken.

7.1 Persistenz

Persistenz: Beständigkeit, Dauerhaftigkeit. Daten aus dem (flüchtigen) Hauptspeicher auf ein beständiges Medium (und wieder zurück) bringen.

7.1.1 Motivation

Daten müssen dauerhaft gespeichert werden

Viele Daten, die Software-Systeme bearbeiten, müssen dauerhaft auf einem Speichermedium gespeichert oder von solchen Medien gelesen werden:

- Flüchtige Speichermedien (Hauptspeicher oder Cache) sind technisch nicht für dauerhafte Speicherung ausgelegt. Daten gehen verloren, wenn die entsprechende Hardware ausgeschaltet oder heruntergefahren wird.
- Die Menge der von kommerziellen Software-Systemen bearbeiteten Daten übersteigt üblicherweise die Kapazität des Hauptspeichers.
- Auf Festplatten, optischen Speichermedien oder Bändern sind oftmals große Mengen von Unternehmensdaten vorhanden, die eine beträchtliche Investition darstellen.
- Einfache Speicherung bzw. Serialisierung von Daten in Dateien genügt in der Regel nur für sehr kleine Datenmengen und *single-user* Anwendungen.[2]

Persistenz ist ein technisch bedingtes Thema und trägt nichts zur eigentlichen Fachlichkeit eines Systems bei. Dennoch müssen Sie sich als Architekt mit dem Thema auseinandersetzen, denn ein erheblicher Teil aller Software-Systeme benötigt einen effizienten Zugriff auf persistent gespeicherte Daten. Hierzu gehören praktisch sämtliche kommerziellen und viele technischen Systeme. Eingebettete Systeme (siehe [b-agile2002a]) und Software für mobile Geräte gehorchen jedoch oft anderen Regeln hinsichtlich ihrer Datenverwaltung – leider kann ich das hier nicht weiter vertiefen.

Verschiedene Speichermodelle

Aufgrund der vielseitigen Anforderungen an performante, zuverlässige und plattformübergreifende Speicherung von Daten entstanden neben dem einfachen „Speichern in Dateien" verschiedene Arten von Datenbanksystemen[3] als Speichermodelle.

---

[2] Hier zeigt das pickle-Modul aus der Python-Standardbibliothek ein vorbildlich einfaches und verständliches Vorgehen auf. Falls Python wider Erwarten für Ihr Problem nicht ausreichen sollte, könnten Sie mit den mächtigen Google-Protocol-Buffer an fast jedes Serialisierungs-Ziel gelangen: „Protocol Buffers are a way of encoding structured data in an efficient yet extensible format. Google uses Protocol Buffers for almost all of its internal RPC protocols and file formats." (http://code.google.com/p/protobuf/).

[3] Der korrekte Terminus lautet Datenbank-Management-Systeme (DBMS) – aber so genau nehme ich das meist nicht.

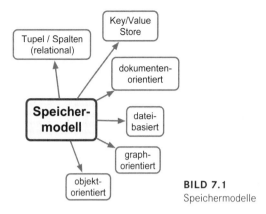
BILD 7.1
Speichermodelle

Typen von DBMS

Eine Datenbank bietet Mittel, um Daten zu persistieren und wieder in den Hauptspeicher zu laden. Es gibt verschiedene Paradigmen von Datenbanken (chronologisch sortiert):

- Netzwerkdatenbanken
- Hierarchische Datenbanken
- Relationale Datenbanken (Speichermodell Tupel/Spalten). Hierin werden Daten in Tabellen gespeichert, die über Schlüsselbeziehungen aufeinander referenzieren können. Relationale Datenbanken stoßen bei Clustering, Replikation beziehungsweise automatischer Partitionierung von Datenbeständen an ihre Grenzen.[4] Viele Vertreter dieser Zunft glänzen durch höchste Zuverlässigkeit.
- Objektorientierte Datenbanken. Sie können Objekte und Objektgraphen direkt speichern und wiederherstellen. Trotz einfacher Programmiermodelle, hoher Robustheit und Performance sind diese Systeme in der Praxis nur wenig verbreitet.
- NoSQL Datenbanken[5] (Speichermodelle beispielsweise Key/Value oder dokumentenorientiert). Hinter diesem Begriff verbirgt sich eine nicht klar abgegrenzte Menge von Datenbanksystemen, die meistens auf die Nutzung von SQL als Abfragesprache verzichten. Der Markt für diese Systeme ist sehr heterogen, die meisten stammen von ganz kleinen Anbietern oder sind OpenSource.

Bisher größte Bedeutung: Relationale DBMS

Die weitaus größte Bedeutung am Markt haben bisher relationale DBMS gewonnen. Netzwerk- und hierarchische Datenbanken kommen in neu entwickelten Systemen praktisch nicht mehr zum Einsatz, jedoch liegen immer noch große Mengen Unternehmensdaten auf Mainframe-Systemen in dieser Art von Datenbanken. Objektorientierte Datenbanken besitzen aktuell (Stand 2011) nur einen geringen Marktanteil. Die so genannten NoSQL-Systeme gewinnen im Web-Umfeld, insbesondere bei Anwendungen mit höchsten Last-, Skalierungs- oder Performanceanforderungen, immer mehr an Gewicht.

---

[4] Eine Ausnahme bilden einige RDBMS, die auf spezialisierter Hardware (Datenbank-Rechner) laufen und Skalierung, Datenpartitionierung und Verteilung wirklich gut beherrschen. Ein Nachteil sind die interessanten Listenpreise solcher Systeme

[5] NoSQL steht für Not-Only-SQL. Siehe [Edlich+11].

Allerdings können einfache Anwendungen auch mit dem Speichermodell „Datei" auskommen, bei denen beispielsweise Daten durch Serialisierung in Dateien direkt auf dem Dateisystem abgelegt werden.

Verwenden Sie **relationale DMBS** für Anwendungen aus folgenden Bereichen:
- Betriebliche Informationssysteme, in denen zahlreiche, aber relativ einfache Operationen auf Daten ausgeführt werden. [Blaha98] gibt als Faustregel an, dass RDBMS für bis zu einigen Hundert Tabellen geeignet seien.
- Anwendungen, die mit Fremdsystemen auf Basis relationaler DBMS arbeiten.
- Anwendungen, die vorhandene Mainframe-Legacy-Systeme integrieren. RDBMS passen oft recht gut zu den vorhandenen hierarchischen oder Netzwerk-Datenbanken solcher Systeme.
- Anwendungen in konservativem organisatorischem Umfeld. RDBMS sind ausgereift und weit verbreitet. Praktisches Wissen und Erfahrung sind problemlos verfügbar. Ihr Einsatzrisiko ist gering.
- Anwendungen, die auf „kurzen" Transaktionen basieren. Relationale Datenbanken eignen sich nicht für lange Transaktionen, bei denen Objekte über Stunden oder Tage gesperrt werden müssen.

[Keller98] warnt bei einigen Projekttypen eindringlich vor dem Einsatz relationaler Datenbanksysteme:

> *Die Benutzung relationaler Datenbanken als Persistenzmechanismus für CAD- und CASE-Anwendungen könnte im Desaster enden.*
>
> *[Keller98]*

Verwenden Sie **objektorientierte DBMS** für Anwendungen aus folgenden Bereichen:
- Multimedia-Systeme, die komplexe Datenstrukturen wie Grafiken, Audio oder Video bearbeiten.
- Anwendungen aus den Bereichen: Computer-Aided-Design (CAD), Computer-Aided-Manufacturing (CAM) oder Computer-Aided Software Engineering (CASE).
- Anwendungen, die in hohem Maße von Vererbungshierarchien und benutzerdefinierten Datentypen abhängen.
- Anwendungen, die komplexe Objektgraphen persistieren müssen.

Sie sollten **NoSQL Datenbanken** für Anwendungen aus folgenden Bereichen in Erwägung ziehen:*

- Web-Anwendungen mit sehr hohen Benutzerzahlen und/oder sehr großem Datenvolumen.
- Anwendungen mit sehr hohen Anforderungen an Skalierbarkeit beziehungsweise Verteilung auf sehr viele Knoten.
- Anwendungen, bei denen Sie durch Prototypen den Einsatz neuartiger Technologien wie NoSQL verifizieren können (d.h. bei denen Sie ausreichend Zeit für solche Prototypen zur Verfügung haben!).

* Sicher merken Sie, dass ich mich bei den Tipps zu NoSQL deutlich vorsichtiger ausdrücke ...

Einfache Ansätze führen zu Problemen

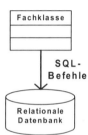

BILD 7.2
Einfacher Ansatz für Persistenz

Im einfachsten Fall, dargestellt in Bild 7.2, kümmert sich jede fachliche Komponente eines Systems selbst um die notwendige (relationale) Speicherung ihrer Objekte. Dabei enthalten Klassen aus der Fachdomäne den Programmcode für die jeweiligen Datenbankoperationen, etwa als SQL-Befehle.

Dies führt zu sehr starker (und manchmal fataler) Abhängigkeit fachlicher Komponenten vom Persistenzmechanismus. Änderungen an der Datenbank erfordern dann meistens Änderungen am Quelltext der fachlichen Komponenten. Beispielsweise führt die Anpassung des Datenmodells (etwa aus Performancegründen) zu notwendigen Änderungen am Fachmodell.

Selbst eine einfache Änderung, wie die Umbenennung einer Datenbanktabelle, lässt sich nicht ohne Änderung am Quellcode der Fachklasse durchführen. In den meisten Fällen sollten Sie Ihre fachlichen Bausteine von der Persistenz entkoppeln, etwa durch eine Persistenzschicht (siehe 7.1.3.1).

7.1.2 Einflussfaktoren und Entscheidungskriterien

Es gibt eine ganze Reihe von Einflussfaktoren und Entscheidungskriterien, die Sie beim Entwurf und der Implementierung von Persistenzkomponenten beachten sollten (siehe Bild 7.3).

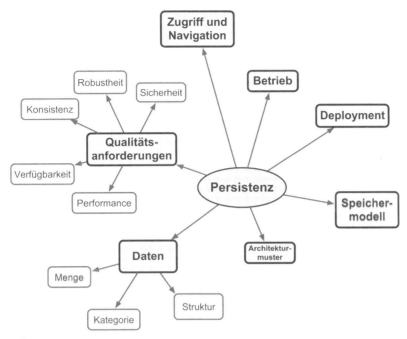

BILD 7.3 Überblick über Faktoren, die Einfluss auf die Persistenz haben

Neben Struktur, Kategorie und Menge der zu speichernden Daten spielen Qualitätsanforderungen, notwendige Zugriffe und Navigation, Betrieb, Deployment sowie die oben bereits erwähnten unterschiedlichen Speichermodelle eine große Rolle beim Entwurf der Persistenz. Auch aufgrund der aktuellen Entwicklungen im NoSQL-Bereich (siehe [Edlich+11]) sollte die Antwort auf die Frage „Worin speichern wir unsere Daten?" heutzutage nicht mehr automatisch „in einer relationalen Datenbank" lauten, sondern differenzierter untersucht werden.[6]

Art der zu speichernden Daten

Die Art der zu speichernden Daten prägt den Entwurf Ihrer Persistenz maßgeblich. Hier sollten Sie drei wesentliche Fragenkomplexe klären:

- Besitzen die Daten eine feste Struktur („schemabehaftet") oder sind sie unstrukturiert? Kann die Struktur über die Zeit variieren oder bleibt sie lange Zeit fest? Relationale Datenbanken sind für feste tabellarische (relationale) Strukturen optimiert, können jedoch mit schwach strukturierten Daten variabler Struktur relativ schlecht umgehen, bzw. Sie müssten variable Datenstrukturen bereits im (festen!) Tabellenschema vorsehen.

- Welche Mengen oder Volumina von Daten müssen Sie speichern? Wenn diese Menge den verfügbaren Speicherplatz einzelner Rechnersysteme überschreitet, müssen Sie über Partitionierung Ihrer Daten nachdenken – wobei manche NoSQL Systeme Sie hervorragend un-

---

[6] Für unternehmensintern genutzte Anwendungen wird sicherlich die Antwort auch heute noch meistens „relationale Speicherung" lauten; allerdings entstehen viele aktuelle Softwaresysteme im Kontext „Internet" – und dabei existieren weitere Optionen, die in puncto Verfügbarkeit, Skalierbarkeit und Betriebskosten hervorragend abschneiden.

terstützen und die meisten relationalen Datenbanken Ihnen eher Kopfschmerzen verursachen werden.

- Müssen Sie Daten und deren Strukturinformation versionieren? Müssen Sie eventuell sogar mit unterschiedlichen Versionen von Daten zur gleichen Zeit umgehen können? Manche NoSQL-Datenbanken bringen dafür Features wie *Multi-Version-Concurrency-Control* mit (etwa Apache's CouchDB). Das erlaubt Ihnen, auftretende Konflikte zwischen unterschiedlichen Versionen zum großen Teil automatisiert bearbeiten zu können. In relationalen Strukturen müssen Sie das in der Regel selbst modellieren und implementieren.

Zugriff und Navigation

Bezüglich der Zugriffe auf Ihre Daten und Navigation zwischen diesen sollten Sie prüfen, ob Sie charakteristische Muster für diese Zugriffe erkennen können. Beispielsweise müssen Sie bei den meisten Speichermodellen parallele Schreibzugriffe auf Daten über Sperren verhindern.

Sollten Sie allerdings fast ausschließlich lesende Zugriffe auf Ihre Daten erwarten, so können Sie diese durch Replikation, Parallelisierung, Caching und Indizierung signifikant beschleunigen – was allerdings möglicherweise Ihre Schreibperformance deutlich einschränkt.

Benötigen Sie die Möglichkeit, deklarativ und flexibel ständig neue Abfragen auf Ihre Daten zu formulieren? Dafür wurde SQL geschaffen, das Sie ans relationale Modell bindet. Feste Abfragen können Sie mittels Map-Reduce-Verfahren a priori ausrechnen lassen, was erhebliche Geschwindigkeitsvorteile mit sich bringen kann, allerdings zurzeit primär von NoSQL Systemen unterstützt wird.

Deployment

Ob Ihr System auf einem leistungsfähigen Server-Cluster abläuft, einem Desktop oder Notebook, auf kleinen Smartphones oder sogar auf embedded-Devices – für die Ausgestaltung Ihrer Persistenz machen diese unterschiedlichen Ablaufumgebungen riesige Unterschiede. Ich empfehle Ihnen realitätsnahe Last- und Performancetests durch Prototypen, um die Leistungsfähigkeit Ihrer Ziel-Hardware möglichst frühzeitig zu prüfen.

Bei kommerziellen DBMS sollten Sie die Lizenzkosten für die konkrete Zielhardware, insbesondere bezüglich der Anzahl der Prozessoren, Prozessorkerne oder Server-Instanzen ins Kalkül ziehen.

Betriebliche Aspekte

Zur Laufzeit Ihrer Systeme kümmern sich in vielen Fällen[7] eigene Rollen um geregelte, zuverlässige Abläufe – die Administratoren oder Betreiber. Diese Stakeholder fordern von Datenbanken folgende Eigenschaften:

- *Konfiguration:* Lässt sich die Datenbank an die Laufzeitumgebung oder an geänderte Anforderungen per Konfiguration anpassen?
- *Monitoring:* Lassen sich Laufzeitparameter und -verhalten automatisch überwachen?

---

[7] Ausnahmen sind Standalone-Systeme.

- *Backup:* Über welche Möglichkeiten der Datensicherung verfügt die Datenbank? Ist eine Sicherung im laufenden Betrieb möglich? Lassen sich Zugriffsrechte auf Datensicherungen vergeben und Sicherungen oder bestimmte Teile davon sich zuverlässig wieder einspielen?

In der Realität könnten Ihre Betreiber auch nach Möglichkeiten zum Tuning fragen, zur Anbindung an vorhandene Rechte-Management-Systeme oder gar Migration. Ich gehe auf diese (schweren) Fragen hier nicht weiter ein.

7.1.3 Lösungsmuster

7.1.3.1 Persistenzschicht

Entkoppeln Sie in Ihren Architekturen den fachlichen Kern Ihrer Systeme von der gewählten (technischen!) Persistenz. Dazu stelle ich Ihnen hier die *Persistenzschicht* vor, die gut zum Modell der Anwendungsschichten (siehe Kapitel 6) passt.

Die hier vorgestellte Persistenzschicht gehört zur Infrastrukturschicht. Ob Sie die Persistenz als getrennte Anwendungsschicht modellieren oder als integralen Bestandteil der Infrastruktur, bleibt Ihnen überlassen.

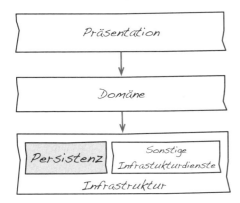

BILD 7.4
Persistenzschicht und Infrastrukturschicht

Wie funktionieren Persistenzschichten?

Eine Persistenzschicht kapselt die Details der Datenspeicherung gegenüber den übrigen Anwendungsteilen. Sie können Persistenzschichten unterschiedlich flexibel und aufwändig realisieren:

- Sie implementieren eine eigene Klasse, um die Persistenzaufgaben zu kapseln. Der folgende Abschnitt („Datenklassen") diskutiert einige Vor- und Nachteile dieses Ansatzes.
- Sie verwenden ein Framework, wie beispielsweise Hibernate oder Ähnliches. Das bringt Ihnen etwas höhere Komplexität, allerdings auch ein erhebliches Maß an Flexibilität und Robustheit. Für relationale Datenbanken stellt dies eine weit verbreitete Standardlösung dar, die viele Risiken von Persistenz mindert. Allerdings orientieren sich die meisten Persistenz-Frameworks heute noch an relationalen Datenbanken. Für NoSQL-Speichermodelle müssen Sie daher meist selbst Lösungen entwickeln.

Datenklassen: Die einfachste Persistenzschicht

Datenklassen

Active Data Objects (ADO)

Wenn Sie die Persistenz Ihrer Fachklassen in dedizierten Datenklassen kapseln, erreichen Sie eine bessere Kapselung von Fachdomäne und Infrastruktur. Diesen Ansatz illustriert Bild 7.5. Er wird unter anderem in dem von Microsoft favorisierten Ansatz der „Active Data Objects" (ADO) verfolgt.

BILD 7.5
Persistenzschicht mit Datenklassen

Änderungen an der Datenbank oder dem zugrunde liegenden Datenmodell bewirken dabei „nur" Änderungen an den Datenklassen, nicht aber an den Fachklassen. Eine vollständige Trennung von Anwendungslogik und Infrastruktur erreicht dieser Ansatz nicht – Ihre Entwickler müssen immer noch die technischen Grundlagen der Datenbank beherrschen.

Schwierig ist dieser Ansatz auch dann, wenn Sie vernetzte Objektstrukturen speichern wollen, und nicht nur „einzelne" Objekte. Die Abhängigkeit zwischen Klassenstrukturen und Tabellenstrukturen ist sehr hoch, was Änderung und Optimierung erschwert.

 Verwenden Sie diesen Ansatz in folgenden Fällen:
- Sie benötigen keine flexible und hochgradig wartbare Persistenzschicht und Ihre Anwendung verfügt nur über wenige Fachklassen.
- Sie persistieren nur einzelne Objekte, keine vernetzten Objektstrukturen. Die Vererbungstiefe ist klein.
- Endtermin und Entwicklungskosten werden in Ihrem Projekt deutlich höher bewertet als Flexibilität und Wartbarkeit. Höhere Änderungs- und Anpassungsaufwände werden von Kunden und Auftraggebern akzeptiert.
- Die zu speichernden Klassen des fachlichen Modells sind Datencontainer, haben viele Attribute und wenige Methoden. Ihre Abbildung auf relationale Strukturen ist sehr einfach und keinen Änderungen unterworfen.
- Es gibt in Ihrer Organisation keine wiederverwendbare Persistenzschicht und kein (kommerzielles) Persistenz-Framework.

■

Anforderungen an Persistenzschichten

Wenn Sie eine Persistenzschicht oder eine Persistenzkomponente entwerfen, sollten Sie folgende Aspekte als mögliche Anforderungen beachten:[8]

Kapselung

- Einfache Kapselung des Persistenz-Mechanismus. Fachliche Klassen benutzen lediglich Methoden wie save(), read() oder delete(), alle weiteren Dinge verbirgt die Persistenzschicht.

---

[8] Nach [Ambler2000] und [Keller98]. Dort finden Sie noch weitere Anforderungen an Persistenzschichten.

- Vollständige Kapselung der Persistenz. Dabei werden auch die oben erwähnten Methoden vor den Fachobjekten versteckt: read() verbirgt sich in einer Factory, save() erledigt ein Transaktionsmechanismus (alles was „dirty" (geändert) ist, wird gespeichert), delete() bearbeitet ein Destruktor.
- Unterstützung unterschiedlicher Persistenzmechanismen oder Speichermodelle: Datenbanksysteme, Dateien oder auch Legacy-Systeme.
- Unterstützung von Vererbungshierarchien und Polymorphismus.
- Unterstützung von Transaktionen. Transaktionen
- Unterstützung von Lazy-Loading: Es werden immer nur diejenigen Teile von Objektgraphen aus der Datenbank in den Speicher geladen, die aktuell benötigt werden.
- Bearbeitung mehrerer Objekte auf einmal, analog dem Cursor-Konzept von SQL. Cursor
- Automatische Erzeugung eindeutiger Object-Identifier (OIDs). Object-Identifier
- Unterstützung mehrerer Verbindungen (connections) parallel. Dies ist bereits für das Kopieren von Objekten von einer Datenbank in eine andere notwendig. Connections
- Unterstützung mehrerer Hersteller oder mehrerer SQL-Dialekte.
- Toleranz gegenüber Maßnahmen zum Performance-Tuning von Datenbanken. Solche Optimierungen kommen recht häufig vor und sollten ohne Änderungen am Quellcode von Anwendungssystemen funktionieren.

Die wichtigsten Fragen und Antworten zu Persistenzschichten

von Wolfgang Keller

- *Zu welchem Zeitpunkt in einem (objektorientierten) Projekt sollte man die relationale Datenbank entwerfen?*
  Entwerfen Sie die Tabellen auf Basis des Objektmodells, nachdem Sie einen Architektur-Prototyp implementiert haben.

- *Was ist eine gute Struktur für ein Persistenz-Subsystem?*
  Sie sollten zwei Subsysteme für die Persistenz vorsehen, die eine Schichtenstruktur bilden. Die obere Schicht (Objektschicht, *object layer*) kapselt die Konzepte der Objektorientierung, während die untere Schicht (*storage layer*) eine Schnittstelle zu Ihren physikalischen Speichermedien, Datenbanken oder Dateien bildet.

- *Wie verbindet man eine Persistenzschicht mit einem transaktionsbasierten Mainframe-Datenserver?*
  Benutzen Sie einen Agenten oder Vermittler, der Aufrufe an den Mainframe bündelt (*request bundling*) und sie als Block unter der Kontrolle des (Mainframe) Transaktionsmonitors ausführt.

- *Wie repräsentiert man die Individualität eines Objekts in einer relationalen Datenbank?*
  Erzeugen Sie synthetische Schlüssel (*object identifier*), die jedes Objekt von seiner Geburt bis zu seiner Zerstörung begleiten. Begraben Sie diesen Schlüssel mit dem Objekt.

- *Wie stellt man die Identität eines Objekts sicher (und behält sie)?*
  Erzeugen Sie einen Objekt Cache für jeden Client-Prozess der Datenbank. Dieser Cache basiert auf einem Container (Array, Vektor, Set oder ähnliche), der Object-Identifier auf Objekte (repräsentiert durch Pointer oder Proxies) abbildet.
  Der Object Cache enthält Zeiger auf die instantiierten Objekte, die aus der Datenbank gelesen wurden.

- *Wie verhindert man, dass alle „verwandten" (assoziierten) Objekte geladen werden, wenn man ein Objekt bearbeitet, das viele Beziehungen zu anderen Objekten hat?*
  Benutzen Sie Proxy-Objekte, die nur den Object-Identifier (OID) enthalten sowie einen Zeiger. Dieser Zeiger kann auch NULL sein – das Objekt wird erst dann geladen, wenn es tatsächlich benötigt wird.

- *Wie handhabt man Transaktionen?*
  Machen Sie aus einer Transaktion ein Objekt mit Methoden begin, commit, rollback, retry (TransactionObject, siehe [Keller97]).

- *Wie füllt man Auswahllisten, List-Boxen oder Combo-Boxen?*
  Erzeugen Sie passende Datenbank-Views. Diese sollten nur die notwendigen Attribute plus einen Primärschlüssel enthalten (*Narrow Views*).

- *Wie kann man das Füllen von Auswahllisten oder Combo-Boxen noch weiter beschleunigen (und den Transfer nicht benötigter Daten vermeiden)?*
  Laden Sie diese Daten in Blöcken mit vertretbarer Zugriffs- oder Ladezeit. Als Daumenregel empfehlen wir etwa 30–50 Datensätze oder das Doppelte der Zeilenzahl der Auswahlliste (*Short Views*).

- *Wie kann man den performanten Zugriff auf große Datenmengen durch eine objektrelationale Persistenzschicht gewährleisten?*
  Benutzen Sie „stored procedures" oder eine spezialisierte Zugriffskomponente ausschließlich für diesen Zweck. Diese sollte exakt die benötigten Daten auf einmal laden (*Cluster Read*).

- *Wie verkürzt man die Wartezeit, wenn große Datenmengen in eine Datenbank geschrieben werden sollen?*
  - Sammeln Sie die Schreiboperationen innerhalb der Persistenzschicht und schicken Sie diese en bloc an die Datenbank (*bundled write*).
  - Speichern Sie Daten in einem lokalen Puffer und geben Sie die Kontrolle an das System zurück. Starten Sie einen parallelen Thread, der diesen Puffer an die Datenbank übermittelt (*store for forward*).
  - Schreiben Sie die Daten in eine (eventuell transaktionsgesicherte) Datei und laden Sie diese Datei zu einem späteren Zeitpunkt in die Datenbank (*flat file write*).

– Arbeiten Sie asynchron, etwa durch eine Warteschlange (*message queue*). Kommerzielle Message Queue-Produkte unterstützen dabei auch Transaktionen.

Diese Fragen und Antworten repräsentieren einen kleinen Teil der Entwurfsmuster für objektrelationale Persistenzschichten, die in [Keller98] und [Keller97] ausführlich vorgestellt werden. Bevor Sie selbst eine Persistenzschicht implementieren, sollten Sie diese Entwurfsmuster gründlich lesen.

Wolfgang Keller (Email: wk@objectarchitects.de) arbeitet als selbstständiger Projektmanager und Berater für Unternehmensarchitekturen. Davor war er u.a. Entwicklungsmanager bei der Generali Vienna Group, an der Entwicklung mehrerer großer OO-Systeme beteiligt, hat Zugriffsschichten selbst implementiert und zugekaufte verwendet. Als Hobby betreibt er eine Website, unter anderem mit Patterns zum Thema Persistenz (www.objectarchitects.de).

7.1.3.2 DAO: Eine Miniatur-Persistenzschicht

Es gibt ein bedeutendes Entwurfsmuster, das Sie im Zusammenhang mit Persistenz kennen sollten, das Data Access Object (DAO). Es stellt eine Art Miniatur-Persistenzschicht dar und entkoppelt die eigentliche Datenspeicherung von der jeweiligen Anwendung. DAOs arbeiten meist mit so genannten Data-Transfer-Objects (DTO)[9] oder Transferobjekten zusammen. Sie erhöhen die Flexibilität von Systemen hinsichtlich Details der Persistenzschicht und vereinfachen dadurch beispielsweise Versionswechsel zugrundeliegender Datenbanken oder ähnliche Änderungen. In Bild 7.6 und 7.7 (auf der nächsten Seite) sehen Sie die statische Struktur sowie den schematischen Ablauf.

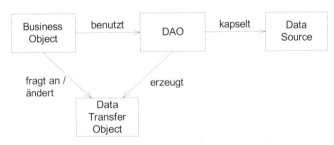

BILD 7.6 Struktur des DAO-Musters

In Java-Systemen, insbesondere ab JEE6, machen die Annotationen für Persistenz den Einsatz des DAO-Patterns in den meisten Fällen obsolet.[10]

---

[9] Manchmal lesen Sie hierfür den Begriff *Value Objects*, der jedoch durch ein weiteres Muster vorbelegt ist. Value Objects, nach [Fowler03], erlauben Objektvergleich auf Attributebene statt auf Objektidentität. Siehe auch [Eilebrecht+04].
[10] Der Java- und Tomcat-Guru Peter Roßbach nennt das „POJO schlägt DAO".

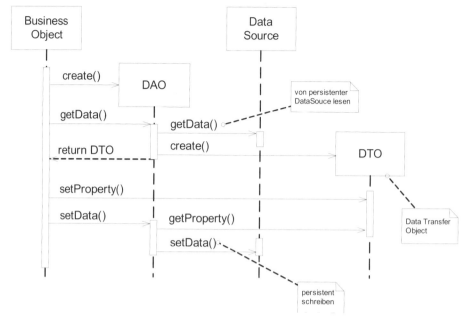

BILD 7.7 Schematischer Ablauf bei Nutzung des DAO-Musters

7.1.4 Bekannte Risiken und Probleme

Risiko durch Abhängigkeit von technischen Details des DBMS

Praktisch alle Anbieter von Datenbanksystemen (relationale wie auch nicht-relationale) entwickeln ihre Produkte kontinuierlich weiter. Als Architekt müssen Sie daher bei Versionswechsel Ihrer Datenbank mit Änderungen am Quellcode Ihrer Systeme rechnen, es sei denn, eine Persistenzschicht (siehe folgender Abschnitt) kapselt solche Änderungen.

Es ist grundsätzlich möglich, während der Lebens- und Nutzungsdauer eines Systems den zugrundeliegenden Persistenzmechanismus auszutauschen, etwa zwecks Performancesteigerung oder aufgrund geänderter Einsatzszenarien der betroffenen Systeme. Falls Ihre Systeme modular aufgebaut sind und die Persistenz sauber kapseln, sollten solche Operationen mit überschaubarem Risiko möglich sein. In allen anderen Fällen sollten Sie solche Änderungen als „Operation am offenen Herzen" betrachten und entsprechende Risikovorsorge treffen.

Seiteneffekte durch Datenbank-Trigger

Insbesondere relationale Datenbanken verfügen meist über so genannte *Trigger*: Operationen, die beim Eintreten bestimmter Bedingungen direkt von der Datenbank ausgelöst werden.

Solche Trigger können beispielsweise Aufräumoperationen wie „kaskadierendes Löschen" implementieren, aber auch fachliche Logik („Wenn das Attribut Rechnungssumme > 100, dann erhöhe die Rabattstufe um eins").

Sie ahnen sicherlich die Risiken dieser Trigger: Sie sind nicht Bestandteil des eigentlichen Sourcecodes Ihres Systems, operieren jedoch auf dessen Daten. Aus Sicht Ihres Systems (sei es Cobol, Java oder C#) realisieren Trigger *Seiteneffekte* – ein riskantes Unterfangen.

Ich habe Situationen erlebt, in denen Dutzende von Triggern auf der Datenbank eine wilde Mischung technischer und fachlicher Aufgaben realisierten, zwar hochperformant, aber weitgehend undokumentiert – parallel zur eigentlichen Anwendung.

Die Wartbarkeit und Erweiterbarkeit dieses Systems wurde durch diese Trigger erheblich negativ beeinflusst. Über die langjährige Lebensdauer dieses Systems bekamen die Trigger nach und nach den Status von „Einflussfaktoren und Randbedingungen" anstelle von Lösungsmechanismen.

Setzen Sie Datenbank-Trigger daher mit Vorsicht ein.

- Vermeiden Sie es, fachliche Logik oder Regeln durch Trigger zu implementieren.
- Verwenden Sie Trigger nur, wenn Ihre normale Programmiersprache keine angemessene Möglichkeit für die betreffenden Operationen bietet.
- Dokumentieren Sie Trigger – nehmen Sie insbesondere in Ihren „normalen" Quellcode Verweise auf die Trigger auf!

Kooperation mit Mainframe-Systemen

Manche Organisationen speichern große Teile ihrer Unternehmensdaten auf Mainframes (Großrechnern, Host-Systeme). Zugriffe und Speicherung dieser Daten erfolgen dann über Mainframe-Programme und deren häufig Cobol-basierte Schnittstellen.

Viele dieser Mainframe-Programme enthalten fachliche Logik (Plausibilitätsprüfungen), die das Speichern und Lesen von Daten beeinflussen. Manchmal ist es schwierig, die bestehende Logik mit der Fachlichkeit des neuen Systems zu koordinieren. Insgesamt bedeutet die Interaktion mit solchen Systemen eine zusätzliche Komplexität durch technische und fachliche Abhängigkeiten.

Plausibilitäten

Strukturbrüche

In vielen Fällen kommt es bei der Entwicklung von Software-Systemen zu einem Strukturbruch (dem so genannten impedance mismatch) zwischen Programmiersprache und Datenbanksystem. Der typische Fall dieses Problems: Objektorientierte Programme speichern Daten in relationalen Datenbanken. Objektstrukturen im Hauptspeicher müssen in Tabellenstrukturen im Datenbanksystem übersetzt werden.[11] Weder syntaktisch noch semantisch ist diese Übersetzung eindeutig – ein weites und schwieriges Feld für Architekten!

Impedance mismatch

---

[11] Entgegen Ihrer Hoffnung wird dieses Mapping-Problem durch moderne NoSQL-Datenbanken leider nicht automatisch gelöst, vielmehr gibt es inzwischen diverse neue Kategorien von Mappings: Objekte-auf-Dokumente, Objekte-auf-Key-Value-Repräsentation sowie beliebige Mischungen davon. Trotz NoSQL ist die Persistenzwelt also immer noch schwierig ☺

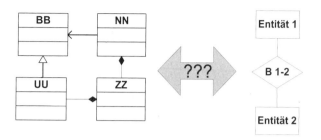

BILD 7.8 Strukturbruch zwischen objektorientierten und relationalen Modellen

7.1.5 Weitere Themen zu Persistenz

Vererbung
Aggregation
Assoziation

Zur Behandlung der Persistenz von Systemen gehören nach meiner Erfahrung neben dem Entwurf der Persistenzschicht noch folgende Aspekte:

- Abbildung von Objektstrukturen auf Relationen (*OR-Mapping*)
- Entscheidung zwischen Eigenentwicklung oder Kauf (*Make-or-Buy*)

Abbildung von Objektstrukturen auf Relationen

OR-Mapping

Die Abbildung von Objekt- und Klassenstrukturen (Objekt-relationales Mapping, OR-Mapping) auf Relationen löst den Strukturbruch zwischen diesen beiden Paradigmen auf (siehe Bild 7.10). Für die Basiskonstrukte objektorientierter Sprachen (Vererbung, Aggregation, komplexe Typen und Assoziationen) legt ein solches Mapping fest, wie die Übersetzung in relationale Strukturen erfolgt.

Grundsätzlich wird eine Klasse auf eine Tabelle abgebildet, indem Attribute von primitiven Datentypen der Klasse zu Spalten der Tabelle werden (siehe Bild 7.9).

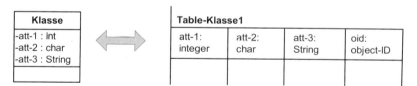

BILD 7.9 OR-Mapping für einfache Attribute

Jedes Objekt benötigt eine eindeutige Kennzeichnung (object identifier, OID, Objektschlüssel), weil Objekte trotz identischer Attributwerte unterschiedliche Identität haben können. Diese Identifikation ist bei relationalen Tupeln nicht automatisch gegeben. In Bild 7.9 ist der OID als zusätzliches Attribut in der Tabelle dargestellt.

- Komplexe Attribute und Aggregationen müssen durch Zerlegungsalgorithmen in „flache" Strukturen überführt werden. Dies gilt auch für die in objektorientierten Systemen häufig eingesetzten *Collections* (etwa: Vector, HashTable, Dictionary, Tree, Set etc.) sowie andere rekursive Strukturen. Hierzu gibt es verschiedene Ansätze:

- Denormalisierung: Alle Attribute der aggregierten Klasse werden in die Tabelle der aggregierenden Klasse aufgenommen.
- Aggregation über Fremdschlüsselbeziehung: Zwischen den beteiligten Tabellen wird über den OID eine Fremdschlüsselbeziehung aufgebaut.
- Benutzung einer Überlauftabelle: Die ersten k Objekte einer 1:n Assoziation oder einer Aggregation werden mit in die Tabelle zu einer Klasse aufgenommen, alle weiteren in der Überlauftabelle gespeichert.

- Assoziationen werden zu Fremdschlüsselbeziehungen (*foreign key relations*), wobei der Objektschlüssel (OID) des referenzierten Objektes zum Fremdschlüsselattribut wird.

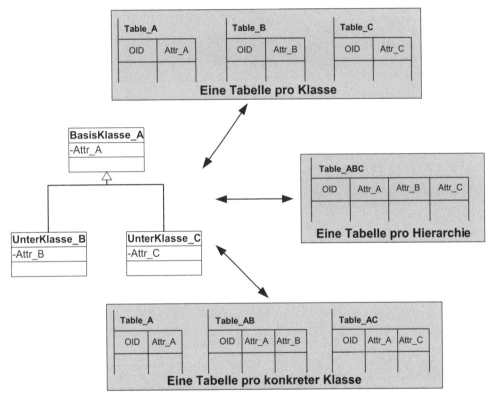

BILD 7.10 Abbildung von Vererbungshierarchien auf Tabellen

- Zur Abbildung von Vererbung gibt es unterschiedliche Strategien (siehe Bild 7.10):
  - Eine Tabelle pro Klasse der Vererbungshierarchie: Die Attributwerte eines Objektes aus einer abgeleiteten Klasse befinden sich dabei verteilt auf alle Tabellen der Klassen, die vor ihm in der Hierarchie stehen. Objekte werden durch Join-Operationen über alle betroffenen Tabellen gelesen.
  - Eine Tabelle pro Hierarchie. Diese Tabelle (in Bild 7.10 „Table_ABC") vereinigt die Attribute aller Klassen einer Klassenhierarchie in einer Tabelle. Hierbei wird kein Join mehr zum Zusammensetzen eines Objektes aus einer abgeleiteten Klasse benötigt.

- Eine Tabelle pro konkrete Klasse. Es gibt keine Tabelle für abstrakte Basisklassen. Für jede konkrete Klasse existiert eine Tabelle, in der ihre Attribute und die Attribute aller in der Hierarchie vor ihr stehenden Klassen aufgenommen werden.

Zur Entscheidung für eine konkrete Strategie des Mappings müssen Sie einige Aspekte berücksichtigen:

- Die Struktur Ihrer Objekte zur Laufzeit. Wie häufig sind polymorphe Objekte? Wie umfangreich werden Aggregationen im Durchschnitt? Wie tief sind die Vererbungshierarchien?
- Benötigen Sie den Zugriff auf Objekte über ihre jeweiligen Oberklassen? Dann brauchen Sie Unterstützung für Polymorphismus. Bevor Sie den mühevoll implementieren, erwägen Sie, auf Implementierungsvererbung ganz zu verzichten und stattdessen nur Protokollvererbung zu benutzen.
- Die Struktur der Anfragen (queries). Wie häufig resultieren Anfragen in (zeitaufwändigen) Joins auf der Datenbank? In welchem Zahlenverhältnis stehen die CRUD-Operationen zueinander (gibt es etwa mehr lesende oder mehr schreibende Operationen)?
- Welche Anfragen lassen sich durch ein alternatives Mapping optimieren?
- Wie unterscheiden sich Schreib- und Leseverhalten des Mappings?
- Wie speicheraufwändig ist ein bestimmtes Mapping?
- Wie gewichten Kunden und Auftraggeber Speicherplatz und Performance gegeneinander? Manche Mapping-Strategien nutzen Speicherplatz optimal aus und sind dafür bei vielen Operationen langsamer.

Mapping-Strategie

In der Realität werden Sie für Ihr konkretes Objektmodell oft eine Mischung aus den unterschiedlichen Strategien wählen, die sich an den konkreten Bedürfnissen orientiert. Tabelle 7.2 (in Anlehnung an [Keller97]) zeigt einige Vor- und Nachteile verschiedener Mapping-Strategien auf.

Eine flexible Persistenzschicht sollte in jedem Fall unterschiedliche Mapping-Strategien unterstützen.

TABELLE 7.2 Vergleich der Mapping-Strategien von Vererbungsbeziehungen

	Performance		Polymorphes Lesen	Platzbedarf	Änderbarkeit
	Schreiben	Lesen			
Eine Tabelle pro Klasse	–	–	–o	+	+
Eine Tabelle pro Vererbungspfad	+	+	–	+	–
Eine Tabelle pro konkreter Klasse	+o	+o	+	–	+

Legende: + = Gut, - = Schlecht, * = irrelevant, o = neutral,

Weitere Patterns zur Persistenz

In seinem aus meiner Sicht sehr hilfreichen Buch „Patterns of Enterprise Application Architecture" ([Fowler]) beschreibt Martin Fowler noch eine Reihe weiterer Lösungsmuster, die für den Entwurf von Persistenzkonzepten nützlich sein können. Eine ausführliche Darstellung würde den Rahmen dieses Buches sprengen, jedoch sind zumindest Kurzbeschreibungen seiner Patterns online[12] verfügbar.

Beachten Sie insbesondere die folgenden Themen:
- Data Source Architectural Patterns, etwa: Table und Row Data Gateways, Active Record sowie Data Mapper.
- Object-Relationale Verhaltensmuster, etwa: Lazy Load
- Object-Relationale Strukturmuster, etwa: Identity Field, Foreign Key Mapping, Single, Class oder Concrete Table Inheritance

ACID, BASE und das CAP-Theorem *ACID, BASE, CAP-Theorem*

Die Verarbeitung von Daten in relationalen Datenbanken erfüllt in der Regel die ACID[13]-Eigenschaften, d.h. sämtliche Verarbeitungsschritte sind atomar, konsistent, isoliert und dauerhaft. Das stellt die Verlässlichkeit von Transaktionen sicher.

Gerade im Web-Umfeld benötigen Anwendungen diese strikten Garantien nicht unbedingt. Blog-Kommentare oder Ihre Friends-Liste bei Facebook dürfen, zumindest für kurze Zeit, leicht inkonsistent sein. Diese gegenüber ACID etwas gelockerten Anforderungen werden in den BASE-Kriterien zusammengefasst: *basically available, soft state, eventually consistent*.

Hierzu schreiben [Edlich+11]:

> *„Bei BASE dreht sich im Gegensatz zu ACID alles um Verfügbarkeit. Konsistenz wird der Verfügbarkeit bei BASE untergeordnet. Wo ACID einen pessimistischen Ansatz bei der Konsistenz verfolgt, ist BASE ein optimistischer Ansatz, bei dem Konsistenz als ein Übergangsprozess zu sehen ist und kein fester Zustand nach einer Transaktion. Daraus entsteht ein völlig neuartiges Verständnis von Konsistenz: Eventually Consistency. Systeme, die nach BASE arbeiten, erreichen auch irgendwann den Status der Konsistenz, die Betonung liegt dabei aber auf irgendwann. Infolgedessen wird Konsistenz erst nach einem Zeitfenster der Inkonsistenz erreicht und nicht unmittelbar nach jeder Transaktion."*

In diesem Zusammenhang steht auch die Erkenntnis, dass in verteilten Systemen die Merkmale Konsistenz, Verfügbarkeit und Ausfalltolerant (partition tolerance) nicht vollständig vereinbar sind. Unter dem Titel CAP-Theorem (consistency, availability, partition-tolerance) hat Eric Brewer ([Brewer00]) diese Erkenntnis publiziert. Sie können jeweils zwei dieser drei Eigenschaften sicher erreichen, müssen dann jedoch Abstriche bei der dritten Eigenschaft hinnehmen.

Dazu gibt übrigens Nathan Hurst eine anschauliche grafische Übersicht[14] („Visual Guide to NoSQL").

---

[12] http://martinfowler.com/eaaCatalog/
[13] Ausführliche Diskussionen von ACID finden Sie in der Standardliteratur zu Datenbanksystemen. [Edlich+11] enthält eine Gegenüberstellung von ACID und BASE.
[14] Online in seinem Blog: http://blog.nahurst.com/visual-guide-to-nosql-systems

Eigenentwicklung oder Kauf *(Make-or-Buy)*?

Eine leistungsfähige und flexible Persistenzschicht zu entwickeln ist schwierig und aufwändig. Sie ist abhängig von den zugrundeliegenden Datenbanken. Versions- oder Herstellerwechsel ziehen Änderungen der Persistenz-Komponente nach sich. Diese Aspekte erschweren die Erstellung und Pflege einer eigenen Persistenzschicht. Für relationale Datenspeicherung rate ich Ihnen vom Eigenbau fast grundsätzlich ab. Für Datenspeicherung in NoSQL-Systemen müssen Sie zurzeit (Stand 2011) wohl oder übel Ihre Persistenzschicht selbst konstruieren und implementieren.

Make-or-Buy

 Sie sollten in einem funktionalen Prototyp die Leistungsmerkmale kommerzieller Persistenzschichten mit den Anforderungen Ihres Systems abgleichen (und dabei alle beteiligten Legacy-Systeme berücksichtigen). Erst auf dieser Grundlage sollten Sie eine Make-or-Buy-Entscheidung treffen.

7.1.6 Zusammenhang mit anderen Aspekten

Sicherheit

Sie müssen gewährleisten, dass die Sicherheit der bearbeiteten Daten auch über die Persistenzschicht hinweg gewährleistet bleibt. Weiterhin dürfen auch Protokolle oder Logs keinerlei sicherheitsrelevante Informationen enthalten.

 BEISPIEL: In einem System wurden sensible Personendaten bearbeitet und gespeichert. Das System selbst wurde durch ausgeklügelte technische und organisatorische Mechanismen (Smartcards, 4-Augen-Prinzip) vor Missbrauch geschützt. Die Persistenzschicht erlaubte durch ein Benutzer-/Rollenkonzept nur autorisierten Benutzern den Zugriff auf diese sensiblen Daten. Die zugrundeliegende Datenbank verfügte ebenfalls über einen adäquaten Zugriffsschutz.

Leider wurde die tägliche Sicherung des gesamten Datenbestandes als „Dump" auf ein Band geschrieben. Mit einfachen Kommandos des Betriebssystems ließen sich sämtliche Daten von diesem Band auch außerhalb des Systems wieder lesen. Alle Sicherheitsmechanismen des Systems, der Persistenzschicht und der Datenbank wurden dadurch wirkungslos.

Das Problem wurde übrigens durch einen externen Review aufgedeckt und durch eine Anpassung des Sicherungskonzeptes wirksam gelöst.

 Wenn Sie mit sicherheitskritischen Daten arbeiten, prüfen Sie sämtliche Kopien dieser Daten auf ihre Sicherheit. Eine hochgradig gesicherte Persistenzschicht genügt nicht, wenn gleichzeitig Daten im (ungesicherten) Dateisystem abgelegt werden.

Transaktionen

Software-Systeme lösen oftmals mehrere logisch zusammengehörige (Datenbank-)Operationen aus. Diese müssen oft dem „Alles-oder-Nichts"-Prinzip genügen: Entweder sämtliche Operationen sind erfolgreich oder keine einzige darf ausgeführt werden. Solche Transaktionen dienen dazu, die Konsistenz und fachliche Korrektheit eines Datenbestands zu sichern. Persistenz und Transaktionen hängen von daher eng zusammen.

Alles-oder-Nichts

Protokollierung und Monitoring

Die Abbildung von Objekten auf Tabellen (OR-Mapping) können Sie durch entsprechende Protokollierung optimieren. Lassen Sie beispielsweise die SQL-Anweisungen der Persistenzschicht über einige Zeit protokollieren. Sie können dann prüfen, ob Sie etwaige Join-Operationen durch kontrollierte Einführung von Redundanzen (Stichwort: Denormalisierung) vermeiden können.

Protokolle helfen bei Optimierung

Caching

Der Zugriff auf persistente Speichermedien ist hinsichtlich Zeit- und Ressourcenaufwand meistens mehrere Größenordnungen aufwändiger (d.h. teurer) als Zugriffe auf Objekte im Speicher. Durch Zwischenlagern oder Vorhalten von Objekten im Speicher können Sie Zugriffszeit sparen, allerdings auf Kosten eines signifikant höheren Verwaltungsaufwands. Kritische Fragestellungen beim Caching sind beispielsweise:

Caching optimiert Zugriffszeiten

- Nach welcher Strategie nehmen Sie Daten in den Cache-Speicher auf und wie/wann wieder heraus?
- Halten Sie die Daten zum Lesezugriff im Cache oder wollen Sie auch schreibende Zugriffe beschleunigen? Bei Systemabstürzen besteht dann das Risiko, dass Inkonsistenzen zwischen dem persistenten Speichermedium und dem (vor einem Absturz noch nicht gesicherten) Cache auftreten.
- Wie groß dimensionieren Sie den Cache für welche Art von Objekten?

Generieren der Persistenz mit MDA oder MDSD

Moderne MDA oder MDSD-Generatoren (siehe Kapitel 8) können Ihnen eine Menge Aufwand bei der Entwicklung Ihrer Persistenz abnehmen. Beispielsweise können Sie Entitäten in einem fachlichen Modell über Stereotypen («Entity») kennzeichnen und den Generator und dessen Templates die notwendigen Codeartefakte (Klassen, SQL-Skripte, Konfigurationsdateien etc.) erzeugen lassen.[15]

MDSD kann Persistenz vereinfachen

Schwieriger gestalten sich bei diesem Vorgehen *Releasewechsel* Ihrer Systeme, weil die Generatoren in der Regel die bestehenden Datenbestände nicht berücksichtigen, d.h. keine *Migrationsskripte* generieren. Diese müssen Sie auf Basis der bestehenden und neuen Tabellenstrukturen selbst entwickeln.

Auch für den generativen Ansatz der Persistenz gilt, dass in Java-Projekten durch Annotationen erhebliche Vereinfachungsmöglichkeiten bestehen.

---

[15] Insbesondere der AndroMDA-Generator bringt „von Hause aus" dazu Vorlagen für unterschiedliche Persistenzmechanismen mit. Leider scheint das Projekt aktuell (Stand Mai 2011) etwas eingeschlafen

7.1.7 Praktische Vertiefung

Damit Sie sich selbst einen praktischen Überblick verfügbarer Werkzeuge zur Speicherung von Daten verschaffen können, empfehle ich Ihnen die folgenden Einstiegspunkte (mit jeweils steigender Komplexität beziehungsweise Leistungsfähigkeit). Experimentieren Sie selbst – das macht Spaß und hat einen großen Lerneffekt:

- Speichern Sie beliebige Datenstrukturen und Objekte aus Python (oder Jython) mit Hilfe des Standardmoduls „pickle". Dabei lernen Sie eine einfache, aber effektive Art der Serialisierung ins Dateisystem kennen. Für Fehler- und Ausnahmebehandlung müssen Sie selbst sorgen – dafür gibt's praktisch keinen technischen Overhead.

- Experimentieren Sie mit einer embedded-Datenbank. Das könnten beispielsweise die (relationale) HSQLDB[16] sein, oder auch die objektorientierte db4o[17]. Hier können Sie schon mit wenigen Codezeilen Objekte in einer *echten* Datenbank speichern.

- Nun vertiefen Sie sich in die Java Persistence API (JPA). Darin hat (zumindest für die Java-Welt) die Speicherung von Daten eine immense Vereinfachung erfahren.

- Eine weitere interessante Möglichkeit der Speicherung und Suche von Daten bietet das GORM (grails object relational mapping) des Groovy-basierten Web-Framework Grails. Natürlich können Sie auch das Ruby Pendant dazu, Rails, für diesen Versuch nutzen.

- Das CoreData Modul von Apple's Betriebssystem MacOS X enthält einen `PersistentStoreCoordinator` und kann Ihnen bei Verwaltung und Speicherung von Daten (zumindest unter MacOS beziehungsweise iOS) gute Dienste leisten.[18]

- Als nächstes steht eine der *ausgewachsenen* relationalen Datenbanksysteme an. Ob MySQL oder PostgreSQL spielt dabei kaum eine Rolle – selbst von den bekannten kommerziellen Datenbanksystemen[19] bekommen Sie in der Regel kostenfreie Testversionen. Auf diese Systeme können Sie aus praktisch allen gängigen Programmiersprachen zugreifen, SQL lernen und die Probleme des objektrelationalen Mappings am eigenen Code erfahren. In jedem Fall sollten Sie zugehörige Management-Werkzeuge in Ihre Experimente einbeziehen.

- Nun erarbeiten Sie sich Kenntnisse (mindestens) einer der modernen NoSQL Datenbanken, vielleicht CouchDB, MongoDB oder RIAK[20]. Alle drei sind OpenSource und ermöglichen hochgradig skalierbare Speicherstrukturen. Sie formulieren Ihre Abfragen mit Hilfe von map/reduce-Funktionen und können in typischer Web-Manier mit REST und http auf Ihre Daten zugreifen. Beide Vertreter geben Ihnen einen groben Einblick, wie wirklich große Systeme speichertechnisch *ticken* können. Zum tieferen Verständnis konsultieren Sie [Edlich+11], der viele Aspekte rund um NoSQL anschaulich und vertieft erklärt.

---

[16] Siehe www.hsqldb.org, die kleine aber feine Datenbank wird beispielsweise bei OpenOffice mitgeliefert.
[17] www.db4o.com
[18] Sofern Sie sich auf ObjectiveC einlassen wollen und einen Mac zum Ausprobieren griffbereit haben. Letzteres empfehle ich Ihnen aber sowieso
[19] Beispielsweise die Express-Edition (XE) von Oracle®.
[20] Unter http://vimeo.com/11240885 sehen Sie, wie Sie in weniger als 60 Minuten einen 3-Node RIAK Cluster aufsetzen können – das hat einen sehr hohen Geek-Faktor.

- Als nächstes lernen Sie Speicherkonzepte der *Cloud* kennen. Dafür empfehle ich persönlich Ihnen den S3-Service von Amazon®. Eine erste Übersicht gibt http://www.hongkiat.com/blog/amazon-s3-the-beginners-guide/.
- Falls Sie noch mehr Interesse an Datenspeicherung haben, könnten Sie mit den Konzepten von DataWarehouse- oder Business-Intelligence-Systemen fortfahren. Diese OLAP (online analytical processing) Systeme dienen primär der flexiblen Analyse und Auswertung von Daten.

7.1.8 Weiterführende Literatur

[Edlich+11] führen in die Welt der NoSQL Datenbanken ein. Sie beschreiben deren konzeptionelle Grundlagen (wie map/reduce oder das CAP-Theorem) sowie einige typische Vertreter. Leicht zu lesen – jedoch entwickelt sich die NoSQL-Welt schneller weiter, als Verlage Papier bedrucken können. Aus diesem Grund betreibt der Hauptautor die lesenswerte NoSQL-Website (http://nosql-database.org/).

[Fowler02] erläutert diverse praxisgerechte Muster zur Persistenz, unterlegt mit kurzen Codebeispielen. Mein wichtigster Lese- und Nachschlagetipp für Persistenz, diese Patterns sind wirklich brauchbar!

[Holubek+04] stellt unterschiedliche Persistenzstrategien im Java Umfeld einander gegenüber.

[Keller97] beschreibt Strategien zur Abbildung von Objekten auf Tabellen und diskutiert ausführlich deren Vor- und Nachteile.

[Keller98] stellt den Entwurf von (objektrelationalen) Persistenzschichten in einen größeren Kontext und gibt viele Tipps für das praktische Vorgehen bei Entwurf und Implementierung dieser Komponenten. Trotz seines Alters immer noch in großen Teilen aktuell.

[Miller09] stellt einige Entwurfsmuster für Persistenz aus der Microsoft®-Welt vor.

Herzlichen Dank an Jürgen Krey, Peter Roßbach und Stefan Tilkov für die hilfreichen Beiträge und Anregungen zu Persistenz.

7.2 Geschäftsregeln

Geschäftsregeln: Domänenspezifische Kausalzusammenhänge oder bedingte Handlungsanweisungen.

7.2.1 Motivation

In der Praxis existieren viele Zusammenhänge der Form „Wenn eine Bedingung X erfüllt ist, dann handle auf folgende Art und Weise: ...".

Ich nenne Zusammenhänge dieser Art nachfolgend „Geschäftsregeln" oder auch Fachlogik – obwohl sie manchmal sehr technischer Art sein können.[21]

Statt einer förmlichen Definition möchte ich Ihnen einige Beispiele solcher Regeln aufzeigen:

- (Versicherungsbranche) Schadenfälle mit einem geschätzten Gesamtschaden von über 100 000 Euro werden nur in der Zentrale reguliert.
- (Versicherungsbranche) Gehört ein an einem Schadenfall direkt Beteiligter zur oberen Managementebene des Konzerns, so darf der Schaden nur von Sachbearbeitern der Vertraulichkeitsstufe V1 bearbeitet werden.
- (Finanzbehörde) Hat der Steuerpflichtige seine Termine zur Vorauszahlung mehr als zwei Mal erst nach Erinnerung wahrgenommen, so wird ihm 24 Monate lang kein Aufschub gewährt.

In vielen Branchen gelten Regeln dieser oder ähnlicher Art. Viele Aktionen oder Abläufe hängen von bestimmten Bedingungen oder Zuständen ab – und genau diese legen die unternehmens- oder domänenspezifische Fachlichkeit fest. Eine Entität „Kunde" allein mit ihren Attributen macht eben noch keine Fachlichkeit aus – erst die Kombination aus Daten und (durch Regeln gesteuertem) Verhalten macht die „Musik".

Oft stecken zu viele Geschäftsregeln im Code

Meine These zu Geschäftsregeln: (Zu) viele solcher Regeln stecken verborgen und fest zementiert in Form verschachtelter if-then-else-Konstrukte tief in schwer änderbarem Quellcode. Nur wenige fachliche Abläufe und Regeln können wir in Anwendungssystemen so einfach lesen und verstehen wie die oben genannten Beispiele. Nur mit großen Schwierigkeiten können wir in bestehenden Systemen neue Geschäftsregeln implementieren oder an aktuelle Gegebenheiten anpassen.

Leichte Anpassbarkeit stellt für viele Software-Architekturen jedoch ein wesentliches Entwurfsziel dar: Wir benötigen Entwurfs- oder Architekturmittel, um Geschäftsregeln einfach ändern zu können.

---

[21] Denken Sie etwa an Regeln für das Routing von Nachrichten innerhalb eines Systems – das manchmal von Auslastungs- oder Verfügbarkeitskriterien abhängt und nicht von fachlichen Bedingungen.

Verteilte Geschäftsregeln erschweren Änderungen

Woraus resultiert diese schwere Änderbarkeit? Wir haben doch Fachlichkeit von Technik getrennt, Entwurfsprinzipien angewendet, brav dokumentiert und sind methodisch vorgegangen. Unsere Architektur enthält einen *business layer* mit fachlich motivierten Domänenklassen.

Grundsätzlich gut – die Trennung von Fachlichkeit und Technik schafft Überblick und führt zu verständlichen Strukturen. Leider jedoch schleichen sich in die geschäftlichen Bausteine (Klassen, Methoden, Funktionen) immer wieder Teile ein, die Änderungen erschweren:

Unabhängig von der jeweiligen Implementierungstechnologie stehen fachliche Objekte in solchen Architekturen dabei in gegenseitigen Abhängigkeitsbeziehungen. Fachliche Methoden referenzieren jeweils andere (fachliche) Objekte, um (fachliche) Abläufe zu zementieren, pardon, zu implementieren. Noch einmal: Fachliche Abläufe, ein Bestandteil der Fachlogik, entstehen aus dem aktiven Zusammenspiel einzelner Fachobjekte.

Beim Entwurf solcher Zusammenarbeit müssen fachliche Abhängigkeiten vorab feststehen. Zwischen den beteiligten Klassen entstehen statische Abhängigkeiten. Änderungen an der Fachlogik bedürfen hierbei der Anpassung von Quellcode, immer verbunden mit seinem erneuten Build- und Deploy-Zyklus der gesamten Applikation.[22] Zu diesen Abhängigkeiten kommt das Navigationsproblem: Ein Fachobjekt muss möglicherweise vor der eigentlichen fachlichen Tätigkeit durch komplexe Objektgraphen zu anderen Objekten navigieren. So entstehen aus vermeintlich einfachen fachlichen Operationen häufig umfangreiche (und gar nicht mehr einfache) Codefragmente. Die Navigation zwischen Objekten hat nichts mit Fachlichkeit zu tun – sie basiert auf der Architektur und dem Design des jeweiligen Objekt- und Klassengeflechtes. Damit bewerte ich sie als reine Infrastruktur- oder Technikaufgabe, die Wartbarkeit und Verständlichkeit von Quellcode negativ beeinflusst.

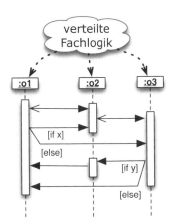

BILD 7.11
Fachobjekte mit verteilter Ablauflogik

Das Sequenzdiagramm in Bild 7.11 zeigt diese Situation. Die Fachlogik (d.h. die Geschäftsregeln) ist auf drei Objekte verteilt. Beachten Sie insbesondere die Abfragen „if x" und „if y" im Sequenzdiagramm: sollten sich diese Bedingungen ändern, folgt daraus zwangsläufig eine Änderung von Quellcode sowie ein erneutes Deployment der beteiligten Komponenten.

---

[22] Daran ändert auch *Dependency Injection* kaum etwas: Sie können damit Abhängigkeiten reduzieren, aber nicht aus Ihren fachlichen Abläufen eliminieren.

Externalisierte Regeln zur Rettung

Alternativ können Sie einem Regelinterpreter (auch Regelmaschine, *rule-engine* genannt) zur Laufzeit die Ausführung der Fachlogik überlassen. Dazu beschreiben Sie Geschäftsregeln als eigenständige Einheiten (*first order citizens*) in einer Regelsprache.

Die grundsätzliche Vorgehensweise zeigt Bild 7.12. Ihr eigenes System übergibt die verfügbaren Geschäftsobjekte (o1, o2, o3) an die Regelmaschine. Die wiederum führt auf den Geschäftsobjekten die benötigten Methoden aus.

Regeln in diesem Kontext bestehen aus Wenn-dann-Sätzen. Im Wenn-Teil (auch condition part oder „Left-Hand-Side" bzw. LHS genannt) stehen eine Menge von Bedingungen. Der Dann-Teil der Regeln (auch „Right-Hand-Side" bzw. RHS) beschreibt, was zu tun ist, falls diese Bedingungen erfüllt sind:

```
Rule „MySimpleRule>
    When <conditions>         //Left-Hand-Side, LHS
        Then <consequence>    //Right-Hand-Side, RHS
end
```

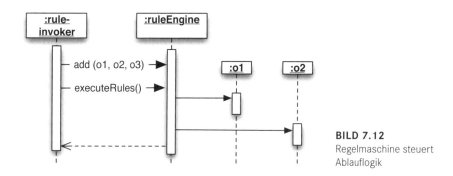

BILD 7.12 Regelmaschine steuert Ablauflogik

Durch Regeln können wir Fachlogik an zentraler Stelle (beispielsweise in eigenen Dateien) beschreiben. Sie drücken Fachlichkeit deklarativ aus, im Gegensatz zum imperativen Programmcode. Regeln beschreiben, was wir erreichen möchten. Das zugehörige Wie erledigt die Regelmaschine für uns. Dieses Prinzip steckt übrigens auch hinter SQL und regulären Ausdrücken, zwei erfolgreichen Beispielen deklarativer Problemlösung.

7.2.2 Funktionsweise von Regelmaschinen

Regelbasierte Ansätze dieser Art reichen bis in die achtziger Jahre des letzten Jahrhunderts zurück – in Informatik-Zeitrechnung also fast bis in die Steinzeit. Damals setzten hauptsächlich Wissenschaftler solche Regelsysteme ein, weil sie sich nur schwer in normale Systeme integrieren ließen. Im Rahmen der künstlichen Intelligenz begannen sie seinerzeit mit der Entwicklung der sogenannten Expertensysteme, meist auf Basis von Regelsystemen.

Die Regelmaschine arbeitet auf einem so genannten Working-Memory, das die so genannten Fakten sowie den aktuellen Bearbeitungszustand der Regeln enthält. Bei der Auswertung von Regeln geht die Regelmaschine in der Abfolge „Match", „Select", „Act" vor:

- In der **Match**-Phase versucht die Regelmaschine, die Bedingungsteile sämtlicher Regeln mit den Fakten aus dem Working-Memory zu erfüllen. Sie testet dabei sämtliche möglichen Kombinationen von Fakten. Eine erfüllbare Regel mitsamt den dafür notwendigen Fakten wird in den Conflict-Set aufgenommen.

- Während der **Select**-Phase ermittelt die Regelmaschine für sämtliche erfüllbaren Regeln (also den gesamten Conflict-Set) eine Ausführungsreihenfolge, den Schedule. Bei den meisten Regelmaschinen erhöht beispielsweise die Komplexität der LHS ihre Priorität, teilweise spielen sogar Zeitstempel der beteiligten Fakten eine Rolle.

- In der **Act**-Phase schließlich führt die Regelmaschine die rechten Regelseiten der Regeln aus dem Conflict-Set in der vorher bestimmten Reihenfolge aus. Nun kann's spannend werden: Die RHS einer Regel kann dazu führen, dass die Regelmaschine mit einer neuen Match-Phase wieder starten muss: RHS können nämlich die Fakten im Working-Memory ändern.

Diesen Zyklus implementieren moderne Regelmaschinen durch hochgradig optimierte Algorithmen (wie RETE[23], LEAPS), deren Details ich Ihnen hier erspare.

Bild 7.13 zeigt die Grundkonstrukte eines regelbasierten Systems: Ihr eigenes System verwendet, wie bisher auch, Fach- oder Geschäftsobjekte. Als so genannte Fakten (*Facts*) stellt es dem Working-Memory der Regelmaschine Geschäftsobjekte zur Verfügung. Die Regelmaschine wertet eine Menge von Regeln aus, die zur Laufzeit aus Dateien oder Datenbanken gelesen werden.

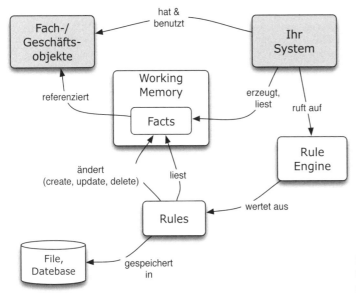

BILD 7.13
Grundkonstrukte eines regelbasierten Systems

---

[23] Eine gute Erklärung finden Sie auf Wikipedia: http://en.wikipedia.org/wiki/Rete_algorithm

Diesen Ablauf finden Sie schematisch in Bild 7.14 als Sequenzdiagramm dargestellt.[24] Ihr System initialisiert die Regelmaschine mit der Regeldatei „rules.txt", erzeugt Fachobjekte und übergibt diese an die Regelmaschine zur Verwendung im Working-Memory. Anschließend wird die Regelauswertung (select-match-act-Zyklus) gestartet, die möglicherweise zur Änderung der Fachobjekte (hier: Objekt f) führt.

Änderungen an fachlichen Regeln werden in diesem Szenario in der Regeldatei „rules.txt" gepflegt.

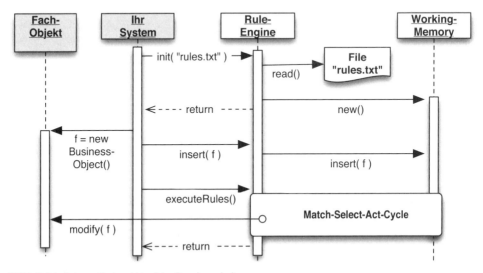

BILD 7.14 Schematischer Ablauf der Regelverarbeitung

Bei dieser Variante der Zusammenarbeit haben die Fachobjekte untereinander deutlich weniger Abhängigkeiten. Das kann zu besserer Änderbarkeit führen. Obendrein lassen sich Regeln häufig in (fast) natürlicher Sprache formulieren:

```
When (Person.Age < 18)
Then Person.setCreditAllowed( false );
```

Falls Sie sich jetzt fragen, ob so etwas in der Praxis wirklich funktioniert, habe ich einige Beispiele für (erfolgreiche) Anwendungen von Regelsystemen parat, was so viel bedeutet wie „Ja, es funktioniert an vielen Stellen":

- Content-based Routing von Nachrichten in serviceorientierten Architekturen
- Tarif- oder Preisberechnung in Versicherungen
- Steuerung von Call-Center-Abläufen
- Steuerung der Datensatzverarbeitung von Batch-Prozessen

---

[24] In den Details unterscheiden sich die verfügbaren Regelmaschinen. Meine Darstellung orientiert sich an JBoss-Drools, einer in der Java-Welt häufig eingesetzten Open-Source-Regelmaschine. Siehe [Drools].

7.2.3 Kriterien pro & kontra Regelmaschinen

Ich möchte Ihnen einige Kriterien vorstellen, die für oder gegen den Einsatz von Regelsystemen sprechen:

- Müssen Sie innerhalb Ihrer Anwendungen Entscheidungen auf der Basis vieler bedingter Verzweigungen (z.B. verschachtelte if-then-else-Konstrukte) treffen? Dann passt eine Regelmaschine sicherlich gut zu Ihrem Problem. Können Sie Ihre Entscheidungen jedoch durch Datenbankabfragen oder rein algorithmische Berechnungen treffen, verwenden Sie besser keine Regelmaschine.
- Wenn sich Ihre Geschäftsregeln nur selten ändern, können Sie statt Regeln ebenso konventionellen Programmcode schreiben und sich das Risiko und die Aufwände von Regelmaschinen ersparen.
- Versuchen Sie mal, einige Ihrer Geschäftsregeln in „Wenn-dann"-Form aufzuschreiben. Lassen Sie sich ruhig von einem nicht-IT'ler dabei unterstützen. Wenn Ihnen nach einer halben Stunde immer noch keine fachlich sinnvollen Regeln eingefallen sind, spricht das gegen eine Regelmaschine. Lassen Sie sich aber vorher mal von Beispielregeln einer Regelmaschine inspirieren. Manchmal braucht das Umdenken von klassischen Programmiersprachen zu Regelsprachen einige Zeit.
- Wenn Ihre Entscheidungsprozesse einfach sind, d.h. Sie immer nur ein oder zwei if-Statements zur endgültigen Entscheidung benötigen, ist eine Regelmaschine wahrscheinlich nicht angemessen.
- Falls es bei Ihnen auf Millisekunden ankommt, weil Sie höchste Anforderungen an Performance stellen, vergessen Sie Regelmaschinen (obwohl die in den letzten Jahren wirklich flott geworden sind). Gleiches gilt für Echtzeitanforderungen (also hard-real-time constraints). Zumindest sind mir keine Regelmaschinen bekannt, die Laufzeiten im Echtzeitsinne garantieren können.
- Haben Sie Druck im Projekt? Stehen Sie kurz vor Fertigstellung? Neue Technologien stellen ein zusätzliches Risiko dar.
- Bedenken Sie, dass Einarbeitung in die Methode und Technik sowie Erstellung der Regeln hohen Aufwand benötigen. Falls Sie den Return-on-Investment für eine Regelmaschine in weniger als 12 Monaten erreichen müssen, wird's riskant.
- Wenn Sie eine System- oder Softwarearchitektur entwerfen, bei der Fachlogik klar von der Technik getrennt sein soll, dann können Regelsysteme Sie dabei unterstützen.

7.2.4 Mögliche Probleme

Wechsel des Programmier-Paradigmas

Vielen Entwicklern imperativer Programmiersprachen (Java, C++, C#, VB und Co.) fällt es sehr schwer, auf das deklarative Paradigma regelbasierter Sprachen umzuschwenken. Sie sollten Regelsprachen niemals dazu missbrauchen, „normale" imperative Programme zu schreiben.

Dieser Unterschied kann zu Widerständen seitens der Entwickler führen, zu Problemen bei der Fehlersuche oder zu schlechten Regelwerken.

Sie sollten ausreichend Zeit für die Einführung eines neuen Programmierparadigmas einplanen und möglichst mit kleineren Regelwerken beginnen. Hat Ihr Team erst mal „Lunte gerochen", lösen sich diese Probleme leicht auf.

Hohe Flexibilität birgt Risiken

Regeln in regelbasierten Systemen besitzen den gleichen Stellenwert wie sonstiger Quellcode. Sie müssen getestet werden und beeinflussen den Ablauf der Programme. Aus rein fachlicher Sicht bringen Regeln jedoch eine Menge zusätzliche Flexibilität. Regeln können Sie ohne die Umstände starrer Releasezyklen ändern. Diese Flexibilität hat ihren Preis in Form von höherem Risiko: Die einfache Änderbarkeit birgt das Risiko, dass Änderungen *einfach so* geschehen: Mit dem Texteditor im Produktivsystem flugs einige Regeln geändert – und schon ist es um die Stabilität des Systems geschehen (weil nichts mehr läuft).

7.2.5 Weiterführende Literatur

Das Open-Source-Regelsystem JBoss-Drools kommt mit ausgezeichneter Dokumentation daher, (siehe http://jboss.org/drools) – auch zu grundlegenden Regel-Themen. Seine Regelsprache können Sie sogar anwendungsspezifisch anpassen. Für Java-Projekte empfehle ich dieses System als Einstieg.

Ansonsten tummeln sich auf dem Markt sehr viele kommerzielle Regelsysteme, teilweise mit umfangreicher Unterstützung für Entwicklung und Betrieb (sogenannte *business rules management systems*).

7.3 Integration

Integration: Einbindung bestehender Systeme (in einen neuen Kontext). Auch bekannt als: (Legacy) Wrapper, Gateway, Enterprise Application Integration (EAI)

7.3.1 Motivation

Integration von Legacy-Systemen

Viele Software-Systeme entstehen in einem Umfeld bestehender Anwendungen und Daten. Insbesondere kommerzielle Informationssysteme werden in der Regel in einem solchen Kontext von Legacy[25]-Systemen entwickelt. Der Entwurf von Software in diesem Umfeld hat dann häufig einen der folgenden Schwerpunkte[26]:

Legacy

- Erweiterung oder Ergänzung bestehender Software (zur Anpassung existierender Geschäftsprozesse).
- Ablösung von Altsystemen (weil diese nicht mehr wirtschaftlich wartbar oder anpassbar sind).
- Entwicklung neuer Software mit Schnittstellen zu Altsystemen (Eintritt in neue Geschäftsfelder mit Nutzung von Teilen der existierenden Software).
- Bestehende Daten müssen beim Entwurf neuer Systeme berücksichtigt werden.
- Notwendige Kooperation von Altsystemen durch Reorganisation oder Fusion von Unternehmen. In diesem Fall müssen unterschiedliche Systeme kooperieren, die ähnlichen Geschäftsprozessen dienen.

Reorganisation

Integration kommerzieller Komponenten

Das Problem der Integration tritt auch beim Entwurf von Systemen auf, die in hohem Maße auf kommerzielle Komponenten oder Frameworks zurückgreifen. Diese „Fertigprodukte" (*Commercial-Off-The-Shelf*-Komponenten, COTS) können aus unterschiedlichen Bereichen stammen:

COTS

- Technische Komponenten, beispielsweise Bausteine grafischer Oberflächen, Persistenz-Frameworks oder Komponenten zur Datenverschlüsselung;
- Fachliche Komponenten, beispielsweise Rechnungswesen, Lager- oder Personalwirtschaft.

Integration bedeutet Wiederverwendung

Die Einbindung bestehender Systeme oder Komponenten bedeutet Wiederverwendung. Wiederverwendung kann in folgenden Aspekten helfen:

---

[25] Legacy (englisch): Altlast, Hinterlassenschaft. Hier in der Bedeutung von „Altsystem" zu verstehen.
[26] Achten Sie auch auf Betrieb und Wartung der neuen Systeme. Sie können diese Aufgaben als Architekt zwar zunächst an das Projektmanagement delegieren, aber die technischen Aspekte werden garantiert wieder bei Ihnen landen!

- Kosten und Zeit sparen: Wiederverwendete (d.h. zu integrierende) Komponenten müssen nicht neu entworfen, entwickelt und getestet werden.
- Risiko mindern: Neuentwicklung von Komponenten ist grundsätzlich mit Risiken behaftet. Durch den Einsatz bereits bestehender Software können Sie das gesamte Projektrisiko reduzieren.

Schnittstellen und Verantwortlichkeiten sind wichtig

Für die Legacy-Integration, besteht eine wesentliche Herausforderung in der Zuordnung klarer Verantwortlichkeiten und dem Entwurf effektiver Schnittstellen. Bei der Integration von COTS-Komponenten hingegen muss man die darin vorhandenen Verantwortlichkeiten und Schnittstellen verstehen und angemessen einsetzen (weil es in COTS-Komponenten meist nichts mehr zu entwerfen gibt).

Minimal invasiv

Dabei ist es ein wichtiges Entwurfsziel, in bestehende Systeme möglichst *minimal invasiv*[27] einzugreifen. Die Integration sollte aus Gründen der Risiko- und Kostenminimierung möglichst ohne Veränderung oder Anpassung der bestehenden Systeme vorgenommen werden.

Beachten Sie bei der Integration kommerzieller Frameworks, dass diese häufig signifikante Teile der Software-Architektur fest vorgeben. Das kann in den Fällen hinderlich sein, in denen die Kontrolle des Gesamtsystems nur über das Framework und nicht mehr unter der Verantwortung des „eigentlichen" Systems erfolgen kann (*Don't call us, we call you!*).[*]

---

[*] Dies ist in der Framework-Gemeinde als „Hollywood-Prinzip" bekannt.

7.3.2 Typische Probleme

Folgende Probleme könnten Ihnen beim Entwurf und bei der Implementierung integrierter Systeme das Leben erschweren:

Monolithen

- Monolithisch implementierte Legacy-Systeme: Es gibt keine (erkennbare) Trennung zwischen Applikationslogik, Datenhaltung und Benutzeroberfläche. Dies tritt oftmals bei sehr alten Mainframe Batch-Programmen auf.

Optimierung zu Lasten der Wartbarkeit

- Technisch optimierte Legacy-Systeme: In längst vergangenen Zeiten wurden Software-Systeme oftmals unter Speicherplatz- oder Performance-Gesichtspunkten optimiert. Solche Optimierungen gingen (und gehen) meist zu Lasten der Wartbarkeit[28] oder Integrierbarkeit.
- Der Quellcode der Systeme liegt nicht mehr vor und ist nicht dokumentiert. Dieses Phänomen geht, streng nach Murphys Regel, häufig mit den beiden vorigen Fällen einher.

---

[27] Der Begriff stammt ursprünglich aus der Medizin.
[28] Können Sie sich noch an die Jahr-2000-Probleme erinnern? Die wurden wesentlich durch technische Optimierungen (2-stellige Jahreszahl) ausgelöst.

- Gerade auf Mainframe-Systemen enthalten die Datenzugriffsprogramme häufig „Plausibilitätsprüfungen"[29]. Diese Prüfungen sind eine Form impliziter Fachlogik. Oft entstehen durch diese Plausibilitäten starke Abhängigkeiten von Komponenten untereinander, die eine Integration der betroffenen Legacy-Systeme erschweren.
- Die Fehler- und Ausnahmebehandlung der Legacy-Systeme basiert häufig auf numerischen Rückgabewerten. Teilweise werden technische und fachliche Fehlersituationen gemeinsam behandelt, was eine aussagekräftige Fehlerbehandlung erschwert.
- Technische Aspekte der Kommunikation zwischen dem neuen System und den Altsystemen, etwa unterschiedliche Protokolle, aufwändige Datenkonvertierung, fehlerträchtiger Datentransport, Fehlerbehandlung oder programmiersprachabhängige Aspekte. Siehe Abschnitt 7.5 (Kommunikation).
- Durch die Integration bestehender Systeme entstehen oftmals (und teilweise ungewollt!) verteilte Systeme. Wenn etwa das neue System als Client/Server-System auf neuen Hardware- und Betriebssystemen realisiert wird und auf bestehende Mainframe-Anwendungen zugreift, so ist das Gesamtsystem verteilt! Bitte beachten Sie daher den Abschnitt 7.4 (Verteilung).

Ungewollte Verteilung

- Performance: Wenn die Performance bereits existierender Systeme schlecht ist, stellt ihre Integration in ein neues System ein technisches Projektrisiko dar.[30] Siehe dazu auch Abschnitt 7.4 (Verteilung).
- Sicherheit der integrierten Systeme. Insbesondere Mainframe-basierte Legacy-Anwendungen arbeiten mit völlig anderen Sicherheitsmechanismen als das moderne Client/Server-Systeme tun. Hierdurch entstehen Risiken.
- Software-Entwickler haben manchmal die negative Eigenschaft, eigenen Code gegenüber wiederverwendetem zu bevorzugen (und damit auf mögliche Vorteile integrierter Systeme zu verzichten).
- Durch unterschiedlich geprägte Entwicklungsteams (beispielsweise Cobol-Mainframe- und Java-Client-Entwickler) kann es zu gravierenden Kommunikationsproblemen kommen, weil den Teams eine gemeinsame „Sprache" fehlt.

7.3.3 Lösungskonzepte

Integration kann auf ganz verschiedenen Wegen erfolgen (nach [Hohpe+03]):

- Dateitransfer: Eine Applikation schreibt in eine Datei, die eine andere Applikation zu einem späteren Zeitpunkt lesen kann.
- Gemeinsame Datenbank (*Shared Database*): Mehrere Systeme verwenden eine gemeinsame Datenbank.

---

[29] Im typischen Mainframe-Jargon oft „Plausis" genannt.
[30] Oftmals können bestehende Systeme nicht beeinflusst oder optimiert werden, weil etwa der Quellcode nicht vorliegt, die Änderungen mit hohem Risiko verbunden wären, die eingesetzten Rechner voll ausgelastet sind oder ähnliches.

- Funktions- oder Methodenaufrufe (Synchrone Applikationsintegration, *Remote Procedure Call*, RPC): Ein System stellt nach außen aufrufbare Funktionen oder Methoden bereit, die über so genannte Remote Procedure Calls synchron aufgerufen werden können.
- Asynchrone Kopplung (Messaging): Ein System schickt eine Nachricht an einen gemeinsamen oder öffentlichen Nachrichtenkanal. Andere Anwendungen können diese Nachricht von diesem Kanal zu einem späteren Zeitpunkt lesen.

Dateitransfer

Dateitransfer ist die wohl einfachste Art der Integration, unabhängig von Architekturen, Programmiersprachen oder Betriebssystemen der beteiligten Systeme. Beide Systeme müssen sich auf ein gemeinsames Dateiformat, Dateipfad und -namen sowie organisatorische Details (Wann und wohin wird die Datei geschrieben, wann wird sie von wem wieder gelöscht?) einigen.

Dem Vorteil der Einfachheit und universellen Verfügbarkeit von Dateien stehen einige Nachteile gegenüber:

- Oftmals hoher Aufwand zur Konvertierung des gemeinsamen Dateiformats in das jeweils benötigte Format. XML-basierte Formate bieten sich heute als Austauschformat an, können allerdings von vielen Mainframe-Anwendungen nicht problemlos geschrieben oder gelesen werden.
- Geringe Performance von Dateioperationen.
- Sicherheitsmechanismen gelten lediglich für die gesamte Datei, es gibt keine feingranulare Zugriffskontrolle auf einzelne Teile. Das Zielsystem kann die Authentizität der Daten nicht ohne Weiteres sicherstellen.
- Das Quellsystem hat keine Information darüber, ob, wann und mit welchem Ergebnis das Zielsystem die Datei verarbeitet hat.

Gemeinsame Datenbank

Alle beteiligten Systeme müssen sich auf eine gemeinsame Datenbank mit einem einheitlichen Schema einigen. Hinsichtlich Performance, Zeitnähe von Updates, Konsistenz und Sicherheit ist diese Lösung deutlich leistungsfähiger als der Dateitransfer. Durch leistungsfähige Datenbanksysteme ist die Nutzung dieses Konzeptes aus unterschiedlichen Programmiersprachen und Betriebssystemen (fast) problemlos möglich. Doch auch dieser Ansatz kann einige Nachteile besitzen:

- In der Praxis ist es manchmal (überraschend) schwierig, ein für mehrere beteiligte Systeme geeignetes Datenbankschema zu entwerfen.
- Martin Fowler gibt in [Hohpe+03] zu bedenken, dass insbesondere die Integration von Standardprodukten in dieses Lösungskonzept schwierig ist, weil solche Produkte in der Regel mit unveränderlichen Datenbankschemata geliefert werden.
- Falls viele beteiligte Systeme parallel die gemeinsame Datenbank lesen und schreiben, kann diese zum Engpass hinsichtlich Performance werden. Die Ansätze der verteilten-und-replizierten Datenbanken birgt organisatorische und technische Risiken.

- Enge Kopplung zwischen den beteiligten Systemen: Änderungen an den grundlegenden Datenstrukturen bedingen Änderungen an allen beteiligten Anwendungen.

Remote Procedure Call

Falls Sie Systeme über Funktionen anstatt über deren Daten integrieren möchten, stehen Ihnen die *Remote Procedure Calls* als Lösungsansatz zur Verfügung. Konzeptionell bedeutet RPC den Aufruf einer Funktion auf einem (möglicherweise entfernt, das heißt in einem anderen Prozessraum) ablaufenden Programm. Bild 7.15 zeigt das Vorgehen schematisch. Dort finden Sie zwei zentrale Begriffe, Stubs und Skeletons: Diese Komponenten wickeln für die beteiligten Systeme die Kommunikation mit dem entfernten Partnersystem ab.

Jedes beteiligte System verantwortet seine Daten selbst, was eine gute Kapselung bedeutet.

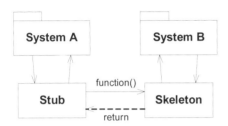

BILD 7.15
Schematische Darstellung von Remote Procedure Calls

Dieses Konzept wird durch Technologien wie CORBA (siehe unten), COM, .NET-Remoting, Java-RMI und SOAP umgesetzt. Es besticht durch hohe Flexibilität und direkte Wiederverwendbarkeit bestehender Systeme. RPCs sind die Grundlage von Client/Server-Systemen. In den folgenden Abschnitten finden Sie weitere Muster und Hinweise zur Integration über RPC.

Zu den möglichen Nachteilen von *Remote Procedure Calls* gehören folgende:

- Entfernte Funktionsaufrufe sind in Bezug auf Zeit- und Ressourcenbedarf um mehrere Größenordnungen teurer als lokale Aufrufe. In der Praxis führt das teilweise zu gravierenden Performanceproblemen.
- Es bedarf einer komplexen technischen Infrastruktur (Middleware), um entfernte Funktionsaufrufe zu ermöglichen. Technologien wie CORBA und andere sind zwar stabil, performant und in der Praxis bewährt, erhöhen jedoch die Komplexität von Systemen (und Projekten) ganz erheblich.
- Durch die komplexe Hardware- und Software-Infrastruktur von gekoppelten Systemen gefährden viele potenzielle Fehlerquellen den ordnungsgemäßen Gesamtablauf.
- Enge Kopplung zwischen den beteiligten Systemen:
  - Mögliche Blockierung: Wenn das aufgerufene System nicht oder nur sehr langsam antwortet, kann es zu Blockierung im Aufrufer kommen, weil der im Regelfall wartet bis die Antwort vorliegt.

- Eine Schnittstellenänderung im aufgerufenen System hat möglicherweise Konsequenzen im Aufrufer. Dadurch besteht das Risiko, dass Änderungen nicht-lokale Auswirkungen nach sich ziehen. In der schematischen Abbildung müssen Sie bei Änderungen am System B stets auch System A testen!

CORBA zur Integration

CORBA

Object Request Broker

Das Konzept von CORBA sieht vor, verteilte Dienste über einen Vermittler für beliebige Klienten zugreifbar zu machen. Der Object Request Broker (ORB) stellt das Legacy-System orts- und programmiersprachentransparent für Klienten zur Verfügung.

CORBA bietet sich als Integrationstechnik an. Sie können hier ebenfalls mit Wrappern oder Gateways arbeiten.

Im Falle eines Wrappers benötigen Sie einen Object Request Broker auf der Legacy-Plattform. Die hierfür anfallenden Lizenzkosten können Sie beim Einsatz von Gateways zur Integration sparen

Messaging

Bei der nachrichtenbasierten Integration, kurz Messaging, senden sich die beteiligten Systeme Datenpakete, die in so genannte Nachrichten verpackt werden. Eine von den Applikationen getrennte Kommunikationssoftware (*Message Oriented Middleware*, MOM) übermittelt die Nachrichten über Kanäle (Channels oder Queues). Kanäle speichern Nachrichten solange, bis sie von den Empfängern verarbeitet wurden.

Nachrichten im Messaging-Konzept bestehen meist aus zwei Teilen:

- Im *Message-Header* befinden sich Meta-Informationen über die Nachricht, etwa der Name von Sender und Empfänger. Message-Header werden meist von der Messaging-Middleware genutzt.
- Im *Message-Body* befinden sich die eigentlichen Nutzdaten. Diese können vom Empfänger beliebig interpretiert werden, als Daten oder auch als Aufforderung, einen bestimmten Funktionsaufruf auszuführen.

Bild 7.16 zeigt den schematischen Verlauf dieser Kommunikation (Erläuterung in Anlehnung an [Hohpe+03]):

1. *create*: Der Sender erzeugt die Nachricht und füllt sie mit Daten. Falls nötig wird der Nachricht adressiert, d.h. mit einer Empfängeradresse versehen.
2. *send*: Der Sender fügt die Nachricht einem Kanal hinzu und übergibt sie damit der Kontrolle des Messaging-Systems.
3. *deliver*: Das Messaging-System leitet die Nachricht vom Computer des Senders an den des Empfängers weiter und stellt sie dort dem Empfänger zur Verfügung.
4. *receive*: Der Empfänger liest die Nachricht vom Kanal und übernimmt sie damit vom Messaging-System.
5. *verarbeite*: Der Empfänger extrahiert die Daten aus der Nachricht und verarbeitet sie.

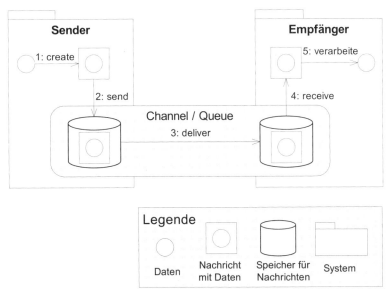

BILD 7.16 Schematische Darstellung von Messaging (nach [Hohpe+03])

In diesem Ablauf erkennen Sie zwei wichtige Konzepte:

- Senden-und-vergessen (*send-and-forget, fire-and-forget*): Dem Sender wird die Zustellung der Nachricht vom Messaging-System garantiert. Er kann die Nachricht nach dem Senden getrost vergessen. Dies ist der wesentliche Unterschied zu synchroner Kommunikation: Der Sender muss nicht auf die Verarbeitung der Nachricht warten!

- Speichern-und-weiterleiten (*store-and-forward*): Wenn der Sender die Nachricht dem Kanal hinzufügt, speichert das Messaging-System diese Nachricht auf dem Computer des Senders. Zu einem geeigneten Zeitpunkt wird sie dann auf den Computer des Empfängers weitergeleitet und dort ebenfalls gespeichert.

Bei Integration durch Messaging müssen sich die Anwendungen auf den Kanal sowie auf das Format der Nachricht einigen. Das Messaging-System übernimmt sämtliche technischen Details der Kommunikation. Es garantiert unverfälschte Übertragung sowie Zustellung der Nachricht. Kommerzielle MOM-Produkte bieten zusätzliche Funktionen, wie etwa Rückruf und Neuordnen von Nachrichten, Vergabe von Prioritäten, Versenden an mehrere Empfänger und weitere.

Die asynchrone Integration durch Messaging besitzt unter anderem folgende Vorteile:

- Kommunikation über Systemgrenzen hinweg, unabhängig von Programmiersprachen und Betriebssystemen (solange auf den beteiligten Systemen das Messaging-System verfügbar ist!).

- Zuverlässigkeit (*guaranteed delivery*) durch das zwischenzeitliche Speichern von Nachrichten.

- Vermeidet Blockierung beim Sender und Überlastung der Empfänger.

- Auch Anwendungen ohne permanente Netzverbindung können durch Messaging integriert werden: Sie übermitteln oder empfangen ihre Nachrichten, wenn sie gerade online sind – in der übrigen Zeit können sie unabhängig von Netzverbindungen arbeiten.

Nun, nach so vielen Vorteilen dürfen Sie mit Recht auch einige Nachteile erwarten:

- Komplexes Programmiermodell. Das konventionelle Modell von Funktions- oder Methodenaufrufen funktioniert für Messaging nicht mehr.
- Das Konzept garantiert keine spezifische Reihenfolge von Nachrichten.
- Falls geschäftliche Anforderungen synchrone oder zumindest kurzfristige Antworten erfordern, können Sie das Konzept nicht ohne Weiteres anwenden. Ihre Kunden wollen beispielsweise eine Preisauskunft sofort haben, und nicht nach einer beliebigen Zeitspanne.
- Abhängigkeit von Messaging-Produkten, neudeutsch *vendor lock-in*.

Viele große Informationssysteme, bei denen Zuverlässigkeit und Entkopplung wichtige Architekturziele sind, basieren auf Messaging. Hierzu gehören beispielsweise die zentralen Buchungssysteme von Banken, Abrechnungssysteme der Telekommunikation sowie große Buchungs- und E-Commerce Systeme.

Ich werde hier nicht weiter auf die Aspekte asynchroner Integrationslösungen eingehen. Eine umfassende und praxisnahe Abhandlung des Themas finden Sie in [Hohpe+03].

7.3.4 Entwurfsmuster zur Integration

Wrapper
Gateway

Integration von Legacy-Systemen können Sie durch *Wrapper* („Verpackung") oder *Gateways* („Zugang") bewerkstelligen. In beiden Fällen betrachten Sie dabei das vorhandene System als eine Black-Box-Komponente innerhalb ihres Entwurfes. Diese Komponente stellt nach außen hin eine Schnittstelle mit den vom Legacy-System bereitgestellten Diensten (Services) bereit. Die konzeptionelle Sicht auf Wrapper und Gateways zeigt Bild 7.17.

 Halten Sie sich nicht lange mit der Diskussion auf, ob es einen oder mehrere Wrapper oder Gateways für das Legacy-System geben soll. Entscheiden Sie das nach den Kriterien, nach denen Sie auch Ihr übriges Klassen- oder Komponentendesign durchführen.

BILD 7.17 Logische Sicht: Integration durch Wrapper oder Gateway

Bitte beachten Sie in Bild 7.17, dass es sich bei der Beziehung zwischen dem Wrapper oder Gateway und der Legacy-API um einen Funktions- oder Methodenaufruf handelt und nicht um Vererbung. Der Wrapper ruft das Legacy-System auf und kümmert sich um sämtliche technischen Belange, die dabei auftreten können: Protokoll-, Zeichensatz und Datenkonvertierung, Fehler- und Ausnahmebehandlung, Behandlung von Ein- und Ausgabeparametern und so weiter. Eine Übersicht über diese technischen Aspekte des Wrappings finden Sie in Abschnitt 7.4 (Verteilung).

Wrapper oder Gateway?

Konzeptionell können Sie beim Entwurf von Systemen Wrapper oder Gateway als identisch ansehen. Aus der Implementierungssicht hingegen unterscheiden sie sich:

- Ein Wrapper wird auf der (Hardware-, Software-, Betriebssystem-)Plattform (und damit meist auch der Programmiersprache) des zu integrierenden Legacy-Systems entwickelt.
- Ein Gateway wird auf einer anderen Plattform implementiert und betrieben.

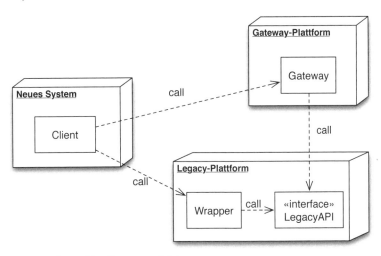

BILD 7.18 Eine Verteilungssicht: Wrapper und Gateway

Bild 7.18 zeigt eine Verteilungssicht auf Wrapper und Gateway. Sie verdeutlicht, dass ein Gateway auf einer beliebigen Plattform ablaufen kann, der Wrapper hingegen nur gemeinsam mit dem zu integrierenden System.

Nachfolgend finden Sie einige Kriterien für die Entscheidung zwischen Wrapper oder Gateway:

- Integrieren Sie über Wrapper, wenn auf der Legacy-Plattform auch in Zukunft noch weitere Systeme entwickelt werden.
- Benutzern Sie Gateways, wenn:
  - Sie auf der Legacy-Plattform minimal invasiv vorgehen wollen oder dort keine neuen Komponenten entwickelt werden sollen;
  - die Legacy-Plattform aus Performance- oder Lastgründen keine zusätzliche Last (wie etwa den Wrapper) verträgt;

- nur wenig Know-how über die Legacy-Plattform verfügbar ist (was damit die Entwicklung des Wrappers riskant machen würde);
- Sie die technischen Details der Kommunikation mit der Legacy-Plattform zentral (im Gateway) kapseln möchten. Dieser Fall tritt ein, wenn unterschiedliche Typen von Klienten mit dem Legacy-System kommunizieren möchten oder die Legacy-Plattform das auf den Klienten eingesetzte Protokoll nicht unterstützt (Beispiel: LU6.2 auf der Legacy-Plattform und TCP/IP auf Klienten);
- die Gateway-Plattform speziell für die Entwicklung oder den Betrieb verteilter Systeme ausgelegt oder konzipiert wurde.

Wichtige Entwurfsmuster für Integration

Wenn Sie als Architekt häufig mit Integration zu tun haben, sollten Sie den Abschnitt über Entwurfsmuster in Kapitel 6 gründlich lesen.[31] Folgende Entwurfsmuster gehören bei der Integration zum wichtigen Entwurfswerkzeug:[32]

- *Adapter:* Passt die Schnittstelle einer Komponente an eine von ihren Klienten erwartete Schnittstelle an. Lässt ansonsten inkompatible Komponenten zusammenarbeiten.
- *Brücke:* Entkoppelt eine Abstraktion von ihrer Implementierung.
- *Fassade:* Eine einheitliche Schnittstelle zu einer Menge von Schnittstellen eines Subsystems.
- *Proxy:* Ein vorgelagertes Stellvertreterobjekt.
- *Vermittler (Mediator):* Definiert ein Objekt, welches das Zusammenspiel mehrerer anderer Objekte in sich kapselt.

7.3.5 Konsequenzen und Risiken

Integration oder Migration?

Ablösung von Altsystemen

Keep the data – toss the code

Reengineering Migration

In manchen Fällen dient die Integration in Wirklichkeit der Ablösung eines Altsystems. Das neue System basiert in diesem Fall auf einer neuen technischen Basis, geht in seiner Funktion aber nicht über das alte System hinaus. In diesem Falle sollten Sie prüfen, ob Sie anstelle der Integration eine (schrittweise) Migration vornehmen. Ein Leitsatz lautet: *Keep the data – toss the code.* Wenn Ihre Integrationsbemühungen also in Reengineering von Programmcode ausarten, sollten Sie ernsthaft darüber nachdenken, ob eine Ablösung durch ein neues System mit einmaliger Datenmigration nicht billiger ist, als den Code eines Altsystems zu restrukturieren. Migrationen kann man dann auch schrittweise vornehmen.

---

[31] ... und darüber hinaus das Entwurfsmuster-Buch der „Gang-Of-Four" [Gamma95] zu Ihrem ständigen Begleiter machen, alternativ [Eilebrecht+10].
[32] Alle Kurzfassungen nach [Gamma95].

Bei einer schrittweisen Migration erhalten Sie kurzfristige Rückmeldungen über Erfolg, Akzeptanz oder Probleme. Dieses Vorgehen stellt eine spezielle Ausprägung des iterativen Vorgehens dar. Das Projektrisiko sinkt in diesem Fall erheblich. Weitere Informationen zur Migration finden Sie in [Keller2000], zu Reengineering in [Demeyer+02].

Ist Integration angemessen oder zu riskant?

Integration birgt organisatorische und technische Risiken. Sie müssen diese Risiken gegenüber den erwarteten Vorteilen der Wiederverwendung abwägen. In folgenden Fällen droht besonders hohes Risiko. Sie sollten dann mit Ihren Kunden oder Auftraggebern über Alternativen oder Abhilfen diskutieren.

- Ist der Geschäftswert der existierenden Systeme größer als diese Risiken? Wenn ja, stellt die Integration den geeigneten Weg dar.
- Im Fall besonders alter oder unsauber programmierter Legacy-Anwendungen kann es einfacher und risikoärmer sein, nur die bestehenden Daten zu erhalten und die funktionalen Teile des Systems „zu entsorgen".
- Sie benötigen für ein Integrationsprojekt mindestens einen „Kenner" des zu integrierenden Systems im Team, sowohl der fachlichen als auch der technischen Aspekte! Falls Ihnen diese Ressource oder dieses Wissen nicht zur Verfügung steht, ist ein Scheitern der Integration wahrscheinlich!
- Falls das bestehende System auf Techniken basiert, die im aktuellen Projekt nicht eingesetzt werden (Programmiersprache, Betriebssystem, Datenbank, Transaktionsmonitor oder ähnliches), benötigen Sie auch zu diesen Themen Know-how.

So offensichtlich die beiden letzten Forderungen auch klingen, so häufig werden sie in der Praxis missachtet. Der Grund ist oftmals, dass die Kenner der alten Systeme mit deren Betrieb und Pflege bereits mehr als vollständig ausgelastet sind. Die für eine Integration so wichtigen Experten haben dann schlichtweg keine Zeit für andere Projekte.

- Gibt es in Ihrer Organisation Erfahrung mit dem Wrapping von Systemen? Sind entsprechende Werkzeuge vorhanden oder müssen sie gekauft oder entwickelt werden?
- Sind die vorhandenen Systeme stabil oder befinden sie sich in der Entwicklung? Auch in diesem Fall kann das Risiko einer Integration deren Geschäftswert möglicherweise übersteigen. Eine Lösung besteht darin, gemeinsam mit Auftraggebern und Projektleitung ein iteratives Vorgehen zu definieren, bei dem die Schnittstellen während der einzelnen Iterationsphasen garantiert stabil bleiben.

Problemfall: Transaktionen

Als problematisch bei der Integration bestehender Systeme erweist sich manchmal die Implementierung systemübergreifender Transaktionen.

Falls das alte und das neue System ihre jeweiligen Transaktionen mit unterschiedlichen Transaktionsmonitoren realisieren, müssen Sie als Architekt deren Zusammenarbeit sicherstellen, etwa über einen funktionalen Prototypen.

Eine mögliche Vereinfachung besteht darin, echte (Datenbank-)Transaktionen jeweils auf ein System zu beschränken.

Datenschutz und Systemverfügbarkeit

Eine Kette ist so stark wie das schwächste Glied. Diese Regel gilt auch für integrierte Systeme. Sie werden das merken, wenn Sie als Architekt eines integrierten Systems eine bestimmte Systemeigenschaft garantieren müssen. Häufig übergreifende Anforderungen sind etwa:

- Verfügbarkeit des Gesamtsystems, Wiederanlaufzeit, erlaubte Wartungszeiten;
- Einhaltung von gesetzlichen Bestimmungen (etwa: Datenschutzgesetz);
- Einhaltung allgemeiner Service Level Agreements.

Solche Garantien fallen schwer, wenn Sie als Architekt die entsprechenden Eigenschaften der integrierten (Legacy-) Systeme nicht entsprechend beurteilen oder überprüfen können. Unser Ratschlag:

Prüfen Sie, ob und welche Anforderungen hinsichtlich Verfügbarkeit, Wiederanlaufzeit, maximaler Ausfallzeit und Datenschutz bestehen. Prüfen Sie die zu integrierenden Systeme hinsichtlich dieser Anforderungen.

7.3.6 Zusammenhang mit anderen Aspekten

Kommunikation und Verteilung

Kommunikation und Verteilung sind mit der Integration eng verwandt. Kommunikation stellt die technischen Grundlagen zur Integration bereit. Verteilung ist das Gegenstück zur Integration. Gerade die (möglichen) Probleme bei der Verteilung von Komponenten gelten auch für die Integration. Siehe Abschnitt 7.4 (Verteilung) und Abschnitt 7.5 (Kommunikation).

Sicherheit

Bei Legacy-Systemen auf Basis von Mainframes kommen häufig Sicherheitsmechanismen und entsprechende Produkte zum Einsatz, die auf anderen Plattformen nicht verfügbar sind. Beachten Sie beispielsweise folgenden Aspekt:

Die Benutzerverwaltung auf Mainframe-Systemen unterscheidet sich manchmal von der im Client/Server-Bereich. Wenn Sie unterschiedliche Mainframe-Systeme integrieren müssen, kann es an dieser Stelle zu Problemen kommen. Nehmen Sie diesen Aspekt als Einfluss- oder Risikofaktor in Ihre Planung auf!

Es kann hilfreich sein, so genannte „technische Benutzer" einzuführen. Das sind Benutzerkennungen, denen keine reale Person entspricht und deren Kennwörter nicht ablaufen. Diese technischen Benutzer können nützlich sein, wenn Teile Ihrer Anwendungen auch ohne angemeldete Benutzer aktiv sein müssen.

Technische Benutzer

BEISPIEL: Für das Call-Center einer Versicherung wurde eine dezentrale Anwendung entworfen, die eine Mainframe-basierte Adressverwaltung integrierte. Einige Basisdienste, beispielsweise die Prüfung von Postleitzahlen, sollten als Systemdienste unabhängig von einzelnen Benutzern betrieben werden. Der Mainframe beharrte jedoch darauf, die Liste der gültigen Postleitzahlen nur nach erfolgreicher Benutzerautorisierung „herauszugeben".

Zur Abhilfe wurde ein technischer Benutzer eingeführt, der den Start sämtlicher Basisdienste ermöglichte.

Administration

Die Administration integrierter Systeme wirft eine Reihe von Problemen auf:

- Überwachung: Die Überwachung hinsichtlich Betriebsbereitschaft kann auf verteilten Systemen komplex sein. Es gibt entsprechende Werkzeuge zur Systemverwaltung, die hier unterstützen.

- Systemstart: Der Start („das Hochfahren") eines verteilten Systems kann bestimmte Konstellationen der beteiligten Komponenten erfordern. Klären (und dokumentieren!) Sie exakt, welche Schritte zum Start des Gesamtsystems erforderlich sind (und in welchen Zuständen sich alle beteiligten Subsysteme befinden müssen).

- Einhaltung von Service Level Agreements: Wie bereits oben erwähnt, stellen „garantierte" Eigenschaften des Gesamtsystems (etwa: Verfügbarkeit und Datenschutz) Probleme dar. Für die Administration integrierter Systeme ergibt sich die zusätzliche Schwierigkeit, die Einhaltung allgemeiner Service Level Agreements *nachzuweisen*. Stellen Sie sich beispielsweise vor, mehrere beteiligte Subsysteme schreiben jeweils ihre eigenen (und proprietären) Protokolldateien (Logfiles).

7.3.7 Weiterführende Literatur

[Asman2000] diskutiert die Frage, ob und wie Wrapping in einer Organisation etabliert werden kann. Weiterhin stellt er das Konzept der Single- und Multiple-Wrapper vor.

[Brodie95] gibt den (guten) Ratschlag: *„Keep the data, toss the code."*

[Flint97] beschreibt Wrapping von Cobol-Anwendungen im Kontext objektorientierter Systeme. Er stellt drei Arten von Wrappern vor: objektorientierte, funktionale und kombinierte.

[Hohpe+03] enthält über 60 verschiedene Muster zu Entwurf und Implementierung (asynchroner) Integrationslösungen, so genannter Messaging Solutions. Die Autoren führen sehr verständlich in die vielfältigen Aspekte von Integrationslösungen ein und behandeln sowohl Grundlagen als auch (sehr) fortgeschrittene Themen.

[Keller02] diskutiert Enterprise Application Integration (EAI) von einem sehr praktischen Standpunkt aus. Falls EAI in Ihrer Organisation ein Thema ist, sollten Sie dieses Buch einerseits selbst lesen und andererseits den verantwortlichen Manager schenken.

[Pritchard99] enthält einen ausführlichen Vergleich von Wrapper- und Gateway-Ansätzen. Ebenfalls ein hervorragender und gründlicher Einstieg in die Entwicklung mit CORBA.

■ 7.4 Verteilung

Verteilung: Entwurf von Software-Systemen, deren Bestandteile auf unterschiedlichen und eventuell physikalisch getrennten Rechnersystemen ablaufen.

7.4.1 Motivation

- Bei Client/Server-Systemen arbeiten Clients und Server in Form eines verteilten Systems zusammen.

- Verteilung von Komponenten kann nützlich sein, wenn diese Komponenten spezielle Eigenschaften der zugrunde liegenden entfernten Hard- oder Softwareplattform ausnutzen.

- Verteilte Systeme können durch Integration bestehender (Legacy-)Systeme in neue Software entstehen. Befinden sich das neue System und das bestehende System auf unterschiedlichen Hardware-Plattformen, so liegt eine Form der Verteilung vor.

- Der Wunsch nach hoher Ausfallsicherheit oder dynamische Lastverteilung auf mehrere getrennte Systeme kann die Verteilung von Software-Komponenten bedeuten.

7.4.2 Typische Probleme

Folgende typische Probleme treten bei verteilten Systemen auf:

- Entfernte Methoden- oder Funktionsaufrufe erfordern erheblich höheren Overhead als lokale Aufrufe.   *Remote-Aufrufe sind teuer*
- Komplexe Basismechanismen verteilter Objekte: Ein verteiltes System muss eine Reihe von Basismechanismen zur Bearbeitung „entfernter" Objekte bereitstellen. Dazu gehören:
    1. Objekterzeugung und Objektzerstörung.
    2. Lokalisieren (Suchen, Finden, Identifizieren) entfernter Objekte, etwa über einen Namensdienst.
    3. Aufruf entfernter Objekte (Methoden, Prozeduren).
    4. Behandlung von Objektreferenzen (*object handles, object references*).
    5. Verteilte Garbage-Collection.

    Diese Mechanismen sollten im Idealfall auch über Programmiersprachengrenzen hinweg funktionieren.

- Datenkonvertierung und -transport: Ein verteiltes System muss die Integrität von Objekten über Komponentengrenzen hinweg sicherstellen. Das Marshalling verpackt Daten zum Transport über „den Draht", ein korrespondierendes Unmarshalling entpackt die übertragenen Daten wieder. Hierzu gehören Konvertierungen von Zeichensätzen (EBCDIC, ASCII, UniCode), Datentypen und Protokollen.
- Fehlerbehandlung über Systemgrenzen hinweg sowie die Differenzierung zwischen fachlichen Fehlern und (technischen) Kommunikationsfehlern.

7.4.3 Lösungskonzept

Techniken für Verteilung

Bekannte Verteilungstechniken sind folgende:

- Der offene Standard CORBA, entwickelt und standardisiert durch die Object Management Group.[33] CORBA-Objekte sind in hohem Maße unabhängig von Programmiersprache, Betriebssystem und Ablaufumgebung. Es gibt sowohl kommerzielle als auch frei verfügbare Implementierung von CORBA. Der Standard definiert viele wichtige Dienste wie Naming, Persistence, Transaction, Messaging und andere.   *CORBA*
- COM,[34] bekannt und verbreitet hauptsächlich in Windows™-Umgebungen. Eingeschränkte Verfügbarkeit auf anderen Betriebssystemen.   *COM*
- Enterprise Java Beans (EJB), jedoch nur im Java-Umfeld.   *EJB*

---

[33] www.omg.org
[34] Die Bezeichnung COM subsumiert hier COM, COM+ und DCOM.

CICS/MQ-Series
SOAP

- CICS und MQ-Series,[35] beide im kommerziellen Umfeld.
- Web-Services auf Basis des „*Simple Object Access Protocol*" (SOAP)[36].

Ich rechne auch andere kommerzielle Middleware-Produkte zu den Techniken, die Verteilung ermöglichen. Hierzu gehören beispielsweise Transaktionsmonitore, die verteilte Verarbeitung ermöglichen sowie das weite Feld der EAI-Werkzeuge (*Enterprise Application Integration*).

Beschreibung von Schnittstellen

Ein wichtiges Hilfsmittel für alle Aspekte der Verteilung ist die exakte Beschreibung der Schnittstellen zwischen den Komponenten. CORBA und COM enthalten dafür jeweils eigene Beschreibungssprachen (*interface definition languages*). CORBA-IDL habe ich in Kapitel 4 bereits vorgestellt.

 Tipps zur Verteilung (Verteilen – aber richtig!)

Vermeiden?

- Können Sie Verteilung vermeiden, indem Sie sich auf eine einzelne Plattform beschränken? Das senkt das Entwicklungsrisiko und vereinfacht den Betrieb des Systems. Verteilung heißt immer höhere Komplexität und mehr Fehlerquellen.
- Verteilen Sie so, dass Verarbeitungsprozesse „nahe" bei den betroffenen Daten ablaufen. Das kann Netzverkehr reduzieren und Performance verbessern.

Stabile Schnittstellen

- Entwerfen Sie möglichst stabile Schnittstellen. Aufgrund der Abhängigkeiten zwischen Client und Server ist dieser Aspekt wichtiger als bei nicht-verteilten Systemen.

Reduktion des Datenvolumens

Transfer objects

- Reduzieren Sie die Menge der zu übertragenden Daten. Versuchen Sie auf die Übertragung komplexer Objektstrukturen zu verzichten. Führen Sie stattdessen möglichst schlanke „*transfer objects*"* ein. Solche Transfer-Objects repräsentieren einen Extrakt aus einem Objekt (oder einer Objektstruktur). Mit ihrer Hilfe reduzieren Sie die Anzahl von entfernten Funktions- oder Methodenaufrufen.
- Fassen Sie zusammengehörige Funktions- oder Methodenaufrufe in Prozessobjekten zusammen. Das ist eine Ausprägung des Fassade-Entwurfsmusters (siehe Kapitel 5).
- Entscheiden Sie sich beim Entwurf eher für höhere Serverbelastung als für höheren Datentransfer. Erstens können Sie mit zusätzlicher Server-Hardware viel erreichen. Zweitens gibt es beim Entwurf und der Implementierung von Server-Programmen mehr Optimierungsmöglichkeiten als beim Datentransfer.
- Berücksichtigen Sie bei Verteilung den Unterschied zwischen Objekten, die es nur einmal gibt (echte Entitäten) und solchen, von denen mehrere Instanzen

---

* Details dazu unter: http://java.sun.com/j2ee/blueprints/design_patterns/value_object/. Manche nennen sie *value objects*, obwohl sie ausschließlich zum Datentransfer verwendet werden.

---

[35] CICS und MQ-Series sind Produkte (und Warenzeichen) der Firma IBM.
[36] Details zu SOAP und Web-Services finden Sie unter www.w3.org/TR/SOAP.

parallel existieren können (Wert-Objekte). Versuchen Sie, Verteilung von Entitäten zu vermeiden. Wenn Sie Entitäten unbedingt verteilen müssen, so stellen Sie deren Einzigartigkeit sicher. Ansonsten kann es hier zu Inkonsistenzen kommen. Eventuell hilft Ihnen die Differenzierung von Parameterübergabe per Referenz (*call-by-reference*) und per Wert (*call-by-value*).   Call-by-reference / Call-by-value

- Erzeugen Sie Objekte so spät wie möglich, nämlich erst dann, wenn sie wirklich benötigt werden. Lassen Sie verteilte Komponenten nicht „auf Vorrat" arbeiten. Weichen Sie von dieser Regel nur bei Objekten ab, die das System auf jeden Fall benötigt (etwa: DB-Verbindungen oder ähnliche Hilfsobjekte; Objekte, deren Erzeugung viel Zeit in Anspruch nimmt).   Erzeugung „on-demand"

7.4.4 Konsequenzen und Risiken

Verteilung von Komponenten besitzt viele Vorteile hinsichtlich Flexibilität, Skalierbarkeit und Lastbalancierung. Jedoch stehen diesen Vorteilen auch eine Reihe potenzieller Risiken gegenüber:

- Der Betrieb verteilter Systeme umfasst mehrere potenzielle Fehlerquellen. Sämtliche Kommunikationskanäle (Netzwerke) müssen für den fehlerfreien Betrieb eines verteilten Systems zur Verfügung stehen. Auch kleine Probleme mit Netzwerken (Aus- oder Überlastung, kurze Aussetzer) können eine Fehlfunktion des Gesamtsystems bewirken.   Potenzielle Fehlerquellen

- Entwicklung und Test verteilter Systeme sind schwieriger als bei zentralen Systemen. Stellen Sie sicher, dass Ihre Entwicklungsumgebung beispielsweise über Mechanismen zum Remote-Debugging verfügen. Fügen Sie Komponenten zur Fehler- und Ausnahmebehandlung ein, die auch Kommunikations- oder Verfügbarkeitsprobleme behandeln.   Schwieriger Test

- Ungünstige Verteilung von Komponenten kann aufgrund extensiver Kommunikation der Komponenten untereinander zu Performance-Problemen führen. Dazu habe ich weiter vorne einige Ratschläge gegeben!

- Verteilte Client/Server-Systeme benötigen manchmal einen komplexen Prozess der Software-Verteilung, -Installation und Versionsverwaltung.   Verteilung Installation Versionsverwaltung

 Ein Ratschlag an Projektleiter:
Versuchen Sie, das gesamte System soweit wie möglich ohne Verteilung zu implementieren und zu testen. Verteilen Sie die Komponenten erst für die letzte Testphase und den Betrieb.

7.4.5 Zusammenhang mit anderen Aspekten

Verteilung, Integration und Kommunikation hängen eng miteinander zusammen. Siehe daher auch die Abschnitt 7.3 und 7.5.

7.4.6 Weiterführende Literatur

Die OMG bietet auf ihrer Website, www.omg.org, detaillierte Informationen zu CORBA.

[Pritchard99] bietet einen detaillierten und neutralen Vergleich von COM und CORBA mit vielen Beispielen.

[Schmidt2001] enthält weitere Entwurfsmuster, mit deren Hilfe Sie Kommunikation zwischen verteilten Komponenten optimieren können.

7.5 Kommunikation

Kommunikation: Übertragung von Daten zwischen Systemkomponenten. Bezieht sich auf Kommunikation innerhalb eines Prozesses oder Adressraumes, zwischen unterschiedlichen Prozessen oder auch zwischen unterschiedlichen Rechnersystemen.

Ziel dieses Abschnitts ist es, einige für den Entwurf von Systemen wichtige Grundbegriffe der Kommunikation vorzustellen. Ich habe mögliche Lösungskonzepte in die Vorstellung der Begriffe und Konzepte eingearbeitet.

Die Aspekte der physikalischen Übertragung kommen hier nicht zur Sprache. Sie finden viele Grundlagen der Datenkommunikation beispielsweise in [Tanenbaum89].

7.5.1 Motivation

Beim Entwurf verteilter oder integrierter Systeme (siehe Abschnitte 7.3 Integration oder 7.4 Verteilung) müssen Komponenten miteinander kommunizieren. Eine solche Kommunikation kann im einfachen Fall aus dem Austausch von Daten oder Dateien bestehen (*file transfer*), es kann sich aber auch um den Aufruf von entfernten Funktionen, Methoden oder Programmen handeln (*remote procedure call*).

Eine physikalische Verbindung zweier Rechnersysteme allein genügt noch nicht, um diese Aufgaben zu erfüllen.

7.5.2 Entscheidungsalternativen

Es gibt eine ganze Reihe von Entscheidungen, die Sie hinsichtlich der Kommunikation zwischen Komponenten treffen können (und müssen):

- Findet Kommunikation synchron oder asynchron statt?
- In welchem Stil kommunizieren Komponenten miteinander? Mögliche Varianten sind: Remote Procedure Call, Publish/Subscribe oder Broadcast.

- Kommunizieren die beteiligten Komponenten direkt oder indirekt (über Gateways, Broker oder andere Middleware) miteinander?
- Welche Protokolle (etwa: TCP/IP, HTTP, IIOP, SOAP) kommen zum Einsatz?
- Wie werden unterschiedliche technische Gegebenheiten der beteiligten Kommunikationspartner (etwa: Zeichensatz, Zahlendarstellung, Wortgröße) behandelt?

7.5.3 Grundbegriffe der Kommunikation

Ich beschreibe Ihnen in diesem Abschnitt die architekturrelevanten Fragen und Aspekte der Kommunikation. Der Fokus liegt dabei auf den Anforderungen kommerzieller Systeme.

Falls Sie sich mit dem Entwurf von Echtzeitsystemen oder eingebetteten Systemen beschäftigen, werden Sie sicherlich noch zusätzliche Informationen benötigen. Eine gute und aktuelle Quelle dafür ist [b-agile2002a].

Synchron und asynchron

Bei der synchronen Kommunikation wartet (blockiert) der Aufrufer, bis die aufgerufene Komponente ein Ergebnis (oder eine Statusinformation) zurückliefert. Synchrone Kommunikation ist der Normalfall bei der Softwareentwicklung. Alle gängigen Programmiersprachen nutzen fast ausschließlich synchrone Mechanismen zur Kommunikation von Programmkonstrukten untereinander. *(Synchron)*

Asynchrone Kommunikation hingegen basiert auf dem Prinzip „versenden und vergessen". Eine Nachricht wird verschickt, aber der Aufrufer arbeitet sofort weiter, ohne auf ein Ergebnis oder eine Zustandsinformation zu warten (Einweg-Kommunikation[37]). Ein bekanntes Beispiel asynchroner Kommunikation ist elektronische Post. *(Asynchron)*

Asynchrone Kommunikation besitzt für Software-Architekturen hohe Bedeutung, weil über Schnittstellen zu externen Systemen häufig asynchron kommuniziert wird.

Erwägen Sie in folgenden Fällen den Einsatz asynchroner Kommunikation:

- Die Verbindung zwischen Client und Server ist nicht permanent. Falls Clients „offline" sind, bleibt nur die asynchrone Kommunikation.
- Die beteiligten Systeme sind nur teilweise oder zu unterschiedlichen Zeiten verfügbar.
- Sie erwarten spezielle Anfragen oder eine hohe Transaktionslast, die Ihre Server aus Performance- oder Verfügbarkeitsgründen nicht synchron verarbeiten können. Beispiel: Datenbankoperationen, deren Laufzeit für Benutzer nicht akzeptabel ist (und deren Resultate sie nicht unbedingt sofort benötigen, etwa Änderungen einer großen Zahl von Datensätzen).

---

[37] Das zugehörige Konstrukt der CORBA Interface Definition Language heißt treffend „oneway".

- Das System löst Aktionen aus, die manueller Nacharbeit bedürfen (etwa: Freigaben, Bestätigungen, Korrekturen oder Klassifikationen). Dieser Fall tritt häufig bei den Workflow-Systemen auf, siehe Abschnitt 7.9 (Workflow). Konkrete Beispiele aus unseren Projekten sind: Bestätigung von Bestellungen, Kreditfreigaben, Rechnungsprüfung oder Freigaben von Lieferungen.
- Sie wollen Nachrichten über einen Zeitraum sammeln und erst später verarbeiten. Dieses Vorgehen ist nützlich, wenn das System beispielsweise die Reihenfolge oder Priorität von Nachrichten erst nach dem eigentlichen Erzeugen der Nachricht festlegen kann.

Möglichkeiten asynchroner Kommunikation

Die Realisierung asynchroner Kommunikation erfordert in jedem Fall einen Speicher für die zu verarbeitenden Nachrichten. Dieser kann elektronisch sein (etwa Message Queues, Dateien oder E-Mail), aber auch aus Papier bestehen.

Message Queues

Asynchrone Kommunikation kann über Nachrichtenpuffer (*Message Queues, MQ*) ablaufen. Diese Variante ist die Domäne der so genannten „Messaging Systeme", die als flexible Verwalter solcher Nachrichtenpuffer auftreten. Sie können etwa die Übermittlung der Nachricht garantieren (*guaranteed delivery*) und Nachrichten persistent zwischenspeichern, um Systemausfälle zu überbrücken.

 BEISPIEL: Großunternehmen benutzen für ihre Transaktionen (Buchungen, Bestellungen oder ähnliches) oft Messaging-Systeme und asynchrone Kommunikation. Transaktionen werden über eine bestimmte Periode (etwa: einen Werktag) hinweg gesammelt und zu bestimmten Zeiten von der Warteschlange *en bloc* verarbeitet.*

---

* Das kann auch in Batch-Systemen geschehen.

Kommerzielle Messaging-Systeme besitzen noch andere Vorteile. Sie können Nachrichten beispielsweise (im Nachhinein) umsortieren, neu priorisieren, gruppieren oder auf unterschiedliche Zielsysteme verteilen (etwa zur Lastbalancierung).

Andere Varianten asynchroner Kommunikation, etwa Dateien oder E-Mails, sind technisch einfach und weniger aufwändig, hinsichtlich Flexibilität allerdings den Messaging-Systemen unterlegen.

Beachten Sie, dass Kommunikation mit Medienbrüchen ebenfalls asynchron ist.

Kommunikation mit Stil

Remote Procedure Call (RPC)

Remote Procedure Call (RPC) arbeitet genau wie ein lokaler Prozedur- oder Methodenaufruf, die aufgerufene Komponente kann sich jedoch auf einem entfernten Rechnersystem befinden. Der RPC muss einige Schwierigkeiten bewältigen:

- Wie werden entfernte Prozeduren lokalisiert und gestartet? Was geschieht, wenn mehrere Clients gleichzeitig dieselbe Prozedur benötigen?
- Wie werden Parameter zwischen Client und Server ausgetauscht?
- Wie werden Fehlersituationen behandelt? Da Client und Server unabhängig voneinander fehlschlagen können, muss ein RPC-basiertes System alle möglichen Kombinationen von Fehlersituationen behandeln.

Publish – Subscribe: In diesem Szenario meldet ein Client durch eine Subscription an einer bestimmten Art von Nachrichten sein Interesse an. Ausführlich erläutert finden Sie das Publish-Subscribe-Muster in [Buschmann96]. Client und Server sind in diesem Fall nur lose gekoppelt. Clients müssen von Servern nur die Schnittstelle für Subscribe-Operationen kennen. Der Mechanismus wird im Observer-Entwurfsmuster sowie im Model-View-Controller-Paradigma (siehe Abschnitt 7.6.1) eingesetzt.

Publish-Subscribe

Bei *Broadcast*-Kommunikation ist die Kopplung zwischen Client und Server noch lockerer. Server übermitteln Nachrichten ohne Angabe eines konkreten Empfängers oder „an alle". Verwenden Sie Broadcast in folgenden Fällen:

Broadcast

- Wenn das System prüfen soll, welche Services oder Clients gerade für Anfragen zur Verfügung stehen („Hey, wer kann mir gerade mal helfen?").
- Wenn das System von verschiedenen Services „Angebote" einholen soll.
- Wenn Sie dynamische und spontane Interaktion zwischen Komponenten benötigen.
- Wenn das System den Namen des Empfängers nicht kennt.

Direkte und indirekte Kommunikation

Bei der direkten Kommunikation kennt der Client seinen Server. Das bedeutet für den Software-Entwurf eine Abhängigkeit dieser beiden Komponenten voneinander. Schon Änderungen der Server-Adresse ziehen Änderungen an allen beteiligten Clients nach sich.

Bei der indirekten Kommunikation sind Clients von ihren Servern entkoppelt. Services werden über Vermittler[38] aufgerufen. Dadurch wird es möglich, Services flexibler zu betreiben. Eine Änderung am Service bedeutet höchstens eine Änderung beim Vermittler oder Gateway, die beteiligten Clients bleiben unverändert. Wichtige Elemente der indirekten Kommunikation sind Namensdienst (*naming*) sowie Broker, Message-Systeme oder Gateways.

Sie sollten indirekte Kommunikation einsetzen, wenn:
- Kommunikation über System- oder Rechnergrenzen notwendig wird;
- technische Rahmenbedingungen von Clients oder Servern sich häufig ändern (etwa: Standorte, Netzwerkparameter oder Service-Bezeichner);
- an das Gesamtsystem hohe Anforderungen hinsichtlich Flexibilität gestellt werden;
- Abhängigkeiten zwischen Client und Server nicht gewünscht werden.

---
[38] Hierzu gehört jegliche Art von Middleware oder Broker.

In Kapitel 6 (Strukturentwurf) finden Sie weitere Ratschläge, Abhängigkeiten innerhalb Ihrer Entwürfe zu verringern oder zu vermeiden.

Protokolle

- TCP/IP (*Transmission Control Protocoll/Internet Protocoll*): Das Basisprotokoll im Internet. Es ermöglicht die Kommunikation zwischen jeweils zwei Teilnehmern (*peers*) über die so genannten Sockets. Diese bestehen aus IP-Adresse und einer Portnummer.
- HTTP (*Hyper-Text Transmission Protocoll*), basiert auf TCP/IP. Es ist das Standardprotokoll bei der Kommunikation zwischen Webserver und Browser im Internet. Es ist zustandslos, was bei Internet-basierten Client/Server-Systemen das Problem der Verwaltung des Anwendungszustands aufwirft.[39]
- IIOP (*Internet Inter-ORB Protocoll*): Das Standard-Protokoll für die Kommunikation von CORBA-Objekten untereinander. IIOP ermöglicht die Kommunikation auch zwischen Object-Request-Brokern verschiedener Hersteller.
- SOAP (*Simple Object Access Protocoll*): Ein Protokoll, das *Remote Procedure Calls* in XML beschreibt und (meistens via HTTP) überträgt.

Das OSI 7-Schichten Modell

Das Referenzmodell für Datenkommunikation ist das OSI-7-Schichten-Modell, dargestellt in Bild 7.19.

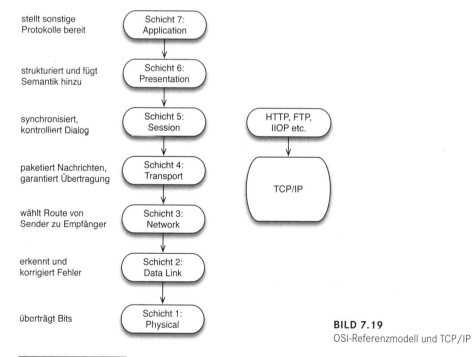

BILD 7.19
OSI-Referenzmodell und TCP/IP

---

[39] In der Praxis häufig durch eindeutige Bezeichner der einzelnen Client/Server Sessions (Session-IDs) gelöst Diese Bezeichner werden bei jeder Kommunikation zwischen Internet-Client und Server übertragen.

Parallel dazu zeigt diese Abbildung das TCP/IP-Protokoll in Relation zum OSI-Modell. Es umfasst nahezu[40] die Leistungen der Netzwerk- und Transportschichten des OSI-Modells. Oberhalb von TCP/IP befinden sich die bekannten Protokolle HTTP, FTP und IIOP.

Weitere Informationen zum OSI-Modell, zu Protokollstacks und anderen Feinheiten der Kommunikation finden Sie in [Tanenbaum89].

„Beam me up, Scotty"

Heureka, es ist vollbracht! Eines der letzten Geheimnisse unserer Zeit ist gelöst! Entdecker rund um den Globus, im Internet und möglicherweise sogar in einigen obskuren Ecken des Universums gierten seit langer Zeit danach, das Geheimnis eines unscheinbar kurzen Satzes zu ergründen: „Beam me up, Scotty!"

Benutzt in gefährlichen oder hoffnungslosen Situationen, in schweren Krisen oder in ängstlicher Agonie: Dieser Satz aktiviert den berühmten Raumschiff-Enterprise-Beam-Transporter. Die Star Trek Crew benutzte ihn lange Jahre, um Materie oder Leute von Punkt A nach Punkt B zu transportieren, wobei entweder A oder B das Raumschiff Enterprise selbst war.

Über die wahre Natur dieses Beam-Transporters wurde viel spekuliert, aber Tatsachen kamen nicht ans Licht. Die spektakulär simple Antwort wurde von einer Horde Java-Entwickler gefunden, die sich mitten in einem der heute so verbreiteten E-Commerce-Projekte befanden.

Der MAMI (*manager of middleware*) dieses Projektes, früher praktisch nur für ihre Sammlung von Science Fiction Videos bekannt, kam beim Morgenyoga der plötzliche Gedanke „Wir beamen es zum Kunden, statt horrende Transportkosten zu bezahlen." Sie kritzelte diese Idee auf die Rückseite eines gebrauchten Briefumschlags, bevor sie sich ihren wichtigen Administrivia (siehe [DeMarco98]) zuwandte.

Rein zufällig wurde dieser Briefumschlag von einer übereifrigen Java-Entwicklerin aufgefunden, die sich auf dem Schreibtisch von MAMI nach einer sinnvollen Aufgabe umsah. Zu jung, um Spock, Scotty und den Beam-Transporter zu kennen, fing sie kurzerhand an zu programmieren.

Sie nahm die Objekte, die ihr Boss auf dem zerfledderten Umschlag beschrieb und serialisierte sie in einen XML-Wrapper. Dann, in einem dieser seltenen Anflüge schierer Genialität, schickte sie dies als HTTP POST Request über den Draht, wobei sie gleichzeitig das Problem der störenden Firewalls löste (obgleich dies eine stetige Einnahmequelle für ganze Legionen hochbezahlter IT-Berater ist, aber dieser Gedanke kam ihr in diesem Moment nicht!).

Fertig. Sie hatte es geschafft! Der Beam-Transporter war endlich Realität geworden, oder zumindest virtuelle Realität!

Zu schön, um wahr zu sein? SOAP, das (früher so genannte) *„Simple Object Access Protocol"*, bewegt praktisch beliebige Objekte von Punkt A nach Punkt B – und darum dreht sich beim Beam-Transporter schließlich alles. SOAP mag nicht die perfekte

---
[40] Falls Sie es ganz genau wissen möchten: Der Netzwerk-Guru Andrew Tanenbaum erklärt es in [Tanenbaum89] sehr ausführlich! Für Software-Architekturen sind die Unterschiede nahezu bedeutungslos.

Star-Trek „Beam-me-up"-Lösung sein, aber es ist zumindest ein Schritt in die richtige Richtung: Es erlaubt Prozedur-Aufrufe und Datenaustausch zwischen HTTP-basierten Clients und Servern, getreu dem Prinzip:

„Nimm die am weitesten verbreiteten und effektivsten Techniken (XML and HTTP), um ein Mindestmaß an gemeinsamem Verständnis in der heutigen heterogenen IT-Infrastruktur zu erreichen!"

(Nachdruck der JBiz-Kolumne aus dem JavaSpektrum März 2001, mit freundlicher Genehmigung des SIGS-Datacom Verlags.)

7.5.4 Weiterführende Literatur

[Orfali96] enthält in Kapitel 15 eine ausführliche (und vergleichende) Darstellung von RPC und Messaging-Systemen.

Die Grundlagen sowie ausführliche Details zum Thema Integration und Kommunikation finden Sie im Standardwerk [Hohpe+03] – besonders empfehlenswert!

[Tanenbaum89] ist (immer noch) ein Standardwerk für Details zur Datenkommunikation.

7.6 Ablaufsteuerung grafischer Oberflächen

von Kerstin Dittert

Verwendet man grafische Benutzeroberflächen, so stellen sich im Rahmen des Architektur-Entwurfs im Wesentlichen folgende Fragen:

- Wie interagieren die Benutzer mit dem System?
- Wer steuert die Navigation der Anwendung?
- Wer kontrolliert den Zustandswechsel?
- Wer verarbeitet Ereignisse?
- Welche fachlichen Komponenten versorgen die Benutzeroberfläche mit Inhalt?

Die Bestimmung zusammengehöriger Arbeitsschritte und die Zuordnung von Arbeitsmetaphern sind wichtig für frühe Architekturentscheidungen. Im weiteren Projektverlauf werden Benutzeroberfläche und Ablaufsteuerung darauf abgestimmt. Beide Komponenten sind für die Bedienbarkeit einer Anwendung von entscheidender Bedeutung.

Die folgenden Designvorschläge geben Ihnen Entwurfsmuster und Heuristiken für die effektive Umsetzung von Arbeitsmetaphern und Interaktionsstilen an die Hand.

Umsetzung von Frage-Antwort-Systemen

Die Masken solcher Benutzerschnittstellen entsprechen sehr häufig Formularen, die ausgefüllt und vom Anwender bestätigt werden. Als Antwort liefert das System eine neue Maske zurück, die entweder den nächsten Arbeitsschritt formalisiert oder zur Fehlerkorrektur auffordert.

Derartige Anwendungen sind ein System aufeinanderfolgender Zustände, die durch (Bildschirm-)Masken repräsentiert werden. Im Zentrum der Ablaufsteuerung steht deshalb ein Zustandsautomat. Bild 7.20 zeigt einen Zustandsautomaten im Zusammenspiel mit verschiedenen Fachmasken, die eine Buchbestellung abbilden. Jede Maske sendet ihren Inhalt an den Zustandsautomaten. Dieser stellt fest, ob eine gültige Eingabe vorliegt oder nicht und ruft anschließend die folgende Maske auf. Zustandsübergänge werden durch fachliche Ereignisse gesteuert.

Masken repräsentieren Zustände

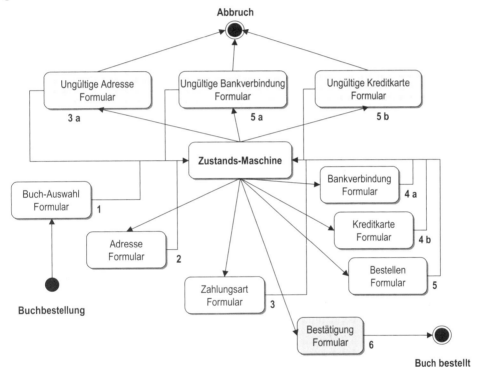

BILD 7.20 Zustandsautomat für formularbasierte Oberfläche

Für den Entwurf des Zustandsautomaten bieten sich zwei Alternativen an:
- Übergänge werden durch externe Konfigurationstabellen gesteuert.
- Übergänge werden programmiert (im „Quellcode verdrahtet").

Die erste Möglichkeit bietet größtmögliche Flexibilität, bei großen Systemen wird die Konfiguration jedoch schnell unübersichtlich. Konfigurationsfehler treten nur als Laufzeitfehler auf und sind schwer zu testen.

Entscheiden Sie sich für die zweite Alternative, so wird das System robuster und durch bessere Verständlichkeit leichter wartbar. Fehlerhafte Zustandsübergänge werden schon bei der Übersetzung des Programms erkannt. Andererseits erfordert jede Änderung der Ablaufsteuerung oder Erweiterung der Anwendung eine Neukompilierung des Systems.

Da eine Neukompilierung bei Änderungen des Systems aber ohnehin meist erforderlich ist (in der Regel werden Masken geändert oder neu hinzugefügt), erweisen sich die programmierten Zustände häufig als vorteilhafter.

Der Zustandsautomat sollte so übersichtlich strukturiert sein, dass Anpassungen einfach möglich sind. Da sich geänderte oder neue Anforderungen von Anwendern häufig auf die Navigation beziehen, sind Änderungen hier sehr wahrscheinlich.

Die verschiedenen Masken sollten Sie nach ihrem dynamischen Verhalten kategorisieren. Unterschiede gibt es zum Beispiel zwischen Fehlermasken, Eingabemasken und Suchmasken. Für diese Kategorien können Abstraktionen eingeführt werden, von denen konkrete Ausprägungen (etwa eine Adressen-Eingabe-Maske) abgeleitet werden. Arbeiten Sie mit einer objektorientierten Programmiersprache, so werden die Maskenkategorien als abstrakte Basisklassen umgesetzt. Konkrete Fachmasken spezialisieren diese Basisklassen.

Umsetzung objektorientierter Oberflächen

Für den Entwurf einer objektorientierten Oberfläche müssen zuerst folgende Fragen beantwortet werden:

- Welches Material (=Arbeitsgegenstand) wird bearbeitet?
- Welche Werkzeuge (=Arbeitsmittel) werden dafür eingesetzt?
- Welche Verwendungszusammenhänge (= Tätigkeiten) bestehen zwischen Werkzeug und Material?
- Welche Umgebung enthält die Werkzeuge und Materialien?

Hierbei unterscheidet man zuerst die Werkzeug- und Materialeigenschaften der Domäne.

Das *Material* ist Gegenstand der Tätigkeit, es wird bearbeitet und kann mit anderen Materialien kombiniert werden.

Mit Hilfe von *Werkzeugen* können die Materialien bearbeitet werden. Sie haben großen Einfluss auf die Qualität der Arbeitsergebnisse. Werden Ergonomie und Effizienz der Werkzeuge vernachlässigt, so leidet die Akzeptanz der Anwendung beträchtlich. Bei der Benutzung des Werkzeugs sollte stets das Material im Vordergrund stehen und nicht das Werkzeug selbst! Jedes Werkzeug beinhaltet eine funktionale und eine interaktive Subkomponente. Der funktionale Anteil beinhaltet alle Operationen, die sich auf das Material auswirken. Der interaktive Teil des Werkzeugs bestimmt hingegen die Handhabung durch den Anwender.

Haben Sie Werkzeuge und Material bestimmt, so können Sie deren mögliche Kombinationen als *Verwendungszusammenhänge* (auch *Aspekte* genannt) beschreiben.

Die Umgebung (zum Beispiel ein Schreibtisch) dient der Strukturierung des Arbeitsplatzes. Sie beinhaltet Werkzeuge und Materialien und sorgt für Konsistenz zwischen den verschiedenen Materialien.

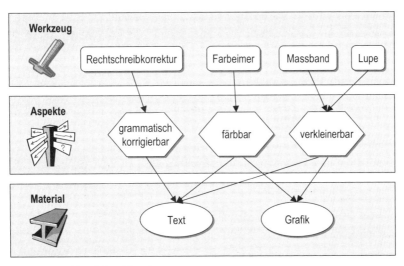

BILD 7.21 Werkzeug, Material und Aspekte

 BEISPIEL: Wollen Sie in einem Vektorgrafik-Programm ein Objekt auf eine bestimmte Position verschieben, so können Sie dies mit der Maus tun und sich die neuen Koordinaten anzeigen lassen. Es werden einige Versuche nötig sein, bis Sie den richtigen Punkt „treffen". Sie müssen sich also stark auf die *Interaktionskomponente*, d.h. die Bedienung des Werkzeuges konzentrieren. Ein geeigneteres Werkzeug bietet Ihnen Eingabe-Felder für die neuen Koordinaten an. Hier können Sie sich ganz auf das Material (verschiebbares Objekt) und seine Bearbeitung (neue Koordinaten) konzentrieren und gelangen schnell zum gewünschten Ergebnis.

Beim Design einer objektorientierten Oberfläche sollten Sie folgende Entwurfsregeln berücksichtigen:[41]

- Jedes Werkzeug setzt sich aus einer Funktions- und einer Interaktionskomponente zusammen.
- Werkzeuge können gekoppelt werden.
- Das Umgebungsobjekt übernimmt die Aufgaben eines Materialverwalters und Werkzeugkoordinators.

7.6.1 Model-View-Controller (MVC)

Dieses Entwurfsmuster entstand während der Verbreitung ereignisgesteuerter grafischer Benutzeroberflächen. Viele objektorientierte Entwicklungsumgebungen wurden mit grafischen GUI-Editoren ausgestattet, in denen die Verarbeitungslogik direkt an die Steuerungselemente

Entwurfsmuster MVC

---
[41] Vorschläge für das Feindesign der Komponenten finden Sie in [Riehle97].

angebunden werden konnte. Dieser Ansatz erschien naheliegend, da im Entwicklungsprozess meist zuerst mit dem Maskenentwurf begonnen wurde. Als Folge waren jedoch die Ablaufsteuerung und die Datenhaltung komplett in den Masken vereint.

Dieser Ansatz ist geeignet für kleine Systeme, die schnell entwickelt werden sollen. Die starke Kopplung von Logik und Darstellung bringt jedoch etliche Nachteile mit sich:

- Sollen mehrere Masken den gleichen Datenbestand in unterschiedlichen Sichten darstellen, so müssen die Daten redundant gehalten werden. Dies führt zu Performanz- und Konsistenzproblemen.
- Die Vermengung von Präsentation, Datenhaltung und Ablaufsteuerung macht den Programmcode schwer verständlich. Bei späteren Wartungsarbeiten oder Erweiterungen sind Seiteneffekte wahrscheinlich.[42]
- Neue Masken müssen stets von Grund auf neu programmiert werden. Eine Wiederverwertung bestehender Komponenten ist kaum möglich.
- Eine Portierung der Anwendung (etwa auf eine andere Datenbank) kann sehr aufwändig werden. Im Extremfall muss fast jede Klasse angepasst werden.

Als Antwort auf diese Probleme wurde das MVC-Muster entworfen, welches die Präsentationsschicht strukturiert. Es entkoppelt die Darstellung (*View*) von der Datenhaltung (*Model*) und der Ablaufsteuerung (*Controller*) im System. Viele GUI-Frameworks basieren auf diesem Muster, beispielsweise die Java-Swing-Bibliothek.

Beispiel: Java-Swing

Die Anwendung dieses Musters führt durch die Trennung der Verantwortlichkeiten zu einer größeren Flexibilität und besseren Erweiterbarkeit des Systems. Es ist für alle Arbeitsmetaphern und Interaktionsstile geeignet. Rechnen Sie aber mit einem erhöhten Entwurfs- und Realisierungsaufwand. Dieser Mehraufwand zahlt sich bei Anwendungen aus, die:

- auf mehrere Rechner (z.B. Client-Server) verteilt sind;
- eine größere Anzahl von Masken besitzen (> 20 Masken);
- eine lange Lebenszeit haben;
- portierbar sein sollen;
- mehrere parallele Sichten auf einen Datenausschnitt haben.

View = Fachmaske

Die *Views* der Anwendung stellen einen Zustand der Anwendung dar. Im Allgemeinen entsprechen sie den Fachmasken. Ein View nimmt Anwender-Aktionen (etwa eines Menüs oder eines Button) an und leitet diese als fachliches Ereignis an den Controller weiter. Jeder View kann sein zugehöriges Modell über den aktuellen Status befragen, um die Darstellung zu aktualisieren. Ein View kann zusätzlich auch eine funktionale Komponente besitzen oder sogar ausschließlich aus ihr bestehen. Ein Beispiel hierfür sind Internet-Anwendungen, die ihre grafische Oberfläche mit Hilfe von Servlets aufbereiten: Die Views entsprechen den Servlets, welche grafisch als HTML-Seiten dargestellt werden.

Controller regeln Abläufe

Die *Controller* sind für die Ablaufsteuerung der Anwendung zuständig, d.h. sie sind Zustandsmaschinen. Sie setzen Ereignisse in Domänen-Operationen um und bestimmen den Folge-Zustand des Systems. Bei einer Zustandsänderung benachrichtigen sie die Modelle.

---

[42] Denken Sie an die Regel von Murphy: Wenn etwas schief gehen kann, wird es auch schief gehen.

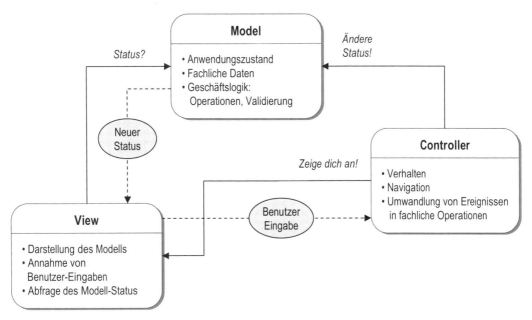

BILD 7.22 Model-View-Controller (MVC)

Die *Modelle* beinhalten die fachlichen Informationen und strukturieren sie in einer Art und Weise, die für die Views passend ist. Sie stellen einen für die jeweiligen Masken relevanten Ausschnitt des Domänen-Modells dar. Ein gutes Beispiel hierfür sind Modelle, die Suchergebnis-Masken mit Inhalt versorgen. In der Regel werden nicht alle Attribute der gefundenen Objekte angezeigt. Aus Performanz-Gründen wird der Modell-Ausschnitt deshalb häufig auf die tatsächlich dargestellten Attribute beschränkt.

Modelle repräsentieren Fachdomäne

Meistens wird das Muster so angewendet, dass zu jeder Maske ein Tripel *Model-View-Controller* existiert. Varianten können jedoch sinnvoll sein: Falls verschiedene Masken (Views) Ausschnitte des gleichen Datenbestandes zeigen, so müssen sie über ein gemeinsames Modell verfügen. Dies gewährleistet die Konsistenz der dargestellten Daten.

MVC-Tripel

Serverseitiger MVC (Thin-Client)

Diese Variante des MVC-Musters erläutern wir Ihnen am Beispiel einer Internet-Anwendung mit einem Web-Browser als Client. Der Browser kommuniziert mit dem Server über das HTTP-Protokoll. Auf dem Client existiert kein ausführbarer Programmcode, wie etwa Java oder Javascript.

Der Client kann einen einfachen Status halten, er kann seinen Status aber auch unerwartet verändern. Dies kann etwa durch Vor- oder Zurück-Navigation im Browser erfolgen.

Client-Status

Beim Entwurf der Präsentationsschicht müssen zunächst atomare Arbeitsschritte und logische Transaktionen identifiziert werden. Jeder atomare Arbeitsschritt entspricht einem Zustand, d.h. einer View. Eine Transaktion besteht in der Regel aus mehreren atomaren Arbeitsschritten, welche als HTTP-Request übermittelt werden. Da die Anwendung von mehreren Be-

Logische Transaktionen identifizieren

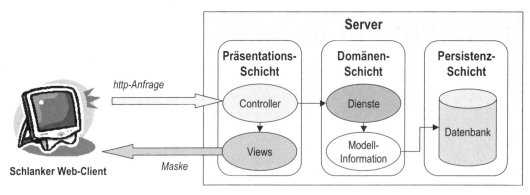

BILD 7.23 Schlanker MVC

nutzern gleichzeitig verwendet werden kann, müssen innerhalb der Transaktionen Konsistenz und Isolation gewährleistet sein.

Für den Entwurf der Präsentationsschicht können die Transaktionen mit Hilfe von UML-Zustandsdiagrammen modelliert werden.

- Kern der Präsentationsschicht sind mehrere Zustandsmaschinen.

Mediator vermittelt zwischen View und Modell

- Sie arbeiten nach dem Mediator-Entwurfsmuster[43] als Vermittler zwischen den Views und den Modellen.
- Jede logische Transaktion wird durch einen Controller gesteuert.

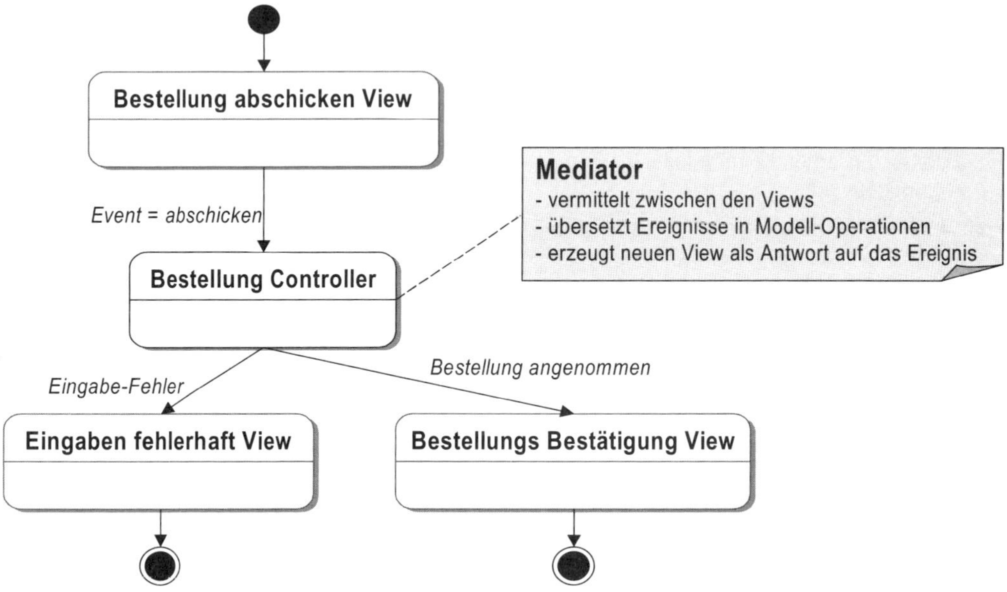

BILD 7.24 Controller eines Frage-Antwort-Systems

---
[43] siehe [Gamma95]

- Das Zusammenwirken dieser elementaren Controller kann durch einen übergeordneten Controller gesteuert werden.

Zustandsdiagramm

Im Unterschied zum „klassischen" MVC-Muster werden die Views nicht vom Controller benachrichtigt, da jede Maske auf Anfrage neu erzeugt wird. Dies minimiert den Kommunikationsaufwand zwischen Client und Server und steigert so die Performanz des Systems beträchtlich.

MVC-Hierarchie

Ist eine Oberfläche sehr komplex, wie etwa bei objektorientierten Benutzerschnittstellen, so muss das MVC-Muster verfeinert werden. Die einzelnen Views setzen sich meist aus kleineren fachlichen Subkomponenten zusammen, welche eigene Verantwortlichkeiten in Bezug auf Darstellung, Ablauf und Fachlogik haben. Beispiele hierfür sind ein Hauptfenster der Anwendung, mit Statuszeile und Menüs.

Auch Fachmasken können aus wiederverwendbaren Komponenten für die Bearbeitung fachlich unteilbarer Einheiten (z.B. Adresse oder Bankverbindung) zusammengesetzt sein. Diese Hierarchie der GUI-Komponenten kann in eine korrespondierende Struktur von MVC-Tripeln umgesetzt werden. Bild 7.25 zeigt einen derartigen Entwurf.

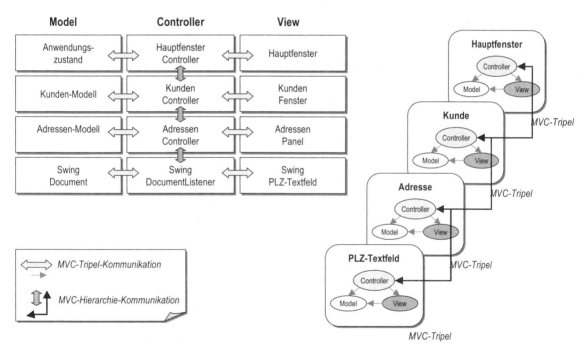

BILD 7.25 MVC-Hierarchie

Für jede GUI-Subkomponente (etwa Statusbar oder Menü) gibt es ein MVC-Tripel, welches die Darstellung und den Zustandswechsel steuert. Gleichzeitig wird die Vater-Kind-Beziehung der GUI-Widgets auf die zugehörigen MVC-Controller übertragen. So ist etwa der Controller des

Hauptfensters der Vater des Status-Zeilen-Controllers und des Menü-Controllers. Die Controller bilden damit eine Kette gemäß dem Zuständigkeitsketten-Muster, welches eine Aufgaben-Delegation erlaubt. Dies kann genutzt werden, um die Verantwortung an Subkomponenten oder übergeordnete Komponenten weiterzureichen. Der Controller des Hauptfensters bildet die Wurzel der Controller-Hierarchie. Er bearbeitet alle Anfragen, die keines seiner Kinder bearbeitet hat.

Die Kommunikation erfolgt innerhalb der MVC-Tripel gemäß dem MVC-Paradigma. Zusätzlich erfolgt eine gleichartige Kommunikation innerhalb der MVC-Hierarchie. Dies lockert die Komponentenkopplung und erleichtert Änderungen im System. Subkomponenten werden auf Grund standardisierter Schnittstellen leicht austauschbar.

Nachteil eines solchen Entwurfs ist der Aufwand für Design und Implementierung. Durch die starke Entkopplung kann sogar die Übersicht über den logischen Fluss der Anwendung verloren gehen. Darüber hinaus können Performanz-Einbußen durch eine Vielzahl von Indirektionen auftreten. Auch hier gilt es also, Augenmaß zu bewahren und die Anzahl der MVC-Tripel auf ein nützliches Maß zu beschränken.

- Nicht jeder einzelne Button benötigt sein eigenes Modell und einen dazugehörigen Controller!
- Als Faustregel können Sie davon ausgehen, dass jede Maske einen eigenen Controller benötigt.
- Zusätzliche Controller könnten erforderlich werden, wenn
  - eine Maske wiederverwendbare Subkomponenten besitzt;
  - mehrere Masken gleichzeitig dieselben Modellinformationen darstellen;
  - einzelne Subkomponenten eine höhere Aktualisierungsrate als der Rest der Maske besitzen (etwa Statuszeile).

Zeigen mehrere Views Ausschnitte aus dem gleichen Fachkomplex, so können diese Masken über ein Modell mit zugehörigen Submodellen synchronisiert werden. Ein Controller steuert die Kommunikation zwischen den Teilmodellen und den Views. Zur Benachrichtigung der abhängigen Modelle werden spezielle Daten-Ereignisse definiert, welche über den Vater-Controller an dessen Kinder-Controller und die zugehörigen Modelle verteilt werden.

Bild 7.26 zeigt einen derartigen Entwurf. Dabei wird deutlich, dass auch das Tripel-Paradigma nicht immer beibehalten werden muss. Im Beispiel existiert zum allgemeinen Adressmodell kein View. Statt dessen werden Adressen entweder als einzelne Adresse innerhalb des Kunden-Views bearbeitet oder aber in einer Adressliste dargestellt. Beide View-spezifischen Modelle benötigen nur einen Ausschnitt des gesamten Adressmodells. Diese Teilmodelle kommunizieren mit dem gesamten Adressmodell über den Adressen-Controller, der Daten-Ereignisse empfängt und an seine Kinder-Controller weiterleitet.

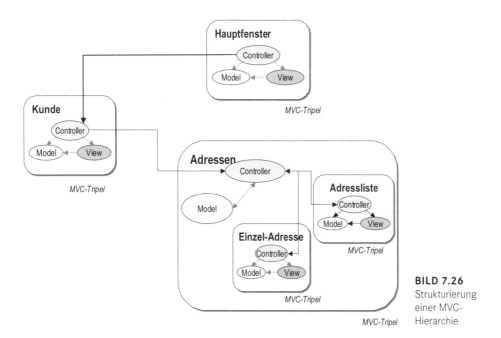

BILD 7.26
Strukturierung einer MVC-Hierarchie

Konsequenzen

Das Entwurfsmuster bietet durch die Entkopplung der Verantwortlichkeiten viele Vorteile. Durch den erhöhten Kommunikationsaufwand zwischen den Komponenten ergeben sich jedoch auch neue Randbedingungen für die Systemarchitektur:

MVC entkoppelt Verantwortlichkeiten

- In verteilten Systemen müssen die Benachrichtigungen des Modells und die Anfragen an das Modell gut ausbalanciert werden, um unnötige Netzbelastungen zu vermeiden. So sollten Sie die Attribute eines Modells durch Proxy-Objekte oder Value-Objekte *en-bloc* abfragen, statt einzelne getXY()-Methodenaufrufe zu nutzen.
- Controller und Modell sind eng gekoppelt. Falls das Modell ständig im Fluss ist, wird es schwierig, den Controller zu entwerfen. Abhilfe kann hier (bei einer asynchronen Verarbeitung ohne Rückgabewerte) das Befehlsmuster (*Command*)[44] schaffen, welches einen Befehl von der konkreten Ausführung entkoppelt.[45] In allen übrigen Fällen können Controller- und Modellentwürfe nur parallel verfeinert werden.
- Viele Entwicklungsumgebungen generieren die Controller für technische Basis-Ereignisse direkt in die View-Klassen. Das widerspricht zwar der „reinen MVC-Lehre", sollte aber dennoch im Entwurf berücksichtigt werden. Der Versuch, einem derartigen Framework das MVC-Pattern quasi überzustülpen, führt zu einer Unzahl von Klassen oder Prozeduren, welche wiederum den Code nahezu unlesbar machen. Darüber hinaus resultiert aus diesem Versuch häufig eine schlechtere Performance, da zahllose Indirektionen durchlaufen werden müssen. In einem solchen Fall empfiehlt es sich, die grundlegenden Design-Pattern des Framework aufzugreifen und gegebenenfalls durch Adapter zu erweitern.

---

[44] siehe [Gamma95]
[45] Für Anfragen, welche Ergebnisse zurückliefern, ist das Muster meist nicht geeignet. Die Kommunikation muss dann vielfach wieder künstlich synchronisiert werden.

7.6.2 Weiterführende Literatur

[Riehle97] beschreibt den Entwurf objektorientierter Oberflächen.

[Coldewey97] und [Coldewey98] stellen Entwurfsmuster für grafische Oberflächen vor.

[Cai99] beschreiben den Komponentenentwurf eines Fat-Client mit einer hierarchischen MVC-Struktur.

[Buschmann96] führt das MVC Muster aus.

Kerstin Dittert (kerstin.dittert@oocon.de) ist freie Beraterin mit den Schwerpunkten Software-Architektur, OO-Methodik, J2EE und Projektmanagement. Sie unterstützt mittlere und große Unternehmen in allen Gebieten des objektorientierten Softwareentwicklungsprozesses sowie in Technologiefragen. Hierbei ist sie unter anderem als Software-Architektin, Analytikerin, Designerin, Projektleiterin sowie als Trainerin und Coach tätig (www.oocon.de).

■ 7.7 Ergonomie grafischer Oberflächen

von Kerstin Dittert

Grafische Benutzeroberflächen (GUI) bieten im Vergleich zu alphanumerischen Benutzerschnittstellen viele Gestaltungsmöglichkeiten. Dies betrifft sowohl die Arbeitsabläufe als auch die Art der Darstellung.

Wir stellen Ihnen in diesem Abschnitt die wichtigsten Aspekte der Gestaltung von Benutzeroberflächen vor:

- Arbeitsmetaphern veranschaulichen die Struktur von Arbeitsabläufen.
- Interaktionsstile bestimmen die Art der grafischen Darstellung.
- Die Berücksichtigung ergonomischer Aspekte steigert die Effektivität, Effizienz und Akzeptanz Ihres Systems.

7.7.1 Arbeitsmetaphern

Metapher = Analogie

Metaphern bieten uns Bilder aus der wirklichen Welt an, um die Struktur von Arbeitsabläufen und Anwender-Interaktionen zu veranschaulichen. Dabei deckt eine Metapher nicht immer alle Anwendungsfälle eines Systems ab. Das Gesamtsystem stellt eine ausgewogene Mischung einzelner Metaphern dar.

Fabrik-Metapher

In der Fabrik erfolgt ein Arbeitsschritt nach dem anderen. Das Ausgangsprodukt eines Bearbeitungsschrittes wird zum Eingangsprodukt des nächsten Arbeitsschrittes. Die Produktionsbänder einer Fabrik können sich verzweigen und wieder vereinigen. Jedes Produkt folgt jedoch nur einem Weg vom Ausgangsprodukt zum Endprodukt. Auf diesem Weg ist die Reihenfolge der Arbeitsschritte fest vorgegeben.

Fabrik

Häufig gibt es zwischen den einzelnen Schritten eine Qualitätskontrolle, die bisherige Ergebnisse überprüft und fehlerhafte Zwischenergebnisse ablehnt. Sind alle Arbeitsschritte durchlaufen, so liegt ein fertiges Produkt vor.

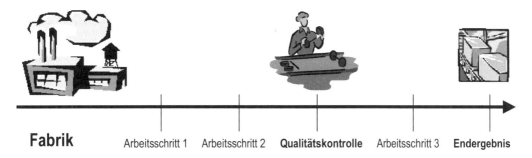

BILD 7.27 Fabrik-Metapher

Der Arbeitsablauf folgt starren Regeln. Abkürzungen auf dem Weg zum gewünschten Endprodukt sind in der Regel nicht möglich. Die starre Vorgabe begünstigt eine leichte Erlernbarkeit der Arbeitsschritte und führt zu einem hohen Durchsatz. Die Arbeit des einzelnen Anwenders ist auf effiziente Massenverarbeitung ausgerichtet und in der Regel wenig kreativ. Die Fabrik-Metapher ist passend für Systeme, die

Hoher Durchsatz

Leicht erlernbar

- selten verwendet werden und ihre Nutzer daher an den Arbeitsablauf „erinnern" müssen;
- von Anwendern benutzt werden, die nur wenig Erfahrung im Umgang mit EDV-Systemen haben;
- Massendaten verarbeiten oder
- einen stark sequenziellen Arbeitslauf haben (etwa Internet-Shop).

Werkzeug-Material-Metapher

Das Leitbild dieser Metapher ist ein Arbeitsplatz für qualifizierte Tätigkeiten, bei denen der Mensch im Mittelpunkt steht. Das Umfeld setzt die entsprechende Qualifikation zur Bewältigung der Aufgaben voraus. Die Arbeitsumgebung ist auf individuelle Arbeitsschwerpunkte und Erfahrung des Einzelnen hin anpassbar. Die fachlichen Konzepte sind klar erkennbar und unterstützen kreative Arbeit und komplexe Tätigkeiten.

Werkzeug-Material

Der Arbeitsablauf ist wenig strukturiert. Viele Kombinationsmöglichkeiten von Werkzeug und Material sowie eine beliebige Reihenfolge der Arbeitsschritte erlauben unterschiedliche Wege zum Ziel. In der Domäne werden Werkzeuge, Material und der Verwendungszusammenhang unterschieden. Diese entsprechen den Arbeitsmitteln, den Arbeitsgegenständen und den Tätigkeiten. Eine Tätigkeit besteht in der Anwendung eines Werkzeugs auf das zu bearbeitende Material. Die Prüfung der Arbeitsergebnisse kann implizit nach Anwendung eines Arbeitsschrittes erfolgen, oder explizit auf Anforderung des Bearbeiters.

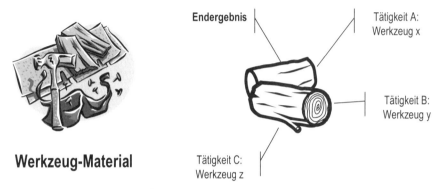

BILD 7.28 Werkzeug-Material-Metapher

Die Werkzeug-Material-Metapher eignet sich für Anwendungen, die

- unterschiedliche Arbeitsabläufe für gleichartige Aufgaben abbilden;
- kreative Tätigkeiten durch eine Vielzahl von Wahlmöglichkeiten unterstützen (beispielsweise Bildbearbeitung);
- von Experten benutzt werden, die das System entsprechend ihrer individuellen Fähigkeiten optimal nutzen möchten.

Formular-Metapher

Ein Formular enthält eine Vielzahl von Daten, die in verdichteter Form dargestellt werden. Zum Ausfüllen eines Formulars ist häufig Expertenwissen über verwendete Abkürzungen, Schlüsselbegriffe und die Reihenfolge der Bearbeitung erforderlich. Die Daten werden überwiegend als Text dargestellt.

Beispiele für derartige Formulare sind Versicherungsanträge, Steuererklärungen, Schadensanzeigen etc.

Die Formular-Metapher ist für Anwendungen geeignet, die

- Textdaten zur Erfassung, Bearbeitung und Ansicht bereitstellen;
- auf effiziente Bearbeitung einer Vielzahl von Daten ausgerichtet sind.

7.7.2 Interaktionsstile

Interaktionsstile strukturieren den Arbeitsablauf im System. Sie geben die Anzahl der Freiheitsgrade vor, mit denen der Benutzer im System navigieren kann und sie beeinflussen die grafische Darstellung der zu bearbeitenden Daten. Einzelne Interaktionsstile korrespondieren mit zugehörigen Arbeitsmetaphern.

Objektorientierter Interaktionsstil

In einer objektorientierten Oberfläche[46] wählt der Anwender zunächst ein Objekt aus und bearbeitet es anschließend.

Die Auswahl der Bearbeitungsschritte erfolgt auch visuell oft nah am Objekt, z.B. mit Hilfe eines Kontext-Menüs. Beispiele für Anwendungen dieses Oberflächen-Typs sind Vektorgrafik-Programme, Textverarbeitungs-Systeme oder digitale Audio-Anwendungen.

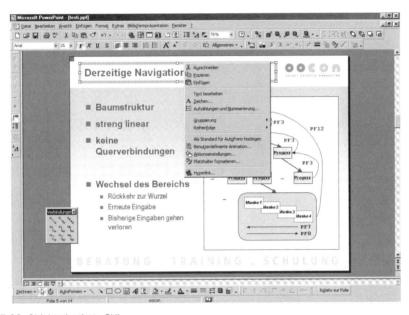

BILD 7.29 Objektorientierte GUI

Objektorientierte Oberflächen sind besonders geeignet für Anwendungen mit grafisch repräsentierbaren Daten. Die Arbeitsweise der Programme orientiert sich an der Werkzeug-Material-Metapher.

---

[46] Das Adjektiv „objektorientiert" bezieht sich ausschließlich auf die Arbeitsweise der zugehörigen Programme. Es hat nichts mit der ausgewählten Programmiersprache zu tun, die für die Erstellung der Software verwendet wird. Zwar ist es in der Regel einfacher, objektorientierte Benutzeroberflächen mit einer objektorientierten Programmiersprache zu erstellen. Es ist jedoch ebenso mit strukturierten Programmiersprachen wie z.B. „C" möglich.

Frage-Antwort-Interaktionsstil

Das System folgt einem fest vorgegebenen, sequenziellen Arbeitsablauf. Der Benutzer wird durch einfache Eingabe-Masken geführt, die einen Anwendungsfall abbilden.

Diese Arbeitsweise entspricht dem Verhalten von

- Host-Anwendungen: Maskeneingabe – Datenfreigabe – Maskenantwort …
- HTML-Internet-Anwendungen: Aufruf einer Seite – Aktion – Antwort.
- Assistenten (Wizards) innerhalb einer Anwendung: Navigation nur mit „Vor", „Zurück" und „Abbrechen" möglich.

BILD 7.30
Frage-Antwort-GUI

Beispiele für derartige Oberflächen sind Internet-Shops oder Assistenten zum Erstellen von Software-Komponenten, die in vielen Software-Entwicklungsumgebungen vorhanden sind. Solche Anwendungsfälle verwenden die Fabrik-Arbeitsmetapher.

Der Einsatz dieses Interaktionsstils ist immer dann vorteilhaft, wenn der Benutzer stark angeleitet werden soll und die Aufgaben formalisiert sind. Im Gegenzug führt eine derartige Benutzerschnittstelle zu einer geringen Flexibilität innerhalb der Anwendung. Das System passt sich der Arbeitsweise der Anwender *nicht* an.

Manchmal zwingen auch die eingeschränkten Ressourcen der Laufzeitumgebung zur Verwendung einer derartigen Oberfläche, obwohl sie für das Einsatzgebiet nicht passend ist. Dies kann z.B. bei Micro-Systemen wie Mobiltelefonen der Fall sein, welche nur über ein sehr kleines Display verfügen und keine externen Zeigegeräte wie eine Maus besitzen.

In einem solchen Fall sollten Sie versuchen, die Flexibilität Ihrer Benutzerschnittstelle durch Abkürzungen und Verzweigungsmöglichkeiten zu erhöhen, um zusätzliche Freiheitsgrade zu erreichen.

Formularbasierter Interaktionsstil

Formularbasierte Oberflächen[47] stellen ihre Anwendungsdaten ausschließlich als Text dar. Die Daten werden meist als Freitext eingegeben, oder aus einer Menge vorgegebener Alternativen ausgewählt (Combo-Boxen, Listen, Radio-Buttons oder Check-Boxen). Viele derartige System folgen dem Muster

- Suche Daten;
- Stelle Suchergebnis als Tabelle dar;
- Wähle Datensatz aus (Ansicht, Bearbeiten, Löschen).

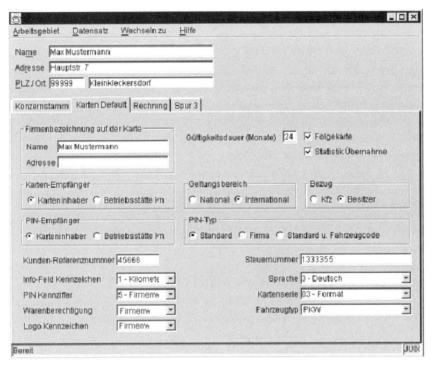

BILD 7.31 Formularbasierte GUI

Derartige Systeme basieren auf der Formular-Metapher (z.B. Recherche- und Abfrage-Systeme, kommerzielle Informationssysteme[48] etc.).

Wird die Anwendung von Experten benutzt, so können einzelne Masken sehr viele Felder beinhalten und damit zunächst unübersichtlich wirken. Sie erinnern an Papierformulare oder Host-Masken mit einer Fülle von Eingabefeldern und Shortcuts. Für geübte Anwender ist eine derart komprimierte Eingabe jedoch wesentlich ergonomischer als der (umständlichere) Umgang mit Kontext-Menüs und Zusatzdialogen.

---

[47] Siehe auch [Coldewey97] und [Coldewey98].
[48] Unter kommerziellen Informationssystemen verstehen wir Standard- oder Individuallösungen zur Abbildung von Geschäftsprozessen einzelner Unternehmen, wie z.B. Warenwirtschaftssysteme, Stammdatenverwaltungen, Call-Center-Anwendungen etc.

Masken mit einer großen Informationsfülle sollten mit Hilfe von Shortcuts und einer geeigneten Tabulatorensteuerung mauslos bedienbar sein.

Wir haben Anwendungen mit *objektorientierten* Oberflächen gesehen, in denen Massenerfassungen von Belegen durchgeführt werden sollten. Dies ging völlig an den Anforderungen der Anwender vorbei, die sequenziell einen Belegstapel abarbeiteten und dabei ausschließlich die Tastatur benutzten, da sie „blind" schrieben.

Erst eine völlige Umgestaltung dieses Anwendungsteiles auf einen formularbasierten Ansatz brachte letztlich die gewünschte Effizienz, Ergonomie und Benutzer-Akzeptanz.

Menüs und Fenster Interaktionsstil

Die Verwendung von Fenstern, Dialogen und Menüs kennzeichnet die Mehrzahl PC-basierter Anwendungen mit grafischer Benutzeroberfläche[49]. Die Strukturierung der Arbeitsabläufe wird meist in der baumartigen Menü-Struktur abgebildet. Innerhalb des Systems stehen fast immer mehrere Alternativen für den nächsten Arbeitsschritt zur Verfügung. Die Gesamtstruktur der möglichen Arbeitsabläufe gleicht damit einem Netz, in dem es Ein- und Ausstiegspunkte sowie fest definierte Wege gibt.

Die einzelnen Anwendungsfälle des Systems werden jeweils mit einem der übrigen Interaktionsstile umgesetzt. Damit bildet die Menü-Fenster-Oberfläche ein Integrationsmittel für Systeme, deren Anwendungsfälle unterschiedlichen Arbeitsmetaphern folgen.

Kommerzielle Informationssysteme setzen die Menü-Fenster-Technik fast immer in Kombination mit formularbasierten Dialogen ein.

Finden Sie passende Metaphern und Interaktionsstile

- Wählen Sie für jeden Anwendungsfall die passende Arbeitsmetapher.
- Kategorisieren Sie die Anwendungsfälle im Hinblick auf die Metaphern.
- Wählen Sie zu den Metaphern passende Interaktionsstile aus:
   - Objektorientierte Oberflächen für die Werkzeug-Material-Metapher,
   - Frage-Antwort-Oberflächen für die Fabrik-Metapher,
   - Formularbasierte Oberflächen für die Formular-Metapher.
- Folgen die Anwendungsfälle Ihres Systems verschiedenen Metaphern, so stimmen Sie Ihr System bewusst darauf ab. Versuchen Sie nicht, alle Anwendungsfälle künstlich auf die gleiche Metapher „zu trimmen". Dies führt zu umständlicher und wenig intuitiver Navigation und vielen Anwenderfehlern.
- Führen Sie unterschiedliche Interaktionsstile einzelner Anwendungsfallklassen unter einer Menü-Fenster-Oberfläche zusammen.

---

[49] im Englischen auch als WIMP bezeichnet: „Windows-Icons-Menus-Pointers" bzw. „Windows-Icons-Mice-Pulldown menus".

7.7.3 Ergonomische Gestaltung

Bei der menschlichen Wahrnehmung und Informationsverarbeitung spielen Form und Struktur eine große Rolle. Visuelle Gestaltungsmittel haben gegenüber verbalen Beschreibungen den Vorteil, dass sie bei gleichem Platzbedarf

- eine weitaus höhere Informationsdichte besitzen;
- der assoziativen Verarbeitung entgegen kommen;
- Struktur und Semantik einfacher darstellen können.

Neues wird assoziativ verarbeitet und in das eigene Wissensnetz eingefügt. Überschaubare Einheiten können auf einen Blick erfasst werden. Bei der Gestaltung von Benutzerschnittstellen spielt deshalb die *7 plus/minus 2-Regel* eine wichtige Rolle:

Stellen Sie 5 bis 9 Details innerhalb einer Gruppe dar.

Auswahl der Gestaltungsmittel

Bei der Auswahl eines Darstellungsmittels sollten Sie dessen implizite Bedeutungen bewusst einsetzen. Betrachten Sie die verschiedenen Darstellungen eines Teams in Bild 7.32: Auf der linken Seite sind alle Mitarbeiter sternförmig um den Kollegen *Wagner* gruppiert. Dies wird mit gleichartigen Beziehungen assoziiert. Durch die Sonderrolle im Zentrum wird die Bedeutung von *Wagner* als Gruppenleiter hervorgehoben. Auf der rechten Seite wird die Gruppe hingegen in Form einer Hierarchie dargestellt. Auch hier tritt *Wagner* eindeutig als Kopf der Gruppe hervor. Darüber hinaus wird jedoch auch die Bedeutung von *Hartwig* und *Daum* als Teamleiter symbolisiert. Je höher eine Person in der Hierarchie angeordnet ist, desto größer ist ihre Bedeutung. Bei annähernd gleichem Platzbedarf transportiert die rechte Grafik zusätzliche Informationen.

Beim Entwurf der grafischen Benutzerschnittstelle Ihres Systems sollten Sie folgende Heuristiken berücksichtigen:

- Stellen Sie die wichtigste Information im oberen Teil ihrer Masken dar.
- Gruppieren Sie inhaltlich zusammengehörige Dinge oder Daten mit ähnlicher Änderungsrate nah beieinander.
- Richten Sie die einzelnen Widgets links- oder rechtsbündig an einem unsichtbaren Raster aus.
- Visualisieren Sie Strukturen durch Bäume, Netze etc.
- Ersetzen Sie verbale Beschreibungen durch Symbole, falls dies möglich ist (z.B. Stop-Zeichen für Fehler). Beachten Sie jedoch, dass Symbole oft nicht kulturübergreifend verständlich sind.
- Verwenden Sie sinnvolle Eingabe-Vorbelegungen (Defaultwerte). Unterlassen Sie dies jedoch, wenn es keinen „Favoriten" gibt. Ein unpassender Defaultwert ist für den Anwender mit Mehrarbeit gegenüber einem leeren Eingabefeld verbunden.*

---

* Erkennen des unpassenden Wertes, Löschen desselben und anschließende Eingabe der korrekten Daten.

- Lassen Sie sich bei der Gestaltung der Oberfläche von anderen Programmen, die für ähnliche Aufgabenstellungen gedacht sind, inspirieren.**
- Folgen Sie den bewussten und unbewussten Erwartungen der Anwender. Dies macht die Benutzerschnittstelle durch Wiedererkennung intuitiv und leicht erlernbar.
- Überprüfen Sie das GUI-Design so früh wie möglich an Hand von Anwender-Workshops.

**Viele Entwickler kopieren beim Oberflächendesign das, was ihnen bekannt und vertraut ist: Software-Entwicklungstools. Oftmals ist deren GUI-Design jedoch nicht für die Domäne Ihrer Anwendung geeignet.

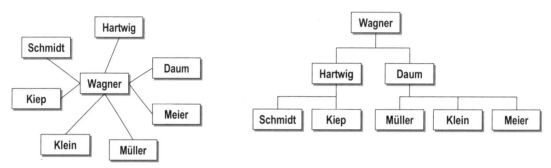

BILD 7.32 Darstellung von Strukturen

7.7.4 Heuristiken zur GUI-Gestaltung

Jennifer Tidwell hat in [Tidwell] eine Patternsprache zur ergonomischen Gestaltung von Benutzerschnittstellen entworfen. Die folgenden Heuristiken basieren auf diesen Entwurfsmustern.

Verdichtete Information

Darstellung einer Vielzahl von *gleichartigen* und *gleich bedeutsamen* Daten. Der Anwender möchte sowohl den Überblick haben als auch Detailinformationen sehen.

Beispiele: Fahrplan, Landkarte, Organigramm

- Stellen Sie möglichst alle Informationen innerhalb *einer* Ansicht dar.
- Sparen Sie Platz durch Verwendung eines kleinen Fonts.
- Setzen Sie Farbe und Schrifttypen (z.B. fett, kursiv) zur Strukturierung ein. Der Anwender kann sich so schneller in der Informationsfülle orientieren.
- Wählen Sie eine grafische Darstellung, die der Informationsstruktur entspricht.

Tabelle

Darstellung von verdichteten Daten in *tabellarischer* Form. Der Anwender möchte viele Informationen auf einmal sehen und Vergleiche anstellen. Ein einzelner Eintrag muss leicht aufzufinden sein.

Beispiele: Adressbuch, Stückliste, Suchergebnis

- Sortieren Sie die Daten nach logischen Kriterien.
- Erleichtern Sie das Auffinden einzelner Werte durch optische Anker (z.B. bei einer alphabetischen Sortierung durch Fettdruck für den ersten Eintrag eines neuen Buchstabens).
- Ordnen Sie die Spalten in absteigender Wichtigkeit von links nach rechts.

Hierarchie

Darstellung verdichteter, *hierarchisch geordneter* Daten. Das Wissen über die Informationsstruktur ist für den Anwender von großer Bedeutung. Es hilft ihm, Daten schnell wiederzufinden und Beziehungen zu erkennen.

Beispiele: Verzeichnisse (Dateien, Warengruppen etc.), Organigramm

- Stellen Sie die Daten in einer Baumstruktur dar.

Formular

Standardisierte Dateneingabe.

Beispiele: Internet-Bestellung, Buchungssatz anlegen, Schadensanzeige

- Heben Sie Pflichteingaben von optionalen Feldern optisch hervor (z.B. durch die Hintergrundfarbe).
- Ausgabefelder müssen von Eingabefeldern klar zu unterscheiden sein.
- Machen Sie deutlich, welche Eingaben erwartet werden. Dies kann durch vorformatierte Felder oder Beispiele erfolgen.

Expertensystem

Anwendung mit *langer Lebenszeit*, die von den Anwendern zur Bearbeitung *komplexer Aufgaben* verwendet wird. Der Benutzer will eine Vielzahl von Daten gleichzeitig sehen und bearbeiten. Längere Einarbeitungszeiten werden akzeptiert.[50]

Beispiele: Tabellenkalkulation, Bildbearbeitung, Audio-Schnittplatz

- Lassen Sie viel Platz für die Darstellung der Arbeitsgegenstände.
- Platzieren Sie Statusinformationen und Werkzeuge an den Rändern.
- Die Aufgaben müssen *performant* und mit möglichst wenigen Arbeitsschritten zu erledigen sein.
- Bieten Sie Möglichkeiten zur benutzerspezifischen Konfiguration.

---

[50] Die Einarbeitungszeit ist minimal im Vergleich zur späteren produktiven Einsatzzeit der Anwendung.

Strukturelle Wiederholung

Darstellung und Navigation folgen stets dem gleichen visuellen und strukturellen Muster. Durch die permanente Wiederholung werden die Bedeutungen implizit erfasst und die Bedienung intuitiv.

Beispiele: Buch mit gleichartigem Layout aller Kapitel, Standard-Menüs und Standard-Dialoge in Windows-Programmen

- Verwenden Sie Symbole und Dialoge aus dem Betriebssystem-Standard, wann immer dies möglich ist.
- Bilden Sie gleichartige Aufgaben im gleichen Interaktionsstil ab.
- Führen Sie Standards für Buttons und Kontext-Menüs ein (Kombination, Anordnung, Beschriftungen, Default-Button).
- Verwenden Sie gleiche Fonts und Farben zur Hervorhebung gleicher Bedeutung (Beschriftung, Erläuterung, Kontext der Bearbeitung etc.).

Gruppe verwandter Dinge

Darstellung zusammenhängender Informationen (nach der 7+/-2-Regel). Kleine Informationseinheiten können vom Anwender schnell erkannt werden.

Beispiele: Adressblock auf einer Kunden-Maske

- Verwenden Sie visuelle Muster für die Anordnung der Gruppen.
- Setzen Sie die Gruppen durch breitere Zeilen- oder Spaltenabstände voneinander ab.
- Beschränken Sie den Einsatz von Gruppierungsrahmen.

Rückkehr an einen sicheren Ort

Rückkehr zu einem konsistenten *Ausgangspunkt*. Der Anwender kann sich in der Anwendung „verirrt" haben.

Beispiele: *Home*-Button im Web-Browser, *Zurücksetzen*-Button in Eingabemasken, *Standard*-Button in Konfigurationsmasken

- Bieten Sie eine Rückkehrmöglichkeit zum letzten konsistenten Zustand an (gesicherte Datei, aktuelle Konfiguration etc.).

Statusanzeige

Darstellung eines *Zustands*. Die Information ist für den Anwender nur gelegentlich interessant. Sie muss einfach zu finden sein, darf aber die Haupttätigkeit nicht stören.

Beispiele: Uhrzeit, Tachometer, Akku-Ladezustand, System-Ressourcen

- Verwenden Sie Symbole.
- Betonen Sie Wichtiges (z.B. durch Farbe).
- Stellen Sie die Information immer an der gleichen Stelle dar. Behalten Sie bei mehreren Statusinformationen stets die gleiche Anordnung bei.

Fortschrittsanzeige

Darstellung des *Fortschritts der aktuellen Operation*. Der Anwender möchte wissen, ob das System noch arbeitet. Sobald auf dem Bildschirm kein Fortschritt angezeigt wird, ist der Benutzer beunruhigt, dass die Anwendung hängen könnte.

Beispiele: Datei-Download, Installations-Prozedur

- Sorgen Sie dafür, dass sich auf dem Bildschirm etwas verändert (Textausgabe, Fortschrittsbalken etc.).
- Geben Sie an, wie groß der Anteil der bereits erledigten Aufgaben ist und wie viel voraussichtlich noch zu tun ist.

Mehrfach-Aktion

Auf mehrere gleichartige Objekte soll die gleiche Operation ausgeführt werden. Der Anwender möchte die einzelnen Bearbeitungsschritte nicht für jedes einzelne Element wiederholen[51].

Beispiele: Löschen mehrerer Dateien, Verschieben mehrerer Objekte

- Wenn eine Operation dies zulässt, so geben Sie die Möglichkeit zur Mehrfachauswahl von Objekten.

7.7.5 Weiterführende Literatur

www.uidesign.net bietet viele Ressourcen zum Thema Benutzerschnittstelle.

[HalShm] ist eine umfangreiche Sammlung gelungener und abschreckender Beispiele zu den Themen GUI-Design und Benutzer-Interaktion.

[Shneidermann98] enthält viele praktische Hinweise zum Entwurf von Benutzerschnittstellen.

[Tidwell] beschreibt eine Entwurfsmuster-Sprache für Benutzerschnittstellen.

---

[51] Maschinen eignen sich weitaus besser für die stupide Wiederholung gleicher Tätigkeiten. Menschen ermüden dabei und arbeiten schließlich fehlerhaft.

7.8 Internationalisierung

von Kerstin Dittert

Internationalisierung: Unterstützung für den Einsatz von Systemen in unterschiedlichen Ländern, Anpassung der Systeme an länderspezifische Merkmale.

Lange bevor Softwareprodukte international eingesetzt werden sollten, entwickelte die Industrie schon Produkte für globale Märkte. Stellen Sie sich folgendes Szenario vor:

Ein Automobilhersteller des europäischen Fantasielandes Expando vertreibt einen PKW, der sich im Heimatland zum Verkaufsschlager entwickelt. Das Management beschließt, den Wagen auf den internationalen Markt zu bringen. Ein Team erhält den Auftrag, festzustellen, welche Ergänzungen notwendig sind, um das Fahrzeug international zu vertreiben. Die Gruppe erstellt in langwieriger Detailarbeit einer Liste aller Beschriftungen im Wageninneren. Sie fordern eine Übersetzung dieser Texte und der Betriebsanleitung in alle europäischen Sprachen an. Mit beträchtlichem Aufwand werden die Texte übersetzt. Der Wagen lässt sich nun für jedes Zielland neu konfigurieren:

- Alle Beschriftungen sind in der Landessprache verfasst.
- Das eingebaute Navigationssystem ist für jedes Land mit den entsprechenden Karten und der passenden Sprachausgabe ausgestattet.
- Für jedes Land gibt es eine andere Betriebsanleitung.

Das Marketing beginnt, der Wagen wird europaweit und in Amerika vertrieben. Zur Überraschung aller entwickelt sich der ausländische Umsatz mehr als schleppend. In England wird kein einziges Auto verkauft. In Deutschland veröffentlich der ADAC Testergebnisse, nach denen der Wagen bei 180 km/h in der Kurve ausbricht. In Amerika wird der Wagen gar nicht erst für den Verkauf zugelassen! Das Management beruft eine Krisensitzung ein. Es war doch so viel Aufwand in die Übersetzungsarbeit gesteckt worden! Wieso nahmen die Kunden den Wagen nicht an? Eine in Auftrag gegebene Studie bringt ernüchternde Ergebnisse zu Tage:

- In England hatte man vergessen, das Lenkrad *rechts* einzubauen.
- In der amerikanischen Version hatte man vergessen, den Tacho auf die *Maßeinheit* Meilen/Stunde umzurechnen.
- Da in Expando das Tempolimit 130 km/h gilt, wurde die Konstruktion auf diese Höchstgeschwindigkeit ausgelegt. Der Fehler wurde von der Qualitätssicherung nicht entdeckt, da *spezielle Tests* für einzelne Länder-Konfigurationen nicht durchgeführt wurden!
- Bei der Konzentration auf die sprachlichen Aspekte hatte man andere Aspekte wie Maßeinheiten, technische Randbedingungen etc. völlig vergessen.

7.8.1 Globale Märkte erfordern neue Prozesse

So überspitzt die obige Geschichte auch sein mag: Die Erstellung international einsetzbarer Software stellt Sie als Software-Architekten vor ähnliche Probleme. Der Aspekt der Internationalisierung beeinflusst den gesamten Softwareentwicklungsprozess. Sie sollten ihn deshalb frühzeitig in Ihre Überlegungen mit einbeziehen. Neben der Berücksichtigung verschiedener Sprachen müssen Sie manchmal auch nationale Unterschiede wie Währungen, gängige Formatierungen, Zeitzonen etc. berücksichtigen.

Je nach Zielgruppe und angestrebtem Markt kann es sogar erforderlich sein, kulturelle und politische Aspekte mit zu betrachten. Dies ist besonders wichtig für Web-Anwendungen, die sich an ein weltweites und unspezifisches Publikum wenden (wie z.B. Suchmaschinen, Free-Mail-Provider etc.).

7.8.2 Dimensionen der Internationalisierung

Internationalisierung ist teuer, und nicht jede Anwendung ist für den chinesischen Markt mit einer Fülle von über 40000 Schriftzeichen geplant. Allgemeine generische Ansätze sind aufwändig in der Entwicklung, ohne dass damit zwangsläufig ein wirtschaftlicher Mehrwert verbunden ist. Zu Beginn des Architekturentwurfs sollten Sie deshalb die Anwender-Zielgruppe möglichst genau eingrenzen. Dabei sollten Sie folgende Fragen stellen:

- Welche Sprachen sollen unterstützt werden?
- Verwenden alle Sprachen ausschließlich lateinische Schriftzeichen?
- Wird Text immer horizontal von links nach rechts geschrieben?
- In welchen Ländern soll die Anwendung eingesetzt werden?

Sie und Ihr Team müssen herausfinden, wie hoch der Anteil sprachabhängiger oder landestypischer Anwendungslogik ist. Folgende Fragen können Ihnen dabei helfen:

- Welche Formatierungen werden benötigt?
- Müssen unterschiedliche Währungen verarbeitet werden?
- Enthalten die Anwendungsdaten Bezeichnungen, die übersetzt werden müssen?
- Enthält die Anwendung zeitabhängige Dienste?
- Welchen Umfang soll das Hilfesystem haben?
- Welche Anwendungsteile sollen über Tastaturkürzel[52] gesteuert werden?
- Gibt es kulturelle Unterschiede, die für die Anwendung relevant sind?

Haben Sie diese Fragen beantwortet, können Sie entscheiden, welche der folgenden Konzepte für Ihre Architektur relevant sind. Als wichtigste Regel gilt:

 Grenzen Sie die Internationalisierungsaspekte so weit wie möglich ein.

---
[52] Shortcuts (z.B. CTRL-C) oder Mnemonics (ALT-Buchstabe).

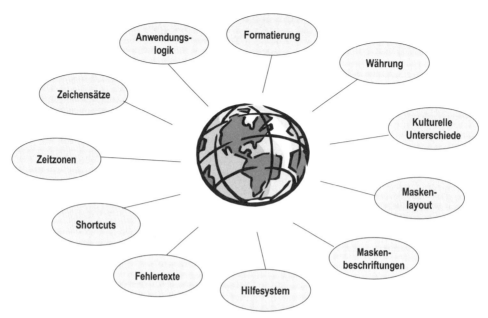

BILD 7.33 Aspekte der Internationalisierung

7.8.3 Lösungskonzepte

Mehrsprachigkeit

Sprachen Sprachvarianten

Fast alle internationalisierten Anwendungen unterstützen mehrere Sprachen, manche sogar Sprachvarianten wie z.B. *Britisches* und *Amerikanisches Englisch*. Die Notwendigkeit solch feiner Unterscheidung müssen Sie sorgfältig abwägen. Die Ziele einer hohen Anwenderakzeptanz und des möglichst geringen Entwicklungs- und Wartungsaufwandes stehen sich komplementär gegenüber. Für die Rechtschreibprüfung einer Textverarbeitung ist die Berücksichtung von Sprachvarianten unerlässlich. Die Webseiten einer Internet-Suchmaschine können hingegen ausschließlich in einer englischen Sprachvariante angeboten werden.

Externe Ressourcen

Sämtliche Oberflächenelemente müssen sprachabhängig beschriftet werden und werden deshalb als externe Ressourcen benötigt. Rückmeldungen an den Anwender wie Fehlermeldungen, Statuszeilentexte etc. müssen ebenfalls in allen Sprachen vorliegen und beim Satzbau den Regeln der jeweiligen Grammatik folgen.

Textkonstanten sind in verschiedenen Sprachen unterschiedlich lang und beanspruchen dementsprechend mehr oder weniger Platz. Grafische Benutzeroberflächen mehrsprachiger Systeme sollten deshalb niemals ein statisches GUI-Layout[53] vorgeben. Stattdessen sollte sich die Größe beschrifteter Elemente (Buttons, Label, Menüeinträge etc.) dynamisch an den enthaltenen Text anpassen.

---

[53] Bei einem statischen GUI-Layout sind die Position und Größe der einzelnen Oberflächenelemente fest vorgegeben. Bei unbekannten Beschriftungslängen muss also vorsorglich einiges an zusätzlichem Platz reserviert werden, damit die Texte nicht abgeschnitten werden.

Die Oberflächenorientierung einer GUI folgt immer der Textausrichtung der Sprache. Menüs werden z.B. in deutschsprachigen Ländern von links nach rechts angeordnet, in arabisch sprechenden Ländern jedoch von rechts nach links. Auch werden die Elemente einer Maske entweder von links nach rechts oder umgekehrt angeordnet. Falls also Sprachen mit unterschiedlicher Textausrichtung unterstützt werden sollen (z.B. Englisch und Arabisch), so wird eine variable GUI-Komponentenorientierung benötigt. Hierfür muss das GUI-Layout-Management neben der variablen Positionierung und Größenbestimmung um dynamische Orientierung ergänzt werden.

Die folgende Heuristik kann Ihnen helfen, Ihre Architektur für mehrere Sprachen auszulegen:

- Legen Sie zunächst die für das System erforderlichen Sprachen fest (z.B. Deutsch, Englisch, Arabisch etc.).
- Überprüfen Sie sorgfältig, ob Sie unterschiedliche Sprachvarianten benötigen (z.B. Deutsch (Schweiz), Deutsch (Deutschland)). Der Übersetzungsaufwand steht häufig in keinem vernünftigen Verhältnis zum Mehrwert innerhalb der Anwendung!
- Setzen Sie bei der Masken-Gestaltung Layout-Manager-Klassen ein. Diese passen die Größe der Maskenelemente an die aktuellen Beschriftungslängen an.
- Sollte die von Ihnen eingesetzte Programmiersprache kein dynamisches Layout-Management unterstützen, so berücksichtigen Sie zusätzlichen Platzbedarf für andere Sprachen. Geben Sie in Entwurfsrichtlinien maximale Beschriftungslängen vor (z.B. 30 Zeichen).
- Ordnen Sie Menüs und andere Oberflächenelemente gemäß der Textausrichtung der verwendeten Sprache an.
- Legen Sie sämtliche sprachabhängigen Elemente in Ressource-Dateien ab (Oberflächenbeschriftungen, Fehlertexte, Shortcuts, Tooltipps, Audio-Dateien etc.).
- Beachten Sie bei Fehlermeldungen den unterschiedlichen Satzbau verschiedener Sprachen. Einige Klassenbibliotheken bieten hierfür spezielle Formatierungsklassen an.[*]

---

[*] In Java ist dies die Klasse MessageFormat

Anbindung externer Ressourcen

Sämtliche statischen Texte und alle übrigen sprachabhängigen Inhalte, wie Bilder oder Audio-Dateien, werden in sprachspezifischen Ressource-Dateien oder -Klassen von der Anwendungsimplementierung entkoppelt. Zur Laufzeit bestimmt das Programm die aktuelle Kombination von Land und Sprache. Dies kann mit Betriebssystemmitteln, über ein Benutzerprofil oder auf Anforderung des Benutzers erfolgen. Diese Länder-Sprachkombination wird allen internationalisierten Anwendungsteilen zur Verfügung gestellt[54]. Anschließend können die jeweils benötigten Ressourcen geladen werden.

---

[54] Sie wird häufig als Locale-Objekt bezeichnet.

Auch Tastaturkürzel gehören zu den Daten, welche erst nach Auswahl der Sprache zugeordnet werden können. Sie werden deshalb ebenfalls als Ressourcen verwaltet und den Oberflächenelementen dynamisch zugeordnet. Hierbei ist besonders darauf zu achten, dass die Kürzel als Buchstabe in der zugeordneten Beschriftung enthalten und pro Maske eindeutig sind.

Das gesamte Hilfesystem (hierzu gehören auch Tooltipps und Benutzerhandbücher) muss ebenfalls in allen Sprachen vorliegen.

Fehlermeldungen und sonstige Nachrichten an den Benutzer werden auch als Ressourcen gehalten und in einem zentralen Pool verwaltet. Dies hat den angenehmen Nebeneffekt, dass eine Standardisierung der Nachrichtentexte einfach zu erreichen ist. Nachrichten können Platzhalter enthalten, welche zur Laufzeit kontextabhängige Inhalte aufnehmen können. Ein Beispiel hierfür sind zwei Nachrichtenformate

- „Benutzer {0} ist im System nicht bekannt";
- „Unknown user {0}"

welche zur Laufzeit mit dem Benutzernamen „Meier" gefüllt werden.

Achten Sie darauf, dass die Reihenfolge der Satzteile sowie die Interpunktion in jeder Sprache unterschiedlich sein können. Formatieren Sie Meldungen mit speziellen Klassen, welche die Platzhalter füllen und die Sprachgrammatik berücksichtigen.

Zeichensätze und Zeichenkodierung

Sobald die Sprachen und Sprachvarianten festgelegt worden sind, können geeignete Kodierungsstandards für alphanumerische Zeichen identifiziert werden. Der ASCII-Standard wird keinesfalls ausreichen, da dieser für den Einsatz in den USA optimiert wurde. Ein britischer Anwender würde bereits das £-Zeichen für die Währungsdarstellung vermissen. Im Idealfall kommt man im europäischen Raum mit einer der ISO-Kodierungen zur Unterstützung mehrerer Sprachen aus.[55]

Zeichensatz

Die Angabe geeigneter Kodierungen gewährleistet jedoch nur die richtige *programminterne* Darstellung der Zeichen. Sind auf dem Rechner des Anwenders keine dazu passenden Zeichensätze installiert, so kann es passieren, dass Buchstaben nicht darstellbar sind und als Kästchen oder sonstige Platzhalter am Bildschirm angezeigt werden. Ein solches Verhalten ist zum Beispiel zu erwarten, wenn auf einem Computer in Deutschland japanische oder arabische Schriftzeichen dargestellt werden sollten. In diesem Fällen muss gewährleistet werden, dass passende Zeichensätze mit zum Distributionsumfang der Software gehören.[56]

- Kodieren Sie jede Sprache in einem passenden Zeichensatz;
- Stellen Sie sicher, dass in der Laufzeitumgebung die passenden Fonts installiert sind.

---

[55] Z.B. ISO-8859-1 für die Sprachen Albanisch, Baskisch, Katalanisch, Dänisch, Niederländisch, Englisch, Finnisch, Französisch, Deutsch, Isländisch, Irisch, Italienisch, Norwegisch, Portugiesisch, Räto-Romanisch, Schottisch, Spanisch, Schwedisch.

[56] Der Windows-Freeware-Font „Bitstream Cyberbit" unterstützt mehr als 30000 Symbole und kann u.a. Arabisch, Hebräisch und Thailändisch darstellen.

Sprachabhängige Anwendungsdaten

Die Notwendigkeit mehrsprachiger Anwendungsdaten wird häufig übersehen. Maskenübersetzungen und angepasste Fehlermeldungen nützen dem Anwender wenig, wenn er beispielsweise in Auswahllisten (z.B. für Farben, Warengruppen etc.) nur fremdsprachige Wörter sieht. Die meisten sprechenden Bezeichnungen der Anwendungsdaten müssen deshalb ebenfalls mehrsprachig vorliegen. Potenzielle Kandidaten dafür sind Attribute,

- die der Bezeichnung dienen und als Freitext eingegeben werden können (z.B. Artikelnamen);
- die einen endlichen Wertebereich haben (z.B. Artikeleigenschaften wie Farbe, Größe, Material). Derartige Attribute werden meist in Auswahllisten[57] dargestellt.

Die Unterstützung mehrsprachiger Anwendungsdaten ist ein komplexes Thema. Neben dem Entwurf eines geeigneten Objekt- und Datenmodells müssen Mechanismen zur Übersetzung bereitgestellt werden. Die Erhaltung konsistenter Datenbestände erfordert häufig die Auszeichnung einer führenden Sprache. Besonders schwierig wird es, wenn Altdaten übernommen oder Fremdsysteme integriert werden müssen, da diese oft nicht mit den neuen Konzepten harmonieren.

Das Objekt- und Datenmodell muss um Sprachvariationen ergänzt werden. Im Objektmodell führt dies zu keiner weitreichenden Modellveränderung, da zur Laufzeit jeweils nur eine konkrete Sprachinstanz referenziert wird. Das Datenmodell muss jedoch für alle sprachabhängigen Anwendungsdaten um Sprach- und Länderschlüssel ergänzt werden.

Konzeptionell sind relativ statische Daten von „dynamischeren" Attributen zu unterscheiden. Eher statische Daten sind beispielsweise Farbkataloge, Postleitzahlenverzeichnisse etc.[58] Diese werden periodisch und an zentraler Stelle geändert und können über geeignete Importschnittstellen aktualisiert werden. Sofern die Importquellen nur einsprachige Daten zur Verfügung stellen, ist anschließend eine manuelle Übersetzung erforderlich. Diese kann insbesondere auch bei Altdatenübernahmen erforderlich sein.

Im Gegensatz dazu sind Bezeichner wie beispielsweise Artikelnamen, Warengruppennamen etc. dynamische Daten, welche vom Anwender gepflegt werden. Da diese Datenpflege dezentral ist, muss festgelegt werden, wie die Übersetzung dieser Daten erfolgen soll. Ein möglicher Lösungsansatz bezieht ein Übersetzungsteam mit ein:

- Bezeichnungen müssen nach der Bearbeitung stets in alle Systemsprachen übersetzt werden. Hierfür werden die Daten innerhalb eines Workflow-Prozesses an ein Übersetzungsteam weitergeleitet.
- Erst nach der Übersetzung werden die Daten im System produktiv.

Mehrsprachige Bezeichnungen erzeugen durch die permanente Übersetzungsproblematik einen hohen Arbeitsaufwand. Dies gilt sowohl für den Entwurf und die Implementierung des Systems als auch für die laufenden Kosten des Produktionssystems, welches ständig manuelle Eingriffe erfordert.

---

[57] Auch Combo-Boxen genannt.
[58] In vielen Fällen handelt es sich um die Klartextbezeichnung geschlüsselter Felder.

Prüfen Sie deshalb sorgfältig, ob die Einführung mehrsprachiger Bezeichnungen einen großen Mehrwert des Systems darstellt. In den meisten Fällen ist es ausreichend, ausschließlich die statischeren Anwendungsdaten wie z.B. Kataloge mehrsprachig vorliegen zu haben.

- Zeichnen Sie eine Referenzsprache aus.
- Reduzieren Sie den Umfang mehrsprachiger Daten auf das absolut erforderliche Minimum.
- Erweitern Sie Daten- und Objektmodelle um Sprach- und Länderausprägungen.
- Definieren Sie den Arbeitsablauf zur Bearbeitung der im Produktivbetrieb anfallenden Übersetzungsarbeiten.

Formatierung

Datums- und Zeitangaben, Währungsfelder und numerische Angaben werden in unterschiedlichen Ländern verschieden formatiert. Die Darstellungsreihenfolge, Trennzeichen und die Position einzelner Bezeichner variieren. Ignoriert man die länderspezifischen Konventionen, so kann das in einigen Fällen zur kompletten Fehlinterpretation der Anwendungsdaten führen. Die deutsche Datumsangabe „12.02.2001" wird in anderen Ländern folgendermaßen dargestellt:

- Frankreich: 12/02/2001
- USA: 02/12/2001
- Israel: 12/02/2001

Die *visuelle* Formatierung eines Datumsfeldes unterscheidet sich also z.B. in Frankreich und den USA nicht, der *Inhalt* wird jedoch länderabhängig unterschiedlich interpretiert!

Die Formatierung von Datum, Zeitangaben, Geldbeträgen mit Währungssymbol sowie numerischer Felder setzen Sie mit Hilfe spezieller Formatierungsklassen um. Hierfür können Sie Standardbibliotheken einsetzen, welche die länderspezifischen Regeln enthalten und bei Bedarf um zusätzliche Regeln ergänzt werden können.[59]

Anwendungslogik und Steuerung

Programmierer gehen oft implizit von bestimmten Annahmen aus, die in internationalen Anwendungen nicht immer gegeben sind.

Tabelle 7.3 nennt einige häufige Unterstellungen und gibt Gegenbeispiele dazu an. Prüfen Sie, ob alle Annahmen für die Anwendung zutreffend sind! Ist dies nicht der Fall, muss die Anwendungslogik darauf abgestimmt werden.

---

[59] Die Java-Standard-Bibliotheken enthalten hierfür z.B. die Klassen `DateFormat`, `DecimalFormat` und `NumberFormat`.

TABELLE 7.3 Verbreitete Fehlannahmen bezüglich der Internationalisierung

Annahme	Gegenbeispiel
Das Alphabet besteht aus den Zeichen „A" bis „Z".	In Dänemark folgen die Umlaute nach dem „Z".
Worte werden durch Leerzeichen getrennt.	Im Thailändischen gibt es keine Worttrennung.
Die Interpunktion ist in allen Sprachen gleich.	Im Spanischen wird eine Frage mit „¿" eingeleitet und mit „?" beendet.
Ein Buchstabe kann in einem Byte gespeichert werden.	8 bit bieten Speicherplatz für maximal 256 Zeichen. Die chinesische Sprache kennt über 40000 Zeichen!
Sprachen, die das gleiche Alphabet verwenden, haben auch die gleiche Sortierreihenfolge.	„A" und „Ä" repräsentieren im Deutschen den gleichen Buchstaben mit unterschiedlicher Aussprache. Sie sind bezüglich der Sortierung äquivalent. Im Schwedischen stehen diese Symbole für unterschiedliche Buchstaben mit anderer Sortierung.

Sobald ein Programm länderübergreifend eingesetzt wird, sind häufig auch verschiedene Währungen mit im Spiel. Neben dem Formatierungsaspekt, der bereits angesprochen wurde, ist die Mehrwährungsfähigkeit eine Anforderung, die auch die Anwendungslogik betrifft. Gegebenenfalls müssen Umrechnungen vorgenommen, Wechselkurse importiert und eine Systemwährung ausgezeichnet werden. Sie sollten frühzeitig feststellen, ob die Kurse zeitnah über entsprechende Serviceprovider abgefragt werden müssen (z.B. bei Online-Banking-Anwendungen), oder ob die Umrechnungstabellen periodisch ins System importiert werden können.

Arbeitet eine Anwendung mit Zeitstempeln, so müssen Sie feststellen, ob Ihre Anwendung über mehrere Zeitzonen verteilt ist. Berücksichtigen Sie dabei, dass die Zeitzonen nicht immer mit Landesgrenzen zusammenfallen!

- Sehen Sie in zeitzonenübergreifenden Anwendungen einen Zeitstempelservice vor.
- Stellen Sie sicher, dass die Anwendungslogik nicht durch Stringvergleiche[*] gesteuert wird! Arbeiten Sie stattdessen mit numerischen Konstanten, Klassenbezeichnern etc. Überprüfen Sie die Einhaltung dieser Vorgaben in Code- und Design-Reviews.
- Setzen Sie spezielle Klassen für die Sortierung von Zeichenketten ein. Bei Bedarf können diese um sprachspezifische Sortierungsregeln ergänzt werden.
- Legen Sie in mehrwährungsfähigen Systemen eine Referenzwährung fest. Überprüfen Sie, wie zeitnah die Kursumrechnungen erfolgen müssen.

---

[*] 4GL-Tools generieren häufig derartige Vergleiche, um die Anwendungscontroller zu implementieren. Hierfür wird auf Vergleiche mit Menü- oder Buttonbeschriftungen zurückgegriffen.

Kulturelle Besonderheiten

Soll eine Anwendung kulturübergreifend eingesetzt werden (z.B. im Internet), so ist besondere Vorsicht bei der Verwendung von Zeichen, Symbolen und Metaphern geboten. Im harmloseren Fall werden sie schlichtweg nicht verstanden, im ungünstigen Fall können sie aber auch eine völlig gegensätzliche Bedeutung haben und deshalb zu Akzeptanzverlusten führen. Beispielhaft hierfür ist die symbolische Verwendung von Zahlen: Vielen Westeuropäern gilt die 13 als Unglückszahl, in Hongkong ist es hingegen die 7.

Die Missverständnisse können noch weitaus größer werden, wenn Abbildungen von Gesten, Farben, Verkehrsschildern etc. zur Kommunikation mit dem Anwender eingesetzt werden. Die Bedeutung hängt oftmals stark vom Kulturkreis ab.

- Stimmen Sie die Bild- und Zeichensprache Ihrer Anwendung auf den Kulturkreis der Anwender ab.
- Ist die Zielgruppe stark heterogen, so verzichten Sie völlig auf den Einsatz von Symbolen und Metaphern.

7.8.4 Weiterführende Literatur

[Czarnecki2001] beschreiben ausführlich das Design und die Realisierung mehrsprachiger Java-Anwendungen.

[OConnor98] und [OConnor98b] beschreiben die Internationalisierung von Java-Anwendungen.

[Unicode] bietet eine Fülle von Ressourcen zum Thema Mehrsprachigkeit.

7.9 Workflow-Management: Ablaufsteuerung im Großen

von Martin Bartonitz

Bereits in Abschnitt 7.6 (Ablaufsteuerung grafischer Oberflächen) haben Sie die Mittel zur Ablaufsteuerung *innerhalb eines einzigen* Systems kennen gelernt. Die Ablaufsteuerung im Sinne von Workflow-Management bezieht sich auf systemübergreifende Aspekte. Hier geht es um die Steuerung und Koordination zwischen verschiedenen Software-Systemen.

Workflow ist für Software-Architektur aus verschiedenen Gründen von Bedeutung:

- Es betrifft die Schnittstellen zwischen verschiedenen Systemen.
- Es beeinflusst möglicherweise die Dienste oder Schnittstellen, die ein System „nach außen" bereitstellt.
- Zur Abwicklung komplexer Geschäftsprozesse sind oftmals mehrere Software-Systeme notwendig.

Seit der Jahrtausendwende ist parallel zum Begriff Workflow-Management der Begriff Business Process Management – abgekürzt BPM – durch die Gartner Group initialisiert wie ein neuer Hype auf den Markt gekommen. Während das Workflow-Management die Abwicklung von Arbeitsaufträgen durch den Menschen im Fokus hat, liegt der Schwerpunkt bei BPM in der Abwicklung technischer Arbeitsaufträge, der so genannten Services. Die Welt des Workflow-Managements wird seit 1993 standardisiert durch die Workflow Management Coalition (WfMC). Standards zu BPM treibt seit 1999 die Business Process Management Initiation (BPMI) voran. Bemühungen um eine Vereinheitlichung scheiterten bisher an den unterschiedlichen Weltanschauungen (human centric und machine centric) dieser Gremien. Die WfMC spezifiziert die „XML Process Definition Language" (XPDL) und die OASIS die „Business Process Execution Language" (BPEL).

7.9.1 Zweck der Ablaufsteuerung

Geschäftsprozesse repräsentieren Arbeitsabläufe in Unternehmen, durch die unternehmerischer Mehrwert entsteht. Geschäftsprozesse sind häufig Vorgänge, die auf Basis einiger Stammdaten zugehörige Vorgangsdaten bearbeiten. Typische Stammdaten sind Adressen oder Produktdaten, Beispiele für Vorgangsdaten sind Angebote, Aufträge oder Rechnungen.

Geschäftsprozesse werden in vielen Unternehmen auch heute noch zu einem erheblichen Teil auf Papier- oder Aktenbasis abgewickelt. Kommt eine Akte zu einem Sachbearbeiter, führt er einige spezifische Arbeitsschritte aus (ändert einige Daten, verschickt eine Rechnung oder Ähnliches) und leitet die Akte an andere Bearbeiter (etwa zur Genehmigung, zur Ansicht oder zu weiteren Aktionen) weiter. In zunehmendem Maße werden solche Akten (oder Vorgänge) in Unternehmen zwecks Weiterbearbeitung per Mail an andere Sachbearbeiter oder Abteilungen geschickt. Dieses Vorgehen ist umständlich, schwer nachvollziehbar und kann nicht kontrolliert werden. Ziel von Workflow-Systemen ist die (möglichst nahtlose) Einbindung solcher Abläufe in Software-Systeme.

Die Erkenntnis, dass in Geschäftprozessen zunehmend elektronisch verfügbare Dokumente mit verwaltet werden müssen, motivierte die Gartner Group im Jahr 2007 dazu, die in ihrem Magic Quadranten eingeordneten Systeme (BPMS – Business Process Management System) zukünftig auch hinsichtlich ihrer Vollständigkeit bzgl. des Dokumentenmanagements zu beurteilen.

Die Übergänge zwischen verschiedenen Systemen sollen transparent und ohne Medienbrüche erfolgen. Daher steht das Workflow-Management in enger Beziehung zu Integration und Kommunikation, siehe Abschnitte 7.3 (Integration) und 7.5 (Kommunikation).

Bild 7.34 verdeutlicht, wie die Aufbau- und Ablauforganisation in Unternehmen auf den Entwurf von Software-Systemen einwirken. Workflow-Systeme sollen dabei koordinierend und steuernd auf den Ablauf anderer Systeme wirken. Sie sollen:

- den richtigen Personen (in der Aufbauorganisation)
- zur richtigen Zeit (innerhalb der Ablauforganisation)
- mit den richtigen Werkzeugen (Software-Systemen, Applikationen)
- die richtigen Daten bereitstellen.

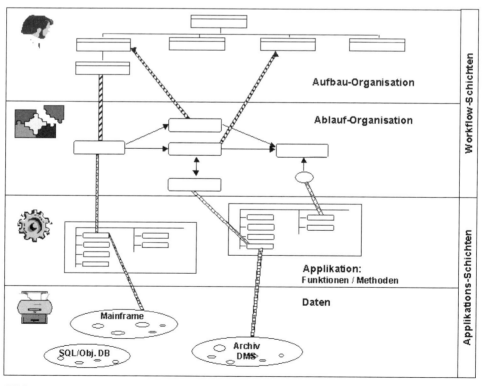

BILD 7.34 Von der Aufbauorganisation zum Software-System

Zusätzlich verwalten sie Versions- und Statusinformation über die betroffenen Geschäftsvorfälle und weisen anhand von Gruppen-, Rollen- oder Verantwortlichkeitsprofilen Vorgänge flexibel zu (unter Berücksichtigung von Benutzerrechten, Vertretungs- oder sonstigen Geschäftsregeln).

Definition von Workflow-Management

Die Workflow Management Coalition[60] (WfMC) definiert Workflow-Management wie folgt:

> Workflow is concerned with the automation of procedures where documents, information or tasks are passed between participants according to a defined set of rules to achieve, or contribute to, an overall business goal (WfMC Workflow Reference Model 1995, Chapter 2).
>
> Workflow-Management ist die Automatisierung von Geschäftsprozessen oder Vorgängen, in denen Dokumente, Informationen oder Arbeitsaufträge unter Berücksichtigung von Regeln oder definierten Verfahren zur Erreichung allgemeiner Geschäftsziele von einem Teilnehmer zum nächsten gereicht werden.

Diese Definition stellt Anwender in den Mittelpunkt und lässt die beteiligten Systeme unspezifiziert.

7.9.2 Lösungsansätze

Wollen Sie in der Architektur eines Software-Systems eine flexible Ablaufsteuerung (im Sinne der oben genannten Definition von Workflow-Management) vorsehen, so haben Sie drei Alternativen:

1. Ein Zustandsautomat mit Transitionstabellen steuert das System. Dieser Zustandsautomat ist Bestandteil des Systems selbst (*embedded workflow*).
2. Die Steuerung erfolgt durch ein externes Workflow-Management-System (WMS) oder synonym Business Process Management System (BPMS).
3. Vorgänge werden manuell per E-Mail oder Groupware weitergeleitet.

Im ersten Fall werden die Zustände der Applikation sowie die möglichen Übergänge zwischen ihnen in einer Tabelle hinterlegt und können im Falle neuer Anforderungen darin zentral administriert werden. Zustände beziehen sich hierbei auch auf Bearbeitungszustände von Vorgängen oder Dokumenten. Beispiele: „Kreditantrag genehmigt", „Kreditantrag vorläufig freigegeben", „Kreditantrag endgültig freigegeben".

Im zweiten Fall wird anhand der Anforderungen des Projektes und der Organisation eine passende Standardsoftware ausgesucht. Streng genommen ist das Workflow-Management-System (WMS) selbst ein Zustandsautomat, allerdings mit einer Reihe weiterer Aufgaben.

---

[60] www.wfmc.org

Standard-WMS haben den Vorteil, dass wie weiter unten beschrieben eine Vielzahl von fertigen Funktionen mitgeliefert werden. Oft verwenden kommerzielle Systeme eine proprietäre Benutzerverwaltung, was den Betriebs- und Verwaltungsaufwand erhöht. Die meisten Systeme bieten allerdings eine Synchronisation mit Verzeichnisdiensten per LDAP.

Im dritten Fall arbeiten Software-Systeme lose gekoppelt. Es besteht das Risiko von Medienbrüchen oder Prozessunterbrechungen. Im Falle hochgradig komplexer oder kreativer Prozesse („individuelle Vorgänge"), deren Bearbeitung stark durch Heuristiken geprägt ist, bietet sich diese Alternative an.

Entscheidungskriterien

Für die Überlegung, welche dieser drei Alternativen der Ablaufsteuerung für Sie in Frage kommt, finden Sie in Tabelle 7.4 einige einfache Entscheidungskriterien.

TABELLE 7.4 Heuristik zur Entscheidung der Ablaufsteuerung

Kriterium	WMS	Groupware	Embedded
Häufigkeit	repetitiv	individuell	selten
Prozessstruktur (Regeln)	stark	schwach	stark / schwach
Benutzerrollen	viele	wenige	wenige
Transparenz	zwingend	nicht zwingend	nicht zwingend
Terminverfolgung	wichtig	unwichtig	unwichtig
Werkzeugnutzung	generell	teilweise	kaum
Dokumente (Input/Output)	bekannt	teilweise bekannt	unbekannt
Externe Schnittstellen	klar definiert, automatisierbar	wenig externe Kommunikation	keine

Definition von Workflow-Management-Systemen

Die Definition eines Workflow-Management-Systems (WMS) durch die WfMC hat einen technischen Fokus:

> A Workflow Management System is one which provides procedural automation of a business process by management of the sequence of work activities and the invocation of appropriate human and/or IT resources associated with the various activity Steps. (WfMC – Workflow Reference Model, Chapter 2)
>
> Ein Workflow-Management-System ist ein System, das Prozesse definiert, erzeugt und steuert durch den Einsatz von Software, die auf einer oder mehreren Workflow Engines läuft, die Prozessdefinitionen interpretieren, mit Anwendern interagiert und, wo gefordert, Software-Systeme aufruft.

Typische Funktionen von WMS

Workflow-Management-Systeme enthalten einige typische Funktionsgruppen:

- Definitions- oder Modellierungswerkzeuge für die Aufbauorganisation (die Benutzerverwaltung soll sicherstellen, dass rollen- oder personenbezogene Rechte auch systemübergreifend korrekt eingehalten werden) und die Ablauforganisation (Geschäftsprozesse). Die Systeme stellen hierfür (grafische) Werkzeuge zur Verfügung, mit deren Hilfe die entsprechenden Ablaufparameter zu den beteiligten (externen) Software-Systemen hinterlegt werden können.

- Sowohl der Client als auch der Server müssen in der Lage sein, an vorgesehenen Stellen im Geschäftsprozess beteiligte Fremdsysteme (Applikationen) aufzurufen. In diesem Fall werden notwendige Parameter mit der Applikation ausgetauscht. Siehe hierzu den Abschnitt 7.3 (Integration).

- WMS benötigen eine Administrationskomponente, mit der notwendige Systemparameter gepflegt werden können (etwa der Arbeitstagekalender).

- Auf Basis einer Protokollierungskomponente können Berichte über den Verlauf der Prozesse erstellt werden. Hier sei der Hinweis erlaubt, dass in Deutschland der Betriebsrat oder Personalrat großen Einfluss auf die Ausgestaltung der entsprechenden Prozesse und auf die zu protokollierenden Daten besitzt. Involvieren Sie diese Organisationseinheiten deshalb frühzeitig.

Praxisrelevante Zusatzfunktionen

Workflow-Management-Systeme müssen mehrere andere Systeme steuern. Diese Steuerung umfasst eine Reihe von Zusatzaufgaben, die spezifisch für die Bearbeitung von Geschäftsprozessen ist:

- Integration mit einem Postkorb: Ziel ist es, die Nutzung von Workflow- und E-Mail-Systemen möglichst einheitlich im Sinne der Benutzerakzeptanz zu gestalten. Daher bieten einige WMS Plugins für die wichtigsten Mail-Systeme an, über die sie Worklist-Daten direkt in diesen Applikationen präsentieren und Workflow-Funktionen zur Ausführung anbieten.

- Wiedervorlage: Ein Auftrag wird mit einem Termin versehen und zum definierten Datum wieder im eigenen Postkorb oder in dem einer Gruppe vorgelegt.

- Termin: Termine können für jede einzelne Aufgabe absolut oder relativ berechnet werden. Terminfestlegungen sollen eine Kontrolle des Durchflusses ermöglichen. Wird der Termin überschritten, werden diverse Mahnungen fällig oder andere Eskalationswege automatisch initiiert.

- Monitor: Diese Funktion führt Buch über den Status sowie die Historie der Prozesse. Sie ist damit in der Lage, Terminüberschreitungen, Laufzeitüberschreitungen und Ähnliches zu erkennen und zu dokumentieren. Neue Begriffe am Markt sind hier Business Activity Monitoring, Complex Event Processing und Business Performance Management. Das System soll mehr und mehr sich anbahnende Probleme, die durch Ressourcen-Engpässe verursacht werden, frühzeitig erkennen, Warnungen erhalten und damit proaktiv gegensteuern können.

- Ablage: Ein Prozess ohne elektronische Dokumente ist kaum noch denkbar. Diese Dokumente müssen abgelegt werden oder die Referenz auf die Ablage muss mitgeführt werden.

Aufbau von Workflow-Management-Systemen

WMS sind im Normalfall als Client/Server-Systeme implementiert. Bild 7.35 verdeutlicht, dass sowohl der Workflow Client als auch der Server (die so genannte *Engine*) mit vorhandenen Applikationen zwecks Steuerung kommunizieren.

Der Workflow Client (Worklist Handler) bietet dem Benutzer eine Liste der Arbeitsaufträge (Activity), die durch ihn zu erledigen sind. Initiiert der Benutzer eine der Aufgaben, so steuert der Client anhand der hinterlegten Parameter die jeweils nutzbare Anwendung an. Abschließend wird der Geschäftsfall in seinem Status weitergeschaltet, d.h. zur nächsten Aktivität geleitet. Können mehr als eine Aktivität erreicht werden, kann die Entscheidung entweder durch den Benutzer oder vordefiniert durch die Workflow Engine erfolgen.

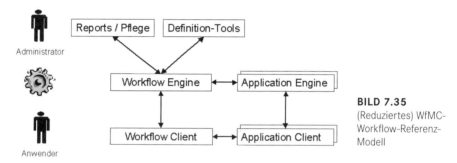

BILD 7.35 (Reduziertes) WfMC-Workflow-Referenz-Modell

7.9.3 Integration von Workflow-Systemen

Die Integration eines Workflow-Management-Systems mit anderen Systemen kann auf zwei Arten erfolgen:

- Ein Workflow-Management-System integriert die externen Systeme (siehe oben).
- Externe Systeme integrieren die Workflow-Funktionen: Arbeiten Benutzer immer nur mit einer Applikation, kann die Integration so gestaltet werden, dass über eine Programmierschnittstelle des Workflow-Management-Systems die Worklist von der Engine gelesen und in der Applikation angezeigt wird. Hierbei verschmelzen die beiden in Bild 7.35 dargestellten Clients zu einer gemeinsamen Anwendung.

 Falls Sie ein System entwerfen, das mit einem WMS kooperieren soll, sollten Sie diese Aspekte mit Ihren Auftraggebern klären. Diese Entscheidung besitzt großen Einfluss auf die Gestaltung der Ablaufsteuerung innerhalb Ihres Systems, obwohl das WMS primär die übergreifende Steuerung behandelt.

Ein anderer Aspekt der Integration, der zunehmend wichtiger wird, ist der Austausch mit anderen Prozessmodellierungs- oder Simulationstools. Viele große Firmen setzen zur Dokumentation ihrer Geschäftsprozesse Tools wie ARIS, Micrografix oder Visio ein und möchten diese Modelle im WMS wieder verwenden. Für einen solchen Import externer Modelle in das Workflow-Management-System könnte ein zukünftiger Sprachstandard helfen, den Realisierungsaufwand für unterschiedliche Modelle stark zu reduzieren. Leider gibt es einen solchen Standard zur Zeit nicht.

Es gibt derzeit drei Ansätze für Prozessbeschreibungssprachen, die sich zur textuellen Repräsentation für die grafische Prozessbeschreibung mittels der Business Process Management Notation (BPMN) anbieten. Bild 7.36 zeigt einen Auszug aus einem BPMN-Modell. Die BPMN definiert eine grafische Visualisierung von Geschäftsprozessen, ähnlich der UML. Da die Spezifikation von BPMN nicht auf die Speicherung der Modelle eingeht, wurden seitens der WfMC und der OASIS die Spezifikationen der Prozessbeschreibungssprachen XPDL und BPEL so erweitert, dass eine Überführung der BPMN in diese Sprachen möglich ist. Da die XPDL in der Version 2.0 im Gegensatz zur BPEL sämtliche grafischen Informationen enthält, kann XPDL bidirektional genutzt werden. Im Falle von BPEL gehen bei der Überführung von BPMN speziell die grafischen Informationen verloren, so dass ein Zurücklesen in das grafische Werkzeug nicht mehr möglich ist. Die OMG als verantwortliche Organisation für die Spezifikation der BPMN arbeitet selbst auch an einer Prozessbeschreibungssprache, dem Business Process Definition Metamodel (BPDM). Allerdings verfolgt die OMG primär das Ziel, aus der BPMN über BPDM und UML zu Java-Code zu gelangen. Ihr Anliegen scheint weniger eine Sprache zur Verbesserung der Portabilität zwischen Anwendungen wie WMS/BPMS und Werkzeugen für die Geschäftsprozessanalyse und -simulation zu sein.

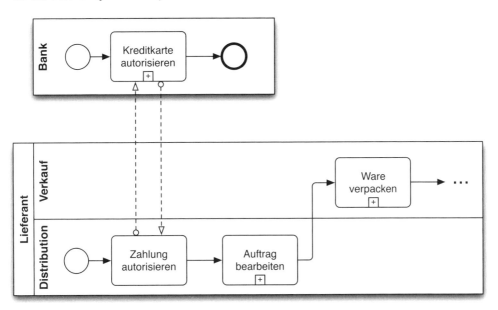

BILD 7.36 BPMN-Beispiel

Wohin führt der Weg? BPEL oder XPDL

Die Ziele der Beschreibungssprachen BPEL und XPDL sind sehr unterschiedlich. Rechnen Sie daher nicht mit einer Vereinheitlichung beider Standards.

Während das Lager der BPEL vorrangig dafür sorgt, dass die einzelnen Funktionsblöcke eines Prozesses (in Form von Web-Services) ordentlich miteinander arbeiten können (Orchestrierung), kümmert sich die XPDL schwerpunktmäßig um das koordinierte Ablaufen von durch Menschen auszuführenden Aufgaben. Letztere stehen immer im Kontext frei strukturierter Dokumente (Akten, Fallbearbeitung). Tabelle 7.5 zeigt die wesentlichen Unterschiede der beiden Sprachdefinitionen.

TABELLE 7.5 Gegenüberstellung BPEL und XPDL

Merkmal	XPDL	BPEL
Zielsetzung	Offener Austausch von Prozess-Definitionen (WfMC Interface 1) und Dateiformat für BPMN	Spezifikation von ausführbaren und abstrakten Geschäftsprozessen auf Basis von Web Services
Prozess-Teilnehmer	„Participants": Resource, Role, Org Unit, Human, System Dynamische Zuordnung mittels Rules während Laufzeit	Intern keine Zuordnung von Teilnehmern, extern im Message Flow über „Partner (Links)"
Technische Schnittstellen	Diverse, z.B. Web Service, EJB, Pojo, Script, Rule	Web Services (WSDL) Binding beliebig
Manuelle Tasks	Explizite Definition von Aktivitäten als „TaskManual"	Nicht explizit unterstützt
Modularisierung	Unterprozesse werden unterstützt	Eingeschränkt möglich durch „scope"
Simulation	Enthält Attribute für Time Estimation, Cost Unit u.a.	Nicht explizit unterstützt
Datenfluss	Nur bei Übergabe während Start und Ende eines Subprozesses	Collaboration zwischen parallelen Web Services
Laufzeitverhalten, Problembehandlung	Für langlaufende automatische Aktivitäten (Teilprozesse) keine expliziten Definitionen	Enthält „fault handler", „compensation handler" und „transaction demarcation"
Austausch mit BPMN	Die Version 2.0 enthält neben Koordinaten und Shape-Größen die Elemente Pool, Lane, Gateway und Event, d.h. bidirektionaler Austausch mit BPMN möglich	Keine grafischen Elemente, nur unidirektionaler Austausch von BPMN nach BPEL möglich.

7.9.4 Mächtigkeit von WMS

WMS und BPMS müssen sich seit einigen Jahren daran messen lassen, in welchem Umfang sie die Workflow Patterns von Wil van der Aalst [VDAalst2002] umsetzen. Diese Muster beschreiben verschiedene Kombinationsmöglichkeiten bei der Abarbeitung von Aufgabenketten

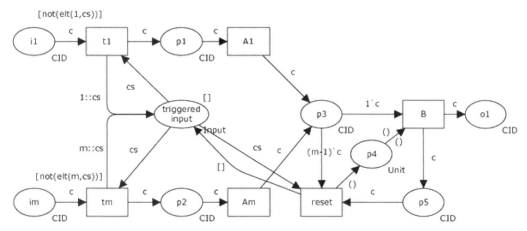

BILD 7.37 Pattern-Beispiel „Blocking Discriminator"

sowie Gestaltungsmöglichkeiten für den Datenfluss, der durchaus unterschiedliche Wege einschlagen kann.

Auf der Web-Site[61] zu [VDAalst2002] sind die Patterns zum besseren Verständnis grafisch animiert. Eine tabellarische Aufstellung beschreibt eine Reihe von Systemen bezüglich ihrer Umsetzung der Patterns. Ebenso sind eine Reihe von Prozessbeschreibungssprachen, darunter auch die schon erwähnten XPDL und BPEL, hinsichtlich ihrer Pattern-Vollständigkeit beurteilt worden.

7.9.5 Weiterführende Literatur

[Lehmann99] schlägt ein Vorgehensmodell zur Entwicklung von Workflow-Anwendungen vor.

[Leymann98] stammt aus der Feder von zwei führenden IBM-Experten zum Thema Workflow. Sie beschreiben die Struktur produktiver Workflow-Systeme und zeigen Techniken für ihren Entwurf.

[VDAalst2002] ist eine aktuelle Übersicht über Workflow-Pattern.

[Bartonitz2005] gibt einen Überblick über die wichtigen Standards inklusive der historischen Entwicklung rund um Workflow-Management, fortgesetzt in [Bartonitz2006].

Martin Bartonitz (martin@bartonitz.net) wandte sich 1992 von der Prozesssteuerung in der Welt der Physik der Vorgangssteuerung in der Bürowelt zu. Erste Erfahrungen damit machte er bei dem Hersteller des Workflow-Management-Systems COSA Workflow (heute COSA BPM Suite) als Projektleiter, Trainer und Produktmanager. Zwischen 1998 und 2003 stellt er sein Wissen auf den Gebieten Methoden und Werkzeuge im Workflow-Umfeld als Berater zur Verfügung. Seit 2004 arbeitet er als Produktmanager in den Bereichen Workflow-Management, elektronische Signaturen und automatisierte Dokumentenerfassung bei der Firma SAPERION AG.

---

[61] www.workflowpatterns.com, eine Initiative der Universitäten Eindhoven und Queensland.

7.10 Sicherheit

von Wolfgang Korn

Sicherheit: Mechanismen zur Gewährleistung von Datensicherheit und Datenschutz sowie der Verhinderung von Datenmissbrauch.

Ich veranschauliche Ihnen in diesem Abschnitt einige Sicherheitsprobleme der Datenverarbeitung und stelle Konzepte zu deren Lösung vor. Die beschriebenen Konzepte erläutere ich primär vor dem Hintergrund der Datenkommunikation.

7.10.1 Motivation

Durch Integration und Verteilung von Software-Systemen wird die Kommunikation zwischen den Systemen sehr wichtig. Bei der Verarbeitung sensibler Daten wirft dies einige Fragen auf:

- Wie können Daten während der Übertragung vor Missbrauch geschützt werden?
- Wie können sich Kommunikationspartner gegenseitig vertrauen?

Diese Sicherheitsaspekte sind insbesondere bei Anwendungen im Bereich *eCommerce* von elementarer Bedeutung. In hohem Maße entscheidet der Faktor Sicherheit über die Akzeptanz angebotener Dienste.

7.10.2 Typische Probleme

Neben den Problemen, die rein Software-technischer Natur sind, wird man bei Entwurf und Implementierung von Sicherheitsmechanismen mit einer Vielzahl von organisatorischen und Infrastruktur-Problemen konfrontiert.

Firewall
- Systeme, die Kommunikation betreiben, müssen häufig auch über Firewall-Grenzen hinweg funktionieren. Dazu werden meist Paketfilter eingesetzt, die lediglich Kommunikation zwischen definierten Adressen und Ports erlauben. Als Architekt müssen Sie diese Einschränkung beim Entwurf von Systemen und Kommunikationskomponenten berücksichtigen.

Kryptographie
Public Key
Infrastructure
- Sicherheitsmechanismen sind meist kryptographischer Natur. Das bedeutet, dass für den Betrieb Schlüssel und Zertifikate benötigt werden. Zu deren Erzeugung und Verwaltung wird organisatorische und technische Infrastruktur (PKI, *Public Key Infrastructure*) benötigt. Die Integration eines Software-Systems in diese PKI muss beim Entwurf berücksichtigt werden.

- Für die Realisierung von Sicherheitsmechanismen ist es je nach Sicherheitsanforderungen notwendig, zusätzliche Hardware (meist Chipkarten-Lesegeräte und Chipkarten) zu verwenden. Dabei müssen viele Faktoren, etwa die Verfügbarkeit von Treibern für alle beteiligten Betriebssysteme sowie die Integrierbarkeit in bestehende Systeme berücksichtigt werden.

- Sicherheitsmechanismen lassen sich nur mit gewissen Abstrichen bei der Performance realisieren. Dies beeinflusst die Entscheidung, welche Daten zu welchem Zeitpunkt gesichert werden. *Geringe Performanceverluste*
- Gesetzliche Rahmenbedingungen beschränken den Entscheidungsspielraum bei der Realisierung von Sicherheitsmechanismen.
  - In Deutschland geben Signaturgesetz und Signaturverordnung bereits viele technische Details der zu verwendenden Infrastruktur vor, sofern rechtsverbindliche elektronische Unterschriften erstellt und bearbeitet werden sollen. *Signaturgesetz*
  - In anderen Staaten gelten teilweise andere gesetzliche Regelungen für Datenverschlüsselung. Diese reichen von einem generellen Verbot kryptographischer Verschlüsselungsverfahren bis zum Gebot der Hinterlegung von Teilschlüsseln (key escrow), um so eine Entschlüsselungsmöglichkeit durch Behörden zu ermöglichen. *Key escrow*

7.10.3 Sicherheitsziele

 ... Wie schon in den vergangenen Jahren verliefen auch die diesjährigen Gehaltsgespräche nicht zu Mallory's Zufriedenheit. „Das muss sich jetzt ändern!", dachte sich Mallory, seines Zeichens Systemverantwortlicher der Firma Insecure Communications Inc. Bereits im vergangenen Jahr hatte Mallory beim routinemäßigen Schnüffeln in den Mails seiner Kollegen festgestellt, dass sein Chef Bob nach Abschluss der Gehaltsverhandlung die Ergebnisse per Mail der zuständigen Personalreferentin Alice mitteilte. „Gut, dass Bob ein so ausgeprägtes Sicherheitsbewusstsein besitzt. Leichter kann er es mir nicht machen.", sagte sich Mallory und machte sich auch gleich ans Werk. Er selbst betreute den bei Insecure Communications eingesetzten Mail-Server, was ihm sein Vorhaben deutlich erleichterte. Das „Korrigieren" seiner Gehaltserhöhung war insofern eine Kleinigkeit für ihn. Die kleine Änderung würde Alice sicher nicht bemerken – wie auch. Nebenbei verschaffte sich Mallory auch gleich einen Überblick über die Ergebnisse seiner Kollegen. Dabei stieß er auf Cora Victim, seine Kollegin in der Systemadministration. Ihr gutes Abschneiden in der diesjährigen Gehaltsrunde erhöhte seinen Neid auf die begabte Kollegin. „Wenn ich schon mal dabei bin, könnte ich auch gleich etwas gegen die ständige Bevorzugung von Cora tun. Eine kurze Mail von Cora an Alice, in der sie sich über ihre nicht angemessene Gehaltserhöhung beschwert, sollte erst mal reichen, um sie ein wenig in Misskredit zu bringen." ...

Anhand dieser kurzen Geschichte erkennen Sie die wesentlichen Ziele, die durch Implementierung von Sicherheitsmechanismen erreicht werden sollen:

Vertraulichkeit

Vertraulichkeit = lesbar nur für Zielgruppe

Vertraulichkeit bedeutet, dass Daten lediglich von denjenigen Personen gelesen werden können, für welche die Daten bestimmt sind. Insbesondere bei Systemen, die über Rechnernetze oder das Internet miteinander kommunizieren, ist bei der Klartextkommunikation keine Vertraulichkeit gegeben. Daten passieren auf ihrem Weg durch solche Netze verschiedene Stationen, die in der Regel von Fremden administriert werden. Insbesondere können Sie damit die Sicherheit dieser Stationen weder einschätzen noch beeinflussen.

 Denken Sie pessimistisch: Sehen Sie Klartextkommunikation über Rechnernetze grundsätzlich als unsicher an! Firmeneigene interne Netze stellen hier keine Ausnahme dar!

Integrität

Integrität = Manipulationen entdecken

Integrität bedeutet, dass Daten nicht unberichtigt in ihrem Inhalt manipuliert werden.[62] Diese Forderung gilt während der Kommunikation, aber auch wenn sich Daten gerade in der Datenbank ausruhen.[63] Vor der Veränderung der Daten während der Kommunikation kann ein Software-System grundsätzlich nicht geschützt werden. Es ist jedoch möglich, solche Veränderungen oder Manipulationen systematisch aufzudecken. Man spricht dabei von der Gewährleistung der Datenintegrität.

Authentizität und Autorisierung

Authentisch = korrekter Absender

Ein weiteres Risiko in der Datenkommunikation besteht darin, dass Daten unter falschem Absender übermittelt werden. Auch hierfür gilt: Schutz ist prinzipiell nicht möglich. Sie können jedoch sicherstellen, dass fingierte Nachrichten als solche erkannt werden. Geprüft und für echt befundene Nachrichten heißen *authentisch*.

Der Vorgang der Authentisierung selbst kann sich sowohl auf Personen (etwa bei der Anmeldung an ein System) als auch auf Software-Systeme beziehen. In letzterem Fall weist beispielsweise ein Web-Server gegenüber dem Benutzer seine Authentizität nach.

Autorisierung = Berechtigung

Unmittelbar verknüpft mit der Authentisierung ist die Autorisierung. Im Rahmen der Autorisierung werden Benutzern oder Systemen, die sich entsprechend ausweisen (authentisieren) konnten, entsprechende Berechtigungen eingeräumt.

Elektronische Kommunikation muss gesichert werden

Ungesicherte elektronische Kommunikation besitzt nicht einmal das Sicherheitsniveau einer Postkarte: Während bei einer Postkarte in der Regel lediglich die Vertraulichkeit verletzt ist, erreicht die elektronische Kommunikation keines der drei Sicherheitsziele. Veränderungen

---

[62] Das Format der Daten kann sich durch die technischen Gegebenheiten der Kommunikation durchaus ändern, etwa durch Protokoll- oder Zeichensatzkonvertierungen.
[63] Oder sich mit Freunden im Container des Application-Servers treffen.

und falsche Absender können bei einer (handschriftlichen) Postkarte leicht erkannt werden, während dies bei elektronischen Daten nicht möglich ist.

Noch ein Ziel: Verfügbarkeit

Neben den genannten Zielen der Sicherheit von Datenkommunikation gibt es nach dem Modell l des Bundesamtes für Sicherheit in der Informationstechnik noch das Ziel der „Verfügbarkeit". Das bedeutet, dass Daten und Programme gegen die so genannten *„denial-of-Service"*-Angriffe zu schützen sind.

Denial-of-Service

7.10.4 Lösungskonzepte

Vertraulichkeit, Integrität und Authentizität lassen sich durch kryptographische Verfahren auf einem hohen Sicherheitsniveau erreichen. Kryptografie basiert auf dem Prinzip der Verschlüsselung (siehe Bild 7.38): Der zu übermittelnde Klartext (*Plaintext*) wird vom Absender durch einen Algorithmus in eine verschlüsselte Form (*Ciphertext,* von engl. cipher: Verschlüsselung) überführt. Dieser Ciphertext wird zum Empfänger übertragen und dort wieder in den Klartext entschlüsselt.

Verschlüsselung
Plaintext
Ciphertext

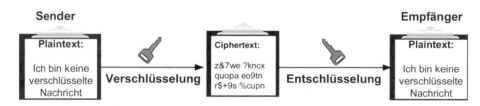

BILD 7.38 Prinzip der Verschlüsselung

Grundlagen kryptographischer Verfahren

Moderne kryptographische Verfahren, die zur Gewährleistung der oben genannten Ziele eingesetzt werden, basieren auf Schlüsseln. Der jeweils eingesetzte Algorithmus ist allgemein bekannt.[64]

In die Transformation von Plaintext in Ciphertext geht eine Variable ein, der so genannte Schlüssel. Der Schlüssel bestimmt, wie die Transformation der Eingabedaten erfolgt. Die Sicherheit dieser Verfahren beruht darauf, dass die benötigten Schlüssel nur den berechtigten Teilnehmern zugänglich sind und nicht erraten oder ausprobiert werden können. Mit Kenntnis des Schlüssels kann jedermann Nachrichten verschlüsseln und verschlüsselte Nachrichten lesen.

Für die Auswahl der Verfahren sollten folgende Regeln berücksichtigt werden:

---

[64] Die Nutzung bekannter Algorithmen bietet den Vorteil, dass diese von unabhängigen Personen geprüft und auf ihre Sicherheit hin getestet werden können. Erkannte Sicherheitsmängel werden publiziert und die Algorithmen oder Implementierungen entsprechend angepasst.

Verwenden Sie **ausschließlich** Verfahren, deren Sicherheit auf der Unkenntnis der verwendeten Schlüssel basieren. Algorithmen, deren „Sicherheit" in der Unkenntnis des Verfahrens besteht (*Security by Obscurity*), haben zwangsläufig das Problem, dass keine zuverlässigen Erkenntnisse über ihre Sicherheit vorliegen.

Eigene Implementierungen bekannter Algorithmen sind selten sinnvoll. Für nahezu alle Verfahren existieren kommerzielle oder freie (teilweise Open-Source-)Produkte. Auf Grund der breiteren Anwendung der Produkte werden Sicherheitsmängel schneller bekannt und behoben, als dies bei Eigenentwicklungen der Fall ist.

Verschlüsselungsverfahren

Für die Verschlüsselung gibt es symmetrische und asymmetrische Verfahren:

Symmetrische Verfahren
DES, 3DES, IDEA, RC5

- Bei symmetrischen Verfahren kommt für Verschlüsselung und Entschlüsselung der gleiche Schlüssel zum Einsatz. Die Achillesferse dieser Verfahren ist der sichere Austausch der Schlüssel zwischen den beteiligten Partnern. Bei Kommunikation mit mehr als zwei Beteiligten ist auch die Anzahl der benötigten Schlüssel ($n*(n-1)/2$) kaum handhabbar. Zu den bekanntesten Vertretern dieser Verfahren zählen DES und 3DES, IDEA und RC5.

Asymmetrische (public-key) Verfahren

- Bei asymmetrischen Verfahren wird ein Schlüsselpaar verwendet. Einer der beiden Schlüssel wird nur zur Verschlüsselung verwendet und ist öffentlich zugänglich. Die Entschlüsselung ist nur mit dem zweiten, geheimen Schlüssel möglich. Diese Verfahren werden als *Public-Key-Verfahren* bezeichnet. Wichtigster Vertreter der asymmetrischen Verfahren ist

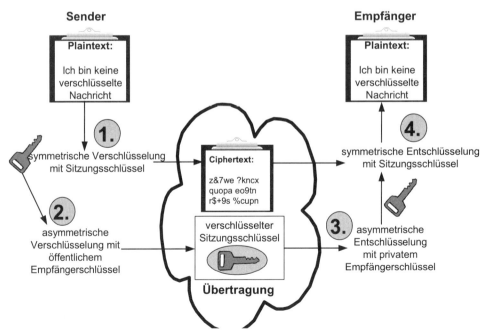

BILD 7.39 Hybride Verschlüsselungsverfahren

der RSA-Algorithmus. Ein Verfahren, das ausschließlich zur Signatur genutzt werden kann, ist DSA. Der Nachteil dieser Verfahren besteht in ihrer Ausführungsgeschwindigkeit: Sie sind etwa 1000-fach langsamer als ihre symmetrischen Kollegen. Aus diesem Grund kommen in der Praxis in der Regel Kombinationen beider Verfahren, so genannte *Hybrid-Verfahren*, zum Einsatz.

Hybride Verfahren (siehe Bild 7.39) machen sich die Vorteile der symmetrischen (Geschwindigkeit) und der asymmetrischen Verfahren (Schlüsselverteilung) zu Nutze. Zunächst wird ein zufälliger symmetrischer Sitzungsschlüssel generiert. Mit diesem werden die Nutzdaten verschlüsselt (Punkt 1 in Bild 7.39). Anschließend wird der Sitzungsschlüssel mit dem öffentlichen Schlüssel des Empfängers asymmetrisch verschlüsselt (Punkt 2). Jetzt können die verschlüsselten Nutzdaten und der verschlüsselte Sitzungsschlüssel gefahrlos transportiert werden. Auf Seite des Empfängers wird zunächst der Sitzungsschlüssel wieder (asymmetrisch) entschlüsselt (Punkt 3). Mit dem Sitzungsschlüssel können die Nutzdaten wieder symmetrisch entschlüsselt werden (Punkt 4).

Hybride Verfahren

Integrität und Authentizität

Integrität und Authentizität werden mit Hilfe digitaler Signaturen gewährleistet, die auf asymmetrischen Verschlüsselungsverfahren basieren. Dabei ist die Bedeutung von öffentlichem und geheimem Schlüssel vertauscht. Das Verfahren zur Erzeugung einer digitalen Signatur entnehmen Sie Bild 7.40.

Digitale Signatur

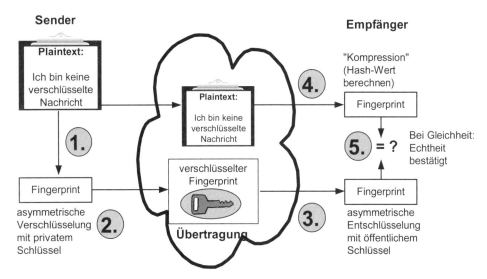

BILD 7.40 Digitale Signatur

Zunächst wird mit Hilfe einer kryptographischen Hashfunktion (etwa: MD5, SHA-1) eine Prüfsumme (*Fingerprint, Message Digest*) der zu signierenden Nachricht errechnet. Dieser Vorgang heißt Kompression. Daran anschließend wird diese Prüfsumme mit dem privaten Schlüssel verschlüsselt. Die verschlüsselte Prüfsumme wird dann zusammen mit der Nachricht an den Empfänger übertragen. Der Empfänger entschlüsselt die Prüfsumme mit dem öffentlichen

Hashfunktion
Fingerprint
Message Digest

Schlüssel des Absenders. Gelingt dies, ist die Herkunft der Nachricht gesichert. Im nächsten Schritt wird die Prüfsumme der Nachricht errechnet und mit der der Nachricht beigefügten Prüfsumme verglichen. Ergeben sich Abweichungen, wurde die Nachricht während des Transports verändert.

Authentisierung durch Challenge-Response

Authentisierungen auf Basis kryptographischer Verfahren funktionieren ähnlich wie die digitale Signatur. Im ersten Schritt stellt das System, an dem die Authentisierung erfolgen soll, eine zufällige Datenfolge bereit. Diese wird von dem System, das sich authentisieren will, mit seinem privaten Schlüssel verschlüsselt und zurück übertragen. Durch Entschlüsselung dieser Daten mit dem öffentlichen Schlüssel und Vergleich mit den Originaldaten kann überprüft werden, ob die Authentisierung erfolgreich war oder nicht. Dieses Verfahren wird auch als *Challenge-Response-Verfahren* bezeichnet.

Die beschriebenen Verfahren setzen die nachprüfbare Zuordnung von öffentlichen Schlüsseln zu Personen oder Systemen voraus.[65]

Zertifikate: Zuordnung von Schlüsseln an Personen oder Systeme

Zertifikate = Bindung von Schlüsseln an Personen

Die Bindung von Schlüsseln an Personen oder Systeme wird durch *Zertifikate* erreicht. Diese enthalten Informationen zum Inhaber, sowie dessen öffentlichen Schlüssel. Um ein Fälschen dieser Zertifikate zu verhindern, werden sie vom Herausgeber digital unterzeichnet. Voraussetzung für die Vertrauenswürdigkeit von Zertifikaten ist daher die Vertrauenswürdigkeit des Herausgebers. Die Rolle dieser Herausgeber wird durch Zertifizierungsstellen (*trust center*) übernommen. In Deutschland unterliegen diese Zertifizierungsstellen als Voraussetzung für die Rechtsverbindlichkeit der Zertifikate einer strengen behördlichen Kontrolle.

Werden Zertifikate lediglich zur Sicherung der internen Kommunikation Ihres Unternehmens benötigt, können Sie eine eigene Zertifizierungsstelle aufbauen. Dazu einige kritische Aspekte als Entscheidungshilfe:

- Ist der Betrieb einer eigenen Zertifizierungsstelle und die Verwendung eigener Zertifikate juristisch abgesichert? Wenn Sie durch die Verwendung der Zertifikate Rechtsverbindlichkeit erreichen wollen, unterliegen Sie dem Signaturgesetz.
- Zum Betrieb einer eigenen Zertifizierungsstelle benötigen Sie qualifiziertes Personal.
- Die technische und organisatorische Infrastruktur eines Trust-Centers muss sicher und verfügbar betrieben werden. Wenn Sie beispielsweise die sichere Verwahrung Ihrer Zertifikate nicht gewährleisten können, sollten Sie auf den Betrieb eines eigenen Trust-Centers verzichten.
- Der Betrieb eines eigenen Trust-Centers verursacht durch administrative und organisatorische Prozesse erhebliche Kosten. Stellen Sie diese den Kosten für eingekaufte Dienstleistung gegenüber.

---

[65] Falls diese Zuordnung nicht sauber gelöst ist, kann es zu den gefährlichen *„man in the middle"*-Angriffen kommen, bei denen ein Angreifer beiden Kommunikationspartnern eine falsche Identität vortäuscht und Nachrichten verfälscht oder missbraucht.

- Sowohl fachliche als auch technische Gründe können für den Betrieb einer eigenen Zertifizierungsstelle sprechen. Ist beispielsweise die Hinterlegung von Schlüsseln gefordert, lässt sich dies mit einer akkreditierten Zertifizierungsstelle nicht realisieren.

∎

Eine Frage der Ebene

Bei der Implementierung von Sicherheitsmaßnahmen sollten Sie zuerst festlegen, auf welcher Ebene des OSI-Schichtenmodells die Realisierung erfolgt:

- Netzwerk-Ebene (OSI-Schicht 3). Eine Implementierung auf dieser Ebene hat keinen Einfluss auf ein zu entwickelndes System. Die Sicherheits-Protokolle dieser Ebene werden häufig für die Realisierung so genannter *Virtual Private Networks* (*VPN*) genutzt. Innerhalb dieser Protokolle (etwa *IPSEC*) erfolgen Verschlüsselung, Sicherstellung der Datenintegrität und Authentisierung der Endsysteme. Die Mechanismen werden in diesem Fall auf den gesamten Datenverkehr zwischen den beteiligten Endsystemen angewandt. Für Software-Systeme ist die Verwendung der Sicherheitsmechanismen auf der Netzwerk-Ebene damit völlig transparent. Eine selektive Anwendung auf einzelne Anwendungen oberhalb der Netzwerk-Ebene ist nicht möglich. Den Zeitpunkt für Entschlüsselung und Prüfung der Datenintegrität können Anwendungen ebenfalls nicht bestimmen. Übertragene Daten werden unmittelbar nach dem Eingang beim Empfänger entschlüsselt und geprüft.

- Transport-Ebene (OSI-Schicht 4). Auch für diese Variante existieren standardisierte Protokolle wie *Secure Socket Layer (SSL)* oder *Transport Layer Security (TLS)*. Bei Einsatz dieser Protokolle kann jede Anwendung eigenständig über deren Verwendung entscheiden. Die Mechanismen beziehen nicht mehr das gesamte Endsystem ein, wie bei der Sicherung auf Netzwerk-Ebene. Generell werden aber alle Daten, die über eine solche Transportstrecke übertragen werden, gesichert. Die Anwendung hat keinen Einfluss auf den Zeitpunkt von Entschlüsselung und Integritätsprüfung. Beides erfolgt unmittelbar nachdem die Daten den Transportkanal verlassen haben. Für eine zu realisierende Anwendung bedeutet die Verwendung solcher Mechanismen nur einen geringen Zusatzaufwand. Lediglich beim Aufbau neuer Verbindungen ergeben sich Änderungen, beispielsweise durch die Behandlung von Zertifikaten. Die Abwicklung der eigentlichen Kommunikation unterscheidet sich nicht von der ungesicherten Kommunikation.

- Anwendungs-Ebene (OSI-Schicht 7). Diese Art der Implementierung gibt dem System maximale Kontrolle über die eingesetzten Sicherheitsmechanismen. Es bedeutet allerdings auch, dass die Verwendung der Mechanismen in einem System explizit programmiert werden muss. Transparenz oder Austauschbarkeit bezüglich der Verwendung von Sicherheitsmechanismen geht damit verloren. Klassisches Beispiel für diese Verfahren ist die Verschlüsselung von E-Mails gemäß *S/MIME*.

In der Praxis hängt die Entscheidung für ein spezifisches Verfahren von den funktionalen und organisatorischen Anforderungen an das zu realisierende Software-System ab. Einige Faustregeln:

- Für Anwendungen im Kontext des Signaturgesetzes ist eine Sicherung auf Transport-Ebene nicht ausreichend, da einige gesetzliche Forderungen (etwa die Nachvollziehbarkeit einer Signaturprüfung) nicht erfüllt sind.
- Wenn Sie Daten auch nach dem Transport sichern wollen, müssen Sie Sicherungsmaßnahmen auf Applikations-Ebene einsetzen.
- Genügt Ihnen die Sicherung der Daten während der Übertragung, sollten Sie Sicherheitsmaßnahmen auf Transport-Ebene wählen.
- Müssen Sie Sicherheitsmaßnahmen in bestehende Anwendungen integrieren, können Sie dies auf der Transport-Ebene mit geringerem Aufwand erreichen.

7.10.5 Zusammenhang mit anderen Aspekten

Sicherheitsmaßnahmen lassen sich nur im Kontext einer Gesamtarchitektur bewerten. Sie bilden ein Querschnittsthema, das Einfluss auf viele andere Bereiche eines Software-Systems nimmt.

Kommunikation und Verteilung

Sicherungsmaßnahmen werden häufig in Zusammenhang mit verteilten Systemen etabliert. Insbesondere wenn die Maßnahmen auf Transportebene realisiert werden, hat dies starken Einfluss auf das entstehende Gesamtsystem.

Middleware

Bei der Realisierung verteilter Systeme kommt meist eine Middleware (auch *Verteilungsplattform* genannt) zum Einsatz. Diese Verteilungsplattformen kommunizieren über Protokolle, die oberhalb der Transportebene angesiedelt sind (siehe [Puder2001]). Zur Realisierung von Sicherheitsmaßnahmen auf Transportebene ist es notwendig, diese in den Protokollstack der genutzten Verteilungsplattform zu integrieren. Ohne entsprechende Unterstützung durch die Verteilungsplattform ist dies nicht möglich.

Berücksichtigen Sie die Anforderungen an Sicherheit bei der Auswahl der Verteilungsplattform oder eines entsprechenden Produktes.

CORBA beispielsweise spezifiziert in seinen Security Services, wie die Realisierung von Sicherheitsmechanismen durch die Verteilungsplattform unterstützt wird. Dabei werden zwei Stufen unterschieden:
- Level-1 Security stellt grundlegende Mechanismen zur Verfügung, die einen gesicherten Aufruf entfernter Objekte sicherstellen. Anwendungen, die auf diesem Level aufbauen, werden als „security unaware" bezeichnet, d.h. die Verwendung der Sicherheitsmechanismen ist für die Anwendungen weitgehend transparent.
- Level-2 Security stellt Mechanismen zur Verfügung, die von einer Anwendung explizit zu verwenden sind. Applikationen dieses Levels werden als *„security aware"* bezeichnet.

Zu den Mechanismen des Level1 gehört auch *IIOP over SSL*. Dabei wird das Protokoll der Verteilungsplattform CORBA über das sichere Transportprotokoll SSL abgewickelt.

Die geschilderten Security Services sind jedoch nicht verbindlicher Bestandteil der CORBA-Spezifikation. Ihre Unterstützung ist Produkt-abhängig.

Ein weiterer Berührungspunkt zwischen Verteilung und Kommunikation ist Performance. Zur Gesamtperformance eines verteilten Systems tragen die Laufzeitkosten der Kommunikation oftmals erheblich bei. Die Problematik, dass das Öffnen neuer Verbindungen einen wesentlichen Teil der Kommunikationskosten ausmacht, verschärft sich bei der Verwendung von Sicherheitsmaßnahmen auf Transportebene weiter. Beispielsweise sind beim Aufbau gesicherter SSL-Verbindungen diverse Optionen für die verwendeten Algorithmen auszuhandeln sowie Schlüssel und Zertifikate auszutauschen und zu prüfen.

Die folgenden Maßnahmen tragen an dieser Stelle zu einer Verbesserung der System-Performance bei:

Wenige entfernte Methoden-Aufrufe mit großen Datenmengen sind deutlich performanter als viele Aufrufe mit geringen Datenmengen, auch wenn die Netto-Nutzdaten das gleiche Volumen haben. An dieser Stelle sind meist Kompromisse zwischen elegantem Design und Performance-Aspekten notwendig.

Möglicherweise können Verbindungen offen gehalten werden und für folgende Aufrufe weiterverwendet werden (Pooling von Verbindungen). So kann bei entfernten Aufrufen das teure Öffnen von Verbindungen gänzlich vermieden werden

7.10.6 Weiterführende Literatur

[SSH] ist eine kurze Einführung in Kryptographie.

[Schneier96] ist das Standardwerk zum Thema Kryptographie.

[Schmeh98] stellt das Thema Sicherheit und Kryptographie fundiert dar und ist dabei auch unterhaltsam zu lesen. Die mathematische Darstellung von Algorithmen wurde auf ein sehr erträgliches Maß beschränkt.

[Tanenbaum89] ist das Standardwerk zur Datenkommunikation. In Anlehnung an das OSI-Modell werden die verschiedenen Ebenen der Kommunikation dargestellt.

[SigG/SigV] enthalten die rechtlichen Grundlagen zur Verwendung digitaler Signaturen in Deutschland.

[Puder2001] beschreibt die interne Funktionsweise von Verteilungsplattformen am Beispiel der freien CORBA-Implementierung MICO.

Wolfgang Korn (wolfgang.korn@gmx.de) hat mehrere Jahre als Berater für IT-Sicherheit und Software-Architekturen gearbeitet. Zur Zeit arbeitet er als Software-Architekt für die blueCarat AG in Köln. Seine Mission besteht darin, seine Familie von den Vorzügen mechanischer Klaviere zu überzeugen und für seine Kunden sichere Architekturen zu entwickeln.

7.11 Protokollierung

Protokollierung: Sammeln von Informationen über den Programmzustand während des Programmablaufs.

Es gibt zwei Ausprägungen der Protokollierung, das „Logging" und das „Tracing". Bei beiden werden Funktions- oder Methodenaufrufe in das Programm aufgenommen, die zur Laufzeit über den Status des Programms Auskunft geben.

In der Praxis gibt es zwischen Logging und Tracing allerdings sehr wohl Unterschiede:

- Logging kann fachliche oder technische Protokollierung sein, oder eine beliebige Kombination von beidem.
    - Fachliche Protokolle werden gewöhnlich anwenderspezifisch aufbereitet und übersetzt. Sie dienen Endbenutzern, Administratoren oder Betreibern von Softwaresystemen und liefern Informationen über die vom Programm abgewickelten Geschäftsprozesse.
    - Technische Protokolle sind Informationen für Betreiber oder Entwickler. Sie dienen der Fehlersuche sowie der Systemoptimierung.
- Tracing soll *Debugging*-Information für Entwickler oder Supportmitarbeiter liefern. Es dient primär zur Fehlersuche und -analyse.

7.11.1 Typische Probleme

Hohe Abhängigkeit von der Protokollierung

Ein Problem einfacher *ad-hoc*-Lösungen der Protokollierung ist die starke Abhängigkeit nahezu sämtlicher Komponenten von der Protokollierung. In fast allen anderen Komponenten wird von der Protokollierung explizit Gebrauch gemacht, indem Aufrufe der Form

```
writeLogEntry( message, priority, category );
```

enthalten sind. Der Empfänger solcher Nachrichten (oder Funktionsaufrufe) muss daher in jeder Komponente bekannt sein. Spätere Erweiterungen der Protokollierung, insbesondere ihrer Schnittstelle, ist mit Quellcode-Anpassungen an vielen Stellen verbunden.

Von daher ist es im Rahmen der präventiven Qualitätssicherung angebracht, vorhandene Bibliotheken zur Protokollierung heranzuziehen, die flexible Anpassung an erweiterte Nutzungsbedürfnisse ohne Code-Änderungen erlauben. Hierzu gehören die Konfiguration zur Laufzeit (Ein- und Ausschalten der Protokollierung, Umlenkung auf andere Ausgabekanäle) und die Definition neuer Kategorien, Prioritäten oder Ausgabekanäle.

Hohe Flexibilität gefordert

Die für die Protokollierung verantwortliche Softwarekomponente, nachfolgend kurz *Logger* genannt, benötigt Flexibilität in folgenden Aspekten:

- Welche Ereignisse sollen protokolliert werden? Hierzu werden Ereignisse in Kategorien eingeteilt. Der Logger entscheidet zur Laufzeit darüber, ob ein auftretendes Ereignis protokolliert wird oder nicht.
- Wie wichtig oder gravierend sind Ereignisse einer bestimmten Kategorie? Dazu können Kategorien mit Prioritäten versehen werden, etwa `DEBUG`, `INFO`, `WARNING`, `ERROR`, und `FATAL`.
- Wohin sollen Ereignisse protokolliert werden? Je nach Anforderung können dazu beliebige Ausgabekanäle sinnvoll oder notwendig sein: Neben den konventionellen Logdateien können Ereignisse an Betriebssystemdämonen[66] oder Warteschlangen geschickt werden, oder sogar über Mobilfunk (SMS) oder E-Mail direkt an die verantwortlichen Personen.
- Wie sollen Ereignisse einer bestimmten Kategorie formatiert werden? Für bestimmte Ereigniskategorien mag eine Übersetzung in die Landessprache der Endanwender sinnvoll sein. Benötigt das System die Nachrichten als Text, HTML, XML oder in anderen Formaten?

Protokollierung in heterogenen Systemen

Protokollierung über Programmiersprachen- und Betriebssystemgrenzen ist komplex. Es gibt einige technische Probleme (etwa: Netzbelastung, Parameterübergabe zwischen unterschiedlichen Programmiersprachen).

Bei getrennter Protokollierung auf Clients und Server ist die Konsolidierung von Client- und Serverprotokollen schwierig.

7.11.2 Lösungskonzept

Die Apache Foundation hat den *Logging Framework for Java* (log4j) entwickelt, eine freie Bibliothek zur Protokollierung in Java.[67] Die Konzepte dieser Bibliothek erfüllen die oben genannten Anforderungen an Logging und Tracing. Die Konzepte dieses Ansatzes sind leicht auf andere Sprachen übertragbar.

Einige Tipps zur Protokollierung:

- Nutzen Sie möglichst ein bestehendes Framework. Dieses Rad müssen Sie nicht neu erfinden!
- Protokollieren Sie sämtliche Interaktionen der Benutzeroberfläche, weil damit der „Gang" des Benutzers durch die Applikation nachvollziehbar wird.
- Protokollieren Sie zusätzlich alle Interaktionen zwischen Subsystemen oder Komponenten.
- Nutzen Sie die Protokollierung zur Fehlersuche und -analyse. Durch Protokollaufrufe instrumentierter Code erleichtert die Fehlersuche.

---

[66] Etwa den Unix `syslogd` oder entsprechende Mechanismen unter anderen Betriebssystemen.
[67] Mittlerweile gibt es auch Portierungen für C++ und Python.

- Beachten Sie die entstehende Netzbelastung, wenn Sie in verteilten Systemen Protokolle schreiben. Lösungsansatz: Getrennte Protokolle auf den einzelnen Plattformen. Nachteilig hierbei ist, dass der Zugriff auf die Client-Protokolle eventuell (rein organisatorisch) schwer sein kann, etwa wenn die Clients im Internet verteilt sind.
- Wenn die kontinuierliche Fortschreibung einer Protokolldatei aus Platz- oder Performancegründen nicht möglich ist, können Sie Ringpuffer als Alternative einsetzen. Dabei steht eine feste Anzahl von Einträgen im Protokoll zur Verfügung, die zyklisch überschrieben werden. Siehe dazu auch [Marick2000].

7.11.3 Zusammenhang mit anderen Aspekten

- Sicherheit: Die korrekte Behandlung sensibler Daten in Protokolldateien muss gewährleistet werden.
- Verteilung: Auf welchem physischen Knoten läuft der Logger? Gibt es eine oder mehrere Instanzen?
- Kommunikation: Logging in verteilten Systemen erzeugt Netzlast.

7.11.4 Weiterführende Literatur

Einige Open-Source-Projekte erstellen Bibliotheken für die Protokollierung. Zu den bekannten gehört der log4j Framework des Apache-Projektes, zu finden unter www.apache.org. Einen Wrapper zur Kapselung unterschiedlicher Logging-Frameworks bietet Apache im Commons-Projekt. Ab Version 1.4 enthält Java eine Standard-API für Logging.

[Gupta2003] diskutiert Logging mit Java und log4j ausführlich, mit vielen Benutzungshinweisen.

[Marick2000] beschreibt einige Muster von Logging mit Ringpuffern, die sich zum dezentralen Einsatz eignen, also etwa auf Arbeitsplatzrechnern mit eingeschränktem Speicherplatz.

7.12 Ausnahme- und Fehlerbehandlung

> *Errors are serious problems.*
>
> Tim McCune, aus „Exception Handling Antipatterns"

7.12.1 Motivation

Kennen Sie Murphys Regel? Es geht immer etwas schief. Und das grundsätzlich im unpassenden Augenblick. Reifen platzen meistens im strömenden Regen, und Sie bekommen genau dann Zahnschmerzen, wenn Ihre Lieblingszahnärztin gerade ihren wohlverdienten Urlaub genießt.

Software stürzt bevorzugt während wichtiger Präsentationen ab – und dann begräbt sie gleich noch diverse andere Programme mit im virtuellen Nirwana.[68]   *Murphys Regel*

Dem gegenüber erwarten Anwender und Administratoren zu Recht, dass Software in Fehler- und Ausnahmesituationen

- vorhersehbar und angemessen reagiert und Anwender nicht im „Regen" stehen lässt;
- möglichst keine Auswirkungen auf andere Programme hat, insbesondere BSOD[69] und ähnliche Effekte vermeidet;
- die Diagnose des Fehlers erleichtert.

Ausnahme- und Fehlerbehandlung dreht sich um folgende Teilaufgaben:

- Ausnahmen und Fehler erkennen. In diesem Fall sollten Sie die folgenden drei Fragen[70] beantworten können:
    1. Was ging schief?
    2. Wo ist es passiert?
    3. Warum ging es schief?
- Auf Fehler angemessen reagieren. Bei Bedarf Benutzer oder Administratoren benachrichtigen und passende korrektive Maßnahmen ergreifen.
- Fehlersituationen vorzeitig erkennen und präventiv reagieren. Für *fehlertolerante* Systeme wichtig – beispielsweise den freien Speicherplatz kontinuierlich messen und bei Speicherknappheit gründlich aufräumen.

---

[68] Kenner von Wahrscheinlichkeitsrechnung und Stochastik mögen schmunzeln. Ich zumindest kenne Murphy zu Genüge.
[69] Blue Screen Of Death. Frühere Versionen eines bekannten (und mittlerweile sehr robusten) Betriebssystems zeigten BSOD im Falle fataler Fehler.
[70] Nach Jim Cushing, http://today.java.net/pub/a/today/2003/12/04/exceptions.html

Fehlerbehandlung ist kein (reines) Programmierproblem

Immer wieder stoße ich in Projekten auf die Meinung „Fehlerbehandlung übernimmt doch schon die Programmiersprache" – zumindest bei solchen Entwicklern, deren favorisierte Programmiersprache ein Exception-Konzept mitbringt.

Aus meiner Sicht weit gefehlt: Vor der Realisierung irgendeiner Ausnahme- oder Fehlerbehandlung steht der grundlegende und strukturelle Entwurf eines entsprechenden Konzeptes, das folgende Fragen klärt:

- Welche Ausnahmen und Fehlerkategorien gibt es überhaupt?
  - Welche externen Ereignisse können zu Ausnahmen oder Fehlern im Programm führen? Beispiele: Falsche oder fehlende Eingabedaten, fehlerhaft bediente Eingabeschnittstellen, Fehler in der genutzten Infrastruktur. Wie können Sie diese Situationen erkennen?
  - Welche internen Zustände gelten als Ausnahme oder Fehler? Wie können Sie diese erkennen?
- Auf welche dieser Kategorien soll Ihr System in welcher Form reagieren?
  - Gibt es Ausnahmen oder Fehler, die das System selbstständig oder mit Nachfragen korrigieren muss?
  - Welche Fehlersituationen muss das Programm an welche Adressaten melden? Diese Frage steht im Zusammenhang mit dem Aspekt „Protokollierung und Logging" (siehe Abschnitt 7.11).
- Wie können Sie die Behandlung von Ausnahmen und Fehlern angemessen (d.h. mit einem zur Domäne passenden Verhältnis aus Testaufwand und Testabdeckung) testen? Dazu müssen Sie Ausnahmen und Fehler reproduzierbar herstellen, was oft ein erhebliches Problem darstellt.

Allerdings läuft es nach diesen konzeptionellen Aufgaben dann auf eine gründliche und einheitliche Programmierung hinaus – was Programmiersprachen mit Exception-Konstrukten erheblich erleichtern.

Fehler sind Abweichungen von Annahmen

Ein *Fehler* liegt vor, wenn ein Unterschied zwischen einem erwarteten und einem konkret vorliegenden Ergebnis oder Zustand entsteht. Beispiele:

- Ihr System erwartet an einer Eingabeschnittstelle XML, erhält aber pdf.
- Klainer Fähler. Sie erwarten (berechtigterweise) die korrekte Schreibweise.
- Ihr System erwartet Eingabedaten über eine Web-Service-Schnittstelle, erhält dort aber keine (sondern Sie erhalten per Post eine CD).
- Ihr System sucht aus einer Datenbank Bestelldaten anhand von Kundennummern heraus. Während der Suche fährt der Operator die Datenbank herunter.
- Ihr Webserver erhält zu viele Anfragen und kann nicht mehr schnell genug antworten.
- Ein Baustein Ihres Systems empfängt ein Ereignis, auf das er nicht vorbereitet ist (etwa: ein Interrupt-Signal).

- Ein Baustein Ihres Systems kommt während der Verarbeitung in einen inkonsistenten Zustand, führt eine Division-durch-Null aus, arbeitet auf einem nicht initialisierten Objekt, überschreitet die maximale Puffergröße, erzeugt einen Speicherüberlauf oder benimmt sich auf andere Weise daneben.

Sie sehen – die Fantasie des Fehlerteufels kennt kaum Grenzen.

Als *Ausnahme* bezeichne ich eine Situation, in der ein Programmbaustein aufgrund eines *Fehlers* seinen „normalen" Ablauf nicht fortführen kann.[71]

Architekten kümmern sich um Laufzeitfehler

Uns Software-Architekten interessieren hauptsächlich Fehler, die zur Laufzeit von Programmen auftreten. Compiler tragen zur Vermeidung mancher Fehler bei. Leider verschwimmt jedoch in manchen Fällen die Grenze zwischen Compile- und Laufzeit:

- In interpretierten Sprachen findet eventuell keine Syntaxprüfung zur Compilezeit statt (etwa in Shellskripten, Ruby oder Perl).
- Manche (compilierten) Systeme enthalten Bestandteile, die erst zur Laufzeit interpretiert werden, beispielsweise Metadaten, Konfigurationsdaten oder interpretierte Geschäftsregeln. Das sind beliebte Mittel, um die Flexibilität von Systemen zu erhöhen und gleichzeitig die vom Compiler gewährte Sicherheit zu reduzieren!

Sie erkennen jetzt, dass wir als Software-Architekten auch *falch gechribene* Worte ins Kalkül unserer Fehlerbehandlung aufnehmen müssen, zumindest dann, wenn uns die Compiler mal wieder im Stich lassen. Die Theorie „Der Compiler wird's schon finden" ist eben nur eine Theorie.

7.12.2 Fehlerkategorien schaffen Klarheit

Meine vordringliche Empfehlung bezüglich Ausnahme- und Fehlerbehandlung lautet, die Arten oder Kategorien der möglichen Fehler möglichst umfassend zu ermitteln. Im Idealfalle können Sie dazu auf die Vorarbeit Ihrer Systemanalytiker zurückgreifen, in der Realität bleibt diese Arbeit komplett an Ihnen hängen. Anschließend definieren Sie, wie Ihr System mit diesen Kategorien umgehen soll und erstellen daraus dann konkrete Vorgaben zur Implementierung der Fehlerbehandlung.

Ich schlage Ihnen mehrere Kategorisierungen vor, ohne Anspruch auf Vollständigkeit. Mithilfe dieser Kategorien können Sie einfacher beschreiben, ob und wie Ihr System in solchen Fällen reagieren soll.

Sie werden merken, dass ein einzelner Fehler durchaus zu mehreren Kategorien gehören kann.

---

71 In manchen (Java-)Programmen habe ich Exceptions gefunden, die völlig normale („fachliche") Ereignisse abbildeten. Ich persönlich halte diese Interpretation von Ausnahmen für schlecht, weil damit der „Fehlercharakter" von Ausnahmen verschwimmt.

Fachliche und technische Fehler

Fachliche Fehler resultieren aus Problemen in den fachlichen Abläufen oder entsprechenden Daten von Systemen. Beispiele: „Kein Vertrag zu diesem Kunden vorhanden". Solche Fehler können Sie mit genügend Verständnis der Fachdomäne recht gut charakterisieren. Insbesondere sollte Ihr System zu *erwarteten* fachlichen Fehlern eine für Anwender plausible Abhilfe anbieten.

Dem gegenüber resultieren technische Fehler oft aus Problemen der zugrunde liegenden Infrastruktur („Datenbankverbindung verloren") oder reinen Programmierfehlern („Division durch Null" oder NPE, Null Point Exception). Sie können jedoch auch in fachlichen Abläufen oder Bausteinen auftreten.

Technische Fehler sollten Sie nicht in fachlichen Bausteinen behandeln – das bläht deren Code unnötig auf. Dennoch müssen Sie auf technische Fehler in fachlichen Bausteinen reagieren!

Syntax-, Format- oder Protokollfehler

Daten oder übermittelte Dokumente können syntaktische Fehler aufweisen und für Ihr System dann unbrauchbar sein (etwa wenn ein lieferndes System die Syntax der übertragenen Auftragsnummern ohne Absprache geändert hat ...). Syntaxfehler kann Ihr System durch *Parsen* feststellen.

Syntaxfehler: parsen
Formatfehler: interpretieren

Trotz korrekter Syntax können Daten für Ihr System unverständlich sein, beispielsweise den vereinbarten Wertebereich überschreiten oder ungültige Werte für Datenbankschlüssel darstellen. Solche Formatfehler (oder semantische Fehler) kann Ihr System nur durch *Interpretieren* diagnostizieren. Sie führen oft zu semantischen Problemen, sofern sie nicht frühzeitig erkannt werden. In diese Kategorie fallen Verletzungen von Kann/Muss-Bedingungen oder die so genannten „Plausibilisierungsfehler" an Benutzeroberflächen.

Gegen Syntax- und Formatfehler können Sie sich durch klar definierte Schnittstellenverträge und entsprechende Prüfungen (assertions) an Ihren Eingangsschnittstellen wappnen. Zusätzlich können Unit-Tests überprüfen, ob Ihre Bausteine selbst solche Fehler verursachen.

Nehmen wir jetzt an, das datenliefernde Fremdsystem hat syntaktisch korrekte Daten in den richtigen Formaten geliefert, leider jedoch zum falschen Zeitpunkt an den falschen Ort oder über einen falschen Kanal. Dann haben wir es mit einem *Protokollfehler* zu tun. Einer der Partner hat das vereinbarte *Protokoll* einer Schnittstelle verletzt und dadurch einen Fehler verursacht. Siehe dazu auch „Exakte Verträge" in Abschnitt 7.12.3.

Meiner Erfahrung nach wird die Kategorie „Protokollfehler" häufig vergessen! Sie fallen häufig erst im operativen Betrieb auf und lassen sich oftmals nur manuell erkennen und reparieren.

Korrigierbare und unkorrigierbare Fehler

Eine fehlerhafte manuelle Eingabe kann Ihr System mit einer entsprechenden Meldung beim Benutzer reklamieren und eine Korrektur einfordern. Diese Kategorie von Fehlern nenne ich *korrigierbar*.

Bei Schnittstellen von und zu Fremdsystemen ist eine Korrektur oftmals schwieriger, weil sie nicht interaktiv eingefordert werden kann (es sei denn, die entsprechende Schnittstelle sieht eine solche Korrektur vor!). Viele technische Fehler sind unkorrigierbar: Ist eine notwendige Datenbankverbindung nicht vorhanden, kann Ihr System nicht speichern – eben unkorrigierbar.[72]

Solche unkorrigierbaren Fehler kann Ihr System nicht selbstständig beheben. Sie werden zu (fachlichen) *Clearing*-Fällen oder aber sorgen für den Abbruch der jeweiligen Aktion oder eines Prozesses. Möglicherweise muss Ihr System im Falle unkorrigierbarer Fehler jedoch noch „Aufräumarbeiten" in Form von Rollbacks oder Kompensationen durchführen, um das Gesamtsystem wieder in einen konsistenten Zustand zu bringen.

Tipps zur Ermittlung von Fehlerkategorien

- Stimmen Sie Ihre Ausnahme- und Fehlerkategorien mit erfahrenen Testern oder Ihrer Qualitätssicherung ab. Den QS-Experten fallen garantiert noch diverse Fehler ein, an die Sie (oder Ihre Entwickler) bisher nicht gedacht haben.
- Achten Sie insbesondere auf Schnittstellen: An Stellen, wo Daten Systemgrenzen überschreiten, entstehen oftmals *semantische Lücken*. Sie dürfen auch *Problemzonen* dazu sagen.
- Besonders kritisch sind die Schnittstellen zu Fremdsystemen, also die externen Schnittstellen Ihres Systems.

7.12.3 Muster zur Fehlerbehandlung

Exakte Verträge mit externen Systemen

Treffen Sie mit externen Systemen möglichst exakte Absprachen hinsichtlich der auszutauschenden Daten. Beachten Sie dabei neben der reinen Syntax und Semantik der ausgetauschten Daten auch Formate (Zeichen- und Zahlencodierung, Schlüsselwerte etc.), Muss-/Kann-Belegungen, Wertebereiche, Ausnahme- oder Sonderfälle, Grenzfälle (Nullwerte, leere Dateien, überlange Zeichenketten etc.), Übertragungskanäle und -protokolle, Häufigkeit des Datenaustausches, eventuelle Berechtigungs- oder Sicherheitsaspekte, Transaktions- und Zustandsbehandlung, eventuell notwendige Transformation, Synchronität, Statusverfolgung und andere. Kann das liefernde System bereits gelieferte Daten nachträglich für ungültig erklären und durch eine neue Version ersetzen?

Exakte Absprachen

---

[72] Aber: Mit entsprechendem Aufwand könnten Sie auch solche Fehler korrigieren – sofern das für Ihre Auftraggeber und Stakeholder wichtig genug ist.

Sie sehen – solche Details können Schnittstellenverträge deutlich aufblähen, aus meiner Erfahrung ist jedoch nur so eine systemübergreifende Fehlerbehandlung realistisch.

Protokoll beachten

 Mein persönlicher Tipp: Skizzieren Sie jede (wirklich jede einzelne) externe Schnittstelle aus Laufzeitsicht mit ihrem kompletten *Protokoll*: Wer stößt wie eine Übertragung vom/ins System an? Gibt es nur Nettodaten oder auch eine Quittung? Zeichnen Sie ein paar Sequenzdiagramme für den Sonnenschein- und einige Fehlerfälle. ∎

Verbirg technische Fehler vor Anwendern

Meldungen zu technischen Fehlern sind meist nur für Administratoren oder Betreiber relevant und fast nie für Endanwender von Softwaresystemen.[73]

Stellen Sie zur Behandlung technischer Fehler eine einheitliche Schnittstelle bereit, die folgende Dinge leistet:

- Technische Fehler gehören praktisch immer in das zentrale Logfile, wo sie den Administratoren oder Entwicklern bei der Fehlerdiagnose helfen. Hier sollten Sie sämtliche relevanten Details protokollieren.
- Parallel dazu zeigen Sie Endanwendern eine benutzerfreundliche und allgemein verständliche Meldung. Erläutern Sie, dass etwas Gravierendes geschehen ist, das aber nichts mit den Aktionen der Anwender zu tun hat. Fügen Sie dieser Meldung eine eindeutige Fehlerkennung hinzu, auf die sich Anwender gegenüber Administratoren berufen können.
- Sofern angemessen, sollte eine automatisierte Meldung an den Support (Administrator, Helpdesk, Call-Center oder Ähnliches) versandt werden.

Optimiere Diagnostizierbarkeit

Sie haben sicherlich schon erlebt, dass die Suche nach einem Fehler tagelang dauerte und dessen Behebung nur wenige Minuten. Daher sollte ein übergreifendes Entwurfs- und Implementierungsziel sein, Fehler und ihre Ursachen möglichst einfach und schnell diagnostizieren zu können.

Dafür benötigen Sie einerseits ein einheitliches Konzept zur Ausnahme- und Fehlerbehandlung, andererseits eine Menge Disziplin und Energie bei dessen Umsetzung und Überprüfung!

Prüfen Sie möglichst viele dieser Vorgaben automatisiert durch Codeanalyse[83].

Siehe auch die Hinweise zu „Original- und Folgefehler" im nachfolgenden Abschnitt.

---

[73] Schlimmer noch: Da Endanwender solche Meldungen häufig nicht verstehen, sinkt möglicherweise ihr Vertrauen in das System.

7.12.4 Mögliche Probleme

Verteilte Verarbeitung

Falls ein Fehler in einem entfernten („remote") Baustein auftritt, müssen Sie weitere Informationen zu diesem Fehler eventuell erst über ein Netzwerk übermitteln. Das kann in manchen Fällen zu lange dauern (oder aufgrund technischer Fehler nicht funktionieren). Dann werden die Protokollierung oder das Logging solcher Fehler problematisch. [Longshaw+04] gibt den (guten!) Rat: „Log at Distribution Boundary" (Protokolliere den Fehler dort, wo er auftritt). Leite über Verteilungsgrenzen lediglich allgemeine Fehlermeldungen weiter und vermeide es, umfangreiche Fehlerprotokolle quer durch verteilte Systeme zu senden.

Dieses Problem taucht bereits bei einfachen Client/Server-Systemen auf. Dort müssen manche Meldungen den Anwender an der Benutzeroberfläche (also im Client) erreichen, andere das zentrale Logfile und manche beide Stellen.

Original- und Folgefehler schwer unterscheidbar

Klingt trivial: Unterscheiden Sie zwischen der Ursache (dem Originalfehler) und seinen Folgefehlern. Nur so behalten Sie den Überblick darüber, in welchen Bausteinen wirkliche Fehler auftreten (und können dann auch das wahre Problem nachhaltig beheben).

Leider spielt uns die Praxis in diesem Falle schon wieder übel mit: Oftmals versteckt sich das ursprüngliche Problem, insbesondere im Falle *unerwarteter* Fehler. Es kann sehr schwierig sein, Originalfehler automatisch zu ermitteln – da hilft oft nur Erfahrung, Geduld und Forensik („Spurensuche").

In Sprachen mit Exception-Handling tritt dieses Problem oft auf, wenn Exceptions nach ihrem Auftreten „verschluckt" oder „umgewandelt" werden. Vermeiden Sie leere Catch-Klauseln oder häufige Umwandlung von Exception-Typen innerhalb des Quellcodes.[74]

Ein Tipp aus [Longshaw+04]: Geben Sie jedem Fehler ein eindeutiges Fehlerkennzeichen (*unique ID*). Das kann in verteilten Logfiles die Ursachenforschung stark vereinfachen.

7.12.5 Zusammenhang mit anderen Aspekten

Protokollierung und Logging

- Geben Sie als Software-Architekt dem Entwicklungsteam klare Vorgaben hinsichtlich des Loggings von Ausnahmen und Fehlern: Alle Fehler sollten in einem Logfile landen, möglicherweise sogar in mehreren (eine ausführliche Meldung in einem lokalen Logfile, eine verkürzte Version in einem zentralen). Es muss nach einem Fehler immer möglich sein, Ursache, Ort und Auswirkung von Fehlern exakt zu bestimmen! *Log at distribution boundaries* (siehe Abschnitt 7.4).

---

[74] Java-Projekten empfehle ich dafür Tools wie PMD (pmd.sourceforge.net), CheckStyle (checkstyle.sourceforge.net) oder ähnliche Codeanalyse-Werkzeuge, um solche typischen Probleme bereits im Daily-Build zu identifizieren!

- Ihre Fehlerkategorien (siehe Abschnitt 7.12.2) können Entwicklern als Anhaltspunkte für Logging dienen.
- Falls Ihre bevorzugte oder vorgeschriebene Programmiersprache keine Exceptions kennt oder Laufzeitfehler nur schwer erkennen kann: Eventuell können Sie zumindest Teile Ihrer Systeme in Sprachen wie C# oder Java erstellen, die mit technischen und Laufzeitfehlern gut umgehen können (sprich: ausgereifte Exception-Konzepte bereitstellen!)
- Sowohl Logging wie auch Exception-Handling können Sie mit aspektorientierter Entwicklung (*aspect-oriented programming,* AOP) zentralisieren. Mehr dazu in [Laddad03], [AspectJ] sowie [AOSD].

Internationalisierung

Falls Ihre Software in mehreren Ländern zum Einsatz kommt, müssen Sie Meldungen über Ausnahmen und Fehler internationalisieren, d.h. die entsprechenden Meldungstexte in Abhängigkeit von den Ländereinstellungen des jeweiligen Benutzers ausgeben. Siehe Abschnitt 7.8.

7.12.6 Weiterführende Literatur

Es sieht ziemlich düster aus mit Literatur zu diesem (wichtigen!) Thema. Zwar finden Sie mit etwas Mühe diverse wissenschaftliche Traktate, die teilweise einen mathematisch-statistischen oder einen geradezu historischen Fokus besitzen (etwa Sammlungen bekannter Software-Fehler, wie z.B. http://www5.in.tum.de/~huckle/bugse.html).

Sehr nützlich fand ich die Pattern-Sammlung von Andy Longshaw und Eoin Woods ([Longshaw+04]). Darin zeigen sie sieben zentrale Muster zur Behandlung von Fehlern auf.

Zum Thema Ausnahmebehandlung auf Programmierebene (Exception-Handling) hat Tim McCune einige lesenswerte Antipatterns zusammengefasst, online unter: http://today.java.net/pub/a/today/2006/04/06/exception-handling-antipatterns.html.

Einige Hinweise zum „ordentlichen" Exception-Handling (nicht nur) für Java zeigt http://www.onjava.com/pub/a/onjava/2003/11/19/exceptions.html. Gunjan Doshi erläutert Kriterien, nach denen Sie eine Schnittstelle mit Exceptions entwerfen sollten.

8 Model Driven Architecture (MDA)

mit Unterstützung von Matthias Bohlen

> *Vermeiden Sie manuelle Vorgänge.*
> *Die pragmatischen[1] Programmierer [Hunt+03]*

Fragen, die dieses Kapitel beantwortet:
- Was bedeutet Model Driven Architecture™ (MDA)?
- Was hat MDA mit Software-Architektur zu tun?
- Was bedeutet modellbasierte Softwareentwicklung?
- Wie entstehen Templates oder Referenzarchitekturen?

Was bedeutet MDA?

Unter dem Schlagwort *Model Driven Architecture*™ (MDA[2]) hat die OMG einige Ideen der modellbasierten und generativen Software-Entwicklung zu einer Methode für die Produktion von Software zusammengeführt. Der Tenor ist, „dass für die Konstruktion eines Softwaresystems ein ausführliches, formal genaues Modell gebaut wird, aus dem dann die eigentlichen ausführbaren Softwarekomponenten durch automatisierte Transformationen generiert werden können." [Wikipedia].

Software-Entwicklung auf Basis der MDA umfasst drei wesentliche Schritte:

- Zuerst entwerfen Sie ein Modell Ihrer Fachdomäne respektive Ihrer Anwendung, das völlig unabhängig von jedweder (Implementierungs-) Technologie bleibt. Dieses Modell heißt Platform Independent Model (PIM).
- Im nächsten Schritt wird das PIM durch eine automatische Transformation von einem Werkzeug in ein plattformspezifisches Modell (PSM) übersetzt. Ein PSM ist an eine bestimmte Technologie (Betriebssystem, Programmiersprache, Middleware, Application Server etc.) adaptiert. Es beschreibt Ihre Anwendung mit den Mitteln der konkreten Implementierungstechnologie.
- Schließlich wird das plattform- und technologiespezifische PSM in Quellcode übersetzt. Weil ein PSM seine Basistechnologie „kennt", ist diese Transformation relativ einfach.

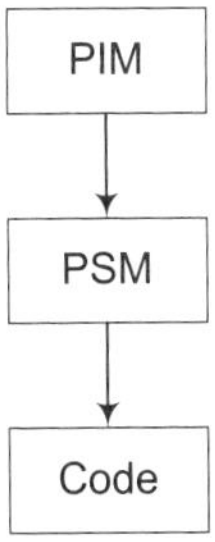

BILD 8.1

---

[1] Jeder, aber auch jeder, der sich mit Software-Projekten beschäftigt, sollte dieses Buch gelesen haben (und sich tunlichst an möglichst viele der pragmatischen Ratschläge halten!).
[2] Die Begriffe MDA und Model Driven Architecture sind Trademark der Object Management Group, OMG (www.omg.org).

In einer idealen (OMG-)Welt würden Sie weder am PSM noch am Code irgendetwas selbst implementieren – sämtliche Informationen zur Anwendung sind in technologieneutraler Form im PIM enthalten.

Ich möchte diesen Anspruch der „reinen OMG-Lehre" etwas relativieren: Ein erheblicher Teil steckt im PIM, und die eigentliche Geschäftslogik implementieren Sie in heutigen Projekten immer noch in „echtem" Quellcode. Das stört nicht, weil Sie durch saubere Software-Architektur den Applikationscode von technologiespezifischem Code entkoppeln können. Damit reduziert sich aus meiner Sicht die Bedeutung des plattformspezifischen Modells (PSM).

MDA (der OMG) hat nichts mit Software-Architektur zu tun

Und hier die zentrale Aussage dieses Kapitels:

MDA ist NICHT Architektur

Model Driven Architecture (wie die OMG es definiert) hat nichts, aber auch gar nichts, mit Software-Architektur zu tun. Es handelt sich um ein Konzept zur Generierung von Anwendungen oder Anwendungsteilen aus (UML-)Modellen heraus.

Die Begriffswahl der OMG halte ich daher für irreführend. [Stahl+07] führen den Begriff des *Model Driven Software Development* (MDSD) ein, den ich in diesem Zusammenhang treffend finde. In jedem Fall gehört das Thema auf die Agenda heutiger Software-Architekten!

Auch in MDA-Projekten müssen Sie als Architekt die Architektur entwerfen. In der Regel treffen Sie sogar deutlich mehr Struktur- und Implementierungsentscheidungen vorab, weil die Generierungswerkzeuge ohne diese Entscheidungen (in Form von *templates*, Schablonen oder Codevorlagen) schlichtweg nichts generieren können.

MDA in der Praxis: Modellbasierte Entwicklung

In der Praxis steckt unter der MDA-Haube häufig ein pragmatischer Ansatz der generativen oder modellbasierten Softwareentwicklung. Sie verzichtet auf eine explizite Modellierung des plattformspezifischen PSM, dafür steckt das technologiespezifische Wissen in Templates, Transformationsregeln oder so genannten Cartridges oder Templates (siehe beispielsweise [AndroMDA] oder [OAW]). Aus einem (UML[3]-)Modell der Fachdomäne wird ein signifikanter Teil des Quellcodes und weiterer Artefakte[4] generiert und durch handprogrammierte Codestücke ergänzt (siehe Bild 8.2).

Ein Architekt (oder ein Entwicklungsteam) erstellt eine Referenzimplementierung – siehe dazu auch Abschnitt 8.1.

Ein Architekt (oder ein Architekturteam) entwickelt Vorlagen (Templates), die festlegen, wie aus high-level Geschäftsklassen die notwendigen low-level Klassen in der Zielprogrammiersprache (hier Java) werden. Siehe dazu ebenfalls Abschnitt 8.1

---

[3] Statt UML können Sie auch andere Modellierungssprachen verwenden – etwa textuelle domänenspezifische Sprachen (DSLs). Siehe auch [Stahl+07].

[4] Build-Skripte, Hilfesystem, Konfigurationsdateien etc.

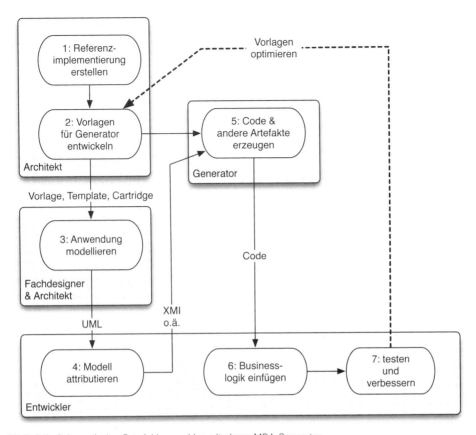

BILD 8.2 Schematischer Entwicklungszyklus mit einem MDA-Generator

Ein Fachdesigner modelliert die konzeptionellen Klassen der Anwendung in UML – es entsteht das PIM der „reinen" MDA. Je nach eingesetztem Werkzeug entstehen in diesem Schritt auch dynamische Modelle, aus denen ein Generator etwa Maskenabläufe erzeugen kann.

Entwickler oder Software-Architekten reichern das Modell mit Informationen an, welche die Transformation steuern (z.B. Angaben, welches Attribut den Primärschlüssel bildet). Dabei entsteht kein separates PSM, noch haben wir es mit dem PIM zu tun, das einfach nur „etwas mehr PSM" ist. Die Modellelemente (z.B. Klassen) bleiben noch auf konzeptionellem Niveau.

Entwickler rufen den Generator auf. Der erzeugt aus dem erweiterten Modell die Zielartefakte (Quellcode, Testfälle, DB-Skripte etc.). Falls Sie möchten, können Sie den erzeugten Code danach testweise Ihrem Compiler „vorwerfen" (halbwegs schlaue Buildskripte erledigen das für Sie).

Der Entwickler lädt die generierten Klassen in eine Entwicklungsumgebung. Er schreibt dann die eigentliche Geschäftslogik im Code, die sich nahtlos in die vorgenerierten Klassen einfügt. Eine erneute Generierung überschreibt handgeschriebenen Code dabei nicht.

Ein Buildskript compiliert alle Bestandteile und verpackt alles zusammen in deploymentfertige Komponenten für eine konkrete Plattform. Dabei entstehen neben den eigentlichen Komponenten auch deren Deployment- und Konfigurationsinformationen. Nun testen Entwickler die entstandenen Komponenten. Der Generator kann dazu Rümpfe von Testklassen und -methoden generieren.

Das Architekturteam prüft kontinuierlich, ob der generierte Code sich im Alltag bewährt. Entwickler achten kontinuierlich darauf, zusätzliches Automatisierungspotenzial zu entdecken. Die Architekten verbessern daraufhin die *templates* und Transformationsregeln, so dass der Generator in der nächsten Iteration besser arbeitet.

8.1 Architekten entwickeln Generierungsvorlagen

Jeder Generator benötigt Informationen darüber, welche Artefakte er in welcher Sprache und Syntax aus den Modellen generieren soll. Diese Information stellt seine *Generierungsvorlage* dar. Bei [AndroMDA] heißen sie *Cartridge*, [Stahl+07] bezeichnen sie als *Referenzimplementierung*. In jedem Fall müssen Sie als Architekt dafür Sorge tragen, dass der aus diesen Vorlagen generierte Code überhaupt funktioniert.

Am elegantesten leisten Sie das durch einen scheinbaren Umweg: Sie implementieren zuerst *von Hand* einen Prototypen oder technischen Durchstich. Darin demonstrieren Sie für alle wichtigen Teile Ihrer Architektur, wie sie sich flexibel, elegant und effektiv implementieren lassen. Dieser Prototyp bildet dann Ihre Referenzimplementierung – aus der Sie jetzt die für den Generator benötigten Vorlagen ableiten können.

Insofern leisten Architekten im ersten Schritt der modellbasierten Entwicklung mehr als reine *Entwurfsarbeit* – sie beweisen anhand einer Referenzimplementierung, dass ihre Entwurfs- und Implementierungsentscheidungen im gegebenen Kontext (d.h. sowohl Fachlichkeit als auch technische Ablaufumgebung) funktionieren.

In größeren Projekten oder Teams arbeiten die Architekten hier eng mit den Entwicklern zusammen, um deren Erfahrung mit konkreter Implementierungstechnik zu nutzen.

- Legen Sie beim Entwurf solcher Vorlagen gehörigen Pragmatismus an den Tag: Arbeiten Sie hochgradig iterativ und betreiben Sie aggressive Wiederverwendung bestehender Vorlagen.
- Manche Generatoren (beispielsweise [AndroMDA]) liefern *von Hause aus* umfangreiche Vorlagenbibliotheken[*] mit. Für die ersten Iterationen Ihres Projektes können Sie solche Starthilfen gut brauchen.
- Testen Sie. Testen Sie weiter. Testen Sie noch mehr. Loben Sie bei den Entwicklern Preise für gründliche Tests aus.
- Trennen Sie im Entwicklungsprozess die Weiterentwicklung der Templates deutlich von der „fachlichen" Entwicklung.

---

[*] Bei AndroMDA heißen die Vorlagen *Cartridges*.

8.2 Modellierung

Stereotypes drive code generation!

[AndroMDA]

Für heutige Generatoren wie [AndroMDA] oder [OAW] können Sie statt UML auch andere Sprachen zur Modellierung Ihrer Fachdomänen verwenden. Auf diese Modellierungsansätze, insbesondere domänenspezifische Sprachen[5], möchte ich hier nicht weiter eingehen, sondern mich auf die Verwendung von UML beschränken.

Erstellen Sie fachliche (konzeptionelle) Modelle und halten diese weitgehend frei von technischen Informationen. Zur Kennzeichnung unterschiedlicher Arten von Modellelementen dienen *Stereotypen*.

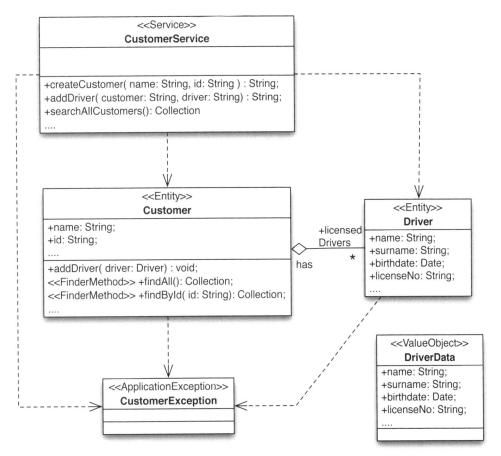

BILD 8.3 Beispiel für ein UML-Modell mit Stereotypen

---

[5] Abgekürzt DSL: Insbesondere der [OAW] macht ausgiebig Gebrauch von domänenspezifischen Sprachen als Modellierungsinstrument. Dort und in [Stahl+07] finden Sie weitere Informationen zu diesem Thema.

Anhand dieser Stereotypen kann der Generator erkennen, welche Artefakte er aus diesem Modellelement erzeugen soll. Betrachten Sie dazu das Beispiel aus Bild 8.3 auf der vorigen Seite: Dort finden Sie folgende vier Stereotypen, gekennzeichnet durch die doppelten spitzen Klammern: `Service`, `Entity`, `ValueObject` und `ApplicationException`.

Sie können über die Generatorvorlage bestimmen, welche Artefakte oder Codekonstrukte aus diesen Stereotypen generiert werden. Für eine Entity beispielsweise benötigen Sie neben der eigentlichen Klasse noch eine Menge „Zubehör" für die Persistenz: SQL-Skripte zur Erzeugung der Tabellen und eventueller Indizes, Code für Abfragen und CRUD-Operationen und weitere technikspezifische Artefakte, wie etwa Mapping-Informationen für Ihren OR-Mapper. All dies erzeugt Ihr Generator für Sie – gemäß Ihren Vorgaben.

8.3 Modellbasiert entwickeln

Die reine Lehre der OMG weicht in der Praxis meiner Einschätzung nach meistens dem pragmatischen Generatoreinsatz gemäß dem MDSD-Ansatz.

MDSD = pragmatische MDA

Software-Entwicklung mittels MDA oder MDSD verspricht viele Vorteile hinsichtlich Flexibilität, Wartbarkeit und Technologieunabhängigkeit. Investitionen in Geschäftsmodelle bleiben durch MDA möglicherweise (aber nicht unbedingt) länger erhalten.

Modellbasierte Entwicklung kann Ihnen jede Menge manuelle Codiertätigkeit abnehmen. Sie können aus Modellen auch Datenbank-Schemata, Testdaten, Rümpfe von Testmethoden, Deployment- oder Installationsskripte und weitere Artefakte generieren. Das kann erheblich Entwicklungszeit sparen und Qualität steigern.

Mit heute verfügbaren Werkzeugen, viele davon OpenSource, können Sie die Anwendbarkeit von MDA/MDSD auf Ihre konkreten Probleme leicht evaluieren. Einen pauschalen Ratschlag pro oder contra MDA möchte ich Ihnen nicht geben – stattdessen einige Hinweise zu Chancen und Risiken:

- Eine Warnung: Die ersten MDA/MDSD-Projekte einer Organisation arbeiten mit großer Wahrscheinlichkeit deutlich langsamer als vergleichbare „konventionelle" Projekte. Kalkulieren Sie 6-12 Monate Lernkurve: Ihre Mitarbeiter müssen neue Werkzeuge und Methoden kennen und anwenden lernen, und das dauert lange! Einige Beispiele:
    - Werkzeuge wie [AndroMDA] oder [OAW*] benötigen eine Modellierungssprache (UML oder Ähnliche).
    - Ihre Teams müssen sich, je nach eingesetztem Generator, mit diversen neuen Sprachen zur Beschreibung von Referenzarchitekturen, Templates, Cartridges, Metamodellen und anderem anfreunden. Nicht allen Teams gelingt das auf Anhieb ...

- Sie müssen die Entwicklungsprozesse und zugehörigen Rollen in Einklang mit den Erfordernissen modellbasierter Entwicklung bringen. Hier wirken eventuell organisatorische Hemmnisse.
- Vermeintlich triviale Tätigkeiten wie Buildmanagement oder Debugging werden mit MDA/MDSD möglicherweise deutlich (ja, ich meine *deutlich*) komplexer.
- Die Komplexität der gesamten Entwicklung steigt. MDA/MDSD erhöht die Anzahl der eingesetzten Sprachen, Werkzeuge und Prozessabhängigkeiten. Es schafft Abhängigkeiten von (in der Regel wenigen!) MDA/MDSD-Experten. Ich habe Projekte an solchen *Kopfmonopolen* scheitern sehen.

- Eine weitere Warnung (zur Sicherheit, falls Sie die erste Warnung in den Wind schlagen): Für MDA/MDSD-Projekte gilt, wie für die meisten IT-Projekte auch, das Hofstadtersche Gesetz**: Es dauert immer länger als erwartet – selbst wenn man das Hofstadtersche Gesetz berücksichtigt. Zeitersparnis erreichen Sie erst nach Monaten.

- Gehen Sie bei der Einführung von MDA/MDSD in kleinen Schritten vor: Starten Sie mit einem kleinen Projekt und lernen aus dessen Erfahrungen. Eben genau so, wie Sie (mit klarem Verstand) jegliche neue Technologie oder Methode in Ihrer Organisation einführen würden.

---

* OAW steht als Abkürzung für den Generator openArchitectureWare sowie für die zugehörige Literaturquelle.

** Dieses Gesetz stammt aus der Feder des genialen Douglas Hofstadter, der unter anderem das klassische „Gödel, Escher, Bach" geschaffen hat. Mehr zu seinem Gesetz unter http://en.wikipedia.org/wiki/Hofstadter's_Law.

8.4 Weiterführende Literatur

[AndroMDA] und [OAW] sind OpenSource MDA-Generatoren mit umfangreicher Dokumentation und Beispielen. Hieran können Sie ausgezeichnet lernen, wie modellbasierte Entwicklung heute funktioniert. Beide Generatoren sind in Java entwickelt, können aber beliebige Zielsprachen generieren. In der Praxis hat sich in den letzten Jahren übrigens [OAW] deutlich weiter verbreitet als [AndroMDA].

[Stahl+07] beschreiben die praxisnahe (und OMG-ferne) Variante, *Modellbasierte Softwareentwicklung*. Sie verfolgen den Ansatz, *zuerst* eine stabile Referenzarchitektur zu entwickeln und *danach* deren wiederkehrende Elemente oder Muster bei Bedarf zu generieren. Die Autoren sind Schöpfer, Architekten und Entwickler des openArchitectureWare-Generators [OAW].

[Mellor+04] erläutert die Grundprinzipien von MDA.

[OMG_MDA] definiert den MDA™-Standard, mit dem Charme verstaubter Mathematikbücher. Garantiert fundiert und garantiert unspannend.

[Völter] enthält eine Fülle von (online-)Material zur modellbasierten Softwareentwicklung.

Auf http://www.codegeneration.net/ finden Sie Informationen über Codegenerierung – unter anderem eine ausführliche Liste von Werkzeugen sowie Interviews mit diversen MDA&MDSD-Gurus.

9 Bewertung von Software-Architekturen

> *To measure is to know.*
>
> James Clerk Maxwell[1]

Fragen, die dieses Kapitel beantwortet:

- Was können Sie in der IT überhaupt bewerten?
- Warum sollten Sie Architekturen bewerten?
- Was unterscheidet qualitative von quantitativer Bewertung?
- Wie sollten Sie bei der Bewertung von Architekturen vorgehen?
- Welche Stakeholder sollten bei der Bewertung mitwirken?

Bewerten Sie schon, oder raten Sie noch?

„*You cannot control what you cannot measure*", sagt Tom DeMarco treffend. Positiv formuliert, bedeutet diese Aussage für IT-Projekte und Systementwicklung: Wenn Sie kontrolliert auf Ihre Projektziele zusteuern möchten, benötigen Sie dafür Messungen. Sie müssen das Maß Ihrer jeweiligen Zielerreichung ermitteln, um bei Bedarf steuernd eingreifen und korrigierende Maßnahmen einleiten zu können.

Bewertung unterstützt Steuerbarkeit

Letztlich müssen Sie für Ihre Systeme die Frage „Ist die Architektur gut genug?" beantworten.

Was Sie in der IT bewerten können

Sie können in Software-Projekten zwei Arten von „Dingen" bewerten:

- Prozesse, wie etwa Entwicklungs- oder Betriebsprozesse: Hierbei können Sie organisatorische Aspekte betrachten oder aber den Einsatz von Ressourcen bewerten. Leider können Sie auf Basis der Prozesse kaum Aussagen über die Qualität der entwickelten Systeme treffen[2]. Dieses Thema werde ich hier nicht weiter vertiefen.

---

[1] http://de.wikipedia.org/wiki/James_Clerk_Maxwell: Formulierte die Maxwellgleichungen, Grundlagen der Berechnung elektromagnetischer Wellen.

[2] Sie können jedoch durch gezielte Reflexionen oder Projekt-Retrospektiven signifikante Verbesserungen erreichen, die zumindest mit hoher Wahrscheinlichkeit positive Auswirkungen auf die Qualität von Systemen haben.

- Artefakte, wie beispielsweise Anforderungen, Architekturen, Quellcode und andere Dokumente. Einige Arten dieser Artefakte (wie beispielsweise Quellcode) können Sie quantitativ, das heißt in Zahlen, bewerten. Andere (wie etwa die Software-Architektur) entzieht sich der rein zahlenmäßigen Bewertung. Diese Gruppe von Artefakten bewerten Sie qualitativ, also ihrer Beschaffenheit oder Güte nach. Zur letzten Gruppe gehören Software-Architekturen, deren Bewertung *qualitativ* erfolgt.

Die Details qualitativer Bewertung von Architekturen stelle ich Ihnen ab Abschnitt 9.1 vor. Zuvor möchte ich Sie kurz mit den Möglichkeiten quantitativer Bewertung durch Metriken vertraut machen.

Quantitative Bewertung durch Metriken

Es gibt eine ganze Reihe quantitativer Metriken, die Sie für Ihre Projekte und Ihren Quellcode ermitteln können. Einige Beispiele:

- Für Anforderungen: Anzahl der geänderten Anforderungen pro Zeiteinheit.
- Für Tests und Testfälle: Anzahl der Testfälle, Anzahl der Testfälle pro Klasse/Paket, Anzahl der Testfälle pro Anforderung, Testabdeckung[3].
- Für Fehler: Mittlere Zeit bis zur Behebung eines Fehlers, Anzahl der gefundenen Fehler pro Paket.
- Für Prozesse: Anzahl der implementierten/getesteten Features pro Zeiteinheit, Anzahl der neuen Codezeilen pro Zeiteinheit, Zeit für Meetings in Relation zur gesamten Arbeitszeit, Verhältnis der geschätzten zu den benötigten Arbeitstagen (pro Artefakt), Verhältnis von Manager zu Entwickler zu Tester.
- Für Quellcode: Abhängigkeitsmaße (Kopplung), Anzahl der Codezeilen, Anzahl der Kommentare in Relation zur Anzahl der Programmzeilen, Anzahl statischer Methoden, Komplexität (der möglichen Ablaufpfade, *cyclomatic complexity*), Anzahl der Methoden pro Klasse, Vererbungstiefe und einige mehr.
- Für ganz oder teilweise fertige Systeme: Performanceeigenschaften wie Ressourcenverbrauch oder benötigte Zeit für die Verarbeitung bestimmter Funktionen oder Anwendungsfälle.

Sie sehen, eine ganze Menge von Eigenschaften können Sie durch solche quantitativen Metriken charakterisieren.

Dennoch: Metriken als Unterstützung der Entwicklung haben sich nach meiner Erfahrung in der Praxis bisher kaum durchgesetzt. Insbesondere liegen in vielen Unternehmen noch keine Erfahrungswerte oder Vergleichszahlen für diese Metriken vor, was ihre Nützlichkeit deutlich mindert (und bei Managern die Akzeptanz erschwert).

---

[3] Testabdeckung ist eine verbreitete Metrik, jedoch auch eine sehr kritische. [Binder2000] und [Marick97] beschreiben einige der damit verbundenen Probleme im Detail.

BEISPIEL: In einem mittelgroßen Client/Server-Projekt gab der Kunde einem Forschungsinstitut den Auftrag, die etwa 1000 entwickelten und bereits produktiv (und zur Zufriedenheit des Kunden) eingesetzten Java-Klassen durch Metriken zu analysieren. Ziel dieser Untersuchung sollte sein, spätere Wartungsaufwände besser abschätzen zu können.

Im ersten Bericht der Forscher wurde die Qualität der Software heftig kritisiert, weil verschiedene Metriken starke Abweichungen vom wissenschaftlichen Ideal zeigten.

Kunde, Architekt, Entwickler und Projektleiter waren entsetzt – die Software funktionierte einwandfrei, dennoch wurde die Qualität bemängelt. Damit war die Akzeptanz von Software-Metriken im Entwicklungsteam auf ein Allzeit-Tief gesunken.

Übrigens stellte sich später heraus, dass ein übereifriger Forscher neben den Klassen der Anwendung den gesamten GUI-Framework sowie die zugekaufte Middleware mit analysiert hatte und die bemängelten Metrik-Defekte ausschließlich in den Schnittstellen zu diesen Frameworks lagen. ■

Einige Ratschläge zum Einsatz quantitativer Metriken (insbesondere Code-Metriken):

- Metriken benötigen einen fachlichen und technischen Kontext, um vergleichbar zu sein. Sammeln Sie Daten aus Vergleichsprojekten.
- Metriken können gute Hinweise für strukturelle Veränderungen von Software geben – über die Funktionsfähigkeit und Qualität zur Laufzeit sagen Codemetriken hingegen nichts aus.
- Metriken können bei unvorsichtiger Anwendung wichtige strukturelle Aussagen über Entwürfe im Zahlendschungel verbergen. Daher: Minimieren Sie die Anzahl der Metriken, und konzentrieren Sie Analysen auf überschaubare Ausschnitte. Weniger ist oft mehr!
- Insbesondere sollten Sie Abhängigkeiten im Quellcode durch ein Werkzeug bei jedem Build* messen und überwachen (siehe Abschnitt 6.4).

---

* Sie haben doch hoffentlich einen *Daily Build* etabliert, inklusive täglicher Durchführung sämtlicher Unit-Tests, oder? Solche Werkzeuge (wie (n)ant, CruiseControl oder Maven) können Abhängigkeitsmetriken berechnen. ■

Systeme nur auf Basis von Quellcodemetriken zu bewerten, ist riskant, weil grundlegende *strukturelle* Schwachstellen dadurch möglicherweise überhaupt nicht aufgedeckt werden. So kann es dann passieren, dass Sie qualitative Defizite erst spät im Entwicklungsprozess finden.[4] Möglicherweise notwendige Änderungen der Architektur sind dann in der Regel teuer und aufwändig. Daher möchte ich mich auf den folgenden Seiten auf die qualitative Bewertung von Architekturen konzentrieren.[5]

---

[4] Iterative Entwicklungsprozesse mit frühzeitigem Feedback vermeiden dieses Problem.
[5] Ich rate Ihnen aber, in Entwicklungsprojekten Codemetriken zur Steigerung der Qualität einzusetzen. Sie sollten in jedem Fall Komplexitäts- und Abhängigkeitsmaße auf Codeebene messen und überwachen – viele Entwicklungsumgebungen unterstützen Sie dabei.

Messungen am laufenden System liefern nur Indikatoren

Metriken können jedoch zur Systemlaufzeit (etwa: Performancewerte, Ressourcenverbrauch oder auch Fehlerzahlen) wertvolle Indikatoren für Probleme liefern. In jedem Fall müssen Sie auf Basis solcher Messwerte noch *Ursachenforschung* betreiben!

 Beginnen Sie bereits in frühen Entwicklungsphasen mit der Erfassung von Laufzeitmetriken, insbesondere Performancedaten (etwa: Durchlaufzeiten wichtiger Anwendungsfälle und Ressourcenverbrauch). Ermitteln Sie diese Werte automatisiert und achten Sie auf Trends.

Bewerten Sie insbesondere Architekturen

Von den vielen Artefakten, die innerhalb von Software-Projekten entstehen, eignen sich Architekturen meiner Meinung nach besonders für die Bewertung:

- Architekturen entstehen als eines der ersten Artefakte innerhalb der Software-Entwicklung deutlich früher als die vollständige Implementierung.
- In der Architektur werden Entwurfsentscheidungen von großer Tragweite getroffen, sowohl für die zu entwickelnden Systeme als auch für die Projekte und Organisationen, die diese Systeme realisieren, benutzen und betreiben. Viele dieser Entwurfsentscheidungen fallen unter Unsicherheit oder (vagen) Annahmen und sind daher risikobehaftet. Architekturbewertung hilft, diese Risikofaktoren zu identifizieren.

Bewerten Sie regelmäßig

Während der Systementwicklung sollten Sie regelmäßig die Frage „Gut genug?" stellen und auch beantworten. In Kapitel 3 haben Sie das Vorgehen der Architekturentwicklung kennen gelernt – darin kommt die (regelmäßige) Aufgabe der Architekturbewertung vor. Bild 9.1 zeigt Ihnen zur Erinnerung eine kompakte Version des gesamten Vorgehens.

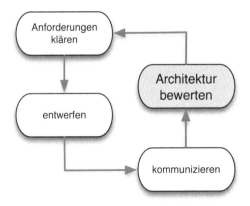

BILD 9.1
Architekturbewertung als Teil der Architekturentwicklung

In der Praxis finden Bewertungen (unter dem Titel „Audit" oder „Review") oftmals in späten Entwicklungsphasen statt, wenn das betroffene System bereits im produktiven Einsatz läuft.

Viel zu selten investieren laufende Projekte in die Bewertung ihrer Architektur – obwohl das zumindest mittleren oder großen Projekten gut täte.

 Bewerten Sie so früh wie möglich. Die Ergebnisse qualitativer Architekturbewertung sind für Projekte und Systeme meistens von langfristigem Wert. Investition in Architekturbewertung lohnt sich.*

> * Zumal auch kurze Bewertungsworkshops von wenigen Stunden Dauer oftmals schon kritische Risiken in Architekturen aufdecken können – erheblich schneller als umfangreiche Code- oder Schwachstellenanalysen.

■ 9.1 Was Sie an Architekturen bewerten können

Im Gegensatz zur oben beschriebenen *Messung* von Quellcode anhand bestimmter Metriken liefert die Bewertung von Software-Architekturen keine Zahlen, sondern qualitative Aussagen: Sie bewerten Architekturen danach, inwieweit sie die Erreichung bestimmter Qualitätsmerkmale ermöglichen.

Bewertung von Qualitätsmerkmalen

Beispielsweise treffen Sie Aussagen darüber, in welchem Maß das jeweilige System den Anforderungen an Wartbarkeit, Flexibilität, Performance oder Sicherheit genügt.

Dabei liefert eine Architekturbewertung kein absolutes Maß, d.h. sie bewertet nicht die „Güte-über-alles", sondern nur im Hinblick auf spezifische Kriterien. Architekturbewertung hilft, Risiken zu identifizieren, die sich möglicherweise aus problematischen Entwurfsentscheidungen ergeben.

Geeignete Messgrößen für Software-Architekturen

In Kapitel 3 (Vorgehen bei der Architekturentwicklung) haben Sie wichtige Qualitätsmerkmale von Software-Systemen kennen gelernt. Ich habe Ihnen gezeigt, wie Sie mit Hilfe von Szenarien diese Qualitätsmerkmale beschreiben und operationalisieren können.

Mit Hilfe von Szenarien können Sie spezifische Messgrößen für Ihre Systeme definieren oder, noch besser, von den maßgeblichen Stakeholdern definieren lassen.

Dabei gilt es zu ermitteln, welche spezifischen Kriterien die Architektur zu erfüllen hat. Anhand dieser Kriterien können Sie dann die „Güte" oder „Eignung" der Architektur ermitteln.

Qualität ist spezifisch für Stakeholder

Eine Architektur ist in diesem Sinne geeignet, wenn sie folgende Kriterien erfüllt:

- Das System (das mit dieser Architektur entwickelt wird oder wurde) erfüllt sowohl seine funktionalen als auch nichtfunktionalen Anforderungen (Qualitätskriterien).

- Insbesondere erfüllt das System die spezifischen Anforderungen an Flexibilität, Änderbarkeit und Performanceverhalten.
- Das System kann mit den zur Verfügung stehenden Ressourcen realisiert werden. Sowohl das Budget wie auch der Zeitplan, das Team, die beteiligten Fremd- und Legacy-Systeme, die vorhandene Basistechnologie und Infrastruktur sowie die gesamte Organisationsstruktur beeinflussen die Umsetzbarkeit einer Architektur.

Zur Bewertung einer Architektur ist es daher von entscheidender Bedeutung, die spezifischen Qualitätskriterien des betroffenen Systems zu kennen. In der Praxis werden diese Kriterien oder Qualitätsziele oft erst bei einer Architekturbewertung expliziert.

Bereits in Kapitel 3 habe ich Ihnen empfohlen, die Qualitätsanforderungen an Ihre Systeme explizit durch Szenarien zu dokumentieren. Diese Szenarien bilden eine wertvolle Orientierungshilfe für weitere Entwicklungsschritte und eine ausgezeichnete Basis für die Architekturbewertung!

9.2 Vorgehen bei der Bewertung

Ich möchte Ihnen im Folgenden ein methodisches Vorgehen zur Architekturbewertung vorstellen, das sich an der ATAM[6]-Methode von [Bass+03] und [Clements+03] orientiert. Bild 9.2 gibt Ihnen einen Überblick.

Der fundamentale Schritt bei der Architekturbewertung ist die Definition der von den maßgeblichen Stakeholdern geforderten Qualitätsmerkmale in möglichst konkreter Form. Als Hilfsmittel dazu verwenden Sie Qualitätsbäume und Szenarien (siehe auch Abschnitt 3.6.2). Ein Beispiel sehen Sie in Bild 9.3.

Maßgebliche Stakeholder identifizieren

Da die konkreten Ziele Ihrer Architekturen ausschließlich durch die spezifischen Ziele Ihrer Stakeholder vorgegeben werden, muss der Auftraggeber oder Kunde im ersten Schritt jeder Architekturbewertung die hierfür entscheidenden („maßgeblichen") Stakeholder identifizieren. In der Regel geht eine Architekturbewertung von wenigen Stakeholdern aus, häufig aus dem Management oder der Projektleitung.

Stimmen Sie mit Ihren Auftraggebern gemeinsam ab, welche Stakeholder bei der Festlegung der Bewertungsmaße mitarbeiten sollen.[*] Denken Sie – neben Ihren Auftraggebern oder Kunden – in jedem Fall an Endanwender und Betreiber.

---

* Ich nenne diese spezielle Gruppe von Stakeholdern gerne die *maßgeblichen* Stakeholder.

---

[6] Architecture Tradeoff Analysis Method.

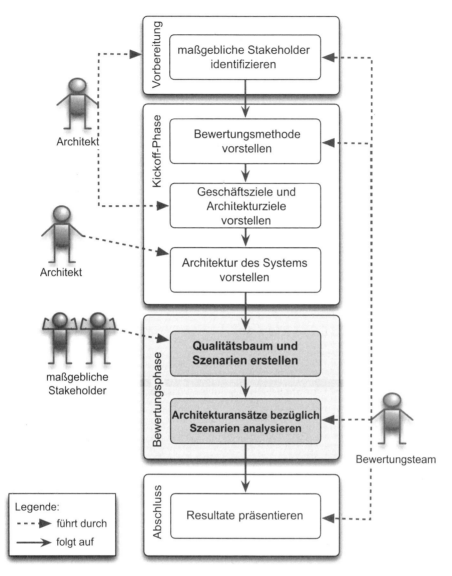

BILD 9.2 Vorgehen bei der Architekturbewertung

Bewertungsmethode vorstellen

Bevor Sie mit der Definition der Bewertungsziele beginnen, sollten Sie den maßgeblichen Stakeholdern die Bewertungsmethode vorstellen. Insbesondere müssen Sie die Bedeutung nachvollziehbarer und konkreter Architektur- und Qualitätsziele klarstellen.

In dieser Vorstellung sollten Sie den Beteiligten verdeutlichen, dass es bei der qualitativen Architekturbewertung um die Identifikation von Risiken und Nicht-Risiken sowie um mögliche Maßnahmen geht, nicht um die Ermittlung von *Noten*.

Geschäftsziele vorstellen

Im Idealfall stellt der Auftraggeber die geschäftlichen (Qualitäts-)Ziele des Systems vor, das zur Bewertung ansteht. Dabei sollten der gesamte geschäftliche Kontext zur Sprache kommen, die Gründe für die Entwicklung des Systems sowie dessen Einordnung in die fachlichen Unternehmensprozesse.

Falls diese Ziele in Ihren Projekten bereits in den Anforderungsdokumenten aufgeführt sind, lassen Sie dennoch die *maßgeblichen Stakeholder* zu Wort kommen: Bei der Bewertung geht es um deren aktuelle Sichtweise. Außerdem sind die Zielformulierungen aus den Anforderungsdokumenten von Systemanalytikern gründlich gefiltert worden.

 Ich teile die Erfahrung von [Clements+03], die von *Aha-Erlebnissen* bei der Vorstellung der aktuellen Ziele berichten: Die unterschiedlichen Teilnehmer von Bewertungsworkshops sitzen häufig das erste Mal gemeinsam an einem Tisch und lernen aus erster Hand die Zielvorstellungen anderer Stakeholder kennen. Dabei kommt es zu wertvollen „Ach sooo war das gemeint"-Erlebnissen.

Architektur vorstellen

Anschließend sollte der Architekt des Systems die Architektur vorstellen. Dazu eignet sich die Gliederung der Architekturpräsentation, die Sie in Kapitel 4 kennen gelernt haben.

Es sollte in jedem Fall der komplette Kontext des Systems ersichtlich werden, das heißt sämtliche Nachbarsysteme. Weiterhin gehören zu einer solchen Vorstellung die Bausteine der oberen Abstraktionsebenen sowie Laufzeitsichten einiger wichtiger Use-Cases oder Änderungsszenarien.

Einen spezifischen Qualitätsbaum erstellen

Lassen Sie Ihre Stakeholder im Anschluss an die Vorstellung der Geschäftsziele sowie der Architektur im Rahmen eines kreativen Brainstormings die wesentlichen geforderten Qualitätsmerkmale erarbeiten. Ordnen Sie diese anschließend in hierarchischer Form an: Die allgemeineren Merkmale stehen weiter links (oder oben im Baum), die spezielleren Anforderungen weiter rechts (oder unten).

Ein Beispiel eines solchen Qualitätsbaumes finden Sie in Bild 9.3. Dort sind als globale Qualitätsziele Performance, Erweiterbarkeit und Verfügbarkeit eingetragen und durch Latenz, Durchsatz etc. verfeinert.

Entwickeln Sie Ihre Qualitätsbäume in kleinen und streng fokussierten Workshops, im Stile von Brainstorming-Sitzungen. Lassen Sie die Teilnehmer zu Beginn Architektur- und Qualitätsziele in ihren eigenen Worten beschreiben, ohne sie unmittelbar einzuordnen oder zu bewerten.

Falls Ihre Stakeholder etwas Starthilfe benötigen, können Sie die Architektur- und Qualitätsziele sowie Mengengerüste aus Anforderungsdokumenten in diese Diskussion einbringen. Ich finde es jedoch produktiver, die Teilnehmer einer solchen Diskussion möglichst wenig durch bestehende Dokumente zu belasten.

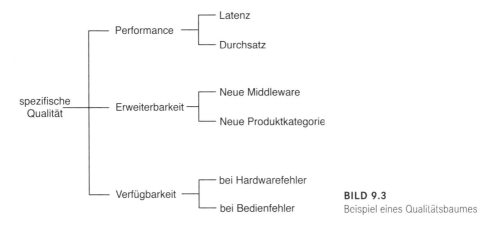

BILD 9.3 Beispiel eines Qualitätsbaumes

Anschließend strukturieren Sie gemeinsam mit den Teilnehmern die Beiträge in Form des Qualitätsbaumes. Dabei können Sie die Wurzel des Baumes auch anders benennen, etwa: *„Nützlichkeit"* oder *„wichtigste Architekturziele"*.

 Mindmaps können bei der Erstellung und Dokumentation von Qualitätsbäumen gute Dienste leisten. Sie sind leicht verständlich und insbesondere für ein *Brainstorming* von Qualitätsmerkmalen geeignet. ∎

Damit haben Sie den ersten Schritt zur Beschreibung der Bewertungsziele bereits erledigt.

Qualitätsmerkmale durch Szenarien verfeinern

Im folgenden Schritt entwickeln Sie gemeinsam mit den maßgeblichen Stakeholdern Szenarien für die wichtigsten Qualitäts- und Architekturziele. Wichtig ist dabei, die Beschreibung der Szenarien möglichst konkret und operationalisiert zu halten. In Bild 9.4 sehen Sie einen um zwei Szenarien angereicherten Qualitätsbaum.

Szenarien: Abschnitt 3.6.2

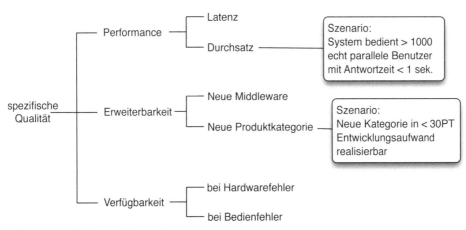

BILD 9.4 Qualitätsbaum mit Szenarien

Oftmals fällt es den Projektbeteiligten leichter, in konkreten Szenarien zu denken als in abstrakten Qualitätsmerkmalen. Beginnen Sie in solchen Fällen ruhig mit einem Brainstorming von Szenarien, und fügen Sie die zugehörigen Qualitätsmerkmale erst im Nachgang hinzu. ∎

Bereits für mittelgroße IT-Systeme können Sie in solchen Brainstorming-Sitzungen durchaus 30 bis 50 verschiedene Szenarien finden. Im Normalfall wird Ihnen für die detaillierte Bewertung derart vieler Szenarien jedoch keine Zeit bleiben, so dass Sie sich auf einige wenige beschränken müssen. Dabei helfen Prioritäten.

Qualitätsmerkmale und Szenarien priorisieren

Lassen Sie Ihre maßgeblichen Stakeholder die gefundenen Szenarien nach ihrem jeweiligen geschäftlichen Wert oder Nutzen priorisieren. Ich bevorzuge dabei eine kleine Skala, etwa A = wichtig, B = mittel, C = weniger wichtig, exemplarisch dargestellt in Bild 9.5. Bei umfangreichen Sammlungen von Qualitätszielen kann es einfacher sein, die Ziele fortlaufend zu nummerieren. Diese Prioritäten bestimmen später die Reihenfolge der Bewertung.

Zusätzlich sollten die beteiligten Architekten die Szenarien nach ihrer technischen Schwierigkeit ebenfalls in einer kleinen Skala (etwa: A = sehr schwierig oder sehr riskant, B = normal, C = leicht, ohne Risiko) einstufen. Diese zweite Dimension der Einstufung von Szenarien ermöglicht es, die gleichermaßen *wichtigen* und *schwierigen* Szenarien zuerst zu bewerten.

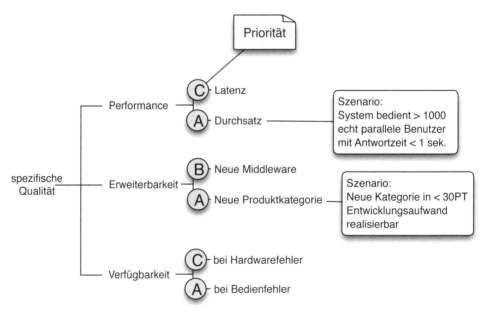

BILD 9.5 Qualitätsbaum mit Szenarien und Prioritäten

Konzentrieren Sie sich bei der Bewertung auf die Szenarien, die in beiden Dimensionen der Priorisierung ein „A" erhalten haben, die also sowohl geschäftlich wichtig als auch technisch sehr schwierig sind. Wenn die Architektur schon diese Szenarien nicht unterstützt, können Sie sich die Bewertung der restlichen ersparen.

Architektur hinsichtlich der Qualitätsmerkmale bewerten

Mit den priorisierten Szenarien für die aktuellen Qualitäts- und Architekturziele besitzen Sie nun einen Bewertungsmaßstab für Ihre konkrete Architektur. Jetzt folgt die eigentliche Bewertung, die Sie in der Regel in einer kleinen Gruppe gemeinsam mit den Architekten des Systems durchführen. Die maßgeblichen Stakeholder sind dabei im Normalfall nicht anwesend.

Gehen Sie bei dieser Kernaufgabe gemäß den Prioritäten der Szenarien vor, beginnend mit den wichtigen und schwierigen! Lassen Sie sich in Form eines *Walkthrough* von den Architekten erläutern, wie die Bausteine des Systems zur Erreichung dieses Szenarios zusammenspielen oder welche Entwurfsentscheidungen das jeweilige Szenario unterstützen.

Leider muss ich Ihnen an dieser Stelle eine schlechte Nachricht überbringen: Es gibt keinen Algorithmus, der Ihnen die Zielerreichung einer Architektur hinsichtlich der Szenarien bestimmt. Ihre Erfahrung (oder die des Bewertungsteams) ist gefragt – auch Ihre subjektive Einschätzung.

 Als Bewerter oder Auditor einer Architektur untersuchen Sie die zentralen Architektur- und Qualitätsziele auf Basis der jeweils definierten Szenarien gemeinsam mit dem Architekten des Systems. Lassen Sie sich die zugehörigen Architekturentscheidungen und -ansätze erläutern, und beantworten Sie die folgenden Fragen:
- Welche Architekturentscheidungen wurden zur Erreichung eines Szenarios getroffen?
- Welcher Architekturansatz unterstützt die Erreichung des Szenarios?
- Welche Kompromisse wurden durch diese Entscheidung eingegangen?
- Welche anderen Qualitätsmerkmale oder Architekturziele werden von dieser Entscheidung noch beeinflusst?
- Welche Risiken erwachsen aus dieser Entscheidung oder aus diesem Ansatz?
- Welche Risiken gibt es für die Erreichung des jeweiligen Szenarios und des damit verbundenen Qualitätszieles?
- Welche Analysen, Untersuchungen oder Prototypen stützen diese Entscheidung?

Als Resultat erhalten Sie einen Überblick über die Güte der Architektur hinsichtlich konkreter Szenarien, und damit auch hinsichtlich der spezifischen Architektur- und Qualitätsziele.

Meiner Erfahrung nach ist Auftraggebern (und maßgeblichen Stakeholdern) schon viel damit geholfen, für die wichtigsten Szenarien zu erfahren,

- welche Risiken bezüglich ihrer Erreichung oder Umsetzung existieren,
- welche Maßnahmen es zur Umgehung oder Milderung dieser Risiken gibt und
- welche Szenarien auf jeden Fall (d.h. risikolos) erreicht werden ([Clements+03] spricht hier von *Non-Risks*).

Auswirkungen von Architekturbewertungen

Neben den qualitativen Aussagen hinsichtlich Zielerreichung und Risiken erwachsen aus der Architekturbewertung in der Regel eine Reihe weiterer Vorteile:

- Die maßgeblichen Stakeholder diskutieren über ihre eigenen Ziele[7] und deren Prioritäten. Das erleichtert in Entwicklungsprojekten die Vergabe von Prioritäten erheblich.
- Zentrale Architekturentscheidungen werden explizit dargestellt und offen diskutiert.
- Architekturansätze werden dokumentiert, weil Bewertungen häufig auf Basis der Architekturdokumentation stattfinden.

Schließlich kommt es vor, dass maßgebliche Stakeholder sich des hohen Risikos bewusst werden, das durch einige ihrer Anforderungen und Qualitätsziele entsteht.

■ 9.3 Weiterführende Literatur

[Bass+03] und [Clements+03] beschreiben die ATAM-Methode (*Architecture Tradeoff Analysis Method*) ausführlich. Meiner Erfahrung nach ist diese Methode jedoch durch die wiederholte Bewertung der Architekturansätze in vielen Fällen zu aufwändig in der Anwendung. Trotzdem legt sie die Grundlage für den Ansatz der szenariobasierten Bewertung.

[Kruchten+02] fassen den State of the Art bezüglich der Architekturbewertung zusammen. Sie geben viele Hinweise, wie eine Bewertung praktisch ablaufen kann.

[Ionita+02] stellen unterschiedliche szenariobasierte Bewertungsmethoden vor. Sie kommen dabei zu interessanten Schlussfolgerungen; beispielsweise kann keine Methode sicherstellen, *alle* vorhandenen Risiken aufzudecken.

[Bosch2000] beschreibt außer der szenariobasierten Bewertung einen simulationsbasierten Ansatz. Ich habe hier erhebliche Einwände bei Kriterien wie Flexibilität, Sicherheit und Wartbarkeit, die sich meiner Meinung nach nicht durch Simulation bewerten lassen.

[Henderson-Sellers96] ist eine ausführliche Darstellung objektorientierter Metriken.

[Lorenz94] ist eine praktische Einführung in Metriken für objektorientierte Systeme.

---

[7] Diese Diskussion der Stakeholder hätte bereits in der Analysephase stattfinden sollen. Leider besteht für die wesentlichen Stakeholder in der Realität hinsichtlich ihrer Architektur- und Qualitätsziele allzu oft weder Klarheit noch Einigkeit.

10 Service-Orientierte Architektur (SOA)

Mit kräftiger Unterstützung von Stefan Tilkov

> *SOA is a Lifestyle.*
>
> Ann Thomas Manes, in [SOAX 07]

Fragen, die dieses Kapitel beantwortet:
- Warum gibt es SOA?
- Was ist SOA?
- Wie funktionieren Services?
- Was gehört (noch) zu SOA?
- Was hat SOA mit Software-Architektur zu tun?

Warum gibt es SOA?

Als Motivation für SOA skizzieren wir die Situation vieler Unternehmen hinsichtlich (externer) Einflussfaktoren und (interner) Informationsverarbeitung: Unternehmen existieren, um Mehrwert zu erwirtschaften. Diesen Mehrwert schaffen sie durch wertschöpfende Geschäftsprozesse. Dabei wirken im Wesentlichen vier Einflussfaktoren auf die Unternehmen und deren Geschäftsprozesse:

SOA ist ein Business-Thema

1. Die Ansprüche von Kunden und Partnern steigen: Der Druck globaler Märkte auf Unternehmen nimmt zu. Um weiterhin profitabel zu bleiben, müssen Unternehmen ihre Geschäftsprozesse häufig an wechselnde Einflüsse von Märkten und Kunden anpassen. Flexibilisierung und Modularisierung von Geschäftsprozessen wird zur Grundlage unternehmerischen Handelns.
2. Viele Geschäftsprozesse funktionieren ausschließlich mit IT-Unterstützung. Ohne Informatik sind viele Unternehmen nicht handlungs- beziehungsweise lebensfähig. Denken Sie beispielsweise an die gesamte Finanz- und Telekommunikationsbranche. Leider hemmt die IT oftmals die (so dringend benötigte) Flexibilität und Agilität von Unternehmen, weil sie sich nicht schnell oder flexibel genug an geänderte Prozesse adaptieren kann.

3. Bestehende IT-Systeme sind häufig Applikationsmonolithen, unflexible und über lange Jahre gewachsene starre Anwendungssilos. Die zugehörigen IT-Organisationen sind als Fürstentümer organisiert und orientieren sich weniger an der Wertschöpfung des Gesamtunternehmens als an eigener Macht und Einfluss.

4. IT-Budgets werden oftmals für die Entwicklung oder Modernisierung einzelner Anwendungen vergeben, ohne direkten Bezug zu deren aktueller oder künftiger Wertschöpfung. Dadurch entstehen die so genannten "Millionengräber". Budgets sollten sich an der Wertschöpfung der durch IT unterstützten Services und Geschäftsprozesse orientieren.

Für Unternehmen folgt daraus die Notwendigkeit, die Abstimmung zwischen Geschäft (*Business*) und IT zu verbessern: Zukünftig muss die IT hochflexible Geschäftsprozesse effektiv und schnell unterstützen. Dazu bedarf es der Abkehr von Anwendungsmonolithen und der Schaffung flexibler Software-Einheiten – eben Services. Aus solchen Services müssen Unternehmen neue Geschäftsprozesse in kurzer Zeit entwerfen und in Betrieb nehmen können.

Genau deshalb (und nur deshalb!) brauchen Unternehmen SOA: Es geht um unternehmerische Flexibilität, um die Fähigkeit, auch unter veränderlichen Marktbedingungen als Unternehmen wertschöpfende Geschäftsprozesse anbieten zu können. SOA wird ausschließlich durch diese geschäftliche Argumentation getrieben – Technik ist nur Mittel zum Zweck.

Diese beiden Perspektiven von SOA (geschäftlich/organisatorisch und technisch) führen unserer Erfahrung nach häufig zu Missverständnissen bei der Kommunikation zwischen den beteiligten Personen: Die Fachleute unterstellen den IT'lern ein mangelndes SOA-Verständnis, umgekehrt beschweren sich die IT-Experten über die SOA-unkundigen Fachleute. Unserer Meinung nach gehören zu SOA beide Perspektiven – keine kann alleine funktionieren.

■ 10.1 Was ist SOA?

SOA muss in Unternehmen übergreifend wirken, sowohl auf Geschäftsprozesse als auch auf IT. Daher haben sehr unterschiedliche Beteiligte mit SOA zu tun und jeweils ihre spezifische Auffassung von „Was ist SOA?". Einige Beispiele (in Anlehnung an [Lublinsky 07]) finden Sie in Tabelle 10.1.

Verstehen Sie SOA als Synthese dieser Meinungen:

- Eine Service-orientierte Architektur (SOA) ist eine unternehmensweite IT-Architektur mit Services (Diensten) als zentralem Konzept.
- Services realisieren oder unterstützen Geschäftsfunktionen.
- Services sind lose gekoppelt.

TABELLE 10.1 SOA-Definitionen aus verschiedenen Perspektiven

Perspektive (Stakeholder)	SOA ist …
Manager	Eine Menge von IT-Assets („Fähigkeiten"), aus denen wir Lösungen für unsere Kunden und Partner aufbauen können.
Enterprise-IT-Architekt	Architekturprinzipien und -muster für übergreifende Modularisierung, Kapselung, lose Kopplung, Wiederverwendbarkeit, Komponierbarkeit, Trennung von Verantwortlichkeiten.
Projektleiter	Ansatz für parallele Entwicklung mehrerer Projekte oder Aufgaben.
Entwickler, Programmierer	Ein Programmiermodell basierend auf Standards wie Web-Services, REST, XML, HTTP.
Administrator, Operator	Ein Betriebsmodell für Software, bei dem wir nur noch Teile unserer Anwendungen (Services) selbst betreiben und viele Services von Partnern nutzen.
Strategieberater, Software-Hersteller	Ein unklar definiertes Hype-Thema, das in den Ohren unserer Kunden vielversprechend klingt. Ein gigantischer Beratungs- und Werkzeugmarkt voller Chancen und Risiken.

- Services sind selbstständig betriebene, verwaltete und gepflegte Softwareeinheiten, die ihre Funktion über eine implementierungsunabhängige Schnittstelle kapseln.
- Zu jeder Schnittstelle gibt es einen Service-Vertrag, der die funktionalen und nichtfunktionalen Merkmale (Metadaten) der Schnittstelle beschreibt. Zu jeder Schnittstelle kann es mehrere, voneinander unabhängige, Implementierungen geben.
- Die Nutzung (und Wiederverwendung) von Services geschieht über (entfernte) Aufrufe („Remote Invocation").
- SOA setzt so weit wie möglich auf offene Standards, wie XML, SOAP,[1] WSDL und andere.
- Services sind bereits von ihrem Entwurf her *integrierbar*.[2]

In den folgenden Abschnitten wollen wir diese Definition etwas erläutern. Zur Einordnung stellt Bild 10.1 (auf der nächsten Seite) den Begriff „Service" in den Kontext von Unternehmen, Geschäftsprozess und Implementierung.

Services als zentrales Konzept

In SOA übernehmen Services in hohem Maße die Rolle bisheriger „Anwendungen": Unternehmen planen, entwerfen, entwickeln, testen und betreiben Services, nicht Anwendungen. Outsourcing erfolgt auf Basis von Services, nicht von Hardware oder Anwendungen. Abteilungen verantworten Services, keine Anwendungen.

---

[1] SOAP: http://www.w3.org/TR/SOAP, WSDL: http://www.w3.org/TR/WSDL
[2] Dieses Versprechen ist in der Praxis oft schwer einzulösen, weil Service-Anbieter und Service-Nutzer sich nur schwer auf eine gemeinsame Semantik von Daten und Dokumenten einigen können.

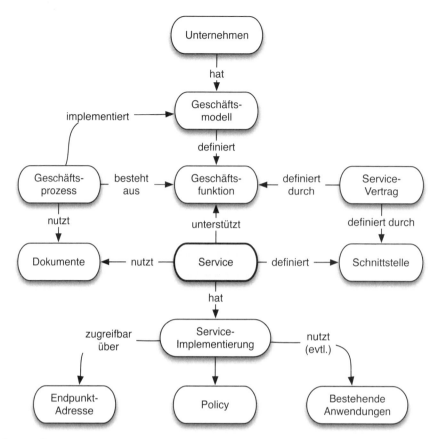

BILD 10.1 Services im Kontext von Unternehmen und Implementierung

Services realisieren Geschäftsfunktionen

Services realisieren Geschäftsfunktionen, die für ihre Nutzer einen geschäftlichen Mehrwert darstellen. Unter solchen Geschäftsfunktionen verstehen wir Aktivitäten, die ein Unternehmen direkt oder indirekt in seiner Wertschöpfung unterstützen – sei es bei der Fertigung eines Produktes oder dem Erbringen einer Dienstleistung. Beispiele für Services sind Bestellannahme, Kostenkalkulation, Angebotserstellung, Produktionsplanung, Vertragsmanagement, Kundenverwaltung, Abrechnung, Mahnwesen.

Warum beschränken wir Services auf Geschäftsfunktionen? Es gibt doch auch technische Dienste, beispielsweise „Datensicherung". Solche technischen Dienste können sinnvolle und wichtige Funktionen erbringen, tragen jedoch nicht direkt zur Wertschöpfung eines Unternehmens bei. Eine aus wirtschaftlicher Sicht sinnvolle SOA hat geschäftliche Flexibilität (business agility) zum Ziel und orientiert sich an wertschöpfenden Services.

Lose Kopplung

Der Begriff Kopplung bezeichnet den Grad der Abhängigkeiten zwischen zwei oder mehr „Dingen". Je mehr Abhängigkeiten zwischen Services bestehen, desto enger sind sie aneinander gekoppelt. Kopplung bezieht sich dabei auf alle Arten der Abhängigkeiten von Services, beispielsweise:

- Zeitliche Abhängigkeit: Ein Service kommuniziert synchron mit einem anderen, d.h. beide Services müssen zeitgleich in Betrieb sein.
- Örtliche Abhängigkeit: Ein Service ruft einen anderen Service unter einer bestimmten Adresse auf – der aufgerufene Service darf diese Adresse nicht ändern.
- Struktur- oder Implementierungsabhängigkeit: Die Implementierung eines Service verwendet die Implementierung eines anderen Service direkt, anstatt über die „offizielle" Schnittstelle zu kommunizieren. Somit ist die Implementierung des aufgerufenen Service nicht mehr austauschbar.
- Datenabhängigkeit: Ein Service nutzt eine (interne) Datenstruktur eines anderen Service, interpretiert beispielsweise die ersten 8 Stellen eines Datenbankschlüssels als Artikelnummer. Somit kann die interne Repräsentation dieser Daten nicht mehr geändert werden.

Lose Kopplung von Services bringt eine hohe Unabhängigkeit und damit Flexibilität einzelner Services mit sich. Services in einer SOA sollten lose gekoppelt sein, mit anderen Worten: nur so eng miteinander verflochten, wie unbedingt notwendig.

Das Idealziel – lose Kopplung in allen Dimensionen – ist dabei weder immer erreichbar noch immer wünschenswert. Zeitliche Entkopplung beispielsweise erfordert asynchrone Kommunikation, und die ist schwieriger zu implementieren als synchrone.

Einen weiteren Aspekt möchten wir hervorheben, nämlich das dynamische Binden: Ein Service-Nutzer („Service-Consumer" oder „Dienstnutzer") ermittelt die Adresse seines Service-Anbieters (auch „Service-Provider" oder „Dienstanbieter" genannt) in der Regel erst zur Laufzeit. Hierbei unterstützen ihn spezialisierte Verzeichnisdienste („Registries").

Schnittstelle und Implementierung

Jeder Service stellt für seine Nutzer eine fest definierte Schnittstelle bereit. Intern, das heißt nach außen unsichtbar, besitzt jeder Service eine Implementierung, die letztendlich für die eigentliche Arbeit des Service verantwortlich zeichnet. Die Implementierung eines Service besteht wiederum aus Geschäftslogik und zugehörigen Daten.

Services bieten ihre Dienste ausschließlich über diese Schnittstellen an. Service-Nutzer sollen und dürfen keinerlei Annahmen über das Innenleben (die Implementierung) von genutzten Services treffen. Dieses Geheimnisprinzip stellt die Unabhängigkeit und lose Kopplung einzelner Services sicher.

Serviceorientierte Architekturen setzen dieses Konzept durchgängig ein: Sämtliche Services (sowohl Geschäfts- als auch technische Services) bieten klar definierte Schnittstellen an, für die es eine oder mehrere Implementierungen geben kann. Die Nutzer eines Service besitzen ausschließlich eine Abhängigkeit zur Schnittstelle des genutzten Service.

Service-Vertrag und Metadaten

In einer SOA gibt es eine Vielzahl von Metadaten, d.h. Daten über Daten. Dazu zählen funktionale und nichtfunktionale Aspekte, beispielsweise:

- Beschreibungen der Service-Schnittstellen, der möglichen Operationen und der an ihnen ausgetauschten Informationen,
- Sicherheitsanforderungen und Berechtigungen,
- Performanceanforderungen,
- organisatorische Zuordnungen,
- die Adresse, unter der ein Service aufrufbar ist (auch genannt „Endpunkt-Adresse").

Es gibt zwei Arten solcher Metadaten: funktionale und nichtfunktionale. Zu den funktionalen Metadaten zählen die Schnittstellendefinitionen und die Definition der ausgetauschten Informationsobjekte. Nichtfunktionale Metadaten beschreiben Aspekte wie Sicherheitsrestriktionen, Transaktionseigenschaften oder den Zuverlässigkeitsgrad der Nachrichtenzustellung. Nichtfunktionale Eigenschaften eines Service heißen auch Policies. Schnittstelle und Policy zusammen bilden den Service-Vertrag.

Ein Service kann durchaus mit identischer Schnittstelle, aber mit verschiedenen Policies (d.h. in unterschiedlichen nichtfunktionalen Ausprägungen) angeboten werden. Betrachten Sie als Beispiel die Kursabfrage von Wertpapieren:

- Eine Policy (die kostenfreie „Community Edition" dieses Service) liefert die um 15 Minuten gegenüber der Börse verzögerten Kursdaten.
- Eine zweite Policy (die kostenpflichtige „Premium Edition") liefert über die identische Schnittstelle die Kursdaten in Echtzeit.

Wiederverwendung durch Aufruf

Übliche Komponenten- oder Objektmodelle unterscheiden sich von Services durch ein grundlegend unterschiedliches Programmiermodell:

- In der Objektorientierung können von einer Klasse viele Instanzen existieren. Diese unterscheiden sich durch ihren internen Zustand, der unmittelbar einem bestimmten Ausführungskontext entspricht. Der Lebenszyklus von Objekten wird durch dessen Benutzer gesteuert: Benötigen Sie ein Objekt, erzeugen Sie sich eine Instanz. Wenn Sie fertig sind, lassen Sie diese Instanz wieder entfernen.
- Der Lebenszyklus von Services in einer SOA hingegen ist an keinen bestimmten Service-Nutzer gebunden. Services existieren in ihrer eigenen Betriebsumgebung, unabhängig von ihren Nutzern.
- Wiederverwendung von Objekten oder Komponenten geschieht durch Einbettung in den Ausführungskontext der Nutzer.
- Services laufen dort ab, wo ihr Betreiber (oder Provider) sie ausführen lässt – in der Regel über Rechnergrenzen getrennt von den Service-Nutzern. Daraus folgt die Notwendigkeit zur systemübergreifenden (remote) Kommunikation, was wiederum signifikante Performancenachteile gegenüber herkömmlicher Programmierung bedeutet.

(Selbstbeschreibende) Dokumente

Service-Aufrufe übergeben ihre Daten in Form von *Dokumenten*, also strukturierten *Datenbehältern*. Meist verwenden Services dazu XML-Dokumente, deren Aufbau durch spezifische XML-Schemata vom Service-Provider vorgegeben wird. Selbstbeschreibende Formate schützen dabei vor Fehlern, sowohl bei der Interpretation der Dokumente als auch bei fachlichen Erweiterungen. Vergleichen Sie beispielsweise den folgenden Methodenaufruf

```
createInvoice( 20070905, 42, 84, `K-SQ-42`)
```

mit dem Dokument(fragment):

```
<invoice>
        <date>2007-09-05</date>
        <productid>42</productid>
        <quantity>84</quantity>
        <customerid>K-SQ-42</customerid>
</invoice>
```

Zum Verständnis des Methodenaufrufs müssen Sie die Signatur dieser Methode kennen, da der Methodenaufruf nicht selbstbeschreibend ist. Die Übergabe zusätzlicher Informationen (beispielsweise Adressdaten zur Rechnung) erfordert Codeänderungen in der betroffenen Klasse.

Hingegen können Sie dem Dokument durchaus einige neue Daten hinzufügen, ohne dass die betroffenen Services geändert werden müssen: Ein Service-Provider kann, beispielsweise mit XPath, aus dem Dokument genau die für ihn notwendigen Informationen extrahieren, zusätzliche Daten stören nicht.

Falls Sie jetzt an Performance denken: Korrekt – die in selbstbeschreibenden Dokumenten enthaltene Informationsredundanz kostet Laufzeit, verursacht durch Parsing-Aufwände und zusätzlichen Datentransfer. Andererseits gewinnen Sie eine erhebliche Flexibilität, der in SOA große Bedeutung zukommt.

10.2 So funktionieren Services

Wir möchten Ihnen nun erklären, wie Services einer SOA technisch funktionieren. Die Unterscheidung zwischen Service-Anbieter (Provider) und Service-Nutzer (Consumer) haben wir oben bereits erörtert – sie wird jetzt bedeutsam.

Die Zusammenarbeit zwischen Consumer und Provider benötigt eine ganze Menge Vorbereitung:

- Der Provider definiert seine funktionale Schnittstelle in einer maschinenlesbaren Form (etwa: WSDL, Web-Service Description Language). Diese Schnittstelle wird Bestandteil des Service-Vertrags.

- Ein Provider implementiert diese Schnittstelle und fügt die nichtfunktionalen Eigenschaften dieser Implementierung (ihre „Policies") als Metadaten dem Servicevertrag hinzu.
- Der Provider stellt die Implementierung des Service in einer Laufzeitumgebung zur Verfügung. Dazu legt er die Adresse (Endpunkt-Adresse) fest.
- Schließlich publiziert der Provider all diese Informationen in einem Service-Verzeichnis. Nun können Service-Consumer auf diese Informationen zugreifen.
- Ein Service-Consumer sucht (und findet) im Service-Verzeichnis die Definition der Provider-Schnittstelle.
- Unter Nutzung der Provider-Schnittstelle entwickelt der Consumer einen eigenen Service, der den Provider „verwendet", d.h. zur Laufzeit bestimmte Operationen der Provider-Schnittstelle aufruft.

Dieses Zusammenspiel zeigt Bild 10.2.

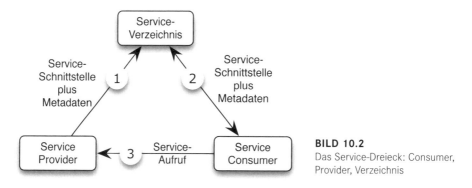

BILD 10.2 Das Service-Dreieck: Consumer, Provider, Verzeichnis

Es gibt viele technische Varianten, mit denen Sie diese Art der Zusammenarbeit implementieren können. Eine davon (aber nicht die einzige!) sind Web-Services (siehe [Newcomer+05] und [Melzer 07]), CORBA oder nachrichtenbasierte Systeme.

■ 10.3 Was gehört (noch) zu SOA?

Services bilden den Kern von SOA – jedoch gehören noch einige weitere Bestandteile und Konzepte dazu, ohne die im wahrsten Sinne „nichts läuft". Einige möchten wir Ihnen nachfolgend vorstellen.

Architekturstile

Sie können SOA mit unterschiedlichen Architekturstilen aufbauen:

- Schnittstellenorientiert: Ähnlich dem konventionellen Remote Procedure Call (RPC) definieren Sie für sämtliche Funktionen Ihrer Services eigene Operationen. Meist folgen diese

Operationen dem (synchronen) Kommunikationsmuster *Request-Response*, gelegentlich sogar mit dem Verzicht auf Rückgabewerte (*one-way operations*). Die Operationen erhalten in ihren Signaturen Parameter.

- **Nachrichtenorientiert:** Bei einer nachrichtenorientierten SOA stehen die ausgetauschten Informationen im Vordergrund. In der Regel spricht man hier von Dokumenten, die durch Nachrichten übertragen werden – anders formuliert: Nachrichten enthalten als Nutzdaten (*Payload*) ein Dokument und zusätzlich Adressinformationen und andere Metadaten. Dieser Architekturstil kommt häufig bei asynchron gekoppelten Systemen zum Einsatz, im Zusammenhang mit entsprechender Kommunikationsinfrastruktur (*message-oriented middleware*, MOM).[3]

- **Ressourcenorientiert:** Eine Alternative für Serviceorientierung im großen Stil ist REST, der ressourcenorientierte Architekturstil. Die Zusammenarbeit zwischen Services erfolgt hierbei über eine einheitliche und minimalistische Schnittstelle, die aus vier Operationen besteht:
  - GET zum Lesen einer Ressource,
  - PUT zum Verändern einer Ressource,
  - DELETE zum Löschen und
  - POST zum Erzeugen bzw. zur sonstigen Verarbeitung einer Ressource.

Anwendungs-Frontends

Auch in einer SOA bedienen Menschen ganz normale Programme auf ganz normalen Client-Rechnern. Das sind die Anwendungen und Programme eines Unternehmens, die Geschäftsprozesse auslösen und deren Ergebnisse verarbeiten. Anwendungs-Frontends können eine echte Benutzeroberfläche haben, aber auch Batchsysteme sein. Solche Anwendungs-Frontends nutzen in ihrer Implementierung vorhandene Service-Provider und treten selbst als Service-Consumer auf.

XML & Co.

Markup-Sprachen auf der Basis von XML bilden zurzeit die *lingua franca* von SOA, obwohl bereits Alternativen wie YAML oder JSON bereitstehen.

Als Software-Architekt in SOA-Projekten sollten Sie über ein grundlegendes Verständnis von XML-Techniken verfügen. Dazu zähle ich die folgenden:

- XML, Attribute, Entitäten und „Content", Wohldefiniert- und Wohlgeformtheit, XML-Namensräume.
- XML-Schema zur Beschreibung konkreter XML-Sprachen und deren Syntax.
- XPath zur Navigation und Selektion innerhalb von XML-Dokumenten.

Ein verbreitetes Format zum Nachrichtenaustausch innerhalb einer SOA stellt SOAP[1] dar. Das Gegenstück zur Beschreibung von Services heißt WSDL[1] (Web-Service Description Language).

---

[3] Eine geniale Einführung in diesen Architekturstil gibt [Hohpe+03] als „Integrationsmuster".

Ablaufsteuerung und Koordination von Services

Services sollen koordiniert ablaufen und durch ihr Zusammenwirken die Unternehmensprozesse unterstützen. Diese Koordination kann entweder durch eine zentrale Steuerung (im Sinne eines Dirigenten, der die Musiker eines Orchesters koordiniert) erfolgen, oder aber durch föderierte Intelligenz (im Sinne eines Balletts, in dem sich Tänzerinnen und Tänzer eigenständig koordinieren).

Beide Varianten, in der SOA-Terminologie *Orchestrierung* beziehungsweise *Choreographie* genannt, kommen in SOA zur Ablaufsteuerung von Services zum Einsatz – die zugehörigen Standards heißen BPEL[4] und WS-CDL[5].

Technische Infrastruktur für SOA

Eingangs haben wir bereits Registries als Verzeichnisse von Service-Metadaten erwähnt. Solche Registries übernehmen zur Laufzeit die Vermittlung von Anfragen zwischen Service-Consumern und Service-Providern. Vorher müssen die Service-Provider eine solche Registry mit den notwendigen Metadaten über den jeweiligen Service befüllen. Eine Registry kann darüber hinaus noch interessante Informationen über das Nutzungsverhalten von Services sammeln, die Einhaltung von Serviceverträgen überprüfen oder zwischen unterschiedlichen Policies von Consumern und Providern vermitteln.

Andererseits bilden Registries auch die Grundlage von Service-Wiederverwendung: Zur Entwicklungszeit können sich Service-Designer und -Entwickler über vorhandene Service-Verträge informieren. Manche Verzeichnisse bieten darüber hinaus die Möglichkeit, sämtliche weiteren Dokumente über Services zu verwalten, etwa Anforderungsdokumente, Testberichte oder Ähnliches. Diese Werkzeugkategorie heißt dann „Service-Repository" und könnte grundsätzlich von einer Registry getrennt ablaufen.

Die dritte Kategorie von Werkzeugen, die wir ansprechen möchten, ist der Enterprise-Service-Bus (ESB). Ein ESB vernetzt sämtliche technischen Beteiligten einer SOA miteinander. Möchte ein Service-Nutzer mit einem Service-Provider in Kontakt treten, so übernimmt der ESB die gesamten Details der Kommunikation – inklusive notwendiger Zusatzleistungen. Auf den ersten Blick ähnelt dieser Ansatz dem Request-Broker aus CORBA, besitzt jedoch einige zusätzliche Facetten:

- Technische Verbindung aller Komponenten, inklusive der notwendigen Netzwerk- und Protokolldetails.

- Ein Service-Bus muss Brücken zwischen heterogenen Technologien schlagen: Service-Consumer sind möglicherweise in anderen Programmiersprachen entwickelt als Service-Provider. Der ESB abstrahiert zusätzlich von Betriebssystemen und Middleware-Protokollen.

- Kapselung verschiedener Kommunikationskonzepte: Der ESB ermöglicht beispielsweise die Kommunikation synchroner und asynchroner Komponenten miteinander, oder aber die Übersetzung zwischen verschiedenen Protokollen.

---

[4] BPEL: http://docs.oasis-open.org/wsbpel/2.0/OS/wsbpel-v2.0-OS.html
[5] WS-CDL: http://www.w3.org/TR/ws-cdl-10/

- Bereitstellung technischer Dienste: In einer „echten" SOA müssen neben den eigentlichen (wertschöpfenden) Services noch technische Dienste vorhanden sein, wie etwa Logging, Autorisierung oder Nachrichtentransformation. Diese werden über den Service-Bus angeboten (oder durch ihn vermittelt.).

10.4 SOA und Software-Architektur

Am Anfang dieses Kapitels schrieben wir, dass SOA ein Business-Thema ist. Hier nochmals zur Wiederholung:

 ... Es geht um unternehmerische Flexibilität, um die Fähigkeit, auch unter veränderlichen Marktbedingungen als Unternehmen wertschöpfende Geschäftsprozesse anbieten zu können. ... Technik ist nur Mittel zum Zweck.

Insofern schätzen wir den Zusammenhang von SOA, Software-Architektur und anderen Disziplinen wie folgt ein: Vornehmlich gehört SOA in den organisatorischen Bereich der Unternehmen.

- Die Annäherung von IT und Business muss organisatorisch vollbracht werden – hier haben Software-Architekten keinen nennenswerten Einfluss.
- Anschließend gilt es, die IT-Gesamtarchitektur der Unternehmen serviceorientiert zu organisieren. Hierzu erhalten Software-Architekten im Idealfalle passende Vorgaben von Enterprise-Architekten – im schlimmsten Fall darf ein (armer) Software-Architekt eines kleinen Entwicklungsprojektes die Weichen der Gesamt-SOA stellen (eine undankbare Aufgabe, weil kurzfristige Projektziele häufig von langfristigen Unternehmens- und SOA-Zielen abweichen).
- Danach sollten Unternehmen eine wirkungsvolle und durchgängige „Regierung" für die Gesamt-IT sowie ihre SOA etablieren – neudeutsch als „Governance" bekannt.

Deshalb können Software-Architekten nur in sehr geringem Maße die Wege einer übergreifenden SOA bestimmen. Andererseits bestimmen technische Entwurfsentscheidungen darüber, ob Service-Implementierungen den Erwartungen ihrer Nutzer gerecht werden – und solche Entscheidungen treffen Software-Architekten.

Um es mathematisch zu formulieren: Für den Erfolg von SOA sind Software-Architekten eine notwendige, aber nicht hinreichende Bedingung.

10.5 Weiterführende Literatur

[Bloomberg+2006] vertreten die These, dass Unternehmen ohne SOA zum Untergang verdammt sind. Die Business-orientierten Teile dieses Buches sind sehr verständlich und nachvollziehbar geschrieben. Empfehlenswerte Argumentation für geschäftliche Agilität sowie SOA als Antwort auf mangelnde Flexibilität.

[SOAX 07] sammelt Grundlagen- und Erfahrungsberichte vieler Experten zu SOA und verwandten Themen. Deckt auf fast 900 Seiten sämtliche Bereiche von SOA ab, organisatorische wie technische.

[Lublinsky 07] beschreibt SOA als Architekturstil, kurz und prägnant. Lesenswert, enthält viele Referenzen. Gut finde ich seinen Ansatz einer *Pattern-Language* für SOA.

[Newcomer+05] stellt SOA und Web-Services aus der technischen Perspektive vor – sehr anschaulich und gut lesbar.

[Melzer 07] erläutert die grundlegenden Aspekte, die hinter SOA und Web-Services stecken.

Anmerkung: Teile dieses Kapitels entstanden auf Basis des „Einmaleins der SOA" von Stefan Tilkov und Gernot Starke aus [SOAX 07].

11 Enterprise-IT-Architektur

> *Enterprise architecture is the organizing logic for business processes and IT infrastructure.*
>
> [Ross+06]

Fragen, die dieses Kapitel beantwortet:

- Auf welchen Ebenen arbeiten Architekten?
- Was bedeutet Enterprise-IT-Architektur?
- Welche Aufgaben sollten Enterprise-IT-Architekten wahrnehmen?

Architekten arbeiten auf verschiedenen Ebenen

Bisher handelte dieses Buch immer von Software-Architektur, also den Strukturen einzelner Softwaresysteme. Nun lernen Sie einige weitere Arten von Architekturen kennen, deren Ergebnisse und Entwürfe von prägendem Einfluss auf Softwaresysteme sind.

Die wesentlichen Architekturebenen von Unternehmen finden Sie als Architekturpyramide in Bild 11.1 (auf der nächsten Seite, in Anlehnung an [Dern06]) dargestellt. Diese Pyramide zeigt nach oben hin zunehmend abstrakte Architekturebenen:

- Die Spitze der Architekturpyramide bildet die Strategie – die Ziele der Organisation – sowie mögliche Wege, um sie zu erreichen, und deren Grenzen. Verfeinert durch die Business-Architektur klärt die Strategie unter anderem die Zusammenarbeit zwischen Business und IT. Auf Strategien gehe ich nicht weiter ein, sondern verweise interessierte Leserinnen auf [Keller06].

- Die Business-Architektur definiert die geschäftlichen Prozesse und betriebswirtschaftlichen Funktionen einer Organisation. Sie verwendet den Begriff „Informationen" in wirtschaftlichem oder rein fachlichem Sinn, ohne direkten Bezug zu Softwaresystemen. Diese Prozesse haben jeweils einen spezifischen Informationsbedarf.

- Die nächste Ebene der Pyramide, die Informationsarchitektur, definiert die Struktur und Zusammenarbeit aller IT-Systeme einer Organisation (auch IS-Portfolio[1] oder *Anwendungs-*

---

[1] Informationssystem-Portfolio, nach [Dern06].

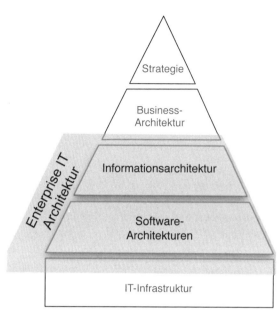

BILD 11.1 Architekturpyramide (in Anlehnung an [Dern 06])

landschaft) genannt. Sie stellt die wesentlichen Informationsflüsse und Schnittstellen zwischen sämtlichen Softwaresystemen einer Organisation dar. Die Informationsarchitektur stillt den Informationsbedarf der Geschäftsprozesse. Auf dieser Ebene tummeln sich die Enterprise-IT-Architekten, von denen in diesem Kapitel die Rede sein wird.

- Unterhalb der Informationsarchitektur liegt die Ebene der Software-Architekturen. Sie bildet das Kerngebiet dieses Buches und beschäftigt sich mit Entwurf und Implementierung einzelner Softwaresysteme. Hierzu gehören für die IT-Systeme einer Organisation jeweils die unterschiedlichen Sichten (Bausteine, Abläufe, Verteilung).[2] Der Gesamtkontext der einzelnen Software-Architekturen entstammt den darüber liegenden Ebenen der Informations- sowie Businessarchitektur.

- Den Fuß der Pyramide bildet die IT-Infrastruktur. Deren *Architektur* dreht sich um Hardware, Netztopologie, Betriebssysteme, Datenbanksysteme und Middleware. Entscheidungen oder Randbedingungen dieser Infrastruktur betreffen oftmals unmittelbar die darüber liegende Ebene der Software-Architekturen. Die „Bausteine" der IT-Infrastruktur sind so konkret, dass Sie sie sogar anfassen können ...

---

[2] Von Gernot Dern stammt die Anregung, diese Ebene *Solution Architectures* zu nennen, um ihren Charakter genauer zu beschreiben: Sie stellen *Lösungen* für den Informationsbedarf der oberen Ebenen der Architekturpyramide dar.

11.1 Wozu Architekturebenen?

Wobei hilft uns die oben dargestellte Pyramide von Architekturebenen? Einzelne Softwareprojekte bleiben komplex und schwierig – jedoch klärt sie aus meiner Sicht einige wesentliche Eckpunkte:

- Im Umfeld mittlerer und großer Organisationen oder Unternehmen geht es heute insbesondere um Komplexitätsmanagement großer Anwendungslandschaften. Dabei hilft insbesondere die Ebene „Informationsarchitektur" als Vermittler zwischen der Business- und der IT-Sicht.
- Es gibt Strukturen oberhalb einzelner Softwaresysteme. Diese Informations- oder Businessarchitekturen geben wesentliche Einflussfaktoren und Randbedingungen (siehe hierzu Kapitel 3.3) vor, die den Entwürfen einzelner Systeme oft sehr konkrete und enge Grenzen setzen.
  - Durch diese Strukturen im Großen können Unternehmen die finanziellen und personellen Aufwände für ihre Informatik-Unterstützung beeinflussen.
  - Weiterhin können Unternehmen diese Strukturen kontrolliert vereinfachen und damit die Gesamtkomplexität ihrer IT reduzieren.
- Einzelne Softwaresysteme bilden die Bausteine der höheren Abstraktionsebene „Informationsarchitektur". Dort gelten ähnliche Strukturierungs- oder Entwurfsprinzipien wie bei einzelnen Softwaresystemen: Schnittstellen sollten klar definiert und Abhängigkeiten bewusst entschieden werden. Leider mangelt es vielen Organisationen an dieser „Struktur im Großen" – mit teilweise dramatischen Konsequenzen hinsichtlich der Gesamtkosten der IT. Auch hierauf gehe ich in diesem Buch nicht weiter ein.
- Die Strategie eines Unternehmens besitzt einen klar definierten Zusammenhang mit Geschäftsprozessen und damit auch mit IT – zumindest sollte das der Fall sein.

Erst in den letzten Jahren haben Unternehmen begonnen, die Strukturen oberhalb einzelner Systeme (Informations- und Businessarchitektur) wirklich ernst zu nehmen. Fortschrittliche Organisationen, insbesondere solche mit vielen IT-Systemen, schufen die Positionen oder Teams für Enterprise-IT-Architektur.

Bei der Definition von Aufgaben dieser Gruppe von Architekten hilft die Pyramide aus Bild 11.1 deutlich weiter.

11.2 Aufgaben von Enterprise-Architekten

Über Rolle und Aufgaben von Enterprise-Architekten gibt es sowohl in der Praxis als auch der Literatur sehr unterschiedliche Ansichten. Einen guten Einstieg mit klarer Begriffsbildung finden Sie in den empfehlenswerten Büchern [Dern06] und [Keller06]. Ich möchte Ihnen hier einige der Kernaufgaben vorstellen, ohne dabei detailliert auf die Schnittstellen zur Business-Architektur oder Software-Architektur genauer einzugehen.

11.2.1 Management der Infrastrukturkosten

Die IT-Infrastruktur weist ein sehr hohes Potenzial zur Reduktion von IT-Ausgaben (sprich: Geld!) auf. Deswegen nenne ich sie als erste Aufgabe, obwohl sie sich methodisch kaum fassen lässt. Von der Server-Konsolidierung über Lizenzmanagement bis hin zum Scorecarding (Vergleich mit den Infrastrukturkosten anderer Unternehmen) reicht die Bandbreite möglicher Tätigkeiten.

11.2.2 Management des IS-Portfolios

Enterprise-IT-Architekten kümmern sich um das Informationssystem-Portfolio (auch genannt Anwendungslandschaft oder IS-Portfolio) ihrer Organisation.

Der Begriff IS-Portfolio bezeichnet die Gesamtheit aller Softwaresysteme einer Organisation. In der Realität können das mehrere Hundert bis mehrere Tausend[3] verschiedene Programme sein – mit all ihren Schnittstellen, gegenseitigen Abhängigkeiten, Releasezyklen und Technologien. Bei größeren Unternehmen (Beispiel: Finanzdienstleister, Versicherungen, Automobilhersteller) erfordern Unterhalt und Management dieses IS-Portfolios ein jährliches Budget von mehreren Hundert Millionen Euro, bei einigen sogar bis in den Milliardenbereich. Sie ahnen richtig: Eine anspruchsvolle Aufgabe – denn sie verbindet fachliche mit technischen und organisatorischen Herausforderungen.

Aber eins nach dem anderen – lassen Sie mich mit den *Anforderungen* an das IS-Portfolio beginnen.

Welche Anforderungen bestimmen das IS-Portfolio?

Nach welchen Anforderungen und Kriterien entwickeln und planen Enterprise-IT-Architekten das IS-Portfolio ihrer Organisationen? Woher stammen ihre Anforderungen, was sind ihre Einflussfaktoren und Randbedingungen?[4]

---

[3] Einige deutsche Automobilhersteller verfügen über mehr als 3000 (dreitausend) verschiedene eigenentwickelte (Server- oder Mainframe) IT-Systeme.

[4] Diese Begriffe haben Sie im Zusammenhang mit Software-Architektur in Abschnitt 3.3 kennengelernt.

In erster Linie bestimmen die geschäftlichen Anforderungen der Business-Architektur das IS-Portfolio (werfen Sie einen Blick auf die Pyramide aus Bild 11.1). Dazu gehören neue Dienstleistungen des Unternehmens, neue Geschäftsprozesse oder Veränderungen des geschäftlichen Umfeldes.

Zusätzlich bestimmen technische oder strategische Überlegungen das IS-Portfolio. Einige Beispiele:

- Die zukünftige Ausrichtung an Open-Source-Middleware oder Datenbanken.
- Die Konzentration des IT-Betriebs auf genau zwei unterstützte Betriebssysteme, statt der bisherigen vier. Hierbei gilt es beispielsweise, passende Migrationswege für die betroffenen Systeme oder Projekte zu finden.
- Die Fusion mit einem anderen Unternehmen und die damit verbundene Konsolidierung der gesamten IT.

In den letzten Jahren haben zunehmend auch gesetzliche (regulatorische) Rahmenbedingungen für Anpassungen im IS-Portfolio gesorgt – so etwa die gesetzlichen Nachweispflichten oder Vorratsdatenspeicherung.[5]

Enterprise-IT-Architekten können nicht wie Software-Architekten auf fertige Pflichtenhefte oder Anforderungsanalysen zurückgreifen, sondern müssen die Anforderungen an das IS-Portfolio kontinuierlich selbst weiterentwickeln – wobei ihnen Vorstände, Geschäftsführer, RZ-Leiter und andere wichtige Personen kräftig „reinreden" werden.

Was gehört zur Planung eines IS-Portfolios?

Wie Software-Architekten die Abhängigkeiten ihrer „Bausteine" (Pakete, Komponenten, Klassen, Module) unter Beachtung von Entwurfsprinzipien und konkreten Anforderungen bewusst entwerfen, so sollten Enterprise-IT-Architekten auf ihrer (höheren) Abstraktionsebene einer ähnlichen Systematik folgen:

- Sie entwerfen Schnittstellen für andere Softwaresysteme.
- Sie planen die Reihenfolge und Gruppierung von Entwicklungs- oder Wartungsprojekten. Damit bringen sie Aktivitäten einzelner Entwicklungsprojekte in eine zeitliche Ordnung und setzen Prioritäten für einzelne Entwicklungsaufgaben. Als Ergebnis entstehen oftmals langfristige **Architekturpläne**, ähnlich dem Beispiel aus Bild 11.2.
- Sie geben technische Vorgaben an Entwicklungsprojekte oder -abteilungen; in Bild 11.2 beispielhaft etwa die Verwendung des MDA-Generators AndroMDA 4.0 ab Mitte Q1-2008 oder der Einsatz von MySQL 5 ab cirka Ende Q2-2008.
- Sie unterscheiden zwischen Projekten zur Anwendungs- und Infrastrukturentwicklung.
- Sie bewerten das IS-Portfolio und definieren Optimierungsmaßnahmen.

---

[5] Beispiele: SOX, Basel-II, Solvency-II, ITIL/Cobit.

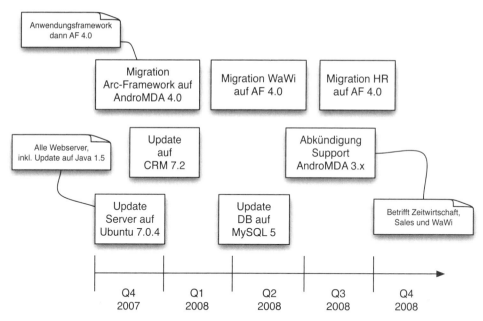

BILD 11.2 Beispiel eines Architekturplans aus dem IS-Portfoliomanagement

11.2.3 Definition von Referenzarchitekturen

Zur Vereinheitlichung und Homogenisierung der gesamten Anwendungslandschaft eines Unternehmens helfen *Referenzarchitekturen* (auch *Blueprints* genannt). Sie geben vor, nach welchen Maßgaben einzelne Systeme zu strukturieren sind, welche Technologien und Produkte eingesetzt werden sollten und wie der Betrieb dieser Anwendungen stattfinden soll.

Projekte können sich an solchen Referenzarchitekturen orientieren und erheblichen Entwurfs- beziehungsweise Evaluierungsaufwand ersparen. Referenzarchitekturen bilden die Grundlage für unternehmensinterne Wiederverwendung von Softwarebausteinen.

Was ist eine Referenzarchitektur?

Lassen Sie mich ein wenig genauer erklären, was eine Referenzarchitektur ausmacht. Dazu verwende ich die Definition aus [Dern06, Seite 51]:

Eine Referenzarchitektur ist eine IT-Architektur, die standardisierend für die IT-Architekturen einer Gruppe von Informationssystemen wirkt.

Dazu gehören folgende Bestandteile:

- Die Definition des Einsatzbereiches dieser Referenzarchitektur: Für welche Art von Systemen gelten ihre Vorgaben – und in welchen Fällen nicht?

- Die (abstrakten) Strukturen, insbesondere Baustein- und Laufzeitstruktur. Sie klären, welche grundsätzlichen Bausteine in diesem Typus von Anwendungen vorhanden sein müssen, welche Schnittstellen sie haben und wie sie zur Laufzeit zusammenwirken.
- Technische Vorgaben, wie etwa die Definition der erlaubten Hardware, Datenbanken, Middleware oder Betriebssysteme.
- Optional können auch Vorgaben zu Entwicklungsprozessen zur Referenzarchitektur gehören, wenn Sie beispielsweise bestimmte Teile Ihrer Web-Entwicklung grundsätzlich als Outsourcing-Aufträge vergeben.

Einige meiner Kunden haben gute Erfahrung damit gemacht, lediglich *technische* Aspekte wie Persistenz oder Web-Oberflächen als Referenzarchitektur zu beschreiben. Das hilft insbesondere im Zusammenspiel mit MDA (siehe Kapitel 9) weiter, weil über einen Generator dann die entsprechenden Teile der Referenzarchitektur automatisch erzeugt werden können.

Die Referenzarchitekturen der Enterprise-Architekten geben nach [Dern06] in der Regel keine konkreten Komponenten zur Wiederverwendung vor. Sie stellen keine unmittelbar einsetzbaren *Frameworks* oder *Bibliotheken* bereit.[6]

Wie entstehen Referenzarchitekturen?

Eine erste Antwort dazu: Referenzarchitekturen entstehen genau wie gute Entwurfsmuster, niemals nur auf dem Papier. Sie sind aus positiven Erfahrungen abgeleitet, abstrahieren von „guten" Systemen.

- Untersuchen Sie innerhalb Ihrer Organisation systematisch und umfassend, welche Projekte oder Lösungsansätze besonders gut funktioniert haben oder besonders kostengünstig arbeiten.
- Misstrauen Sie „theoretischen" Referenzarchitekturen oder Blaupausen aus sekundären Quellen. Systeme müssen in Ihrer Organisation funktionieren, und das können Sie nur unter den dortigen spezifischen Bedingungen nachweisen.
- Misstrauen Sie insbesondere den „pauschalen Modetrends" der Informatik: Mal sollte CORBA alles verbessern, mal half Objektorientierung aus dem Schlamassel, dann EAI, gefolgt von SOA. All diese Ansätze haben ihre Stärken – sind jedoch als „pauschale" Referenzarchitektur nach meiner Erfahrung kontraproduktiv. Letztlich hilft nur ein systematischer Entwurf spezifischer Strukturen.[*]

---

[*] Wie ich ihn in diesem Buch ja durchgängig propagiere (aber das ist Ihnen sicherlich schon aufgefallen!).

---

[6] Hingegen verwenden viele Software-Architekten den Begriff *Referenzarchitektur* im Sinne der Vorgabe konkreter Komponenten oder Implementierungen.

Wählen Sie funktionierende operative Systeme als Vorbilder, und leiten Sie daraus Referenzarchitekturen ab. Möglicherweise gibt es mehrere Referenzarchitekturen, beispielsweise eine für Web-Systeme, eine zweite für interne Backend-Systeme.

Und nun die zweite (traurige) Antwort: Referenzarchitekturen zu entwickeln, ist schwierig. Der Grund: Die Erstellung wiederverwendbarer Komponenten oder Strukturen ist schwierig – meiner Erfahrung nach mindestens zwei- bis dreimal aufwändiger als die Entwicklung einer Einmal-Lösung[7]. Lassen Sie sich nicht entmutigen – langfristig lohnt sich dieser Aufwand, sowohl für die Entwicklung als auch für den Betrieb neuer Systeme.

11.2.4 Weitere Aufgaben

Um für Enterprise-IT-Architekten keine Langeweile aufkommen zu lassen, gebe ich Ihnen noch einen kleinen Ausblick auf einige zusätzliche Aufgaben (Details finden Sie in [Dern06] sowie [Keller06]):

- Mitwirkung bei der Formulierung und Weiterentwicklung der IT-Strategie.
- Entwicklung der Infrastruktur und des Systembetriebs.
- Kartografie und Kommunikation der Informationsarchitektur, d.h. modellhafte Darstellung sämtlicher Softwaresysteme, Schnittstellen sowie deren Abbildung auf Geschäftsprozesse.
- Umsetzung von IT-Governance. Falls Sie diesen Begriff hier das erste Mal lesen, schauen Sie zur Vertiefung mal auf [Cobit]. Es geht um die **Regierung** der Informatik im Unternehmen, letztlich den Nachweis, dass IT-Budgets bestmöglich zum Wohle des Unternehmens eingesetzt werden.
- Management von IT-Budgets und Investitionen.

Tipps für Enterprise-Architekten

- Homogenisierung und Standardisierung schaffen Übersichtlichkeit und reduzieren Komplexität – das sollten Ihre wesentlichen Ziele sein, zumal Ihre Betriebs- und Entwicklungskosten dadurch mittelfristig deutlich sinken werden. Vorsicht: Rechnen Sie mit starkem Widerstand bei der Einführung und Durchsetzung von Standards – es drohen Glaubenskriege und Philosophenstreit. Daher benötigen Sie neben Überzeugungsfähigkeit auch die „Insignien der Macht"*, um Standards durchzusetzen.
- Zu viel Standardisierung kostet unverhältnismäßig hohen Planungs- und Kontrollaufwand. Lassen Sie ruhig Abweichungen zu, solange Sie wissen, warum und zu welchem Preis. Kein Mensch möchte in einem Reinraum leben – ein wenig Unordnung ist gemütlich ...

* Mit diesen Insignien meine ich beispielsweise den Rückhalt der Linienmanager, des IT-Vorstandes, des Rechenzentrumsleiters und der übrigen wesentlichen Manager Ihrer IT-Welt.

---

[7] Andererseits habe ich niemals behauptet, Architektur sei einfach. ☺

- Kartografieren Sie Ihre gesamte IT-Landschaft. Dazu setzen Sie dieselben Sichten und Diagrammarten ein wie für einzelne Softwaresysteme (siehe Abschnitt 4.4ff). Der einzige Unterschied liegt im Abstraktionsgrad der einzelnen Bausteine. Hüten Sie sich vor komplett anderen Diagrammarten oder Werkzeugen – ansonsten droht Mehraufwand und Redundanz.

- Das primäre Ziel von Enterprise-IT-Architekten besteht in der Reduktion von Komplexität. Manche Manager wünschen sich von ihnen hauptsächlich Kostensenkung, teilweise durch „Abschalten" bestehender Systeme. Als Enterprise-IT-Architekt haben Sie aber bereits hervorragende Arbeit geleistet, wenn die Komplexität Ihrer Anwendungslandschaft nicht weiter ausufert.[*]

---

[*] Die Komplexität von Anwendungslandschaften steigt so lange, bis Sie einen signifikanten Aufwand in deren Reduktion investieren (sprich: Enterprise-IT-Architektur betreiben). Komplexität sinkt niemals von alleine – insbesondere nie durch vorschnelle Management-Entscheidungen (aber das dürfen Sie Ihren Managern in dieser Form nicht sagen ...).

Fazit

Unternehmen setzen oft zahlreiche unterschiedliche Softwaresysteme ein – diese „IT-Landschaft" benötigt Planung und Struktur. Wie sich Software-Architekten um Struktur und Qualität einzelner Softwaresysteme kümmern, so sorgen Enterprise-IT-Architekten für die Struktur und Qualität der gesamten IT-Landschaft von Unternehmen. Sie sorgen für die möglichst reibungslose Unterstützung von Geschäftsprozessen durch Softwaresysteme – neudeutsch *Business-IT-Alignment*.

Ihre Rolle verspricht einen hohen Nutzen für Unternehmen, sowohl finanziell als auch bezüglich der gesamten Effizienz.

Viele etablierte Grundsätze des Software-Engineering und der Software-Architektur gelten auch auf dieser hohen Abstraktionsebene – allerdings gehört neben einem fundierten Verständnis von Software auch ein ebenso guter Einblick in die fachlichen Prozesse und Unternehmensabläufe zu den Voraussetzungen erfolgreicher Enterprise-IT-Architekten.

11.3 Weiterführende Literatur

[Dern06] beschreibt das Vorgehen beim IT-Architekturmanagement. Der Autor demonstriert anhand des Beispiels einer (hypothetischen) Versicherung Aufgaben und mögliche Ergebnisse des Architekturmanagements.

[Keller06] stellt die IT-Unternehmensarchitektur aus dem Blickwinkel der verantwortlichen Architekten und Manager dar. Das Buch fokussiert auf methodische

Aspekte, mit zahlreichen praktischen Hinweisen zu wichtigen Themen wie IT-Strategie, Governance, Anwendungsportfolios, Budgets sowie der Einführung von IT-Architektur in Unternehmen.

[Ross+06] stammt aus der Feder einiger renommierter Hochschullehrer. Sie erläutern, wie und warum eine IT-Strategie letztlich zu einer verbesserten *Performance* des gesamten Unternehmens führt; richtet sich an IT-Topmanager, enthält Ratschläge zur Verbesserung des ROI für IT-Investitionen sowie zur Senkung der IT-Kosten und der IT-Risiken. Staubtrocken und sehr abstrakt.

Das SEBIS-Projekt der TU München beschäftigt sich mit Kartografie von Unternehmensarchitekturen. Abschnitt 4.8 aus [Keller06] enthält eine Einführung.

Danke an Gernot Dern und Wolfgang Keller für den gründlichen Review dieses Kapitels.

12 Beispiele von Software-Architekturen

Dieses Kapitel dokumentiert die Architekturen zweier realer Softwaresysteme gemäß den methodischen und strukturellen Ansätzen aus Kapitel 4. Es orientiert sich dabei an der arc42-Strukturvorlage, die ich Ihnen in Abschnitt 4.9.1 vorgestellt habe.

Anmerkung zur Nummerierung: Hier habe ich die „normale" Überschriftenzählung dieses Buches in den Unterkapiteln außer Kraft gesetzt und nummeriere die Abschnitte exakt so, wie es in einer *echten* Architekturdokumentation der Fall wäre.

- In Abschnitt 12.1 zeige ich Ihnen ein System zur Datenmigration im Finanzbereich. Sie erleben eine auf Performance optimierte Pipes-und-Filter-Architektur.
- Abschnitt 12.2 dokumentiert eine Produktfamilie aus dem Umfeld der *Customer Relationship Management*-(CRM)-Systeme.

Beide Systeme gibt es wirklich. Für die Darstellung hier im Buch habe ich von der Realität stellenweise stark abstrahiert und viele Details aus didaktischen Gründen vereinfacht.

12.1 Beispiel: Datenmigration im Finanzwesen

1 Einführung und Ziele

Zweck des Systems

Dieses Dokument beschreibt die Software-Architektur des M&M[1]-Systems zur Migration von ca. 20 Millionen Personen- und Kontodaten der Firma Fies Teuer AG, einer Organisation aus der Finanzdienstleistung.[2]

Der Auftraggeber von M&M betreibt seit etwa 1970 einige Mainframe-Anwendungen (Cobol, VSAM) zur Pflege von Personen-, Konto- und Bankdaten. Diese Systeme werden zurzeit durch eine homogene Java-Anwendung abgelöst, die durch ein anderes, parallel zu M&M laufendes Projekt entwickelt wird.

Fies und Teuer AG hat in Deutschland ca. 20 Millionen Kunden und pflegt für diese Kunden insgesamt mehr als 50 Millionen Konten. Kunden können natürliche oder juristische Personen sein, teilweise auch andere Organisationen (Verbände, Vereine etc.).

Konten enthalten neben reinen Buchungsinformationen auch statistische oder sonstige finanzbezogene Informationen zu den Kunden oder mit ihnen assoziierten Personen (z.B. Ehepartner) oder Organisationen (z.B. von ihnen geführte Unternehmen).

Die inhaltliche Bedeutung dieser Konto- und Buchungsinformationen sowie die darin enthaltenen Attribute haben über die Betriebszeit der bisherigen Anwendung stark gewechselt. Zur Umstellung auf das neue konsolidierte Objektmodell hat ein Team von ca. 20 Fachexperten eine Menge von mehreren Hundert fachlichen Regeln aufgestellt, nach denen die Migration ausgeführt werden muss.

Sämtliche bestehenden Daten aus dem bisherigen Format (VSAM-Dateien, EBCDIC-Codierung) müssen in dieses Java-Objektmodell migriert werden. Diese Migration ist Aufgabe des hier beschriebenen Systems.

Ausgangssituation der bestehenden Daten

- Früher waren die Daten anhand der „Konten" organisiert.
  - Für jegliche Operationen mussten Sachbearbeiter zuerst die betroffenen Konten identifizieren, erst danach konnten fachliche Operationen (Buchungen, Auskünfte) für die betroffenen Personen ausgeführt werden.
  - Im Zuge der steigenden Kundenorientierung der Fies und Teuer AG sollen die Daten zukünftig anhand von Personen organisiert werden.
- Die Ausgangsdaten liegen in Form verschiedener Dateien auf Bändern vor, deren Einträge nach fachlichen Kriterien einander zugeordnet werden müssen.

---

[1] M & M steht für **M**igration von **M**assendaten.
[2] Wie Sie leicht erraten können, habe ich den Namen dieser Organisation bewusst verändert ...

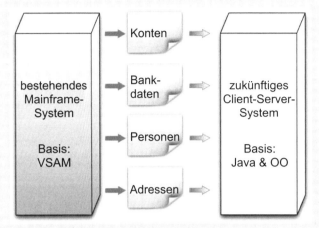

BILD 12.1
Zweck des Systems: Migration bestehender Daten

- Früher geltende Schlüssel- und Kennzahlensysteme müssen in neue Schlüssel überführt werden. Beispiel: Die alte Tarifklasse „T13" wird zur neuen Tarifklasse „Jährliche Zahlung ohne Skonto".

Leserkreis

- Alle in Abschnitt 1.3 dieser Dokumentation genannten Stakeholder von MaMa.
- Software-Entwickler, Architekten und technische Projektleiter, die Beispiele für eine Architekturdokumentation (auf Basis des arc42-Templates) suchen.
- Mitarbeiter von IT-Projekten, die sich das Leben in der Software-Architektur vereinfachen, indem sie auf ein bewährtes Template zur Dokumentation zurückgreifen.
- Solche, die immer noch glauben, Templates wären Teufelswerk und Architekturen gehörten auf die Rückseite gebrauchter Briefumschläge. Die können hier lesen, wie es anders geht.

1.1 Fachliche Aufgabenstellung

Die wichtigsten funktionalen Anforderungen:

- Bestehende Kunden-, Konto- und Adressdaten sollen von den bisherigen VSAM[3]-basierten Mainframe[4]-Programmen aus dem EBCDIC-Format in das Objektmodell einer in Entwicklung befindlichen Java-Anwendung (Unicode/ASCII) migriert werden.
- Die Ausgangsdaten liegen in Form verschiedener Dateien oder „Bänder" vor, deren Einträge nach fachlichen Kriterien einander zugeordnet werden müssen.

---

[3] VSAM = Virtual Storage Access Method; eine Zugriffsmethode für Dateien, die von IBM-Großrechnern verwendet werden. VSAM-Dateien bestehen aus einem Metadatenkatalog sowie mindestens einer physischen Datei. Mehr zu VSAM in den Literaturhinweisen am Ende dieses Kapitels. Übrigens gibt es das Gerücht „VSAM ist grausam".

[4] Eine aktuelle Einführung in OS/390 finden Sie unter http://www.informatik.uni-leipzig.de/cs/esvorles/index.html.

- Früher waren die Daten nach Konten organisiert, im neuen System sind Personen der Bezugspunkt.
- Teile der früheren Schlüssel- oder Kennzahlensysteme sollen in neue Schlüssel überführt werden.

1.2 Qualitätsziele

Die primären Qualitätsziele von M&M lauten:

- Effizienz (Performance): Migration von ca. 20 Millionen Personen- und Kontodaten innerhalb von maximal 24 Stunden.
- Korrektheit: Die Migration muss revisionssicher und juristisch einwandfrei erfolgen. Hierzu sind geeignete Maßnahmen zur Fehlervermeidung und -erkennung nötig.

Nicht-Ziele

Was M&M nicht leisten soll:

- Änderbarkeit oder Flexibilität der fachlichen Transformationsregeln – die Migration ist einmalig.
- Es bestehen keine besonderen Anforderungen an Sicherheit – M&M wird nur ein einziges Mal produktiv betrieben, und das innerhalb eines gesicherten Rechenzentrums.

1.3 Stakeholder

- Management der Firma Fies und Teuer AG, das eine reibungslose und fehlerfreie Migration wünscht.
- 20 Millionen Kunden der Firma Fies und Teuer AG, denen die korrekte Migration ihrer finanzbezogenen Informationen wichtig ist. Diese Stakeholder treten im Projektverlauf überhaupt nicht in Erscheinung, sondern sind nur indirekt beteiligt.
- Formale Revision oder Buchprüfung, die auf die juristische und buchhalterische Korrektheit der Migration achtet.
- Die Boulevardpresse, die auf Fies und Teuer AG ein besonderes Augenmerk legt. Jegliches Fehlverhalten des Unternehmens wird gnadenlos publiziert. :-)

2 Einflussfaktoren und Randbedingungen

2.1 Technische Einflussfaktoren und Randbedingungen

Randbedingung	Erläuterung
Hardware-Infrastruktur	IBM Mainframe als Plattform des Altsystems, Sun Solaris Cluster für das Zielsystem
Software-Infrastruktur	<ul><li>Sun Solaris als Betriebssystem der Zielumgebung</li><li>Oracle als neue Datenbank</li><li>J2EE-kompatibler Applikationsserver als mögliche Betriebsumgebung</li></ul>
Ausgangsdaten in EBCDIC	Ausgangsdaten liegen in EBCDIC-Kodierung auf vier getrennten Bändern vor. Eine Vorsortierung durch die Fies und Teuer AG ist nicht möglich.
Systembetrieb	Batch
Grafische Oberfläche	keine, Bedienung kann per Konsole erfolgen
Bibliotheken, Frameworks und Komponenten	beliebig
Programmiersprachen	Aufgrund des vorhandenen Know-hows des Entwicklungsteams soll in Java programmiert werden.
Referenzarchitekturen	keine vorhanden
Analyse- und Entwurfsmethoden	objektorientiertes Vorgehen
Datenstrukturen	Objektmodell der Zielumgebung bekannt (Bestandteil eines anderen Projektes)
Programmierschnittstellen	Daten werden von (bestehendem) Host-System geliefert.
Programmiervorgaben	keine
Technische Kommunikation	mit Host per ftp oder sftp

2.2 Organisatorische Einflussfaktoren

Die Fies und Teuer AG ist als juristisch penibler Auftraggeber bekannt. Das Management versteht rein gar nichts von IT (und gerüchteweise auch nichts von Geld, aber das ist eine andere Geschichte).

Die verworrenen Eigentumsverhältnisse der Fies und Teuer AG lassen komplizierte Entscheidungsstrukturen befürchten.

Fies und Teuer AG hat langfristige Lieferverträge mit diversen IT-Dienstleistern abgeschlossen, die eine marktorientierte und freie Auswahl eventuell benötigter externer Mitarbeiter methodisch verhindern.

Eine hochgradig effektive externe Qualitätssicherung fordert eine umfangreiche Dokumentation (und prüft diese sogar auf inhaltliche Korrektheit – in der IT-Branche eher unüblich, doch ist das ebenfalls eine andere Geschichte).

2.3 Konventionen

CM-Synergy zur Versionsverwaltung sowie Einhaltung der Sun-Java-Kodierrichtlinien.

3 Kontextabgrenzung

Inhalt

Die Kontextsicht grenzt das System von allen Nachbarsystemen ab und legt damit die wesentlichen externen Schnittstellen fest.

Fachlicher Kontext

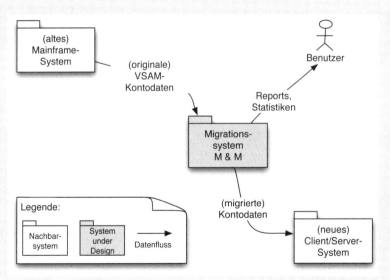

BILD 12.2 Fachlicher Kontext

Kurzbeschreibung der externen Schnittstellen

Schnittstelle	Beschreibung	Technologie
VSAM-Daten	Vier Arten von Daten (Personendaten, Adressdaten, Bankdaten, Kontodaten)	Bänder, LTO-1, siehe Abschnitt 3.2.1.
Migrierte Daten	Gemäß des von KOUSYNE erstellten Objektmodells	Übergabe des Objektgraphen über eine Session-Bean
Reports, Statistiken	Während der Migration: Kontinuierliche Ausgabe der Anzahl-migrierter-Personen. Nach der Migration: Ausgabe der Anzahl von Fehlersätzen	Konsole

Anmerkung zu den externen Schnittstellen: In Absprache mit dem Auftraggeber wird die zu erstellende Fehlerdatenbank als interne Schnittstelle betrachtet.

Technischer oder Verteilungskontext

Die Migration wird auf zwei getrennten Servern ablaufen: ein Migrationsserver zur eigentlichen Datenmigration und Ausführung der technischen und fachlichen Transformationen, ein zweiter als Datenbankserver.

Das neue System (in der Abbildung nicht dargestellt) wird direkt auf die von der Migration erstellte Datenbank zugreifen. Der Migrationsserver muss daher das künftige Klassen- und Tabellenmodell kennen.

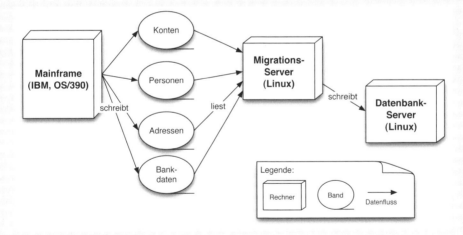

BILD 12.3 Verteilungskontext

Übersicht der Eingangsdaten(-schnittstellen)

Sämtliche Eingangsdaten werden auf jeweils einzelnen LTO-1-Bändern pro Datenart geliefert. Jedes dieser Bänder enthält bis zu 100 Gigabyte an Daten – die genaue Datenmenge kann aufgrund technischer Beschränkungen der Fies und Teuer AG vorab nicht spezifiziert werden.

Eingangsdaten	Beschreibung
Kontodaten	Trotz der Bezeichnung enthält dieses Band die Buchungs-/Bewegungsdaten für sämtliche Konten. Variables Satzformat mit 5–25 Feldern, gemäß FT-Satzart 43.
Personendaten	Stammdaten der von der Fies und Teuer AG betreuten Personen und Organisationen (Unternehmen, Vereine, Stiftungen, Behörden). Variables Satzformat mit 15–50 Feldern, gemäß FT-Satzart 27.
Adressdaten	Adress- und Anschriftsdaten, inklusive Informationen über Empfangsberechtigte, Orts- und Straßenangaben, Angaben über Haupt- und Nebenadressen (Zentralen, Filialen) für Organisationen und Unternehmen. Variables Satzformat mit 5–40 Feldern, gemäß FT-Satzart 33. Mehrere Sätze pro Person möglich.
Bankdaten	Daten externer Banken (Referenz- und Gegenkonten der Personen und Organisationen). Festes Satzformat, aber mehrere Sätze pro Person möglich.

4 Lösungsstrategie

Migration im Batch mit folgenden Kernkonzepten:

- Pipe-und-Filter-Verarbeitungskette mit relationaler Datenbank als Pipe (Qualitätsziel: Performance).
- Parallelisierung der rechenintensiven fachlichen Migration (Qualitätsziel: Performance).
- Fehlersensoren in sämtlichen Verarbeitungsschritten, Sammlung sämtlicher erkannter Fehler in der Fehlerdatenbank (Qualitätsziel: Korrektheit).

5 Bausteinsicht

Ausgehend von einer Menge von VSAM-Dateien (geliefert als Bänder) konvertiert („migriert") die M&M-Anwendung sämtliche Datensätze in das neue Objektmodell.

5.1 M&M Bausteinsicht Level 1

Grundlegende Strukturentscheidung: Pipes-und-Filters

Zur Lösung des M&M-Migrationsproblems wenden wir ein modifiziertes Pipes-und-Filter-Architekturmuster an, ausführlich beschrieben im Buch „Pattern-Oriented Software Architecture" von Buschmann et al. ([Buschmann+96])

Ein wesentliches Entscheidungskriterium für diese Architektur war die Möglichkeit, Teile dieser Bausteine im Bedarfsfall (Performancebedarf) parallelisieren zu können.

Entgegen dem klassischen Pipe-und-Filter-Muster arbeitet der Eingangsbaustein (VSAM Reader) seine Eingangsdaten erst vollständig ab, bevor der nächste Filter aufgerufen wird.

Die folgenden Abschnitte beschreiben die in der Abbildung dargestellten Bausteine:

- Migration Controller
- VSAM Reader
- Segmentizer
- Migrationsdatenbank
- Packager
- Rule Processor
- Target System Adapter

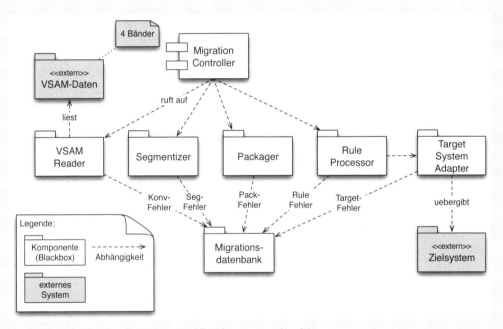

BILD 12.4 Whitebox-Darstellung des Migrationssystems, Level-1

5.1.1 Migration Controller

Der Migration Controller koordiniert den Ablauf der Migration. Es handelt sich um eine einzelne Java-Klasse mit ausführlicher Ausnahme- und Fehlerbehandlung sowie einer Schnittstelle für Reporting und Auswertungen (im Diagramm nicht dargestellt).

5.1.2 VSAM Reader

- *Zweck/Verantwortlichkeit:* Konvertiert Datensätze aus VSAM-Format (EBCDIC-Codierung) in ein unter Unix direkt verarbeitbares ASCII- oder UNICODE-Format. Gleichzeitig werden die Bestandteile der VSAM-Daten (teilweise besitzen einzelne Bits- oder Bitgruppen in der EBCDIC-Darstellung besondere Bedeutung) in einzeln identifizierbare Datenelemente aufgelöst. Der VSAM Reader führt keinerlei fachliche Prüfungen durch, sondern lediglich Formatkonvertierungen.
- *Schnittstelle(n):* Eingabe von VSAM-Dateien. Für jede Dateiart (Personen, Kontendaten, Adressdaten, Bankdaten) existieren jeweils einzelne Reader-Komponenten, die den Satzaufbau ihrer jeweiligen Eingabedateien kennen.
- *Variabilität:* keine, weil das Gesamtsystem nur einmalig ablaufen soll
- *Leistungsmerkmale:* <entfällt>
- *Ablageort/Datei:* <entfällt>
- *Sonstige Verwaltungsinformation:* keine
- *Offene Punkte:* Für eine spätere Nutzung bei anderen Unternehmen könnten die einzelnen Konverter „pluggable" gemacht werden. Dies ist zurzeit nicht vorgesehen.

5.1.3 Segmentizer

- *Zweck/Verantwortlichkeit:* Vorbereitung der Parallelisierung des „Rule Processors": Zuordnung der einzelnen Datensätze der unterschiedlichen Datenquellen (Personendaten, Kontendaten, Bankdaten, Adressdaten) zu zusammengehörigen Datengruppen oder Segmenten. Elemente eines Segments können unabhängig von Inhalten anderer Segmente bearbeitet werden. Notwendig ist die Aufteilung der Eingangsdaten auf mindestens 3–5 verschiedene Segmente.
- *Schnittstelle(n):*
    - *Eingang:* die vom VSAM Reader konvertierten Datenfelder der Eingangsdaten
    - *Ausgang:* Migrationsdatenbank
- *Variabilität:* keine
- *Leistungsmerkmale:* Es geht um eine möglichst *schnelle* Einteilung in Segmente, nicht um Optimierung oder Balancierung der Segmente. Daher liegt das Hauptaugenmerk auf Performance.
- *Ablageort/Datei:* entfällt im Beispiel.
- *Sonstige Verwaltungsinformation:* keine
- *Offene Punkte:* Segmentierungskriterien zurzeit nicht konfigurierbar, sondern ausprogrammiert.

5.1.4 Migrationsdatenbank

Speichert die konvertierten und segmentierten Migrationsdaten zwischen. Dient im Sinne des Pipe&Filter-Architekturmusters als Pipe, d.h. enthält keinerlei eigene Logik. Die Migrationsdatenbank ist eine Menge von Tabellen einer relationalen Datenbank (Person, Konto, Bank, Adresse plus einige Schlüsseltabellen).

5.1.5 Packager

Siehe Rule Processor im folgenden Abschnitt.

5.1.6 Rule Processor (und Packager)

Zweck/Verantwortlichkeit: erzeugt einen Objektgraphen mit der jeweiligen Person (natürliche oder nichtnatürliche Person) als Wurzelknoten sowie allen zugehörigen fachlichen Objekten als Zweigen (Adressen, Bankverbindungen, Konten, Buchungen).

Der Rule Processor führt damit den eigentlichen fachlichen Migrationsschritt aus der alten (datenartorientierten) Darstellung in die neue (personenorientierte) Darstellung durch. Eventuell sind hierzu mehrere Iterationen über die Regelbasis notwendig.

Beispiele (sind Bestandteil der Anforderungsspezifikation; hier zur Illustration des notwendigen Vorgehens erneut dargestellt):

- Bei der Migration einer verheirateten Frau müssen vorher der Ehepartner sowie gegebenenfalls sämtliche früheren (geschiedenen, verschwundenen oder gestorbenen) Ehepartner migriert werden.
- Bei der Migration von Minderjährigen müssen vorher die natürlichen Eltern, Vormunde und Pflegeeltern migriert werden.
- Bei der Migration von Firmen müssen vorher sämtliche Vorgängerunternehmen, aus denen die aktuelle Firma hervorgegangen ist, migriert werden. Gleiches gilt analog für Vereine oder Verbände.

Damit diese fachlich zusammengehörigen Daten oder Datengruppen durch parallel ablaufende Prozesse migriert werden können, müssen in einem Vorverarbeitungsschritt sämtliche zusammengehörigen Daten als „Paket" zusammengestellt werden. Diese Aufgabe übernimmt der Packager.

5.1.7 Target System-Adapter

Zweck/Verantwortlichkeit: übernimmt den vom Rule Processor erzeugten Objektgraphen in das Objektmodell des (neuen) Zielsystems. Hierfür sind eventuell kleinere Modifikationen notwendig, je nach endgültig entschiedener Laufzeitumgebung auch nur die abschließende Persistierung.

Nach erfolgreicher Übernahme in das neue System (Zielsystem) liefert der Target System-Adapter eine Meldung zurück – im Fehlerfall wird der gesamte Objektgraph zusammen mit den Fehlermeldungen des Zielsystems in die Fehlerdatenbank geschrieben.

5.1.8 Migrierte Kontodaten in Zieldatenbank

Die migrierten Kontodaten liegen in einer relationalen Datenbank in einer Struktur, die erst im Verlauf der Entwicklung feststehen und ausschließlich durch das (parallel laufende) Projekt „Kontosystem-Neu" definiert wird.

Sie wird durch den Target-System-Adapter gefüllt.

5.2 Bausteinsicht Level 2

Dieser Abschnitt verfeinert die Blackbox-Bausteine der (im vorhergehenden Abschnitt beschriebenen) Ebene 1. Aufgrund des Beispielcharakters dieser Dokumentation sind nur wenige Bausteine detailliert dargestellt.

Anmerkung: Auch in einer echten Dokumentation können Sie sich auf die besonders wichtigen Komponenten konzentrieren. Geben Sie jedoch für sämtliche Komponenten eine Begründung, warum Sie auf eine detaillierte Darstellung verzichten.

5.2.1 VSAM-Reader Whitebox

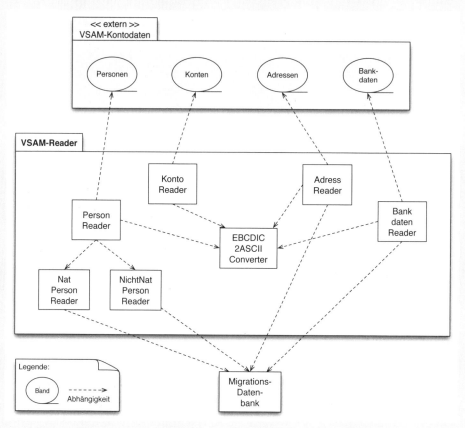

BILD 12.5 Interner Aufbau des VSAM-Readers

Konzeptionell sauberer wäre eine Trennung dieses Bausteins in den EBCDIC-ASCII-Konverter sowie die einzelnen spezifischen Reader-Bausteine gewesen. Diese wurde vom Entwicklungsteam als Überstrukturierung angesehen und daher aus pragmatischen Gründen verworfen.

Die Beziehungen zwischen den Reader-Bausteinen und der EBCDIC2ASCII-Converter-Komponente sind reine Benutzt-Beziehungen. Die einzelnen Reader schreiben ihre Ergebnisse in die Migrationsdatenbank.

5.2.1.1 Person-, Konto-, Adress-, Bankdaten-Reader

Die Reader-Komponenten lesen jeweils eine bestimmte Datenart aus „ihrem" Eingabeband. Sie überführen sämtliche darin enthaltenen Daten in eigenständige Attribute.

Die einzelnen Reader kapseln die Syntax der „alten" VSAM-Repräsentation sowie die technischen Details der Datencodierung.

5.2.1.2 EBCDIC2ASCII-Converter

- *Zweck/Verantwortlichkeit:* Konvertiert eine Zeichenkette von EBCDIC nach ASCII. Als einziger Baustein des Systems in Ansi-C implementiert.
- *Schnittstelle(n):* <entfällt>
- *Eingabe*: Zeichenkette, maximale Länge 256 Zeichen
- *Ausgabe*: Zeichenkette, maximale Länge 256 Zeichen
- *Offene Punkte*: Erweiterung auf längere Zeichenketten (bei M&M nicht erforderlich, darum entfallen)

Übersicht über EBCDIC Codierung sowie weitere Links auf Wikipedia:

http://en.wikipedia.org/wiki/EBCDIC

5.2.2 Rule Processor Whitebox

Der Rule Processor führt die eigentliche fachliche Migration von Datensätzen durch. Er kombiniert die unterschiedlichen Kategorien von Eingangsdaten (Personen, Konten und Buchungen, Adresse, Bankverbindungen) miteinander und bearbeitet sämtliche fachlichen Sonderfälle. Insbesondere besorgt der Rule Processor die benötigte Reorganisation der Daten, so dass zukünftig die Personen als Einstiegspunkte in die Navigation dienen, statt wie früher die Konten.

Strukturrelevante Entwurfsentscheidungen

- Kein kommerzieller Regelinterpreter: Nach einigen Versuchen mit kommerziellen Regelmaschinen entschied sich das Projektteam gegen den Einsatz einer solchen Komponente. Letztendlich war der Grund, dass die Umsetzung der fachlichen Regeln in eine Regelsprache keine wesentliche Vereinfachung gegenüber der Programmierung in Java gebracht hätte.

Anmerkung: Aus heutiger Sicht (also posthum...) würde ich diese Entscheidung nochmals überdenken und insbesondere Open-Source-Regelframeworks[5] auf ihre Tauglichkeit hin überprüfen.

- **Keine explizite Regelsprache:** Der Ansatz, die Regeln von den Fachexperten formulieren und nur durch einen Interpreter ausführen zu lassen, scheiterte an der Komplexität des gesamten Datenumfelds. Die effiziente und performante Navigation innerhalb des jeweils benötigten Objektraumes war mit einer Regelsprache nicht zu bewerkstelligen. Siehe dazu die Anmerkung zum Regelinterpreter.

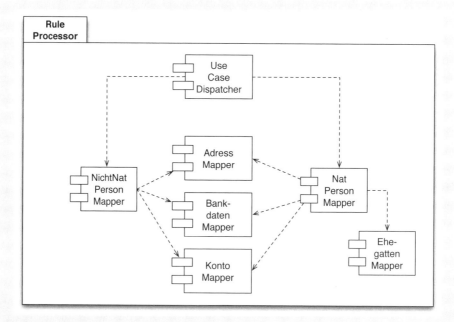

BILD 12.6 Interner Aufbau des Rule Processors

Anmerkung: Aufgrund des Beispielcharakters dieser Dokumentation sind nachfolgend nur der UseCaseDispatcher sowie der PersonMapper ansatzweise beschrieben. In einer echten Dokumentation sollten Sie alle Bausteine so weit wie nötig detaillieren.

5.2.2.1 UseCase-Dispatcher

Zweck/Verantwortlichkeit: Der UseCase-Dispatcher entscheidet aufgrund der Datenkonstellation, welche der fachlichen Mapper-Komponenten angesprochen werden muss. Diese Entscheidung ist nicht trivial und nicht durch die Mapper selbst zu treffen. Teilweise müssen neben den aktuellen Daten weitere Sätze gelesen werden, um die Entscheidung abschließend treffen zu können.

Beispiele:

- Einpersonengesellschaften als nichtnatürliche Personen können teilweise durch den Personen-Mapper abgebildet werden, abhängig vom Gründungsdatum der Gesellschaft

---

[5] Wie beispielsweise JBoss-Drools (http://labs.jboss.com/drools).

und dem Verlauf der Firmengeschichte (muss immer eine Einpersonengesellschaft gewesen sein und darf nicht aus einer Mehrpersonengesellschaft hervorgegangen sein).

- Natürliche Personen, die in der Vergangenheit Mitinhaber von Mehrpersonengesellschaften gewesen sind und darüber hinaus heute noch als Unternehmer tätig sind, müssen in Abhängigkeit von der Rechtsform der früheren Gesellschaft sowohl als natürliche als auch als nichtnatürliche Person geführt werden. Die Konto- und Buchungsinformationen sind entsprechend aufzuteilen.

5.2.2.2 Person-Mapper

Zweck/Verantwortlichkeit: Erzeugt aus den Eingabedaten eine natürliche Person im neuen Objektmodell und füllt die Adressdaten, Bankdaten, Konto- und Buchungsdaten entsprechend auf. Handelt es sich um einen Verheirateten, wird die zugehörige Ehefrau (sowie eventuell Ehefrauen aus früheren Ehen) passend migriert.

Der Person-Mapper benutzt die anderen Mapper.

<<Weitere Architekturbausteine werden in diesem Beispiel nicht dokumentiert>>

6 Laufzeitsicht

In der ersten Phase lesen die einzelnen Reader des VSAM-Readers alle angelieferten Dateien („Bänder") und befüllen die Migrationsdatenbank. Danach teilt der Segmentizer die Daten in parallel bearbeitbare Segmente auf.

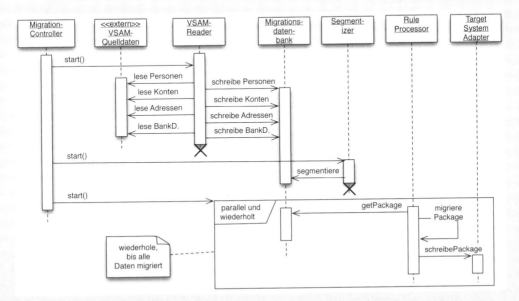

BILD 12.7 Laufzeitsicht der M&M-Migration

Der RuleProcessor lässt durch einen Packager (in Bild 12.7 durch den Aufruf „getPackage" gekapselt) alle für die Migration einer Person oder eines Kontos notwendigen Daten aus der Migrationsdatenbank selektieren und führt anschließend die fachlichen Regeln auf diesem Datenpaket („Package") aus.

Der TargetSystemAdapter schreibt die migrierten Daten in die neue Datenbank.

7 Verteilungssicht

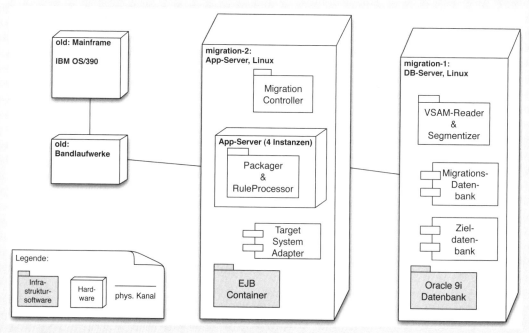

BILD 12.8 Verteilungssicht: Migration auf zwei getrennten Servern

Die gesamte Migration findet auf einem eigenständigen Linux-Server („migration-2") statt, auf dem in einem EJB-Container mehrere parallele Instanzen der eigentlichen Migrationskomponenten (Packer & RuleProcessor) ablaufen.

Über einen schnellen Bus ist dieser Server mit dem DB-Server („migration-1") verbunden, auf dem der VSAM-Reader und der Segmentizer die initiale Befüllung der Migrationsdatenbank vornehmen.

Überraschend, jedoch vom Auftraggeber so entschieden: Die Bandlaufwerke mit den vom bestehenden Mainframe erzeugten VSAM-Dateien werden an den Server „migration-2" angeschlossen.

Anmerkung: In einer echten Architekturdokumentation sollten Sie hier weitere Leistungsdaten der Hardware (Rechner, Netze, Bus-Systeme etc.) beschreiben.

8 Typische Strukturen und Muster

<<Entfällt im Beispiel>>

9 Technische Konzepte

9.1 Persistenz

Die Datenspeicherung im neuen System übernimmt ein Java Framework auf der Basis von J2EE, genauer gesagt Bean-Managed Persistence. Das Mapping der Objektstruktur auf die relationale Datenbank wird vom Framework komplett übernommen.

Für die eigentlichen Migrationskomponenten wird Persistenz damit nahezu transparent: Ist ein Objektgraph im Speicher aufgebaut, kann er auf einmal gespeichert werden.

Persistenz der Zwischenformate und Fehlerfälle

Die Eingangsdaten in sequentiellem VSAM-Format werden über SQL direkt in die Migrationsdatenbank geschrieben. Ebenso gelangen sämtliche Fehlersätze per SQL in die Fehlerdatenbank.

9.2 Ablaufsteuerung

Die Koordination und Ablaufsteuerung aller Migrationsprozesse wird durch einen zentralen Baustein (MigrationController) durchgeführt.

Die gesamte Verarbeitung erfolgt satzweise. Die Personen-Datei wird satzweise verarbeitet, sämtliche zugehörigen Kontoinformationen werden diesen Sätzen zugeordnet und die resultierenden Datenpakete anschließend gemeinsam migriert.

Aus Kostengründen sollte man keine kommerzielle Workflow-Engine einsetzen.

9.3 Ausnahme- und Fehlerbehandlung

Aufgrund der hohen Korrektheitsanforderungen der Auftraggeber werden sämtliche Ausnahmen beziehungsweise nicht migrierbaren Datensätze in einer Fehlertabelle gespeichert.

Sämtliche Fehlersätze müssen nach der Migration von Sachbearbeitern manuell migriert werden, wofür lediglich ca. 200 Personentage Aufwand zur Verfügung stehen. Jeden Tag kann ein Sachbearbeiter im Mittel 25 Personen migrieren, daher dürfen in der Fehlertabelle höchstens 5000 (= 20 * 25) Datensätze enthalten sein.

9.4 Transaktionsbehandlung

Die einzelnen Migrationsschritte speichern ihren Zustand jeweils satzweise ab. Dadurch ist zu jedem Zeitpunkt ein Wiederaufsetzen durch Neustart der gesamten Anwendung möglich.

9.5 Geschäftsregel und Validierung

Aus Kosten- und Lizenzgründen hat der Auftraggeber die Verwendung einer kommerziellen Regelmaschine (wie ILOG oder VisualRules o.ä.) a priori ausgeschlossen.

Die Geschäftsregeln (hier: Migrationsregeln) wurden vollständig in Java codiert.

9.6 Kommunikation und Integration

Die Integration mit dem Quellsystem erfolgt über den Austausch von VSAM-Bändern.

Integration mit dem Zielsystem über Java Session-Beans und den Java Application Server. Der Objektgraph der migrierten Daten wird als POJO-Parameter übermittelt (*plain old java wobject*).

10 Entwurfsentscheidungen

Entscheidung	Datum & Entscheider	Begründung, Konsequenz, Alternativen
Beschreibung der Migrationslogik in Java, NICHT in einer vereinfachten natürlichen Sprache	PL	Nach einigen Versuchen, unter anderem mit eigens formulierten Regelsprachen (mit Lex und Yacc) befand das Entwicklungsteam, dass eine Umsetzung fachlicher Regeln in eine solche Regelsprache keine wesentliche Vereinfachung gegenüber der Programmierung in Java gebracht hätte.
Kein kommerzieller Regelinterpreter.	PL	Nach einigen Versuchen mit kommerziellen Regelmaschinen entschied sich das Projektteam gegen den Einsatz einer solchen Komponente. Siehe Entscheidung zu Regelsprache. *Anmerkung:* Aus heutiger Sicht (also posthum ...) würde ich diese Entscheidung überdenken und insbesondere Open-Source-Regelframeworks wie JBoss-Drools auf ihre Tauglichkeit hin überprüfen.

Entscheidung	Datum & Entscheider	Begründung, Konsequenz, Alternativen
Pipes-und-Filter-Architektur	Architekt, Entwickler	Die Parallelisierbarkeit der eigentlichen Migrationregeln (im RuleProcessor) wird hierdurch vereinfacht. Es wird keinerlei GUI benötigt.
Dual-Server	Auftraggeber	Aufgrund der hohen Performanceanforderungen werden Datenbank und Migrationslogik auf zwei getrennten Servermaschinen ausgeführt. Als DB-Server kommt die später vom neuen Kontosystem genutzte Maschine zum Einsatz.
Die Verarbeitung der fachlichen Regeln durch den Rule Processor (siehe Abschnitt 5.1.6 bzw. 5.2.2) wird durch mehrere parallele Prozesse (innerhalb des J2EE Application Servers) durchgeführt.	PL, Kunde	Anforderung seitens des Kunden. Eine rein sequentielle Bearbeitung aller vorhandenen Personen wäre in der verfügbaren Laufzeit von 24 Stunden nicht möglich gewesen.

11 Qualitätsszenarien

<Entfällt im Beispiel>

12 Risiken

<Entfällt im Beispiel>

13 Glossar und Referenzen

Das Glossar entfällt im Beispiel.

Mehr zu VSAM im frei verfügbaren IBM-Redbook:

http://www.redbooks.ibm.com/abstracts/sg246105.html

Anmerkungen zum System

Einige Worte zur Klärung: Dieses Projekt hat wirklich stattgefunden, und das M&M-System ist wirklich entwickelt worden. Der Auftraggeber, die Fies und Teuer AG, hieß in Wirklichkeit natürlich anders, auch ist der fachliche Inhalt ein wenig vereinfacht worden.

Das echte Migrationsprojekt fand um 2002/2003 irgendwo in Deutschland statt. Über die Laufzeit von gut zwölf Monaten analysierten mehr als zehn Fachexperten die Logik und Geschäftsregeln der bestehenden Mainframe-Systeme und erstellten auf dieser Basis das fachliche Migrationskonzept. Hierbei galt es die besonderen Anforderungen an Nachweispflichten zu berücksichtigen, ebenso die über die Zeit veränderten gesetzlichen Rahmenbedingungen. Verzahnt damit erstellte ein Team von mehr als zehn Entwicklern und Architekten die passende Software.

Einige der Stolpersteine und Herausforderungen des „echten" M&M-Projektes:

- Die Datenqualität der Ausgangsdaten schwankte stark: So musste das Projekt die ursprünglich eingeführte Unterscheidung zwischen „Muss" und „Optional" für Datenfelder stark einschränken, weil 2–3% der mehr als 20 Millionen Personendatensätze nicht alle (heute benötigten!) Muss-Attribute enthielten.
- Logische oder fachliche Attribute waren durch extreme Speicherplatzoptimierungen stark verklausuliert und immens schwer identifizierbar. Beispiel: „Wenn es sich um einen Fall des Typs 42 handelt, dann gibt Bit 4 (im EBCDIC-Format) des Datenrecords an, ob es sich um eine Hin- oder Rückbuchung handelt."
- Die Logik der bestehenden Programme war teilweise älter als 30 Jahre – und für manche der Altprogramme gab es keine Ansprechpartner mehr.

12.2 Beispiel: Kampagnenmanagement im CRM

1 Einführung und Ziele

Zweck des Systems

Dieses Dokument beschreibt die Software-Architektur der MaMa[6]-Plattform zur Steuerung von Prozessabläufen zwischen Anbietern, Dienstleistern und Endkunden in Massenmarktsegmenten. MaMa ist technische Basis für Produkte, die für spezifische Anwendungsbereiche angepasst oder konfiguriert werden müssen – sozusagen die Mutter für konkrete Systeme.

Auftraggeber und gleichzeitig Betreiber von MaMa ist ein innovatives Rechenzentrum (IRZ), das im Rahmen von Geschäftsprozess-Outsourcing den Betrieb von Software als Service für seine Mandanten anbietet.[7] IRZ wird konkrete Ausprägungen von MaMa betreiben.

Folgende Beispiele illustrieren die Einsatzmöglichkeiten von MaMa:

- Telekommunikationsunternehmen bieten ihren Kunden neue Tarife an. Kunden können diese Angebote über verschiedene Kanäle (Brief, Fax, Telefon) annehmen oder Fragen dazu stellen.
- Handelsunternehmen senden spezifische Aktionen (Werbung oder Marketing, etwa: Preisausschreiben oder zielgruppenspezifische Sonderangebote) an ausgewählte Teile ihrer Kunden. Diese können wiederum über unterschiedliche Kanäle auf diese Aktionen reagieren.
- Versicherungsunternehmen senden an ihre Versicherten Vorschläge zur Änderung oder Anpassung bestimmter Verträge. Die Versicherten können über verschiedene Kanäle (Brief, E-Mail, Fax, Telefon oder persönliche Gespräche in Geschäftsstellen) auf diese Vorschläge reagieren.

Etwas verallgemeinert, sehen Sie diese Aufgaben in Bild 12.9.

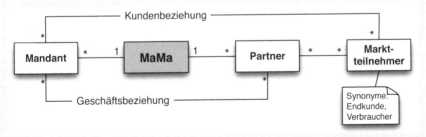

BILD 12.9 Zweck des Systems: Koordination von Prozessabläufen zwischen Mandanten, Partnern und Marktteilnehmern im Massenmarkt

---

[6] MaMa steht für **Ma**ssen**M**arkt.
[7] Die Rahmendaten und den Namen dieses Projektes habe ich erfunden, das hier beschriebene System existiert jedoch wirklich.

Leserkreis

- Alle in Abschnitt 1.3 dieser Dokumentation genannten Stakeholder von MaMa.
- Software-Entwickler, Architekten und technische Projektleiter, die Beispiele für eine Architekturdokumentation (auf Basis des arc42-Templates) suchen.
- Mitarbeiter von IT-Projekten, die sich das Leben in der Software-Architektur vereinfachen, indem sie auf ein bewährtes Template zur Dokumentation zurückgreifen.

1.1 Fachliche Aufgabenstellung

Die wichtigsten funktionalen Anforderungen sind:

- MaMa unterstützt die Ablaufsteuerung bei CRM-Kampagnen, die das Rechenzentrum IRZ für seine Auftraggeber (genannt „Mandanten" oder „Anbieter") im Rahmen des *Business Process Outsourcing* abwickelt. Folgende Ausprägungen muss MaMa in der ersten Version unterstützen:
  - Tarif- und Vertragsänderungen für Versicherungsgesellschaften, Telekommunikations- und Internetanbieter sowie Energieversorger. Ein Beispiel dazu finden Sie in Abschnitt 1.1.1 weiter unten.
  - Rückfragen zu Stammdaten für Versicherungsgesellschaften oder die Gebühreneinzugszentralen von Rundfunk- und Fernsehgesellschaften.
  - Abfrage zusätzlicher Stamm- oder Personendaten für Versicherungsunternehmen, die im Rahmen von Gesetzesänderungen notwendig werden.
- MaMa ist Basis einer Produktfamilie und muss daher möglichst ohne Programmänderungen für unterschiedliche Ein- und Ausgangsschnittstellen konfigurierbar sein. Siehe dazu Abschnitt 1.1.2.

Anmerkung: Aufgrund der hohen fachlichen Komplexität dieses Systems möchte ich die fachlichen Anforderungen anhand eines Beispiels näher erläutern. In einer *echten* Projektsituation sollte die Anforderungsdokumentation das leisten – die Ihnen in diesem Beispiel leider nicht zur Verfügung steht.

1.1.1 Einsatz von MaMa für Vertrags- und Tarifänderungen bei Telekommunikationsunternehmen

Der Mobilfunkanbieter MoF[8] schlägt seinen Kunden (synonym: Marktteilnehmern) neue Tarife vor: Manche der bestehenden Tarife oder Tarifkombinationen sind überaltert und technisch nicht mehr aktuell. Andere Tarife sind nicht mehr marktgerecht und können gegen leistungsfähigere oder kostengünstigere ausgetauscht werden. Da solche Änderungen jedoch in die Vertragsverhältnisse zwischen MoF und seinen jeweilig betroffenen Kunden eingreifen, ist zwingend die schriftliche Zustimmung der Kunden erforderlich.

---

[8] Wie Sie richtig vermuten, habe ich den Namen dieses Unternehmens frei erfunden.

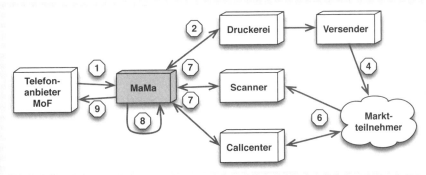

BILD 12.10 Ablauf einer Kampagne für Vertrags- und Tarifänderungen

MoF möchte im Rahmen einer Kampagne alle betroffenen Kunden schriftlich über die Angebote dieser neuen Tarifmöglichkeiten informieren. Die Kunden können schriftlich, per Fax oder in Filialen eine für sie passende Tarifkombination auswählen und damit formell eine Vertragsänderung beauftragen. Konkret läuft diese Kampagne wie folgt ab:

1. MoF selektiert in seinen internen Systemen die betroffenen Kunden und exportiert deren Stamm-, Tarif- und Vertragsdaten an MaMa.
2. MaMa übergibt die relevanten Teile dieser Daten an eine Druckerei, die personalisierte Anschreiben für sämtliche betroffenen Kunden erstellt und nach Regionen vorsortiert an einen Briefdienstleister liefert.
3. MaMa benachrichtigt die weiteren Partner über diese Kampagne und übergibt die jeweils benötigten Daten. Hierzu gehören:
   - Ein Scan-Dienstleister, der Rücksendungen entgegennehmen und digitalisieren wird.
   - Ein Telefondienstleister[9], der alle telefonischen Rückmeldungen oder Rückfragen bearbeitet.
   - Sämtliche Filialen beziehungsweise Vertriebspartner von MoF, damit auch persönliche Rückmeldungen der Kunden dort korrekt bearbeitet bzw. weitergeleitet werden.
4. Der Briefdienstleister transportiert die gedruckten Sendungen an die Kunden und übermittelt elektronisch die aufgetretenen Zustellprobleme (verzogen mit Nachsendeantrag, unbekannt verzogen, unbekannt, Annahme verweigert).
5. Die Kunden können auf verschiedene Arten auf dieses Angebot reagieren:
   - Kunde füllt das beigefügte Antwortschreiben vollständig und korrekt aus.
   - Kunde füllt das beigefügte Antwortschreiben unvollständig oder fehlerhaft aus.
   - Kunde hat Rückfragen.
   - Kunde reagiert nicht.
6. In allen Fällen kann der Kunde folgende Arten der Rückmeldung wählen, die letztlich alle durch MaMa koordiniert und bearbeitet werden sollen:
   - Briefsendung an eine (kampagnenspezifische) Adresse.
   - Rückmeldung per Fax.

---

[9] („Denglisch":) Call-Center

- Rückmeldung per E-Mail oder Web-Formular.
- Persönliche Rücksprache in einer Filiale von MoF.
- Telefonische Rückmeldung an ein Call-Center.

7. Die jeweiligen Partner übermitteln periodisch oder kontinuierlich alle ihnen vorliegenden Rückmeldungen an MaMa.
8. MaMa ermittelt aus den vorliegenden Antwortdaten der verschiedenen Partner täglich (bei Bedarf auch häufiger) die passenden Folgeaktionen:
   - Es liegen sämtliche Daten inklusive der rechtsgültigen Unterschrift vor, die MoF für eine Tarif- oder Vertragsänderung benötigt. In diesem Fall werden diese Daten an MoF übermittelt.
   - Teile der benötigten Daten fehlen noch und müssen durch passende Rückfragen beim Kunden ermittelt werden.
   - Eine fehlende Unterschrift muss schriftlich über ein erneutes Anschreiben eingeholt werden.
   - Fehlende Tarifinformationen können durch ein Call-Center telefonisch erfragt werden. Wenn der Kunde dreimal nicht erreicht werden konnte, wird erneut angeschrieben.
9. MoF ändert aufgrund der von MaMa gelieferten Ergebnisdaten die Verträge und Tarife der jeweiligen Kunden.

Wichtig für den Mobilfunkanbieter MoF ist, dass er nur mit MaMa Daten austauschen muss, um diese Kampagne durchzuführen. Sämtliche unterstützenden Prozesse erledigt MaMa durch Kooperation mit passenden Partnern!

1.1.2 Konfiguration einer Kampagne

MaMa ist die Basis einer Produktfamilie, d.h. nur in einer konkreten Ausprägung („Konfiguration") ablauffähig. Dies bedeutet, dass vor der Durchführung einer Kampagne verschiedene Festlegungen getroffen werden müssen. Die folgende Tabelle gibt einen Überblick über diese Konfiguration, orientiert am Beispiel der MoF-Kampagne aus dem vorigen Abschnitt.

Schritt innerhalb der Kampagne	Beispiel (aus Mobilfunk-Domäne)

Mögliche Aktionen der Kampagne definieren (Input- und Output-Aktionen sowie MaMa-interne Aktionen*).	Output-Aktionen:
	    BriefDrucken
	    InfoAnCallCenter
	    InfoAnScandienstleister
	    ErgebnisseAnMandant
	Input-Aktionen:
	    StammdatenInput
	    ScandatenInput
	    CallCenterInput
	    FilialenInput
	Interne Aktionen:
	    <keine>

Schritt innerhalb der Kampagne	Beispiel (aus Mobilfunk-Domäne)
Marktteilnehmerdaten sowie zugehörige Kampagnendaten (i.d.R. Vertrags-, Tarif- oder Angebotsdaten) als Erweiterung des MaMa-Basismodells in UML modellieren.	Attribute der Marktteilnehmer: Bestehender Tarif Liste möglicher neuer Tarife Vertragsnummer Ablaufdatum aktueller Vertrag Laufzeit des neuen Vertrags
Abläufe inklusive Plausibilitätsprüfungen als UML-Aktivitätsdiagramm definieren.	<entfällt im Beispiel>
Für alle Input- und Output-Aktionen die jeweiligen Schnittstellen zu Partnern konfigurieren: Datenformate und Protokolle festlegen	<entfällt im Beispiel>
Metadaten der Kampagne definieren und festlegen	z.B. Start- und Endtermine, Stichtage für Aktivitäten, Adresse für Rücksendungen, Telefonnummern für Rückrufe bei Kunden, Zugangsdaten für Auftraggeber und Partner für ftp-Server (zum Up-/Download von Daten)
Kampagne durchführen	Wird für das Beispiel in Abschnitt 1.1.1 genauer beschrieben.

* Die Bedeutung von „Aktionen" wird im Abschnitt 8.1 über Ablaufsteuerung näher erklärt.

1.2 Qualitätsziele

Die primären Qualitätsziele von MaMa lauten:

1. **Flexibilität:** Kampagnen sollen ohne Programmierung und ausschließlich durch Konfiguration aufgesetzt werden können. Das betrifft:
   - die spezifischen Datenstrukturen einer Kampagne;
   - die ein- und ausgehenden Schnittstellen zu den Partnern (Übertragungsprotokolle, Aufbau der Datensätze, Text- oder Binärschnittstellen, CSV-, Fix- oder XML-Formate, einmalige oder periodische Übertragung, Push- oder Pull-Aufrufe der Schnittstelle sowie die Art der Authentifizierung, Autorisierung, Datenverschlüsselung und -kompression);
   - die notwendigen Abläufe der Kampagne inklusive ihrer Plausibilitätsprüfungen.

2. **Datenschutz und -sicherheit** müssen beispielsweise für Mandanten aus dem Gesundheits- oder Versicherungswesen auditierbar sein. Bei Bedarf müssen daher sämtliche Datenänderungen einer Kampagne revisionssicher protokolliert werden können.

3. **Performance:** Kampagnen können praktisch beliebig umfangreich werden. Für einige Mandanten sollen beispielsweise mehrere 10 Millionen Endkunden innerhalb einer Kampagne bearbeitet werden. Weitere Mengengerüste:
   - Gesamtgröße aller Attribute einzelner Kundendatensätze innerhalb einer Kampagne zwischen 1 kByte und 15 Mbyte (für Kampagnen mit umfangreichen Bild- oder Scandaten).

- Anzahl möglicher Partnerunternehmen: unter 100
- Anzahl von Mandanten/Anbietern: unter 100
- Anzahl gleichzeitiger Kampagnen: unter 100

4. Mandantentrennung: Die Daten der jeweiligen Mandanten einer Kampagne müssen vollständig voneinander getrennt sein. Es darf unter keinen Umständen passieren, dass beispielsweise die Kundendaten mehrerer Versicherungen miteinander verwechselt werden.

Nicht-Ziele

Was MaMa nicht leisten soll:

- MaMa soll exklusiv vom Auftraggeber IRZ betrieben werden. Es soll kein *Produkt* werden.
- CRM: MaMa soll keine gebräuchlichen Customer-Relationship-Management-Systeme ersetzen.

1.3 Stakeholder

Name/Rolle	Ziel/Berührungspunkt	Notwendige Beteiligung
Management des Auftraggebers IRZ	Fordert flexible und leistungsfähige Basis für ihre zukünftigen Geschäftsfelder.	Periodische Abstimmung über aktuelle und geänderte Anforderungen, Lösungsansätze
Softwareentwickler, die MaMa mitentwickeln	Müssen den inneren Aufbau von MaMa gestalten und implementieren.	Aktive Beteiligung an technischen Entscheidungen
Partner	Schnittstellen zwischen MaMa und Partnern	Partner müssen Daten liefern bzw. empfangen und haben hohes Interesse an flexiblen Schnittstellen.
Eclipse-RCP Projekt (Hersteller des eingesetzten UI-Frameworks)	MaMa verwendet Eclipse-RCP zur Umsetzung der grafischen Programmteile.	Eclipse ändert die Programmierschnittstellen häufig und kaum vorhersehbar – was Auswirkungen auf die Anpassung der GUI besitzt.

Zu MaMa gibt es in der Realität eine Reihe weiterer technischer Dokumente, insbesondere die Schnittstellendokumentation, mit deren Hilfe Partnerunternehmen (wie Druck-, Scan- oder Callcenter-Dienstleister) eine Anbindung an MaMa realisieren können (obwohl in der Praxis *deren* Schnittstellen meist feststehen und die Betreiber von MaMa die Anbindung konfigurieren!).

2 Einflussfaktoren und Randbedingungen

2.1 Technische Einflussfaktoren

Randbedingung	Erläuterung
Software-Infrastruktur	Linux als Betriebssystem der Ablaufumgebung
	MySQL beziehungsweise bei Bedarf Oracle als Datenbank
	Java 5 als Software-Plattform im Betrieb verfügbar
Systembetrieb	Batch, soweit möglich
Grafische Oberfläche	Browserbasiert (Mozilla Firefox), zur Konfiguration von Kampagnen und Schnittstellen
Programmiersprachen und -frameworks	Java, Hibernate, MDSD-Generator zur Erzeugung von Teilen des Quellcodes
Modellierungswerkzeuge	UML-2-kompatibles Modellierungswerkzeug zur Modellierung von kampagnenspezifischen Datenstrukturen und -abläufen
Technische Kommunikation	Muss zu Mandanten beziehungsweise Partnern über ftp, sftp, http, https möglich sein, mit und ohne VPN. Anbindung an Messaging-Strukturen (wie Tibco oder MQ-Series) ist nicht vorgesehen.

2.2 Organisatorische Einflussfaktoren

IRZ ist ein agiler Auftraggeber, der innerhalb der Softwareentwicklung iterative Prozesse bevorzugt.

Allerdings legt IRZ großen Wert auf langlebige Systeme und fordert daher aussagekräftige, wartungsfreundliche technische Dokumentation (von der Sie gerade einen Auszug in den Händen halten...).

3 Kontextabgrenzung

3.1 Allgemeiner fachlicher (logischer) Kontext

In der logischen Kontextabgrenzung von Bild 12.11 erkennen Sie, dass MaMa nur mit dem Mandanten beziehungsweise mehreren Partnern kommuniziert. Für jede Kampagne werden spezifische Partner ausgewählt – ein Beispiel finden Sie in Abschnitt 3.2.

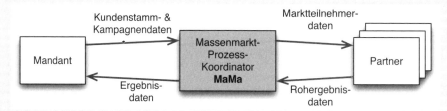

BILD 12.11 Allgemeiner fachlicher (logischer) Kontext

Kurzbeschreibung der externen Schnittstellen

Schnittstelle/Nachbarsystem	Ausgetauschte Daten (Datenformate, Medien)
Kundenstamm- und Kampagnendaten (von Mandanten)	Mandanten übermitteln Stammdaten ihrer Kunden sowie Daten/Metadaten der Kampagnen an MaMa.
Ergebnisdaten (an Mandanten)	MaMa übergibt Ergebnisse, Zwischenergebnisse oder Rückfragen (aufgrund von Fehlern oder Ausnahmen) an Mandant.
Marktteilnehmerdaten (an Partner)	MaMa übergibt Marktteilnehmerdaten an Partner.
Rohergebnisdaten (von Partnern)	Partner übergeben ihre jeweiligen Zwischenergebnisse an MaMa.

Partner sind für MaMa externe Dienstleistungserbringer, beispielsweise:

- Druckereien, zum Druck von Briefsendungen oder ähnlichen Schriftstücken;
- Briefversender oder Distributoren, um Drucksendungen zu Endkunden zu transportieren;
- Scandienstleister, zur Umwandlung von Rücksendungen der Endkunden in Datenformate, inklusive automatische Texterkennung (OCR);
- Call-Center und Telko-Dienstleister, zur telefonischen Ansprache von Endkunden, Faxversand oder Bearbeitung von Anrufen der Endkunden;
- Webhoster und E-Mail-Provider für jegliche Online-Dienste, die im Rahmen von Kampagnen erbracht werden müssen.

3.2 Spezielle Kontextabgrenzung der Mobilfunk-Kampagne

In Bild 12.10 haben Sie bereits die Kontextabgrenzung einer konkreten Instanz von MaMa für Mobilfunk-Unternehmen gesehen.

3.3 Verteilungskontext: MaMa als Basis einer Produktfamilie

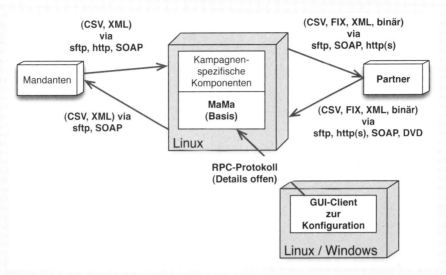

BILD 12.12 Allgemeiner Verteilungskontext von MaMa mit (schematischen) externen Schnittstellen

MaMa stellt die Basis einer Produktfamilie dar. Jede Kampagne wird auf einer (in der Regel virtuell) dedizierten Linux-Installation betrieben. In jeder Kampagne gibt es vier Kategorien externer Schnittstellen von und zu MaMa:

Kurzbeschreibung der externen Schnittstellen

Schnittstelle/ Nachbarsystem	Technologie/Protokoll
Kundenstamm- und Kampagnendaten (von Mandanten)	CSV- oder XML-Formate als Dateien per sftp- oder https-Upload. Alternativ: Einlieferung per Webservice oder DVD.
Ergebnisdaten (an Mandanten)	CSV- oder XML-Formate als Dateien per sftp. Alternativ: Ablieferung per Webservice.
Marktteilnehmerdaten (an Partner)	Format je nach Partner und Kampagne. MaMa muss CSV, Fix-Length, XML sowie Webservices unterstützen.
Rohergebnisdaten (von Partnern)	Format je nach Partner, s.o.

Fachliche Abläufe finden Sie in der Laufzeitsicht in Abschnitt 5.1 dieser Dokumentation (siehe Seite 390).

4 Lösungsstrategie

Die Struktur von MaMa basiert in hohem Maße auf dem technischen Konzept zur konfigurierbaren Ablaufsteuerung, das Sie in Kapitel 9.1 dieser Dokumentation finden. Ebenfalls wichtig für das Verständnis ist das Konzept der Produktfamilie, erläutert in Kapitel 9.2 (zusammen mit der Persistenz und Generierung). Schließlich erlaubt MaMa die Ein- und Ausgabedaten pro Kampagne und Mandant zu konfigurieren.

Diese Konzepte stellen die Qualitätsziele „Flexibilität" und „Performance" sicher.

5 Bausteinsicht

Voraussetzung für das Verständnis der statischen Struktur von MaMa ist das Konzept zur Ablaufsteuerung (siehe Kapitel 9.1 dieser Dokumentation).

5.1 MaMa-Bausteinsicht Level 1

Sämtliche Abhängigkeiten innerhalb von Bild 12.13 sind *benutzt*-Beziehungen innerhalb des MaMa-Quellcodes.

Strukturiert wurde MaMa auf dieser Ebene anhand funktionaler Merkmale: Jede der Level-1-Blackboxen verantwortet unmittelbar einen Teil der MaMa-Gesamtfunktionalität. Einzig die Bausteine `CampaignDataManagement` und `OperationsMonitoring` haben rein unterstützende Aufgaben (für die Datenspeicherung respektive die Überwachung zur Laufzeit).

Das Architekturziel der hohen Flexibilität gegenüber Datenstrukturen und Ein-/Ausgangsschnittstellen wurde an die Bausteine `Configuration`, `Input` und `Output` delegiert.

Das Architekturziel der hohen Performance verantworten primär die Bausteine Input und Output, unterstützt durch CampaignDataManagement.

In Bild 12.13 finden Sie zwei zirkuläre (gegenseitige) Abhängigkeiten, jeweils zwischen `CampaignProcessControl` und `Configuration` respektive `Input`. Beide Abhängigkeiten sind bewusst konstruiert und sollten in dieser Art bleiben.[10]

Die folgenden Abschnitte beschreiben die in der Abbildung dargestellten Bausteine, strukturiert nach dem Blackbox-Template.

---

[10] Sie ließen sich durch Einführung eines weiteren Level-1-Bausteins beheben – damit würde jedoch die bisher funktional motivierte Struktur von MaMa durchbrochen. Aufgrund der konzeptionellen Integrität dieses Entwurfsansatzes haben wir uns entschieden, die *unschönen* zirkulären Abhängigkeiten in Kauf zu nehmen.

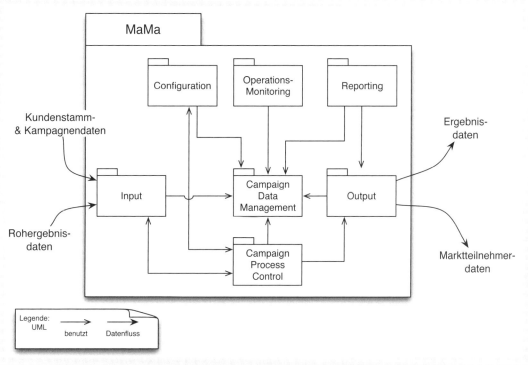

BILD 12.13 Whitebox-Darstellung von MaMa, Level 1

5.1.1 Input

- *Zweck/Verantwortlichkeit:* Nimmt über Außenschnittstellen Daten von Mandanten und Partnern entgegen.
- *Schnittstelle(n):* Eingang: Kundenstamm-, Kampagnen-, Kampagnenmeta- und Rohergebnisdaten (CSV, XML, binär). Nutzt Methoden/Funktionen von CampaignDataManagement.
- *Variabilität:* Eingangskanäle und -formate konfigurierbar (csv, Fix, AFP, pdf, xml über (s)ftp, SOAP, https-upload, ssh-remote-copy, DVD-Eingang, MQ-Series, Tibco)
- *Leistungsmerkmale:* <entfällt>
- *Ablageort/Datei:* Package `de.arc42.example.mama.input`, insbesondere die Klasse `InputManager`
- *Sonstige Verwaltungsinformation:* keine
- *Offene Punkte:* Zurzeit unterstützt dieser Baustein keine pgp-verschlüsselten Eingangsdaten, kann bei Webservice-Einlieferung keine digitalen Signaturen prüfen und besitzt keine Anbindung an MQSeries und Tibco.

▶▶ Die Verfeinerung als Whitebox finden Sie in Abschnitt 4.2.1.

5.1.2 Campaign Process Control

- *Zweck/Verantwortlichkeit:* Steuert die Abläufe innerhalb von Kampagnen, verantwortet die Ausführung und Prüfung der kampagnenspezifischen Geschäftsregeln.
- *Schnittstelle(n):* Lesezugriff auf CampaignDataManagement, Notify-Mechanismus an Output.
- *Variabilität:* Die konkreten Regeln für Plausibilisierung sowie Ablaufsteuerung einer Kampagne werden bei der Einrichtung der Kampagne konfiguriert.
- *Ablageort/Datei:* Package: `de.arc42.example.mama.campaigncontrol`
- *Sonstige Verwaltungsinformation:* keine
- *Offene Punkte:* keine

▶▶ Die Verfeinerung als Whitebox finden Sie in Abschnitt 4.2.2.

5.1.3 Campaign Data Management

- *Zweck/Verantwortlichkeit:* Verwaltet sämtliche Kampagnendaten und Metadaten. Stellt Verwaltungsoperationen zum Lesen, Schreiben und Löschen aller dieser Daten bereit.
- *Schnittstelle(n):* Erhält Daten von Input, Configuration sowie Campaign ProcessControl. Liefert Daten für praktisch alle anderen Bausteine.
- *Variabilität:* Variabel gegenüber spezifischen Datenstrukturen von Kampagnen. Die konkreten Datenzugriffsklassen, DB-Tabellen etc. werden spezifisch pro Kampagne aus einem Modell generiert.
- *Ablageort/Datei:* Package: `de.arc42.example.mama.campaigndata`
- *Sonstige Verwaltungsinformation:* keine
- *Offene Punkte:* Bisher nur wenige Möglichkeiten zum Performance-Tuning der Datenbank.

5.1.4 Configuration

- *Zweck/Verantwortlichkeit:* Grafische Oberfläche zur Konfiguration von Mandanten, Kampagnen, Schnittstellen und Geschäftsregeln.
- *Schnittstelle(n):* Speichert Konfigurationsdaten in `CampaignDataManagement`.
- *Variabilität:* keine für diesen Baustein selbst
- *Leistungsmerkmale:* <entfällt>
- *Ablageort/Datei:* Package: `de.arc42.example.mama.configuration`
- *Sonstige Verwaltungsinformation:* keine
- *Offene Punkte:* Teile der Konfiguration einer Kampagne erfolgen zur Zeit über ein UML-Modell. Die vom Auftraggeber gewünschte „zentrale Stelle zur Konfiguration sämtlicher Bestandteile einer Kampagne" ist somit noch nicht gegeben.

5.1.5 Output

- *Zweck/Verantwortlichkeit:* Liefert über die Außenschnittstellen Ergebnisdaten (an Mandanten) sowie Marktteilnehmerdaten (an Partner).
- *Schnittstelle(n):* Ergebnisdaten (csv, xml) sowie Marktteilnehmer-, Kampagnendaten (csv, fix, xml, pdf). Nutzt Methoden/Funktionen von CampaignDataManagement.
- *Variabilität:* Ausgangskanäle und -formate konfigurierbar (csv, Fix, xml über (s)ftp, SOAP, MQ-Series und Tibco)
- *Leistungsmerkmale:* <entfällt>
- *Ablageort/Datei:* Package `de.arc42.example.mama.output`, insbesondere die Klasse `OutputManager`
- *Sonstige Verwaltungsinformation:* keine
- *Offene Punkte:* Zurzeit kann dieser Baustein keine Ausgangsdaten mit pgp verschlüsseln, keine digitalen Signaturen erzeugen und besitzt keine Anbindung an MQSeries und Tibco.

5.1.6 Reporting sowie Operations Monitoring

<Werden im Beispiel nicht weiter betrachtet.>

5.2 MaMa-Bausteinsicht Level 2

Dieser Abschnitt detailliert die Blackbox-Bausteine der Ebene 1. Aufgrund des Beispielcharakters dieser Dokumentation zeige ich hier nur Auszüge der gesamten Dokumentation.

5.2.1 Whiteboxsicht Baustein „Input", Level 2

Die Struktur von Input wurde aufgrund funktionaler Zerlegung gewählt: Die Bausteine von Input leisten jeweils einen Schritt in der grundsätzlichen Verarbeitungskette von Eingabedaten (Empfangen, Archivieren, Filtern, Validieren und In-Java-Objekte-Übersetzen). Die Ablaufsteuerung zwischen diesen Bausteinen obliegt dem Receiver – eine deutliche Schwäche im Entwurf dieser Whitebox. Details dazu in Abschnitt 4.3.1.

Dieser Baustein implementiert das Architekturziel der „flexiblen Eingangsformate und Übertragungsprotokolle" für jede Kampagne.

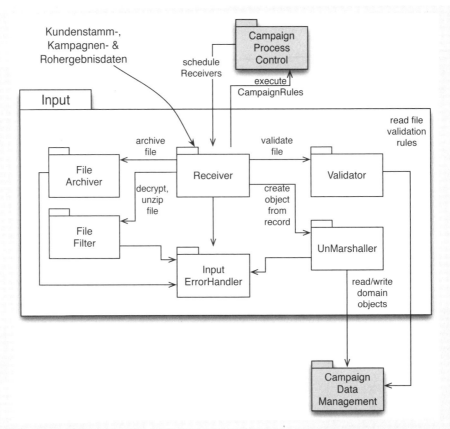

BILD 12.14 Whitebox „Input", Level 2

5.2.1.1 Blackbox „Receiver"

- *Zweck/Verantwortlichkeit:* Führt den physischen Daten- oder Dateiempfang durch (wird implementiert durch beispielsweise FileReceiver, FTPReceiver, SOAPReceiver und andere). Koordiniert die übrigen Aufgaben der Input-Verarbeitung.

- *Schnittstelle(n):* Nimmt über die Außenschnittstellen Kundenstamm- & Kampagnendaten von Mandanten entgegen sowie Rohergebnisdaten von den Partnern. Interne Schnittstellen zu allen anderen Bausteinen von Input.

- *Variabilität:* Konfigurierbar für unterschiedliche Eingabekanäle und -protokolle (ftp, http-Upload, DVD-Einlieferung).

- *Ablageort/Datei:* Package `de.arc42.example.mama.receiver`, insbesondere das Interface `IReceiver`

- *Sonstige Verwaltungsinformation:* keine

- *Offene Punkte:* Zurzeit keine Schnittstellen zu MQ-Series oder Tibco.

`Receiver` übernimmt zu viele Aufgaben – neben dem Datenempfang auch noch die Koordination anderer Bausteine. Diese schlechte funktionale Kohäsion führt zu schwer verständlichem Quellcode und zu hohen Wartungsrisiken. Die Koordinationsaufgaben sollten daher in einen eigenen Baustein verlagert werden; siehe Abschnitt 11.1 (Risiken).

▶ ▶ **Die Verfeinerung als Whitebox finden Sie in Abschnitt 4.3.1.**

5.2.1.2 Blackbox „Validator"

- *Zweck/Verantwortlichkeit:* Überprüft, ob die einzelnen Bestandteile (Datei, Datensätze, Satzteile, Records o.ä.) der Datei den vereinbarten Kriterien für diese Kampagne/Partner/Mandanten genügen.
- *Schnittstelle(n):* Erhält von `Receiver` die zu validierenden Daten in Blöcken (Dateien oder einzelne Dateinsätze), liest die Validierungsregeln aus `CampaignDataManagement`.
- *Variabilität:* Syntaxregeln können pro Kampagne individuell festgelegt werden.
- *Ablageort/Datei:* Package `de.arc42.example.mama.validator`
- *Sonstige Verwaltungsinformation:* keine
- *Offene Punkte:* Zurzeit werden Validierungsfehler nur in Logfiles abgelegt und nicht korrekt an `InputErrorHandler` gemeldet.

Dieser Baustein basiert auf dem [Validator] Framework in Kombination mit einer MaMa-spezifischen Beschreibungssprache. Validiert sowohl Dateien wie einzelne Datensätze – was aus Vereinfachungsgründen künftig auf zwei getrennte Bausteine verteilt werden könnte. Aus heutiger Sicht nicht riskant.

Anmerkung: Diese Information geht über eine reine Blackbox-Beschreibung etwas hinaus. Den Aufwand einer zusätzlichen Whitebox-Beschreibung halte ich jedoch für unangemessen ...

5.2.1.3 Blackbox „FileFilter"

- *Zweck/Verantwortlichkeit:* führt sämtliche notwendigen dateiweiten Konvertierungen durch, beispielsweise Dekompression, Entschlüsselung, Auswertung digitaler Signaturen oder ähnliche.
- *Schnittstelle(n):* Erhält von `Receiver` die zu bearbeitenden Dateien und eine Liste der auszuführenden Operationen.
- *Variabilität:* keine
- *Ablageort/Datei:* Package `de.arc42.example.mama.filefilter`
- *Sonstige Verwaltungsinformation:* keine
- *Offene Punkte:* Zurzeit kann `FileFilter` keine pgp-verschlüsselten Dateien entschlüsseln, keine digitalen Signaturen auswerten und keine verschlüsselten ZIP-Dateien entschlüsseln.

5.2.1.4 Blackbox „FileArchiver"

- *Zweck/Verantwortlichkeit:* Speichert die vom `Receiver` empfangenen Dateien in einem von MaMa nicht löschbaren Archiv, sofern für die Kampagne notwendig.

- *Schnittstelle(n):* Enthält vom `Receiver` die zu archivierenden Dateien.
- *Variabilität:* keine
- *Ablageort/Datei:* Package `de.arc42.example.mama.archiver`, insbesondere die Klasse `FileArchiver`
- *Sonstige Verwaltungsinformation:* keine
- *Offene Punkte:* keine

Der FileArchiver ist eine Fassade zum frei verfügbaren [HoneyComb], einer von Sun Microsystems entwickelten Speicherlösung für unveränderliche Daten.

5.2.1.5 Blackbox „InputErrorHandler"

- *Zweck/Verantwortlichkeit:* Sammelt sämtliche während des Input-Vorgangs auftretenden Fehler und -meldungen zur späteren Bearbeitung.
- *Schnittstelle(n):* Erhält Fehlermeldungen von allen Input-Bausteinen, mit Ausnahme von `Validator`.
- *Variabilität:* keine
- *Ablageort/Datei:* Package `de.arc42.example.mama.inputerror`
- *Sonstige Verwaltungsinformation:* keine
- *Offene Punkte:* Zur Zeit keine Integration mit `Validator`.
- Die fehlende Integration von `InputErrorhandler` mit dem `Validator` ist eine signifikante Schwäche in Entwurf und Implementierung von MaMa. Siehe Abschnitt 11.1 (Risiken).

5.2.1.6 Blackbox „UnMarshaller"

- *Zweck/Verantwortlichkeit:* Erzeugt aus den Dateibestandteilen (Records o.ä.) wieder Objekt des Domain-Models und speichert diese ggfs. im `CampaignDataManagement`.
- *Schnittstelle(n):* Erhält vom `Receiver` Listen von Strings, aus denen `UnMarshaller` echte MaMa-Objekte erstellt.
- *Variabilität:* keine
- *Ablageort/Datei:* `de.arc42.example.mama.unmarshaller`
- *Sonstige Verwaltungsinformation:* keine
- *Offene Punkte:* keine

5.2.2 Whitebox Campaign Process Control, Level 2

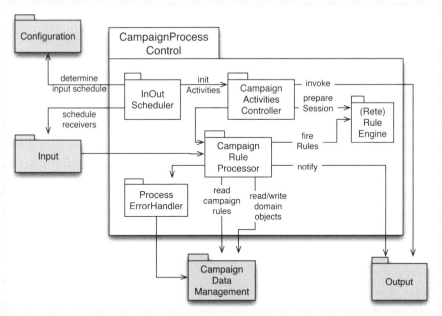

BILD 12.15 CampaignProcessControl, Level 2

Blackbox-Bausteine von CampaignProcessControl, Level 2

Blackbox	Bedeutung
InOutScheduler	Steuert den Aufruf der für eine Kampagne jeweils benötigten Input- und Output-Aktivitäten (abhängig von Mandanten, Partnern sowie den jeweils vorhandenen Daten).
CampaignActivitiesController	Steuert die Aktivitäten einer Kampagne (genauer: Output- und interne Aktivitäten). Implementiert dazu den in Abschnitt 8.1 beschriebenen Algorithmus.
CampaignRuleProcessor	Bestimmt aus den für eine Kampagne (bzw. einzelne Marktteilnehmer) vorhandenen Daten die nächsten (Output-)Aktivitäten. Basiert auf kampagnenspezifischer Prozess- und Regeldefinition – nutzt eine Regelmaschine; siehe Abschnitt 8.3.
ProcessErrorHandler	Behandelt sämtliche Fehler von Kampagnendaten (Stammdaten, Marktteilnehmerdaten, Rohergebnisdaten) und löst eine Output-Aktion mit den jeweils betroffenen Partnern oder Mandanten aus („Clearing").
(Rete)RuleEngine	Open-Source-Regelmaschine zur Auswertung der kampagnenspezifischen Ablauf- und Plausibilitätsregeln; siehe [Drools].

Für weitere Details siehe Abschnitt 9.3 (Konzept zu Geschäftsregeln).

5.3 MaMa Bausteinsicht Level 3

Dieser Abschnitt detailliert exemplarisch einen Blackbox-Baustein der Ebene 3.

5.3.1 Whiteboxsicht Baustein „Receiver", Level 3

Der Baustein „Receiver" nimmt die Daten entgegen, die an den Außenschnittstellen von MaMa physisch angeliefert werden. Gleichzeitig koordiniert Receiver die übrigen Aufgaben der Input-Verarbeitung. Diese Vermischung von Verantwortlichkeiten ist riskant – siehe die Anmerkungen in Abschnitt 5.2.1.1 (Blackbox Receiver) sowie Kapitel 12 (Risiken).

Anmerkung: Die nachfolgende Whiteboxsicht beschreibt die Zielvorstellung, die nach dem Refactoring von Receiver erreicht werden soll.

Funktional werden in Bild 12.16 die Aufgaben von „Datenempfang" (div. Listener sowie ServiceToFileConverter) getrennt von der Koordination der weiteren Verarbeitung (FileProcessor, FileSplitter, RecordProcessor). Die letztgenannten Bausteine könnten künftig in einen eigenständigen Level-2-Baustein (Vorschlag: InputController) ausgelagert werden.

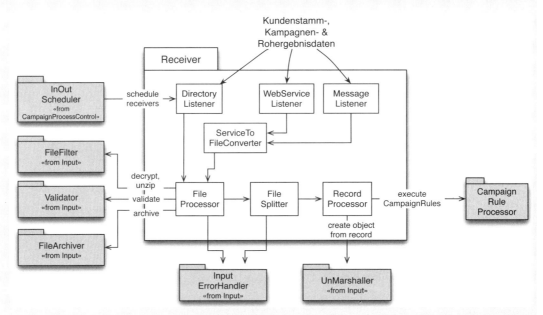

BILD 12.16 Whitebox Receiver, Level 3 (Zielstruktur, zurzeit nicht realisiert)

Blackbox-Bausteine von Receiver, Level 3

Blackbox	Bedeutung
DirectoryListener	Überprüft periodisch ein vorgegebenes Verzeichnis im Dateibaum auf die Existenz neuer Dateien eines kampagnen- oder aktivitätsspezifischen Namensmusters.
	Wird eine Datei gefunden, so übergibt der Listener diese an den FileProcessor.
	Für jede Input-Aktivität der Kampagne wird eine eigene Instanz dieses Bausteins als Thread (respektive Prozess) gestartet.
WebServiceListener	Empfängt Daten über Web-Services. Die zugehörige WSDL-Beschreibung inklusive URL und Service-Namen wird in der Konfiguration der Kampagne festgelegt.
	Im Falle des fehlerfreien Empfangs einer Nachricht wird diese an ServiceToFileConverter übergeben.
MessageListener	Empfängt Nachrichten von Tibco beziehungsweise MQ-Series und übergibt diese an ServiceToFileConverter. Zurzeit nicht implementiert.
ServiceToFileConverter	Konvertiert Eingabedatenströme (Messages, Web-Service-Nachrichten) in Dateien, zur Weiterverarbeitung durch FileProcessor.
FileProcessor	Koordiniert die Verarbeitung von Eingabedateien. Nach Bearbeitung Weitergabe an FileSplitter.
FileSplitter	Zerlegt eine Datei mit Hilfe eines Parsers in einzelne Datensätze: Bei CSV-Dateien sind das einzelne Zeilen, bei XML-Dateien ist die Zerlegung abhängig vom XML-Schema. Fix-Format-Dateien werden auf Basis ihrer Record-Definition zerlegt.
	Übergibt eine Liste von Strings an RecordProcessor.
RecordProcessor	Verarbeitet einzelne Datensätze.

6 Laufzeitsicht

Anmerkung: Als Alternative zu Sequenzdiagrammen beschreibe ich einige der folgenden Szenarien in Textform. Sie sollten im Einzelfall entscheiden, ob Ihre Leser besser mit einem Diagramm oder mit Text arbeiten können. In manchen Fällen können Sie bei Laufzeitszenarien übrigens auch Quellcodefragmente in die Architekturdokumentation übernehmen!

6.1 Szenario: Schematischer Input von Daten

Dieses Szenario beschreibt schematisch, wie MaMa die über die Außenschnittstellen (Kundenstamm-, Kampagnen- oder Rohergebnisdaten) (als Datei) gelieferten Daten entgegennimmt. Dieses Szenario gilt nicht für die Datenlieferung mittels Webservices! Eine Verfeinerung für den Import einer CSV-Datei finden Sie in Abschnitt 5.3.

1. Mandant oder Partner liefert Datei (per sftp-Upload) in vorab definiertes Verzeichnis.
2. Ein `DirectoryListener` (aus dem Baustein `Receiver`) erkennt die Einlieferung und startet den Baustein `FileProcessor` (der startet `FileFilter`, `Validator` und `FileArchiver`).
3. `FileProcessor` importiert die gelieferten Daten und ruft für jeden (syntaktisch korrekten) Datensatz `CampaignRuleProcessor` auf. Für fehlerhafte Datensätze wird eine Fehlermeldung erzeugt und ein Clearing beim Mandant oder Partner beauftragt.
4. `CampaignRuleProcessor` ermittelt für den aktuellen Datensatz die notwendigen Folgeaktivitäten.

6.2 Szenario: Import einer CSV-Datei

Voraussetzungen:

- Die betroffene Kampagne ist funktionsfähig konfiguriert.
- Mandant und Partner verfügen über entsprechende Rechte, um Dateien bei MaMa einliefern zu können. Anmerkung: Datenlieferung per Webservice ist nicht Bestandteil dieses Szenarios.

Ablauf:

1. Mandant oder Partner liefert Datei (per sftp-Upload) in vorab definiertes Verzeichnis.
2. MaMa liest aus `CampaignDataManagement` die Metadaten für diesen Mandanten (u.a. Filter- und Prüfregeln für Dateien, Syntaxregeln für Datensätze).
3. `Receiver` übergibt Datei mit Statusinfo (Datum, Datei-Hash) an `FileArchiver` – der sie in das Permanent-Archiv kopiert.
4. `FileProcessor` prüft Metadaten der Datei; nicht ok: Clearingfall.
5. `FileFilter` wendet alle konfigurierten Filter (decompress, decrypt etc.) an; nicht ok: Clearingfall.
6. `FileSplitter` zerlegt in Einzelsätze.
7. `RecordProcessor` verarbeitet Datei satzweise und koordiniert `CampaignRuleProcessor` und `UnMarshaller`:

    7.1 `UnMarshaller` lässt übergebene Daten durch Validator syntaktisch validieren; nicht ok: Clearingfall.

    7.2 Falls Daten ok, sucht anhand des Primärschlüssels im Repository nach bereits vorhandener Instanz dieses Datensatzes.

       7.2.a: Nicht vorhanden: legt neues Objekt (persistent) an.

       7.3.b: Vorhanden: Update mit gerade gelieferten Daten (offen: Historisierung).

    7.3 CampaignRuleProcessor wendet Geschäftsregeln der Kampagne auf aktuellen Datensatz an; primär werden dabei die notwendigen Folgeaktivitäten ermittelt (siehe Abschnitt 8.1 – Ablaufsteuerung).

8. Erzeuge Statusmeldung für Mandanten und übergebe diese via „Output".

Ergebnisse dieses Szenarios:

- Die in der Datei gelieferten korrekten Datensätze sind in den MaMa-Datenbestand der betroffenen Kampagne übernommen.
- Sämtliche fehlerhaften Daten werden als Clearingfälle zurück an den Lieferanten der Datei gemeldet.

7 Verteilungssicht

Die Verteilungssicht von MaMa ist nahezu trivial, da die meisten Implementierungsbausteine der Bausteinsicht in ein einzelnes Java-Klassenarchiv (jar) zusammengefasst werden.

Die graphischen Teile von MaMa (Configuration, OperationsMonitoring) bilden dabei Ausnahmen.

Verteilungsartefakte für MaMa

Verteilungsartefakt	Baustein (aus Bausteinsicht)
MaMa<CampaignName>	Alle, bis auf OperationsMonitoring.
MaMaOperationsMonitor	OperationsMonitoring, CampaignDataManagement.
MaMaConfigurator	Configuration, CampaignDataManagement, CampaignProcessControl

Anmerkung: Auf die technischen Leistungsdaten der zugrunde liegenden Hardware habe ich in diesem Beispiel verzichtet.

8 Typische Strukturen und Muster

<Entfällt im Beispiel.>

9 Technische Konzepte

9.1 Ablaufsteuerung

Das für MaMa zentrale Konzept der konfigurierbaren Ablaufsteuerung basiert wesentlich auf dem Begriff der *Aktivität*, jeweils bezogen auf einzelne Marktteilnehmer. MaMa kennt Output-, Input- sowie interne Aktivitäten:

- Output-Aktivitäten übergeben Teile der Daten über Marktteilnehmer (Beispiel: Name, Adresse, Vertrags- oder Tarifdaten) an einen Partner, damit dieser Partner eine für die Kampagne notwendige Aktion durchführen kann. Beispiele für solche Aktionen:
  - Einen Brief an die jeweiligen Marktteilnehmer schreiben (Partner: Druckerei).
  - Die Marktteilnehmer per Telefon kontaktieren (Partner: Call Center).
  - Auf den Besuch oder Anruf der Marktteilnehmer vorbereitet sein (Partner: Call Center sowie Filialen).

  Output-Aktivitäten haben immer einen definierten Adressaten. Als Konsequenz mancher Output-Aktivitäten liefern die betreffenden Partner zu einem späteren Zeitpunkt Rohergebnisdaten an MaMa zurück, die über Input-Aktivitäten eingelesen werden.

- Interne Aktivitäten verändern den Zustand oder die Daten von Marktteilnehmern, ohne dabei einen externen Partner zu benutzen. Hierzu gehören Datentransformationen, Berechnungen, Aggregation mehrerer Datensätze (beispielsweise um Eltern und Kinder zu Familien zusammenzuführen), Löschungen und Statusänderungen.

- Input-Aktivitäten nehmen Daten von den Außenschnittstellen entgegen.

Schematisch verlaufen solche Aktivitäten nach folgendem Grundmuster:

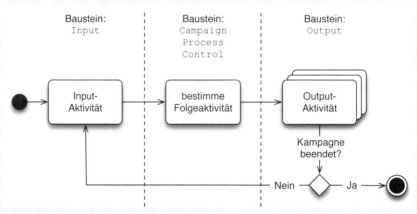

BILD 12.17 Ablaufsteuerung von MaMa – Abfolge von Aktivitäten (schematisch)

Während jeder Input-Aktivität bestimmt MaMa die notwendigen Folgeaktivitäten auf Basis der Geschäftsregeln der Kampagne sowie der Daten jedes Marktteilnehmers.

Lassen Sie mich diesen Ablauf anhand des bereits bekannten Beispiels „Vertrags-/Tarifänderungen eines Telekommunikationsunternehmens" kurz erläutern:

- In einer Input-Aktivität nimmt MaMa vom Mandanten MoF die Vertragsdaten eines (hypothetischen) Kunden „Billy Beispiel" entgegen (Tarif „T-2000").
- Als Folgeaktiväten bestimmt MaMa die Aktiväten „DruckeBrief", „InfoAnFilialen" sowie „InfoAnCallCenter".
  - „DruckeBrief" bedeutet, dass für diesen Kunden ein Schreiben zu drucken und zu versenden ist, mit dem er auf einen möglichen Tarifwechsel in den „Tarif Minipreis" hingewiesen wird. Diesen Tarifwechsel muss der Marktteilnehmer durch seine Unterschrift bestätigen, die Tarifdetails auf einem mitgeschickten Formblatt auswählen.

- „InfoAnFilialen" bedeutet, dass eine Kopie des erstellten Briefs an die Filialen von MoF übermittelt wird.
- „InfoAnCallCenter" bedeutet, dass dem Call-Center eine Kopie des erstellten Anschreibens übermittelt wird. Falls sich der Marktteilnehmer bei Rückfragen nun telefonisch an das Call-Center wendet, sind dort seine Vertrags- und Tarifdaten bekannt.
- Nun führt MaMa die Output-Aktivität „DruckeBrief" aus und übermittelt die betroffenen Daten an den Druckdienstleister.

Die technische Lösung von MaMa basiert auf einer Liste von „Folgeaktivitäten, die jedem Marktteilnehmer zugeordnet ist – den entsprechenden Auszug aus dem fachlichen Modell entnehmen Sie Bild 12.18.

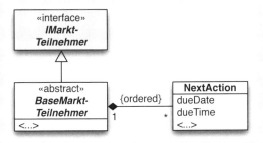

BILD 12.18
Fachliches Modell von Marktteilnehmer und Folgeaktivitäten

Im Objektdiagramm aus Bild 12.19 erkennen Sie, wie ein Marktteilnehmer über eine Input-Aktivität seinen „Vertrag" erhält, aus dem MaMa dann anhand der kampagnenspezifischen Geschäftsregeln die Folgeaktivitäten *DruckeBrief*, *InfoAnFilialen* und *InfoAnCallCenter* ermittelt.

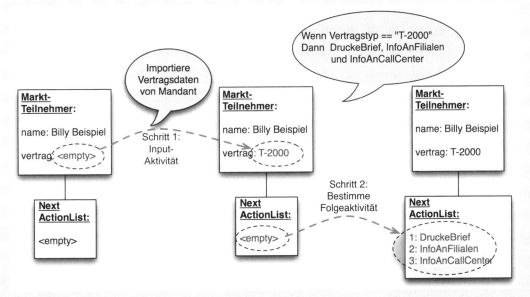

BILD 12.19 Beispiel für Ablaufsteuerung von Aktionen

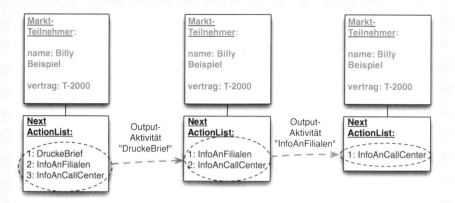

BILD 12.20 Beispiel: Update der NextActionList nach Output-Aktivitäten

MaMa wird nun die für diese Kampagne möglichen Aktionen durchführen und dabei nach jedem Schritt die Liste der möglichen Folgeaktivitäten von „Billy Beispiel" anpassen:

Allgemein folgt MaMa einem einfachen Schema bei der Bearbeitung von (Output- und internen) Aktivtäten:[11]

1. Ermittle, welche Output-Aktivitäten in dieser Kampagne möglich sind.
2. Für all diese Aktivitäten:

   2.1 Ermittle diejenigen Marktteilnehmer, deren NextActionList die aktuelle Aktivität enthält.

   2.2 Führe die Aktivität für diesen Marktteilnehmer aus. Bei Output-Aktivitäten werden dabei Daten (Attribute) dieses Marktteilnehmers zur Ausgabe an einer Außenschnittstelle gesammelt. Bei internen Aktivitäten werden Aggregationen, Berechnungen, Transformationen oder Löschungen von Daten durchgeführt.

   2.3 Lösche die aktuelle Aktivität aus der NextActionList dieses Marktteilnehmers.

   2.4 Wende die Geschäfts-/Plausibilitätsregeln der Kampagne auf den aktuellen Marktteilnehmer an (siehe hierzu das Konzept zu Geschäftsregeln in Abschnitt 8.3).

---

[11] Falls Sie das lieber in Pseudocode lesen:

```
// ermittle, welche Aktivitäten in dieser Kampagne möglich sind
Iterator aktionen = getListOfOutputActivities( kampagne );
// führe alle Aktivitäten aus
while (aktionen.hasNext()) {
    currentAction = aktionen.next()
    // selektiere diejenigen Marktteilnehmer, deren
    // NextActionList den Eintrag currentAction enthält
    teilnehmer = getActionableTeilnehmer( currentAction )
    // führe currentAction aus
    performAction( currentAction, teilnehmer )
    applyRules( kampagne, teilnehmer )
}
```

Dieser Algorithmus wird von `CampaignActivitiesController` im Paket CampaignProcessControl implementiert. Er wird zeitgesteuert oder periodisch ausgelöst vom InOut-Scheduler. Siehe dazu Abschnitt 4.2.2.

9.2 Produktfamilie, Persistenz und Generierung

MaMa bildet die Basis für eine Produktfamilie, von der für konkrete Kampagnen jeweils spezifische Ausprägungen instanziiert werden. Dies geschieht durch folgende Schritte:

1. Erweiterung des MaMa-Domänenmodells (einen Auszug davon finden Sie in Bild 12.21).

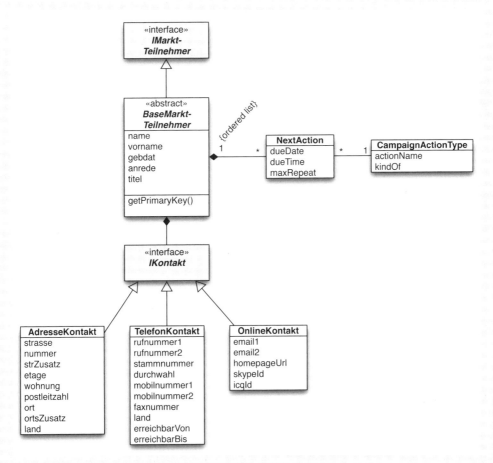

BILD 12.21 Domänenmodell als Basis der MaMa-Produktfamilie (Auszug)

2. Generierung des kampagnenspezifischen Quellcodes, bestehend aus den spezialisierten Domänenklassen, Persistenzklassen (Zugriffs-, Transferklassen, DB-Tabellen u.ä.).

3. Kampagnenspezifische Konfiguration:

   3.1 Festlegung der möglichen Input- und Output-Aktionen
       (d.h. Füllen der CampaignActionTypes)

3.1 Definition der konkreten Syntax aller ein- und ausgehenden Daten (CSV-Formate, XML-Schemata etc.)

3.3 Definition der Ein-/Ausgabeprotokolle, inklusive Metadaten, für Auftraggeber sowie sämtliche Partner

3.4 Definition der kampagnenspezifischen Geschäftsregeln

Danach kann die Kampagne gestartet werden.

Die Konfiguration aus Schritt 3 geschieht zum Teil über eine Konfigurationsoberfläche (siehe Baustein „Configuration" in Abschnitt 5.1.4).

9.3 Geschäftsregeln

Der Auftraggeber hatte ursprünglich eine grafische Modellierung von Geschäftsregeln gefordert, was zurzeit jedoch nur einige kommerzielle Regelmaschinen in praxistauglicher Form leisten. Da seitens des Auftraggebers eine Open-Source-Lösung favorisiert wurde ([Drools]), beschreibt MaMa die Regeln einer Kampagne in textueller Syntax.

Regeln haben die Form „Wenn <X> dann <Y>", wobei X und Y beliebige Ausdrücke in Java sein können. Mehr zur Regelsprache unter [Drools] bzw. im Java-Paket `de.arc42.example.mama.campaignruleprocessor`.

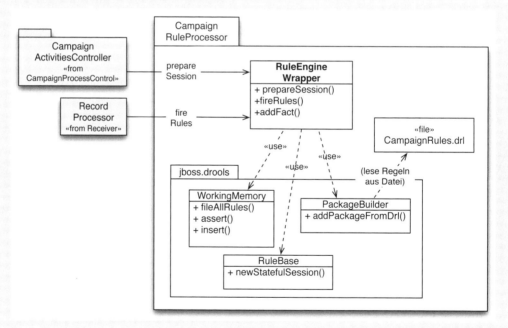

BILD 12.22 Rule Engine Wrapper zur Kapselung der Regelmaschine

Die Bausteine `CampaignRuleProcessor` sowie `CampaignActivitiesController` kapseln sämtliche Details der Regelmaschine gemäß dem folgenden Konzept eines *Rule Engine Wrappers* (in Anlehnung an [Olivieri]):

Ziel dieses Konstruktes ist einerseits hohe Performance durch Wiederverwendung vorbereiteter „Working Memory Sessions" (bei denen dann pro bearbeitetem Datensatz nur noch die jeweiligen Fakten über die Methode `addFact()` eingefügt werden müssen und sämtliche Regeln aus der Datei CampaignRules.drl bereits geladen sind), andererseits die potenzielle Austauschbarkeit der Regelmaschine (was durch die Wahl der Drools-Regelsprache sehr unwahrscheinlich ist).

9.4 Ausnahme- und Fehlerbehandlung

Für MaMa relevante Ausnahmen und Fehler betreffen hauptsächlich folgende Kategorien von Fehlern, die alle an Eingabeschnittstellen auftreten:

- Fehlerhaft übertragene Daten (z.B. falsche Prüfsummen)
- Syntaktisch falsche Daten (z.B. fehlende Attribute oder falsche Datentypen)
- Nicht zuzuordnende Daten (fehlerhafte Primärschlüssel)
- Verletzungen kampagnenspezifischer Konsistenzbedingungen

MaMa selbst kann diese Fehler nicht korrigieren, sondern lediglich dem jeweiligen Sender von Daten mitteilen.

Die Erkennung dieser Fehler delegiert MaMa an verschiedene Bausteine – die wichtigsten davon sind `ProcessErrorHandler` (aus CampaignProcessControl) und `InputErrorHandler` (aus Input).

10 Entwurfsentscheidungen

10.1 Kein CRM-Werkzeug

- *Entscheidung:* MaMa verwendet kein CRM-Werkzeug als technische Grundlage.
- *Begründung:* Kommerzielle CRM-Werkzeuge erfüllen die funktionalen Anforderungen von MaMa nicht.

10.2 Kein ETL-Werkzeug

- *Entscheidung:* MaMa verwendet kein ETL-Werkzeug zum Import von Daten oder Dateien.
- *Begründung:* Zu hohe Lizenz- und Betriebskosten kommerzieller ETL-Werkzeuge.
- *Offen:* Die Open-Source-Suite [Pentaho] enthält eine leistungsfähige ETL-Komponente namens Kettle. Diese sollte möglichst zeitnah auf ihre Verwendbarkeit in MaMa geprüft werden, bevor zusätzliche Aufwände bei der Weiterentwicklung der Validatoren entstehen.

11 Qualitätsszenarien

<Entfällt im Beispiel>

12 Risiken

ID	Problem/Risiko	Auswirkung	Beschreibung
R1	Input-Kette ist selbst entwickelt	Überhöhte Aufwände bei Implementierung	Eigenentwicklung der gesamten Input-Kette erscheint zurzeit sehr aufwändig, könnte durch Einsatz eines Open-Source-ETL-Tools [Pentaho] vereinfacht werden. Siehe Abschnitt 9.2.
R2	Hohe Komplexität beim Reporting von fehlerhaften Input-Dateien	Hohe Entwicklungs- und Betriebsaufwände, schlechte Verständlichkeit des Input-Packages	Schlechte Fehlerbehandlung bei Validierung von Eingabedaten. Der Validator behandelt Fehler (z.B. Syntaxfehler in Eingabedateien) zurzeit völlig anders als sämtliche anderen Input-Bausteine. Das führt zu Mehraufwand und erhöhter Komplexität beim Reporting und Clearing.
R3	Receiver-Baustein funktional überlagert	Hohe Wartungsrisiken bei Änderungen an Receiver	Siehe Abschnitt 4.2.1.1. Receiver übernimmt zurzeit zu viele Aufgaben und sollte in zwei Funktionsblöcke zerlegt werden (`Receiver` und `InputController`).

13 Glossar und Referenzen

Begriff	Bedeutung
CRM	Customer Relationship Management. Siehe de.wikipedia.org/wiki/Customer_Relationship_Management.
Endkunde	Synonym: Kunde, Marktteilnehmer, Verbraucher, Einzelperson, Familie oder sonstige Personengruppe, die in einem Vertrags- oder Kundenverhältnis mit einem Mandanten steht.
ETL	Extract-Transform-Load. Aus dem Data-Warehousing bekannte Familie von Werkzeugen zum Import von Daten. Siehe de.wikipedia.org/wiki/ETL-Prozess.
Mandant	Synonym: Anbieter. Anbieter von Produkten oder Dienstleistungen im Massenmarkt. Für Mandanten wickelt MaMa die (virtuelle) Kundenbeziehung im Rahmen einzelner Kampagnen ab.

Begriff	Bedeutung
Kampagne	Zeitlich befristete Aktion eines Mandanten, in der ein definierter Waren- oder Informationsaustausch zwischen Mandant und ausgewählten Endkunden oder Endkundengruppen stattfindet. Im Sinne von MaMa finden Kampagnen mit dem Ziel statt, Änderungen an bestehenden Vertragsverhältnissen herbeizuführen (z.B. andere Tarife, Vertragslaufzeiten, Produkt- oder Leistungskombinationen oder Ähnliches).
Partner	(Synonym: Dienstleistungspartner) Unternehmen oder Organisation, das Dienstleistungen innerhalb von Kampagnen übernimmt. Partner sind über elektronische Schnittstellen in die Kampagnen eingebunden. Typische Partner sind Druck-, Scan- und Telefondienstleister.
Rohergebnisdaten	Daten, die von Partnern an MaMa geliefert und dort aggregiert, umgerechnet oder angereichert werden, um die Ergebnisdaten einer Kampagne zu ermitteln.

Referenzen

Quelle	Beschreibung
[Drools]	Jboss Drools Rule Engine: Online: www.jboss.org/drools/
[HoneyComb]	Sun Microsystems: OpenSolaris HoneyComb Fixed Content Storage, frei verfügbares Speicher-/Archivsystem für x86-Systeme. Online: www.opensolaris.org/os/project/honeycomb/
[Olivieri]	Ricardo Olivieri: www.ibm.com/developerworks/java/library/j-drools/, eine verkürzte Form davon auch auf rbs.gernotstarke.de.
[Pentaho]	Pentaho Open Source Business Intelligence. Online: www.pentaho.com/
[Pohl+05]	K. Pohl, G.Böckle, F. v.d.Linden: Software Product Line Engineering. Springer 2005. Eine fundierte Einführung in Produktfamilien, deren Modellierung und Entwicklung. Apache Commons Validator Framework: Online: commons.apache.org/validator/

Anmerkungen zum Projekt

Das System MaMa durfte ich in der Zeit ab 2004 irgendwo in Deutschland wirklich (mit-) entwerfen und seine Umsetzung begleiten. In der Realität waren die umgesetzten Geschäftsprozesse noch etwas komplizierter als hier dargestellt. Die Namen des Systems und der Auftraggeber habe ich absichtlich verändert.

Auch in der Realität bildet MaMa eine Familie komplexer Geschäftsprozesse ab – eine so genannte Produktfamilie. Es setzt innerhalb dieser Prozesse gewisse Ähnlichkeiten voraus, die für viele CRM-Kampagnen[12] erfahrungsgemäß gegeben sind – beispielsweise die in Abschnitt 9.1, Bild 12.17 dargestellte Abfolge von Input- und Output-Aktivitäten.

Das System befindet sich bei seinen zufriedenen Kunden und Mandanten seit 2005 im produktiven Einsatz.

---

[12] Die CRM-Experten unter den Lesern mögen mir die starke Vereinfachung des Themas verzeihen. Mir ist bewusst, dass sich hinter „CRM" noch weit mehr verbirgt, als ich in diesem Beispiel dargestellt habe.

13 iSAQB Curriculum

Fragen, die dieses Kapitel beantwortet:
- Was ist das International Software Architecture Qualification Board?
- Was nützt ein standardisiertes Curriculum für Software-Architekten?
- Welche Gebiete umfasst der iSAQB-Lehrplan?
- Wo können Sie die Lerninhalte des iSAQB-Lehrplans nachlesen?
- Welche Teile des iSAQB-Lehrplans deckt dieses Buch ab?

Viele Missverständnisse um Begriffe der Software-Architektur

Software-Architektur ist eine relativ junge Disziplin, über deren genauen Umfang und Ausgestaltung in der Informatik-Branche trotz vieler Publikationen immer noch viele unterschiedliche Meinungen kursieren. Die Aufgaben und Verantwortungsbereiche von Software-Architekten werden sehr unterschiedlich definiert und in vielen Fällen in Entwicklungsprojekten ständig neu verhandelt.

Für andere Disziplinen wie Projektmanagement, Requirements Engineering oder Testen gibt es weitgehenden Konsens, was deren Arbeitsbereiche betrifft. Für sie bieten unabhängige Organisationen[1] Lehrpläne an, die klar beschreiben, welche Kenntnisse und Fähigkeiten eine entsprechende Ausbildung vermitteln soll.

Anfang 2008 haben sich verschicdene Hochschullehrer und Praktiker zum „International Software Architecture Qualification Board" (ein eingetragener Verein) zusammengeschlossen, um einen standardisierten Rahmen für die Ausbildung von Software-Architekten zu definieren:

---

[1] Für Tester: ISTQB (www.istqb.org); für Requirements Engineering: www.certified-re.de; für Projektmanagement gibt es mehrere solcher Organisationen mit leicht unterschiedlichem Fokus, etwa das PMI (www.pmi.org).

„Die Grundlagenausbildung[2] für Software-Architekten vermittelt das notwendige Wissen und Fähigkeiten, um für kleine und mittlere Systeme ausgehend von einer hinreichend detailliert beschriebenen Anforderungsspezifikation eine dem Problem angemessene Software-Architektur zu entwerfen und zu dokumentieren, die dann als Implementierungsgrundlage bzw. -vorlage genutzt werden kann. Teilnehmer dieser Ausbildung erhalten das Rüstzeug, um problembezogene Entwurfsentscheidungen auf der Basis ihrer vorab erworbenen Praxiserfahrung zu treffen."
[ISAQB-09]

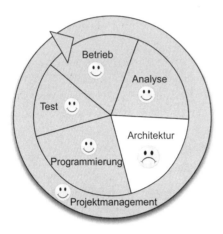

BILD 13.1
Rolle und Ausbildungsgang von Software-Architekten ist unterspezifiziert
(aus: [Starke+09]).

■ 13.1 Standardisierter Lehrplan für Software-Architekten

Entstanden aus Hochschule und Praxis

Als Grundlage für die Ausbildung von Software-Architekten hat der iSAQB in Zusammenarbeit mit Hochschulen und Praktikern einen umfassenden Lehrplan entwickelt, der das Berufsbild von Software-Architekten beschreibt. Nach Stand Juli 2009 liegt dieser nur für die Grundlagenausbildung (*foundation level*) vor, eine Erweiterung für Fortgeschrittene (*advanced level*) und Experten (*expert level*) befindet sich in der Planung.

Von diesem standardisierten Lehr- und Ausbildungsplans profitieren sowohl (angehende) Software-Architekten wie auch Unternehmen, da er die eingangs geschilderte begriffliche Unsicherheit beantwortet (Wer darf sich als Software-Architekt bezeichnen? Was leisten Software-Architekten für Projekte? Welche Aufgaben sollten sie wahrnehmen?).

Nur auf Basis eines präzisen Lehrplans kann eine Prüfung und Zertifizierung angehender Software-Architekten stattfinden.

---

[2] Im Sprachgebrauch des iSAQB heißt die Grundlagenausbildung *„Foundation Level"* – in Abgrenzung zum *„Advanced Level"* der fortgeschrittenen Architekten.

Nach diesem Lehrplan soll angehenden Software-Architekten folgendes Spektrum an Inhalten vermittelt werden:

- Begriff und Bedeutung von Software-Architektur,
- Aufgaben und Verantwortung von Software-Architekten,
- Rolle von Software-Architekten in Projekten sowie
- Methoden und Techniken zur Entwicklung von Software-Architekturen.

Teilnehmer sollen die Fähigkeit erlernen, mit anderen Projektbeteiligten aus den Bereichen Anforderungs- und Projektmanagement, Entwicklung und Qualitätssicherung wesentliche Software-Architekturentscheidungen abzustimmen und Software-Architekturen auf der Basis von Sichten, Architekturmustern und technischen Konzepten zu dokumentieren und zu kommunizieren. Sie sollen die wesentlichen Schritte beim Entwurf von Software-Architekturen verstehen und nach entsprechender Ausbildung für kleine und mittlere Systeme selbstständig durchführen können.

Der standardisierte Lehrplan definiert die Rolle von Software-Architekten und präzisiert deren Aufgaben und Verantwortung in IT-Projekten. Damit hilft er allen Projektbeteiligten bei der Klärung der gegenseitigen Erwartungshaltung.

13.2 Können, Wissen und Verstehen

Der iSAQB-Lehrplan differenziert zwischen drei Ebenen von Fähigkeiten:

- *Können*: Diese Aufgaben oder Tätigkeiten müssen Software-Architekten selbstständig ausführen können – situativ abhängig von ihrer Praxiserfahrung und den konkreten Projektanforderungen entweder komplett eigenverantwortlich oder auch unterstützt durch weitere Personen. Diese Teile des Lehrplans sind für die iSAQB-Zertifizierung relevant und somit Bestandteil entsprechender Prüfungen.
- *Verstehen*: Diese Lernziele können Bestandteil von Zertifizierungsprüfungen sein; Software-Architekten müssen die Aufgaben oder Tätigkeiten nicht unbedingt selbst ausführen können.
- *Wissen*: Begriffe, Konzepte, Methoden oder Praktiken können das Verständnis für Architekturen oder Architekturentscheidungen unterstützen. Diese Inhalte können in Schulungen bei Bedarf unterrichtet werden, gehören aber in keinem Fall zu Prüfungen des *Foundation Levels*.

Für die *Können*-Inhalte fordert der iSAQB (ganz in meinem Sinne) ausführliche Übungen in entsprechenden Schulungen. Angehende Software-Architekten sollten die Aufgaben selbstständig planen und ausführen können und anschließend in der Lage sein, die erarbeiteten Ergebnisse objektiv zu bewerten.

13.3 Voraussetzungen und Abgrenzungen

Voraussetzung: praktische Erfahrung

Entsprechend der oben genannten Zielsetzung setzt der iSAQB-Lehrplan *Erfahrung* in der Softwareentwicklung voraus. Insbesondere gehören folgende Inhalte nicht zum Lehrplan (wohl aber zum notwendigen Können von Software-Architekten!):

- Praktische Erfahrung in der Softwareentwicklung, erworben anhand unterschiedlicher Projekte oder Systeme
- Kenntnisse und praktische Erfahrung in mindestens einer höheren Programmiersprache
- Grundlagen der Modellierung sowie Grundlagen von UML (Klassen-, Paket-, Komponenten- und Sequenzdiagramme) und deren Abbildung auf Quellcode
- Praktische Erfahrung mit verteilten Systemen (d.h. in Systemen, die auf mehr als einem Rechner oder Prozessor ablaufen)

Fokus: methodische Fähigkeiten

Da der iSAQB primär auf methodische Fähigkeiten und Wissen fokussiert, gehören konkrete Implementierungstechnologien oder spezielle Werkzeuge explizit *nicht* zum standardisierten Lerninhalt, ebenso wenig wie UML, Systemanalyse oder Projektmanagement.

13.4 Struktur des iSAQB-Lehrplans

Abbildung 13.2 zeigt die Struktur des iSAQB-Lehrplans mit ihrer vorgesehenen zeitlichen Aufteilung.

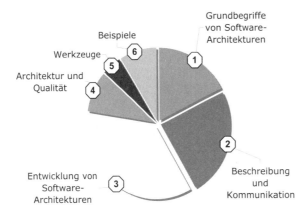

BILD 13.2
Struktur und zeitliche Aufteilung des iSAQB-Lehrplans für Software-Architekten

In den nachfolgenden Abschnitten stelle ich Ihnen die Inhalte dieser Kapitel vor und gebe Ihnen jeweils Hinweise, wo Sie Erklärungen und weitere Informationen finden.

I. Grundbegriffe von Software-Architekturen

BILD 13.3 Wichtige Grundbegriffe für Software-Architekten

Sie sollten Folgendes *können*:

- Die Grundbegriffe des Themengebiets erläutern, mindestens diejenigen aus Abbildung 13.3.
- Mehrere (Literatur-)Definitionen von Software-Architektur kennen und deren Gemeinsamkeiten benennen:
  - Komponenten und Bausteine mit Schnittstellen und Beziehungen
  - Strukturen und übergreifende Konzepte
  - übergreifende Entwurfsentscheidungen mit systemweiten Konsequenzen
  - Design als Architektur-im-Kleinen
- Die Analogie von Software-Architektur zu Bauplänen und Konstruktionszeichnungen erklären können (Architektur als Beschreibung der Lösung).
- Nutzen und Ziele von Software-Architektur erläutern, Fokus auf Qualitätsmerkmalen wie Langlebigkeit, Änderbarkeit etc.
- Software-Architektur in den Entwicklungsprozess einordnen, Abgrenzung zu anderen Rollen (etwa Systemanalyse, Projektmanagement, IT-Betrieb oder Qualitätssicherung).
- Aufgaben und Verantwortlichkeit von Software-Architekten erläutern (dieser Punkt stellt meiner Meinung nach die Hauptaufgabe dieses Abschnitts dar).
- Bedeutung von Anforderungen und Randbedingungen (required features und required constraints), für die Gestaltung von Architekturen aufzeigen und erläutern.

Quellen: Kapitel 2, [Bass+03], [Bosch2000], [Hofmeister2000], [Posch+04], [Rechtin2000], [Reussner+06], [Rozanski+95], [Siedersleben04], [Shaw96a].

Sie sollten Folgendes *verstehen*:

Qualitätsanforderungen (*required constraints*) haben meist stärkere Auswirkungen für Software-Architekturen als funktionale Anforderungen.

II. Beschreibung und Kommunikation von Software-Architekturen

Dieser Abschnitt führt einige Begriffe und Konzepte ein, die Sie zur Entwicklung von Software-Architekturen benötigen. Er hängt daher sehr eng mit dem folgenden Abschnitt zusammen, der die Entwicklung von Architekturen beinhaltet.

Zentrale Begriffe dieses Abschnitts: Sichten, Strukturen, (technische) Konzepte, Dokumentation und Kommunikation als Mittel der Beschreibung, Meta-Strukturen zur Kommunikation über Software-Architekturen, Bausteine, Bausteinsicht, Laufzeitbaustein, Laufzeitsicht, Verteilungssicht, Knoten, Kanal, Verteilungsartefakte, Mapping von Bausteinen auf Verteilungsartefakte, Beschreibung von Schnittstellen.

Sie sollten Folgendes *können*:

- Architekturen stakeholdergerecht beschreiben und kommunizieren.
- Definition wesentlicher Architektursichten kennen und beschreiben, insbesondere Baustein-, Laufzeit- und Verteilungssichten.
- Architektursichten erstellen und dokumentieren können (diese Fähigkeit basiert auf Kenntnis des nachfolgenden Abschnitts 13.4.3).
- Übergreifende technische Konzepte bzw. Architekturaspekte benennen und beschreiben können.
- Schnittstellen beschreiben können (gemäß ressourcen- und dienstorientiertem Ansatz).
- Wesentliche Qualitätsmerkmale technischer Dokumentation benennen und diese für eigene (Architektur-)Dokumente anwenden.

Quellen dazu: Kapitel 3, 4, 5 und 7, [arc42], [Clements+03], [Hargis+04], [Hilliard99], [Kruchten95], [Meszaros97], [Rozanski+05], [Starke+09].

Sie sollten Folgendes *verstehen*:

- Geeignete Beschreibungsmittel für Software-Architekturen (siehe voriger Abschnitt) unterstützen bei deren Entwurf, Erstellung sowie Kommunikation.
- Dokumentation ist schriftliche Kommunikation.
- Template- oder schablonenbasierte Dokumentation kann die Arbeit von Software-Architekten beschleunigen und effektiver machen.
- UML-Diagramme sind für einige Teile von Architekturen nützlich.
- Gute technische Dokumentation ist korrekt, verständlich und effizient *les- und schreibbar*. Ihre Qualität kann letztendlich nur von ihren Lesern beurteilt werden.
- Unterschiedliche Stakeholder in Projekten haben unterschiedliche Anforderungen an Architekturdokumentation.

Quellen dazu: Kapitel 4 und 5 sowie 12 (für Beispiele), [arc42], [Clements+03], [Hargis+04], [Hilliard99], [Jecke+04], [Rozanski+05] [Starke+09].

III. Entwicklung von Software-Architekturen

In diesem Abschnitt verwenden Sie die Begriffe und Konzepte der voranstehenden Teile, um in Übungen selbstständig Architekturentwürfe zu erstellen und zu kommunizieren.

Zentrale Begriffe dieses Abschnitts: Entwurf, Vorgehen beim Entwurf, Entwurfsentscheidung, Sichten, technische Konzepte, Architekturmuster, Entwurfsprinzipien, fachliche und technische Architekturen, modellbasierter Entwurf, iterativ/inkrementeller Entwurf, Domain-driven Design, Top-down- und Bottom-up-Vorgehen.

Sie sollten Folgendes *können*:

- Varianten des Vorgehens bei Architekturentwicklung kennen und projekt- oder systemspezifisch auswählen, planen und einsetzen.
- Notwendigkeit von Iterationen in der Architekturentwicklung erklären sowie entsprechende Aktivitäten eigenständig durchführen (z.B. aktiv Feedback einholen).
- Randbedingungen und Einflussfaktoren als Beschränkung bei der Architekturentwicklung berücksichtigen (*global analysis*).
- Entwurf von Architekturen auf Basis bekannter funktionaler und nichtfunktionaler Anforderungen für einfache Software-Systeme durchführen und angemessen dokumentieren (meiner Meinung nach das wichtigste Lernziel für Software-Architekten überhaupt!).
- Mittels Black- und Whitebox-Bildung gezielt Abstraktionen in eigenen Entwürfen anwenden können.
- Prinzip der schrittweisen Verfeinerung zielgerichtet in eigenen Entwürfen anwenden können.
- Einzelne Architektursichten (insbesondere Baustein-, Laufzeit- und Verteilungssicht) entwickeln sowie deren Konsequenzen auf den zugehörigen Quellcode beschreiben.
- Mögliche Einflüsse von Qualitätsanforderungen (wie Flexibilität, Performance, Sicherheit) auf Architekturen erläutern.
- Wechselwirkung technischer Konzepte mit Architektursichten (insbesondere Bausteinstrukturen) erläutern.
- Bausteine von Software-Architekturen und deren Eigenschaften benennen, erklären und anwenden (Black-, Whitebox, Kapselung, Geheimnisprinzip).
- Arten der Zusammensetzung beziehungsweise des Zusammenwirkens von Bausteinen erklären (Schachtelung, Benutzung, Vererbung).
- UML-Notation für verschiedene Bausteine und deren Zusammensetzung kennen und anwenden.
- Wichtige Architekturmuster beschreiben, erklären und angemessen anwenden (mindestens Schichten, Pipes & Filter, Model-View-Controller).
- Zentrale Entwurfsprinzipien erläutern und anwenden (Kopplung, Kohäsion, Trennung von Verantwortlichkeiten, Umkehrung von Abhängigkeiten, Dependency-Injection).

Quellen dazu: Kapitel 3, 6 und 7, [arc42], [Bass+03], [Buschmann+07], [Eilebrecht+04], [Evans04], [Fowler02], [Gamma95], [Hofmeister2000], [Larman 2001], [Martin02], [Martin2000], [Martin08], [Meszaros97], [Parnas72], [Reussner+06], [Siedersleben04]. Viel zu lesen, aber auch das umfangreichste Gebiet!

Sie sollten Folgendes *verstehen*:

- Bedeutung der Kopplung (Abhängigkeiten) zwischen Bausteinen sowie deren Konsequenz für konkrete Entwurfssituationen verstehen. Sie sollten wissen, wie Sie Abhängigkeiten in Programmiersprachen umsetzen können.
- Einige Entwurfsmuster und -praktiken (wie Factory, AbstractFactory oder Dependency-Injection) können Abhängigkeiten reduzieren.
- Sie finden viele hilfreiche Architektur- und Entwurfsmuster in der Literatur.

Quellen dazu[3]: [Buschmann+07], [Eilebrecht+04], [Evans04], [Fowler02], [Gam-ma95], [Larman2001], [Martin02], [Martin2000], [Martin08].

IV. Software-Architekturen und Qualität

Zentrale Begriffe dieses Abschnitts: Qualität, Qualitätsmerkmale, DIN/ISO 9126, ATAM, Szenarien, Qualitätsbaum, Kompromisse (bei der Umsetzung von Qualitätsmerkmalen), qualitative Architekturbewertung, Risiken hinsichtlich der Erreichung von Qualitätsmerkmalen.

Sie sollten Folgendes *können*:

- Begriffe „Qualität" und „Qualitätsmerkmal" (angelehnt etwa an DIN/ISO 9126) definieren und erläutern.
- Zusammenhänge und Wechselwirkungen zwischen Qualitätsmerkmalen erkennen, erklären und in Ihren Architektur- und Entwurfsentscheidungen gezielt einsetzen.
- Taktiken zur Erreichung wichtiger Qualitätsziele kennen und anwenden (beispielsweise Performance, Änderbarkeit, Robustheit, Sicherheit etc.).
- Qualitative Bewertung nach ATAM[4] von Software-Architekturen planen und durchführen.
- Bewertung von Systemen hinsichtlich ihrer Implementierung durchführen.

Quellen dazu: Kapitel 9, [Bass+03], [Clements+02], [Henderson96], [Ionita+02], [Lorenz94], [Martin96], [Martin2000].

Sie sollten Folgendes *verstehen*:

- Prototypen und technische Durchstiche helfen Ihnen, die Auswirkungen von Entwurfsentscheidungen auf die Erreichung von Qualitätsmerkmalen zu beurteilen.

---

[3] Darüber hinaus gibt es eine Vielzahl von Mustern zu speziellen Typen von Software-Architekturen. Die sind meiner Meinung nach für sehr spezifische Aufgabenstellungen interessant.
[4] ATAM = Architecture Tradeoff Analysis Method, siehe Kapitel 9.

- Metriken können Ihnen helfen, Artefakte (Code, Dokumentation, Tests) innerhalb der Architektur zu bewerten.

Quellen dazu: Kapitel 9, [Lorenz94]

V. Werkzeuge für Software-Architekten

Zentrale Begriffe dieses Abschnitts: Werkzeuge zur Modellierung, für die statische und dynamische Analyse, Generierung, Anforderungsmanagement, Dokumentation, Build-/Konfigurationsmanagement.

Sie sollten Folgendes *können*:

- Auswahlkriterien für die folgenden wichtigen Werkzeugklassen projekt- oder systemspezifisch erarbeiten.
  - Modellierungswerkzeuge
  - Werkzeuge für die statische/dynamische Analyse
  - Generierungswerkzeuge
  - Dokumentationswerkzeuge
  - Buildmanagementwerkzeuge
  - Konfigurationsmanagementwerkzeuge

Quellen hierzu: [arc42].

VI. Beispiele von Software-Achitekturen

Sie lernen hier praktische Beispielarchitekturen kennen. Diese Inhalte sind nicht prüfungsrelevant.

Falls Sie einen Kurs über Software-Architektur besuchen, sollten Sie jedoch speziell für diesen Abschnitt des Lehrplans hinterfragen, ob der jeweilige Schulungsanbieter Ihnen praktische Beispiele aus den für Sie relevanten fachlichen oder technischen Domänen vorstellen kann!

Zwei Beispiele praktischer Software-Architekturen finden Sie in Kapitel 12.

13.5 Zertifizierung nach dem iSAQB-Lehrplan

Sie haben die Möglichkeit, sich bei verschiedenen unabhängigen Anbietern[5] durch eine Prüfung gemäß dem iSAQB-Lehrplan zertifizieren zu lassen. Die Prüfungsanbieter benutzen dafür Prüfungsfragen, die der iSAQB erarbeitet hat, d.h. die Prüfungsanbieter verwenden standardisierte und zum Lehrplan passende Prüfungsfragen.

Die Prüfung selbst findet nach einem Multiple-Choice-Verfahren statt. Das Prüfungsergebnis ist somit objektiv und frei von Interpretation und Ermessen.

Ich bin persönlich der Meinung, dass Sie mit einer solchen Prüfung zwar *Wissen* nachweisen, Ihre Qualifikation als Software-Architekt jedoch nur sehr bedingt unter Beweis stellen können. Das wird Ihnen erst durch (erfolgreiche) praktische Arbeit an konkreten Architekturen gelingen.

---

[5] Stand August 2009 führen ISQI (www.isqi.org) sowie Future Network e.V. (www.future-network.at) Zertifizierungsprüfungen durch.

14 Nachwort: Architektonien

In diesem Kapitel finden Sie eine überarbeitete Fassung meines Artikels „Von Analytistan nach Architektonien", im Original erschienen in der Zeitschrift iX Ausgabe 8/2006. Veröffentlichung mit freundlicher Genehmigung des Heise Zeitschriftenverlages.

In Kürze

Das kleine Architektonien grenzt unmittelbar ans bekannte Analytistan mit seiner prächtigen Hauptstadt Anforderungshausen. Zwischen beiden Lagern herrscht ... ja, wie soll man es nur ausdrücken ... eine Art gespannter Zustand: Während in Anforderungshausen essenzielle Wünsche in den Köpfen der Bewohner wabern, müssen die Architektonier die wirkliche Implementierung vorbereiten und überwachen. Sie stehen unter dem Einfluss herrschsüchtiger Managier und penibler Qualitessen und müssen gleichzeitig die kritischen Stimmen der zahlreichen Prograländer aushalten.

Sich in diesem Spannungsfeld langfristig zu behaupten, erfordert sowohl Vielseitigkeit als auch Kunstfertigkeit. In den langen Jahren ihrer kargen Existenz haben die Architektonier dafür ihr architektonisches Manifest geschaffen, aus dem ich Ihnen einige Auszüge vorstellen möchte.

Folgen Sie mir vorab auf eine kurze Reise durch die IT-Welt, auf der ich Ihnen die wesentlichen Stationen vorstellen möchte.

14.1 In sechs Stationen um die (IT-)Welt

Wie Sie sicher wissen, gehört die IT-Welt ganz und gar den Kundeniern – einer größtenteils unerforschten, unberechenbaren und ziemlich vielseitigen Gattung *homo dubiosis* mit einem Einschlag von *homo semisapiens*. Aus unerfindlichen Gründen beschränken die Kundenier den direkten Kontakt mit der schönen IT-Welt auf drei Länder, nämlich Analytistan, Betriebien und Kostenia. Und werden einmal Bewohner der übrigen IT-Länder nach Kostenia eingeladen (oder entführt!), geschieht das entweder, um sie dort ins Gefängnis zu werfen oder ihnen eine andere Staatsbürgerschaft zu verleihen.

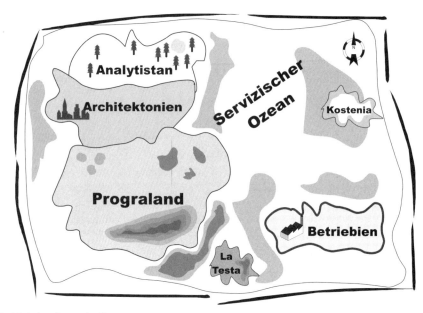

BILD 14.1 Landkarte der IT

Analytistan

Dies ist die Heimat der liebenswürdigen und stets freundlichen Analytistaner, auch genannt Requies (gesprochen: Rekkies). Diese Spezies spricht die gleiche Sprache wie die bereits erwähnten Kundenier. Requies verfügen über kommunikative und hypnotische Fähigkeiten, mit denen sie sogar unbewusste Wünsche der Kundenier erkennen können. Analytistaner fürchten sich vor nichts mehr als vor Entscheidungen – niemals würden sie eigenständig eine Auswahl zwischen möglichen Alternativen treffen. Stets befragen sie in solchen Fällen die ihnen wohlgesonnenen Kundeniern (die allerdings, seien wir ehrlich, häufig die Antwort schuldig bleiben).

Requies gehen zu Beginn von IT-Projekten häufig bei den betroffenen Kundeniern ein und aus. Dies führt jedoch auf beiden Seiten zu gewissen Abnutzungserscheinungen, sodass die intensive Kommunikation oftmals bereits nach kurzer Zeit wieder eingestellt wird.

Requies lieben das geschriebene Wort über alles und pflegen das Landesmotto *„Papier ist geduldig"*. Wo ihre Nachbarn aus Architektonien oder die technophilen Programmisten zu präzisen Werkzeugen wie Java oder Ruby greifen, bleiben Requies grundsätzlich bei redundanzbehafteter, ungenauer, aber dafür ästhetischer natürlicher Sprache.

Bemerkenswert an den Requies ist auch ihre fast schon legendäre Unbeliebtheit: Außer bei Kundeniern dürfen sie sich praktisch nirgendwo auf dem IT-Globus blicken lassen – obwohl viele von ihnen ziemlich nett sind, ehrlich!

Architektonien

Architektonier lieben die Dunkelheit –zumindest müssen sie dort arbeiten. Und falls es bei der Arbeit doch mal hell wird, herrscht garantiert dichter Nebel. Mit 99%-iger Wahrscheinlichkeit hat ein Architektonier bei der Arbeit keine klare Sicht, weder auf die zu lösenden Aufgaben noch auf die vorhandene Technologie.

Macht aber nichts – Architektonier haben im Lauf ihrer fast 25-jährigen Evolution großen Mut entwickelt. Und den brauchen sie auch, nämlich um ihrer wichtigsten Aufgabe nachzukommen: Entscheidungen zu treffen. Ihre zweite Aufgabe lautet, über ihre Arbeit zum Volk zu sprechen. Architektonier besitzen eine gehörige Portion Sendungsbewusstsein und Kommunikationstalent.

Zwischen Analytistan und Architektonien verläuft eine Grenze, die der ehemaligen innerdeutschen Grenze ähnlich ist: Architektonier können sie dank ihres legendären Mutes problemlos in beide Richtungen passieren, Requies jedoch bleibt sie in beide Richtungen verschlossen.

Prograland

Die Heimat von Geeks, Nerds und weiteren technophilen Vielseitern. Alle Neugeborenen werden in Prograland traditionsgemäß in lauwarme Bytesuppe gelegt. Das prägt, gründlich und dauerhaft. Prograland straft sämtliche biologischen Thesen Lügen: Trotz 98,8% maskuliner Bevölkerung nimmt die Einwohnerzahl von Prograland ständig zu. Irgendwie muss eine Art Raum-Zeit-Kanal frische Geeks in dieses vielseitige, farbenfrohe und wortkarge Land einschleusen. Aber das soll hier keine Rolle spielen.

Prograland besteht aus einer Vielzahl von Provinzen, zwischen denen teilweise offene Konflikte herrschen. So befinden sich seit Jahren die Hochebenen von *IX mit den Niederungen von MS*, oder C* neidet J* seine Erfolge.

Insgesamt sind die Prograländer ziemlich verspielt und bleiben gerne unter sich. Requies sind nicht geduldet, Geld und Zeit spielen keine Rolle (es sei denn, es handelt sich um Millisekunden – die zählen. Personentage aber nicht.)

Obwohl ich erklärter Sympathisant von Prograländern bin – sie sind (und bleiben) die Urheber vieler dramatischer IT-Probleme. Wer sonst schreibt `#define private public` in die zentrale Header-Datei und umgeht damit das Geheimnisprinzip? Wer sonst produziert Stack-Overflows, Memory-Leaks und Buffer-Overflows (die dann andere Geeks wiederum für gute oder böse Zwecke ausnutzen können)? Aber eigentlich sind sie sehr nett und umgänglich.

La Testa

Von Prograland durch ein wildes Meer und gewaltige Untiefen getrennt liegt die kleine und wilde Insel La Testa. Weitgehend unberührt und unerforscht ist sie die Heimat der Testanier (auch „Q" genannt), vor denen sich die Prograländer sehr fürchten. Das sorgt für gute nachbarschaftliche Beziehungen. Kein echter Testanier begibt sich freiwillig nach Prograland. Weder Geld noch gutes Zureden können einen echten Testanier dazu bewegen, seine elaborierten Worte in den, wie die Q ihn nennen, *technokratischen Sumpf* expedieren. Manchen Architektoniern sagt man nach, sie hätten erfolgreich zwischen Q und Geeks vermittelt – aber das können genausogut Gerüchte gewesen sein.

In den letzten Jahren bahnt sich in dieser brisanten Situation übrigens Besserung an – nachdem ein Eidgenosse gemeinsam mit einem eXtremen ein paar Zeilen ultracoolen Java-Code geschrieben und unter der Bezeichnung „JUnit" veröffentlicht hat.

Architektonier und Kundenier sind auf La Testa gern gesehene Gäste. Angeblich sollen gerade Architektonier auf La Testa einer Extremsportart fröhnen, dem Bug-Fishing. Aber auch das könnte ein Gerücht sein.

Betriebien

Das einzige komplett industrialisierte Land in der IT-Welt. Es ist umgeben von einem Bauwerk beeindruckender Größe – der betriebischen Mauer. Einem Gerücht nach soll es das einzige Bauwerk sein, das aus dem Weltall mit bloßem Auge sichtbar ist. Sollte jemand mit bloßen Augen ins Weltall kommen, könnte er dieses Gerücht gerne in der Blogosphäre bestätigen. Ansonsten bekommt kaum ein Einwohner der übrigen IT-Welt jemals die vermeintliche Schönheit von Betriebien zu Gesicht.

Gelegentlich hört oder liest man, dass Betriebien DAS Land der IT-Welt sei, in dem „Prozesse" wirklich funktionieren. Übrigens das Einzige, garantiert!

Kostenia

Über diese Insel mag ich an dieser Stelle gar nicht weiter schreiben. Es ist die Heimat der Managissimos – den Regenten der IT-Welt. Sie sorgen für Geld und Zeit in IT-Projekten. Wenn sie daran genug gedacht haben, sinnieren sie über Ressourcen. Und ab und zu organisieren sie auch die Zusammenarbeit von Be-wohnern der verschiedenen Ländern in der IT-Welt.

14.2 Ratschläge aus dem architektonischen Manifest

Bis hierhin haben Sie einige Details über die seltsame IT-Welt gelesen. Im Fol-genden möchte ich Ihnen einige Teile des architektonischen Manifests erläutern. Sie sollen Ihnen als Tipps für erfolgreiche Reisen durch dieses Habitat dienen. Die Ratschläge dieses Manifests richten sich an (Software- und IT-)Architekten, können in vielen Fällen aber auch für andere Mitspieler in IT-Projekten positive Wirkung zeigen. Unter anderem verbessert das Verständnis dieser architektonischen Erfolgsmuster die Völkerverständigung in IT-Land – was die Chance auf erfolgreiche Projekte deutlich verbessern hilft.

Handeln Sie aktiv!

Es gibt nichts geschenkt und niemand (keiner, nirgendwer, nobody) wird Ihnen freiwillig und ohne Aufforderung Geld, Mitarbeiter, Kompetenz oder Mitspracherechte geben, wenn Sie nicht AKTIV danach fragen. Als Architekt müssen Sie entscheiden, mitreden, vermarkten, argumentieren und möglicherweise investieren – und dazu benötigen Sie Ressourcen und Kompetenzen. Handeln Sie aktiv – und holen sich alles, was Sie für Ihre produktive Architekturarbeit benötigen! Warten Sie nicht darauf, dass Ihnen der Weihnachtsmann oder das Christkind oder der Osterhase solche Dinge schenken – das passiert nur im Märchen (und die IT-Welt ist ziemlich märchenfrei …)

Arbeiten Sie iterativ

Iterativ vorgehen bedeutet, Ergebnisse regelmäßig zu bewerten, um schrittweise Verbesserungen einpflegen zu können.

Alle Bewohner der IT-Welt profitieren von Feedback, Rückmeldungen und Ratschlägen. Diskutieren Sie mit Ihren KollegInnen über Ihre Arbeitsergebnisse, Ihre Entwürfe und Strukturvorschläge. Dieser Ratschlag gilt ganz besonders für Architekturentwürfe1 und deren Dokumentation (obwohl auch alle anderen Arten von Artefakten von iterativer Verbesserung profitieren!).

Durch iteratives Vorgehen können Sie die Qualität Ihrer Arbeitsergebnisse deutlich steigern und gleichzeitig das Risiko von Fehlern oder Unzulänglichkeiten drastisch senken. Diesem Argument öffnen sich auch hartgesottene und kostenzentrierte Managissimos!

Entwickeln Sie eine Null-Rhesus-Negativ-Mentalität

Die Blutgruppe „Null-Rhesus-Negativ" ist mit sämtlichen anderen Blutgruppen kompatibel. Architektonier müssen mit sämtlichen Beteiligten von IT-Projekten *„kommunikationskompatibel"* sein. Diese Eigenschaft ermöglicht Ihnen, mit allen anderen Stakeholdern konstruktiv über architekturrelevante Sachverhalte zu kommunizieren.

Sie werden jetzt vielleicht einwenden, dass doch *Managissimos* diese Kommunikation mit anderen Stakeholdern erledigen. Aber das zweifle ich stark an, denn Managissimos können auf *technischem* Niveau oftmals nur unzureichend argumentieren, weil sie beispielsweise der Sprachen von Prograland oder Betriebien kaum mächtig sind.

Üben Sie sich also in Kommunikation. Lernen und üben Sie zu präsentieren, argumentieren, diskutieren. Trainieren Sie Ihre Kommunikationsfähigkeiten – das steigert neben Ihrer Beliebtheit in Projekten ganz eindeutig Ihre Erfolgsaussichten.

Seien Sie mutig

In Analytistan scheint immer die Sonne und alle Einwohner sind gut gelaunt. Architektonier hingegen leben die meiste Zeit des Jahres im Nebel und arbeiten praktisch grundsätzlich im Dunkeln.

Requies schreiben auf, was Kundenier ihnen sagen (oder was die Analytiker glauben, was die Kunden gemeint haben könnten). Architektonier müssen (bequeme oder unbequeme) Entscheidungen treffen, die den Erfolg von IT-Projekten stark beeinflussen können. Mut hilft Ihnen dabei als Charaktereigenschaft in vielen Situationen Ihres Architektenlebens weiter. Ich möchte die Empfehlung zu Mut hier in mehrere Richtungen konkretisieren:

- Mut zu suboptimalen Entscheidungen
- Mut zur Lücke
- Mut zum Widerspruch

Als Software- oder IT-Architekt befinden Sie sich ständig in Entscheidungssituationen: Neben Strukturentscheidungen gilt es vielerlei technisch orientierte Aspekte zu entscheiden, die über die Grenzen einzelner Systembausteine hinweg Auswirkungen haben. Ihre Entscheidungen haben also prägenden Einfluss auf das System und seine weitere Entwicklung. Sie beeinflussen das Team, den Entwicklungsprozess und möglicherweise sogar die Anforderungen der Kunden.

Nach Abschluss des Projektes werden Sie auf eine Vielzahl von Entscheidungen zurückblicken und jetzt ganz genau erkennen, welche davon besonders gut und welche suboptimal waren. Zu jedem früheren Zeitpunkt (nochmal: zu *jedem* früheren Zeitpunkt) bleibt Ihnen diese Bewertung verwehrt – es könnten sich ja noch wichtige Einflussfaktoren, Randbedingungen oder Anforderungen ändern ...

Als Fazit bleibt: Sie können prinzipiell erst am Ende wissen, ob eine bestimmte Entscheidung gut oder schlecht war.

Darum brauchen Sie den Mut, suboptimale, aber notwendige Entscheidungen auch in unklaren Situationen zu treffen. Das Streben nach Perfektion kostet immens viel Zeit und Aufwand – meistens genügen 80%-Lösungen vollauf.

Structure follows Constraints

Überall lesen Sie den für Designer und Architekten angeblich so wichtigen Leitsatz *Form follows Function*. „Die Form, die Gestaltung von Dingen soll sich aus ihrer Funktion ableiten." (zitiert nach [wikipedia]). Das mag für Gebrauchsgegenstände und Gebäude eine recht nützliche Herangehensweise sein – für Architektonier jedoch ist dieser Ratschlag, entschuldigen Sie meine überdeutliche Ausdrucksweise, kompletter Unfug. Für Architektonier nämlich geht es primär um Strukturen und Qualitäten – Funktionen werden oftmals sogar zu Nebensächlichkeiten. Der Grund dafür liegt darin, dass die Entscheidungsfreiheit der Architektonier primär von Einschränkungen und Randbedingungen beeinflusst wird, also von leidigen Aspekten wie beispielsweise Performance, Sicherheit, Wartbarkeit, Implementierbarkeit oder Verständlichkeit.

Architekturen sind Strukturen von Bausteinen (und deren Schnittstellen und Interaktionen). In erster Linie prägen Qualitätsanforderungen diese Strukturen, erst in zweiter Linie funktionale Anforderungen.

Schauen Sie als Architekt grundsätzlich zuerst auf die Randbedingungen und Qualitätsanforderungen, denn damit haben Sie in den meisten Fällen schon die wesentlichen Probleme des konkreten Systems im Fokus.

Akzeptieren Sie unvollständige Anforderungen

Streben nach vollständigen und korrekten Anforderungen führt entweder zu Halluzinationen oder ins Paradies. Diese Möglichkeiten sind sehr ungleich verteilt.

Akzeptieren Sie daher ohne Ärger oder Angst unvollständige Anforderungen. Als Architektonier müssen Sie sowieso Requie-Arbeit leisten, ob Sie wollen oder nicht. Architekten müssen Einflussfaktoren und Randbedingungen klären – egal, ob die Analytiker sehr gute oder gar keine Vorarbeit für Sie geleistet haben. Sie müssen zu den Anforderungen passende Architekturentscheidungen treffen und dafür in den Anforderungen mögliche Widersprüche oder Lücken erkennen, hinterfragen und sie bei Bedarf im Sinne der Kundenier interpretieren. Hierfür benötigen Sie Mut.

Akzeptieren Sie, dass Ihre Kundenier Ihnen ungenaue Anforderungen stellen. Sie meinen es nicht böse. Akzeptieren Sie insbesondere, dass Kundenier Ihnen ungenaue Qualitätsanforderungen stellen – auch das geschieht ohne böse Absicht, sondern, weil es sehr schwierig ist, Dinge wie Flexibilität, Wartbarkeit, Verständlichkeit oder Integrationsfähigkeit zu operationalisieren. Als Architektonier müssen Sie das operationalisieren – was eigentlich bereits die Requies hätten erledigen sollen.

Architektur beeinflusst Anforderungen

Bereits Fragmente von Architekturen beeinflussen in der Regel das Problem oder die Wünsche der Kunden. Der Einfluss ist umso größer, je weniger die Architektur darauf vorbereitet ist.

Sobald ein Kundenier einen Teil eines laufenden Systems zu sehen oder zu spüren bekommt, wird sich seine Meinung zu seinen Anforderungen ändern – sie wird konkreter, erhält andere Prioritäten oder wird um bisher ungekannte Facetten erweitert. Kent Beck (ein sehr berühmter Bürger von Prograland, der zeitweise zum Volksheld in La Testa wurde, dafür aber in Kostenia Einreiseverbot erhielt ...) untertitelte eines seiner lesenswerten Bücher mit „Embrace Change".

Erfragen Sie aktiv von Ihren Kundeniern aktuelle Anforderungen. Zeigen Sie ihnen regelmäßig nach Iterationsende den Stand der laufenden Software und hören Sie sorgfältig auf die Rückmeldung. Das ist eine entscheidende Feedbackschleife für erfolgreiche Projekte!

Prüfen Sie Anforderungen

Architektonien kontrolliert den Zugang von Waren und Dienstleistungen ins Land sehr streng, insbesondere solche aus Analytistan. Keine virtuelle oder reale Entität darf ohne Review die Grenze passieren.

Und auf keinen Fall dürfen Anforderungen nach Architektonien gelangen, die nicht vor dem Grenzübertritt ein domänenkundiger Architektonier gelesen, verstanden und für gut genug befunden hat.

Manchmal kommen Kundenier auf Ideen, die für Requies wie auch andere Kun-denier sehr verlockend klingen, so als müsse die neue Software diese Anforderungen unbedingt erfüllen. Kundige Architektonier sehen solchen Ideen an, dass der Preis für ihre Erfüllung unangemessen hoch liegt – und können die Kundenier darauf hinweisen. (Requies können das nicht, weil sie die Architektur nicht kennen). Dazu schreiben die Requie-Gurus Suzanne und James Robertson: „Anforderungen, die Sie sich nicht leisten können, sind keine Anforderungen".

Architektonier sollen also aus ihrer – meist technischen – Sicht die Angemessenheit von Anforderungen prüfen. Falls gewisse Wünsche der Kundenier auffällig schwer zu realisieren sind, extrem lange dauern oder wunderähnlicher Anstrengung bedürfen, müssen Architektonier sich zu Wort melden: Zuerst argumentieren sie eindringlich und für Kundenier verständlich die Konsequenzen solcher Anforderungen oder Ideen. Sollten die Kundenier auf ihrer Idee beharren, so rechnen Architektonier die Kosten aus – Hilfe leisten hierbei die Managissioms auf Kostenia – und dokumentieren die Entscheidung der Kundenier aufs Genaueste.

Ach ja – wahrscheinlich benötigen Sie all Ihren Mut, um sich der geballten Macht von Kundeniern und Requies in den Weg zu stellen. Und möglicherweise werden diese es Ihnen nicht einmal danken. Als Architektonier können Sie allerdings deutlich ruhiger schlafen, wenn Sie (mal wieder) Ihre Kundenier oder Ihre Projekte vor unangemessenen Anforderungen bewahrt haben.

Ihre Weiterreise

In diesem Nachwort durfte ich Sie ansatzweise durch meine Sicht der IT-Welt führen. Setzen Sie diese Reise nun auf eigene Faust fort. Erinnern Sie sich der Ratschläge des architektonischen Manifestes, falls Sie mal wieder nach Architektonien kommen (oder Bewohner dieses interessanten Landes auf Ihrer Reise treffen). Auf einigen meiner Reisen durfte ich Manifeste oder Traditionen der übrigen Länder kennen (und schätzen) lernen, und die von mir hochgeschätzten Kollegen [Coplien] haben einen fantastischen Reiseführer geschaffen, in dem sogar das hier unerwähnt gebliebene, sagenumwobene Organisatorien eine Rolle spielen soll. Ich wünsche Ihnen viel Erfolg – und freue mich auf Ihre Reiseberichte!

Literatur

[AndroMDA]	*Bohlen, M., et al.:* AndroMDA, Open Source MDA Framework, URL: www.andromda.org.
[arc42]	*Hruschka, P., G. Starke:* ARC42 – Resourcen für Software-Architekten. www.arc42.de.
[AOSD]	Homepage der jährlichen Konferenz zu aspektorientierter Softwareentwicklung, www.aosd.net.
[Asman2000]	*Asman, P.:* Legacy Wrapping, Beitrag zur PloP 2000, http://jerry.cs.uiuc.edu/~plop/plop2k/proceedings/Asman/Asman.pdf
[AspectJ]	www.eclipse.org/aspectj
[Avram+06]	Abel Avram und Floyd Marinescu. Domain Driven Design Quickly. Pdf-Version online, http://infoq.com/books/domain-driven-design-quickly
[Bachmann2000]	*Bachmann, F., L. Bass, et al.:* Software Architecture Documentation in Practice. Software Engineering Institute, CMU/SEI-2000-SR-004.
[b-agile2002a]	*P. Hruschka, C. Rupp*: Agile Softwareentwicklung: Entwurf von Real-Time und Embedded Systems mit UML. Hanser, 2002.
[b-agile2002b]	*Gernert C.:* Agiles Projektmanagement. Hanser, 2002.
[Bartonitz05]	*Bartonitz, M.:* BPMS, BPML, BPEL, BPMN, WMS, XPDL. http://www.bpm-netzwerk.de/articles/17.
[Bartonitz06]	*Bartonitz, M.:* Wachsen die BPM und Workflow-Lager zusammen? http://www.bpm-netzwerk.de/articles/66.
[Bass+03]	*Bass, L., P. Clements, R. Kazman*: Software Architecture in Practice. 2. Auflage. Addison-Wesley 2003.
[Beck99]	*Beck, K*: Extreme Programming Explained: Embrace Change. Addison-Wesley 1999.
[Bienhaus2000]	*Bienhaus D.:* Patterns for human oriented information presentation, EuroPLoP2000, www.coldewey.com/europlop2000/papers/bienhaus.zip
[Binder2000]	*Binder, R.:* Testing Object-Oriented Systems: Models, Patterns, and Tools. Addison-Wesley, 2000.
[Blaha98]	*Blaha, M., W. Premerlani*: Object-Oriented Modeling and Design for Database Applications. Prentice Hall, 1998.
[Bloomberg+06]	*Bloomberg, J., R. Schmelzer:* Service Orient or Be Doomed! Wiley 2006.
[Bosch2000]	*Bosch, J.:* Design & Use of Software Architectures. Addison-Wesley, 2000
[Brodie95]	*Brodi, M., M. Stonebraker,:* Migrating Legacy Systems: Gateways, Interfaces and the Incremental Approach. Morgan Kaufmann. 1995.
[Brewer00]	Eric Brewer, CAP-Theorem: http://www.cs.berkeley.edu/~brewer/cs262b-2004/PODC-keynote.pdf
[Brooks95]	*Brooks, F.:* The Mythical Man-Month, Anniversary Edition. Addison-Wesley, 1995.
[Buschmann+96]	*Buschmann, F., R. Meunier, H. Rohnert, P. Sommerlad, M. Stal*: A System of Patterns. Pattern – Oriented Software Architecture. Wiley 1996.

[Buschmann+07] *Buschmann, F., K. Henney, D. Schmidt*: Pattern-Oriented Software Architecture: A Pattern Language for Distributed Computing. Volume 4 der POSA-Serie. Wiley, 2007.

[Buzan01] *Buzan, T., B. Buzan:* Das Mindmap-Buch. MVG Verlag, 2001.

[Cai99] *Cai, J., R. Kapila, G. Pal*: HVMC: The layered pattern for developing strong client tiers. http://www.javaworld.com/javaworld/jw-07-2000/jw-0721-hmvc.html

[Clements+02] *Clements, P., R. Kazman, M. Klein*: Evaluating Software Architectures – Methods and Case Studies. Addison-Wesley, 2002.

[Clements+10] *Clements, P., F. Bachmann, L. Bass, D. Garlan, J. Ivers et al:* Documenting Software Architectures – Views and Beyond. 2. Auflage, Addison-Wesley, 2010.

[Coldewey97] *Coldewey, J., I. Krüger*: Form-Based User Interfaces – The Architectural Patterns. EuroPloP 1997, http://www.coldewey.com

[Coldewey98] *Coldewey J.*: User Interface Software. Conference on the Pattern Languages of Programming, 1998, http://www.coldewey.com

[Coplien95] *Coplien, J.*: Organisational Patterns. www.bell-labs.com/user/cope/Patterns/

[Czarnecki2001] *Czarnecki, D., A. Deitsch*: Java Internationalization, O'Reilly 2001

[DeMarco98] *DeMarco, T.*: Der Termin – Ein Roman über Projektmanagement. Hanser, 1998.

[DeMarco+07] *DeMarco, T., P. Hruschka, T. Lister, St. McMenamin, J. Robertson, S. Robertson:* Adrenalin Junkies & Formular Zombies. Hanser, 2007

[Demeyer+02] *Demeyer, Serge et. al.*: Object-Oriented Reengineering Patterns. Morgan Kaufmann, 2002.

[Dern06] *Dern, G.*: Management von IT-Architekturen. Informationssysteme im Fokus von Architekturplanung und -entwicklung. Vieweg, Edition CIO, 2. Auflage, 2006.

[Dorofee96] *Dorofee, A., J. Walker, et al.:* Continuous Risk Management Guidebook: Carnegie Mellon University 1996.

[D'Souza98] *D'Souza, D., A. Wills*: Objects, Components, and Frameworks with UML: The Catalysis Approach. Addison-Wesley, 1998.

[Eckel2001] *Eckel, B.*: Thinking in Patterns. http://www.bruceeckel.com

[Eckel99] *Eckel, B.*: Thinking in Java. Prentice Hall, 1999. Vollständig online unter www.bruceeckel.com.

[Edlich+11] *Edlich, S., A. Friedland, J. Hampe, B. Brauer*: NoSQL. Einstieg in die Welt nichtrelationale Web 2.0 Datenbanken. 2. Auflage, Hanser Verlag, 2011.

[Eilebrecht+10] *Eilebrecht, K., G. Starke*: Patterns kompakt – Entwurfsmuster für effektive Software-Entwicklung. 3. Auflage, Spektrum Akademischer Verlag, 2010.

[Evans04] *Evans, E.:* Domain Driven Design. Addison-Wesley, 2004. Zugehörige Website: www.domaindrivendesign.org.

[Flint97] *Flint, E.S.*: The COBOL jigsaw puzzle: Fitting object-oriented and legacy applications together. IBM Systems Journal, 36(1), 1997. http://www.research.ibm.com/journal/sj/361/flint.html

[Fowler99] *Fowler, M.*: Refactoring: Improving the Design of Existing Code. Addison-Wesley, 1999.

[Fowler02] *Fowler, M.*: Patterns for Enterprise Application Architecture. Addison-Wesley, 2002.

[Gamma95] *Gamma, E., R. Helm, R. Johnson, J. Vlissides*: Design Patterns. Addison-Wesley, 1995.

[Gamma99] *Gamma, E., K. Beck*: JUnit: A Cook's Tour. JavaReport, Mai 1999. Verfügbar im Internet: http://www.junit.org.

[Gordon06] *Gordon, I.:* Essential Software Architecture. Springer 2006.

[Gupta2003] *Gupta, S.*: Logging in Java with the JDK 1.4 Logging API and Apache log4j. Apress.

[HalShm]	http://www.iarchitect.com/shame.htm
[Hargis+04]	Gretchen Hargis, Michelle Caray, Ann Hernandez : Technical Quality Technical Information : A Handbook for Writers and Editors. Prentice Hall, 2004
[Hatley2000]	*Hatley, D., P. Hruschka, I. Phirbai*: Process for System Architecture and Requirements Engineering. Dorset House, 2000.
[Henderson96]	*Henderson-Sellers, B.*: Object-Oriented Metrics: Measures of Complexity. Prentice Hall, UK, 1996.
[Hilliard99]	*Hilliard R.*: Using the UML for Architectural Description. members.bellatlantic.net/~rfh2/writings/hilliard99a-using-uml-for-AD.pdf Weitere Veröffentlichungen: members.bellatlantic.net/~rfh2/writings
[Hofmeister2000]	*Hofmeister, C., R. Nord, D. Soni*: Applied Software Architecture. Addison-Wesley, 2000.
[Hohpe+03]	*Hohpe, G., B. Woolf*: Enterprise Integration Patterns: Designing, Building, and Deploying Messaging Solutions. Addison-Wesley, 2003.
[Holubek+04]	*Holubek, A., R. Jansen (Hrsg)*: Java Persistenz-Strategien – Datenzugriff in Enterprise-Anwendungen. S&S, 2004.
[Hunt+03]	*Hunt, A., D. Thomas*: Der Pragmatische Programmierer. Hanser, 2003.
[IEEE2000]	IEEE Architecture Working Group: IEEE Recommended Practice for Architectural Description, Standard P1471, www.pithecanthropus.com/~awg
[Ionita+02]	*Ionita, M. T., D. K. Hammer, H. Obbink:* Scenario-Based Software Architecture Evaluation Methods: An Overview. ICSE Workshop 2002, Eindhoven (NL) 5/2002. www.win.tue.nl/oas/architecting/aimes/papers/Scenario-Based%20SWA%20Evaluation%20Methods.pdf
[ISAQB09]	International Software Architecture Qualification Board e.V., www.isaqb.org
[ISO96]	ISO: RM/ODP OpenDistributedProcessing – Reference Model. http://uml.fsarch.com/RM-ODP/
[Jablonski96]	*Jablonski, S.; Bussler, C.*: Workflow Management – Concepts, Architecture and Implementation, International Thomson Publishing, 1996
[Johnson03]	*Johnson, R.*: expert one-on-one J2EE Design and Development. Wrox Press, 2003.
	Erlauben Sie mir eine persönliche Note im Literaturverzeichnis: DAS Buch über J2EE-Design. Hier steht, wie es wirklich funktioniert – must-have-Literatur für Enterprise-Java Architekten und -Entwickler. Mittlerweile, insbesondere durch Johnsons bahnbrechenden Spring-Framework, etwas in die Jahre gekommen.
[Johnson+05]	*Johnson, R., et al.:* Professional Java Development with the Spring Framework. Wrox, 2005.
[Keller2000]	*Keller, W.*: The Bridge to the New Town – A Legacy System Migration Pattern. EuroPloP 2000, http://www.objectarchitects.de/ObjectArchitects/papers/WhitePapers/ZippedPapers/pacman03.pdf.
[Keller96]	*Keller, W., Coldewey, J.*: Relational Database Access Layers. PloP 1996, http://www.objectarchitects.de/ObjectArchitects/papers/Published/ZippedPapers/plop_relzs05.pdf
[Keller97]	*Keller, W.*: Mapping Objects to Tables – A Pattern Language. Beitrag zur EuroPloP Konferenz 1997, http://www.sdm.de/g/arcus
[Keller98]	*Keller, W.*: Object/Relational Access Layers – A Roadmap, Missing Links and More Patterns. EuroPloP 1998, www.objectarchitects.de/ObjectArchitects/papers/Published/ZippedPapers/or06_proceedings.pdf

[Keller02]   *Keller, W.*: Enterprise Application Integration: Erfahrungen aus der Praxis. dpunkt, 2002.

[Keller 06]   *Keller, W.*: IT-Unternehmensarchitektur: Von der Geschäftsstrategie zur optimalen IT-Unterstützung. dpunkt, 2006.

[Kreft97]   *Kreft, K., A. Langer*: Internationalization using Standard C++. C/C++ User Journal, 1997, home.CameloT.de/langer/Articles/Internationalization/I18N.htm

[Kruchten2000] *Kruchten, P.*: The Rational Unified Process. 2. Auflage. Addison-Wesley, 2000.

[Kruchten2001] *Kruchten, P.*: The Top Ten Misconceptions about Software Architecture. www.therationaledge.com/content/apr_01/m_misconceptions_pk.html.

[Kruchten95]   *Kruchten, P.*: Architectural Blueprints – The 4-1 View Model of Architecture. IEEE Software November 1995; 12(6), p. 42-50.

[Kruchten+02]   *Kruchten, Ph., et al.*: Software Architecture Reviewand Assessment (SARA) Report. Online verfügbar unter philippekruchten.com/architecture/SARAv1.pdf

[Laddad03]   *Laddad, R.*: AspectJ in Action, Practical Aspect-Oriented Programming. Manning, 2003.

[Larman2001]   *Larman, C.*: Applying UML and Patterns: An Approach to Object-Oriented Analysis and Design. 2. Auflage. Prentice Hall, 2001.

[Lehmann99]   *Lehmann, F. R.*: Fachlicher Entwurf von Workflow-Management Anwendungen. Teubner, 1999.

[Leymann98]   *Leymann. F., D. Roller*: Production Workflow. Prentice Hall, 1999

[Liebhart+07]   *Liebhart, D., et al.*: Architecture Blueprints: Ein Leitfaden zur Konstruktion von Softwaresystemen mit Java Spring, .NET, ADF, FORMS und SOA. Hanser, 2. Auflage, 2007.

[Liebherr89]   *Liebherr, K., I. Holland*: Assuring good style for object-oriented programs. IEEE Software, September 1989, p 38-48

[Liskov81]   *Liskov, B.*: CLU Reference Manual. Springer, 1981.

[Longshaw+04]   *Longshaw, A., E. Woods*: Patterns for Generation, Handling and Management of Errors. Konferenzbeitrag zur OT2004, http://www.blueskyline.com/ErrorPatterns/ErrorPatternsPaper.pdf.

[Lorenz94]   *Lorenz, M., J. Kidd*: Object-Oriented Software Metrics. Object-Oriented Series. Prentice Hall, 1994.

[Lublinsky 07] *Lublinsky, B.:* Defining SOA as an architectural style. IBM Developerworks, http://www-128.ibm.com/developerworks/architecture/library/ar-soastyle/, Januar 2007

[Marick2000]   *Marick, B.*: Using Ring Buffer Logging to Help Find Bugs. PloP 2000. http://visibleworkings.com/trace/Documentation/ring-buffer.pdf

[Marick97]   *Marick, B.*: Classic Testing Mistakes. 1997. Online unter http://www.testing.com/writings/classic/mistakes.pdf.

[Martin08]   *Martin, R.*: Clean Code: A Handbook of Agile Software Craftmanship. Addison-Wesley, 2008.

[Martin02]   *Martin, R.*: Agile Software Development: Principles, Patterns and Practices. Addison-Wesley, 2002.

[Martin2000]   *Martin, R.*: Design Principles and Design Patterns. www.objectmentor.com.

[Martin96]   *Martin, R.*: Objektorientierte C++ Anwendungen: Die Booch-Methode. Prentice Hall, 1996.

[McMenamin88]   *McMenamin, S., J.Palmer*: Strukturierte Systemanalyse. Hanser, 1988.

[Mellor+04]   *Mellor, St., S. Kendall, A. Uhl, D. Weise*: MDA Distilled – Principles of the Model-Driven Architecture. Addison-Wesley, 2004.

[Melzer07]	*Melzer, I.:* Service-orientierte Architekturen mit Web Services: Konzepte, Standards, Praxis. Spektrum Akademischer Verlag, 2. Auflage, 2007.
[Meszaros97]	*Meszaros, G.:* Archi-Patterns: A Process Pattern Language for Defining Architectures. Beitrag zur PloP '97. http://hillside.net/plop/plop97/Proceedings/meszaros.pdf
[Miller09]	*Miller, J.:* Design Patterns for Data Persistence. MSDN Magazin, April 2009. Online: http://msdn.microsoft.com/en-us/magazine/dd569757.aspx
[Möricke04]	*Möricke, M. (Hrsg.):* IT-Sicherheit. Praxis der Wirtschaftsinformatik, Dpunkt, 2004.
[NATO69]	*NATO Conference Software Engineering:* Bericht einer Konferenz, 1969. Gesponsort vom NATO Science Committee. Quelle nach [Shaw96a]
[Newcomer+05]	*Newcomer, E., G. Lomow:* Understanding SOA with Web Services. Addison-Wesley, 2005.
[Oates+06]	*Oates, R., et al.:* Spring und Hibernate: Eine praxisbezogene Einführung. Hanser, 2006
[OAW]	openArchitectureWare, ein Generator für modellbasierte Entwicklung (genauer: Ein Werkzeug zur Erstellung von MDSD-Werkzeugen.) URL: http://www.eclipse.org/gmt/oaw/
[OConn98b]	*O'Connor, J.:* Internationalization: An overview. Java Delevoper Connection 1998, http://devoloper.java.sun.com/developer/technicalArticles/Intl/IntlIntro/Index.html
[OConnor98]	*O'Connor, J.:* Internationalization: Localization with ResourceBundles. Java Delevoper Connection 1998, http//developer.java.sun.com/developer/technicalArticles/Intl/ResourceBundles/
[Oestereich2001b]	*Oestereich, B.:* Die UML Kurzreferenz für die Praxis. Oldenbourg, 2001.
[OMG98]	*Object Management Group:* What is OMG-UML and Why Is It Important. http://cgi.omg.org/news/pr97/umlprimer.html
[OMG_MDA]	*Object Management Group:* Model Driven Architecture. www.omg.org/mda
[OMG_UML]	*Object Management Group:* Unified Modeling Language. www.omg.org/uml.
[Open Group 09]	*The Open Group:* TOGAF, Version 9. Online: www.opengroup.org/architecture/togaf9-doc/arch/
[Orfali96]	*Orfali, R., D. Harkey, J. Edwards:* The Essential Client/Server Survival Guide. Wiley Computer Publishing, 1996.
[Parnas72]	*Parnas, D. L.:* On the Criteria to be Used in Decomposig Systems into Modules. Communications of the ACM 1972; 15: p. 1053-1058.
[Posch+04]	*Posch, T., K. Birken, M. Gerdom:* Basiswissen Softwarearchitektur: Verstehen, entwerfen, bewerten und dokumentieren. Dpunkt, 2004.
[Pritchard99]	*Pritchard, J.:* COM and CORBA Side by Side: Architectures, Strategies and Implementation. Addison-Wesley, 1999.
[Puder2001]	*Puder, A., K. Römer:* Middleware für verteilte Systeme. Dpunkt, 2001
[Putman2000]	*Putman, J.:* Architecting with RM-ODP. Prentice Hall, 2000
[Rechtin2000]	*Rechtin. E., M. Maier:* The Art of Systems Architecture. CRC Press, 2000
[Reussner+06]	*Reussner, R., W. Hasselbring (Hrsg.):* Handbuch der Software-Architektur. Dpunkt, 2006.
[Riehle97]	*Riehle, D.:* Entwurfsmuster für Softwarewerkzeuge. Addison-Wesley, 1997
[Riel96]	*Riel, A. J.:* Object-Oriented Design Heuristics. Addison-Wesley, 1996.
[Roock+04]	*Roock, St., M. Lippert:* Refactorings in großen Softwareprojekten: Komplexe Restrukturierungen erfolgreich durchführen. dpunkt, 2004.
[Ross+06]	*Ross, J. W., P. Weill, D. Robertson:* Enterprise Architecture as Strategie. Harvard Business School Press, 2006.

[Rozanski+05]	*Rozanski, N., E. Woods:* Software Systems Architecture: Working With Stakeholders Using Viewpoints and Perspectives. Pearson Education, 2005.
[Rüping03]	*Rüping, A.:* Agile Documentation: A Pattern Guide to Producing Lightweight Documents for Software Projects. Wiley, 2003.
[Rupp2001]	*Rupp, C., Sophist Group:* Requirements-Engineering und -Management. Hanser, 2001. (Inzwischen ist die 5. Auflage, 2009 verfügbar)
[Rupp+12]	*Rupp, C., Queins, S., Sophisten:* UML 2 glasklar. Praxiswissen für die UML-Modellierung. Hanser, 4. Auflage, 2012.
[Schmeh98]	*Schmeh, K.:* Safer Net. dpunkt, 1998
[Schmidt2000]	*Schmidt, D., M. Stal, H. Rohnert, F. Buschmann*: Pattern-Oriented Software-Architecture – Patterns for Concurrent and Networked Objects. Vol. 2. Wiley, 2000.
[Schneier96]	*Schneier, B.:* Applied Cryptography. John Wiley, 1996
[SEI2001]	*Software Engineering Institute (SEI)*: How Do You Define Software Architecture? http://www.sei.cmu.edu/architecture/definitions.html
[Shaw96a]	*Shaw, M., D. Garlan*: Software Architecture: Perspectives on an Emerging Discipline. Upper Saddle River, NJ: Prentice Hall, 1996.
[Shneidermann98]	*Schneidermann, B.:* Designing the User Interface – Strategies for Effective Human-Computer Interaction. Addison-Wesley, 1998.
[Siedersleben04]	*Siedersleben, J.:* Moderne Softwarearchitektur. Umsichtig planen, robust bauen mit Quasar. Dpunkt, 2004.
[SigG/SigV]	Regulierungsbehörde für Telekommunikation und Post, www.regtp.de
[SOAX 07]	*Starke, G., S. Tilkov (Hrsg):* SOA Expertenwissen. dpunkt, 2007.
[Stahl+07]	*Stahl, T., M. Völter:* Modellgetriebene Softwareentwicklung. Techniken, Engineering, Management. 2. Auflage, dpunkt, 2007.
[Starke+09]	*Starke, G., P. Hruschka*: Software-Architektur kompakt. Elsevier, 2009.
[SrvMvc99]	Server-side MVC Architecture. www.uidesign.net/1999/papers/webmvc_part1.html sowie ../webmvc_part2.html
[SSH]	Introduction to Cryptography. http://www.ssh.com/tech/crypto/intro.cfm
[Tanenbaum89]	*Tanenbaum, A.:* Computer Networks. Prentice Hall, 1989.
[Tidwell]	*Tidwell, J.:* Common ground: A pattern language for Human-Computer Interface Design. www.mit.edu/~jtidwell/common_ground_onefile.html
[Unicode]	Unicode und Internationalisierung. http://www.unicode.org
[VDAalst2002]	*Van Der Aalst, W., K. van Heeringen*: Workflow Management. MIT Press, 2002.
[Vigenschow+07]	*Vigenschow, U., B. Schneider:* Soft Skills für Softwareentwickler. Dpunkt, 2007.
[Vogel+05]	*Vogel, O., u.a.:* Software-Architektur: Grundlagen – Konzepte – Praxis. Spektrum, 2005.
[Voelter]	Website von Markus Völter, www.voelter.de.
[Volere]	Volere – Schablonen für Requirements Engineering. Online unter www.volere.co.uk (englisch) oder www.volere.de (deutsch).
[Wallmüller01]	*Wallmüller, E.:* Software-Qualitätssicherung in der Praxis. Hanser, 2001.
[Wikipedia]	www.wikipedia.de: Die Wikipedia ist eine Enzyklopädie in mehr als 100 Sprachen, die von Freiwilligen in der ganzen Welt aufgebaut wird.
[Wirfs-Brock90]	*Wirfs-Brock, R., B. Wilkerson, L. Wiener*: Designing Object-Oriented Software. Prentice Hall, 1990.

[Youngs99]   *Youngs, R., D. Redmond-Pyle, P. Spaas, E. Kahan*: A Standard for Architecture Description. IBM Systems Journal, Vol. 38, Nr. 1,
URL: http://www.research.ibm.com/journal/sj/381/youngs.html

[Yourdon89]   *Yourdon, E.*: Modern Structured Analysis. Prentice Hall, 1989.

[Yourdon99]   *Yourdon, E.*: Death March: The Complete Software Developers Guide to Surviving *Mission Impossible* Projects. Prentice Hall, 1999.

[Zörner12]   *Zörner, S.*: Softwarearchitekturen dokumentieren und kommunizieren – Entwürfe, Entscheidungen und Lösungen nachvollziehbar und wirksam festhalten. Hanser, 2012.

Index

A
Abhängigkeiten 155
Adapter 168
Agilität 6, 77
Änderbarkeit 58
Anforderungsanalyse 27
Anwendungen in SOA 315
Anwendungslandschaft 326
– Management der 328
Applikationsmonolithen 314
Architecture Business Cycle 25
Architekten, Aufgaben von 25
Architektur *siehe* Software-Architektur
– Business- 325
Architekturbeschreibung, zentrale 102
Architekturbewertung 301
– Auswirkung von 312
– als Teil der Architekturentwicklung 304
– Vorgehen 306
Architekturdokumentation 73, 102
– Anforderungen 107
– Beispiel 335
– Grundannahmen 77
Architekturebenen 325
Architekturentscheidung 14
Architekturmuster 143
– Pipes & Filter 147
– Schichten 143
Architektursichten 75
Architekturüberblick 102
ATAM *siehe* Architekturbewertung
Ausbildung von Software-Architekten 385

B
Bausteinsicht 85
– hierarchische Verfeinerung 86
– UML 2 123
Beispiel Architekturdokumentation 335
Benutzbarkeit 58
Beschreibung von Schnittstellen 97
Bewertung
– von Architekturen 301
– von Artefakten 301
– von Prozessen 301
– qualitativ 302
Blackbox 86
Business-Architektur 325
Business-IT-Alignment 333

C
Choreographie 322
CORBA, IDL 98
cyclomatic complexity 302

D
Daten, Arten der ~verwaltung 41
Datensicht 100
Dekorierer 170
DIN/ISO 9126 57
Dokumentation
– Grundprinzipien 111
– Qualitätsanforderungen 109
Dokumente
– zur Beschreibung von Architekturen 102
– selbstbeschreibend 319

E

Effektiv 8
Effizienz 7, 58
Einflussfaktoren
– architekturrelevante 45
– finden 47
– organisatorische 48
– Systemfaktoren 52
– technische 51
Enterprise-IT Architektur 325
Enterprise-Service-Bus 322
Entwurfsentscheidung 14
Entwurfsmuster
– Adapter 168
– Dekorierer 170
– Fassade 172
– Observer 169
– Proxy 171
– State (Zustand) 173
Entwurfsprinzip
– Abhängigkeit minimieren 155
– abhängig nur von Abstraktionen 159
– Dependency Injection 165
– Fachlichkeit und Technik trennen 153
– hohe Kohäsion 157
– Liskov 164
– lose Kopplung 157
– Modularität 153
– nach Verantwortlichkeiten entwerfen 152
– Offen-Geschlossen 157
– Schnittstellen abtrennen 161
– So-einfach-wie-möglich 151
– Substitutionsprinzip 164
Entwurfsprinzipien 151
ESB 322
Evaluierung von Architekturen *siehe* Bewertung

F

Fassade 172
Flexibilität, unternehmerische 314
Fragen an Architekturdokumentation 108
Funktionalität 57

G

Geschäftsfunktionen als Services in SOA 316
Geschäftsprozesse 313
– Informationsbedarf 326
Geschäftsziele bei Architekturbewertung 308
Gesetz von Hofstadter 299
Governance 323
GRASP 174
Grundprinzipien von Dokumentation 111

H

Heuristiken 136
– zum Entwurf 151
Hofstadtersche Gesetz 299

I

IDL 98
Informationsarchitektur 325
Infrastruktursichten 95
iSAQB 385
Iterationen 25
– beim Entwurf 35
IT-Infrastruktur 326

K

Kategorien von Systemen 39
Klassen, UML 2 120
Knoten 95
– UML 2 126
Kohäsion 157
Kommunikation von Architekturen 74
Kommunikationsaufgabe 74
Komplexität 137
Komponenten, UML 2 121
Kontextabgrenzung 82
Kopplung 157
– lose 317

L

Laufzeitsicht 91
– UML 2 128
Layer 143
Lehrplan 386
Lösungsidee 37
Lösungsstrategien 64

M

MDA 293
Messgröße für Software-Architekturen 305
Metadaten 318
Metriken 302
– für Quellcode 302
Mindmaps als Hilfsmittel für Qualitätsbäume 309
Model-Driven-Architecture 293
Modularität 153

N

n-Tier 146

O

OAW 297
Observer 169
Offen-Geschlossen-Prinzip 158
openArchitectureWare 297
OpenSource 298
Orchestrierung 322

P

Pakete, UML 2 121
Peer-to-Peer 150
PIM 293
Pipes & Filter 147
Projektplanung 29
Projektrisiken 53
Proxy 171
PSM 293

Q

Qualität 56
Qualitätsbaum 308
– Szenarien konkretisieren 309
Qualitätskriterien als Bewertungsziel 306
Qualitätsmerkmale 57, 305
Qualitätssicherung 30, 174

R

Referenzarchitekturen 330
Registry für Services 322
Risiken 53
Risikoanalyse 29
Risikomanagement 29

S

Schicht 143
– Nachteile 144
– Vorteile 144
Schichten (Layer) 143
Schnittstellen 40, 97, 153
– CORBA IDL 98
– von Service 317
– UML 2 122
Sequenzdiagramm 130
Services
– Funktionsweise 319
– in Rolle von \ 315
Service Registry 322
Service-Vertrag 318
Sichten 75
– 4 Arten 78
– neue Arten 79
– Baustein- 85
– Datensicht 100
– -Kontextabgrenzung 82
– -Laufzeit 91
– -Verteilung 95
SOA 313, 314
– und Software-Architektur 323
So einfach wie möglich 151
Software-Architekten 19
– Aufgaben von 25
Software-Architektur 14
– Ausbildung 385
– Bewertung 301
– Dokumentation und Kommunikation 74
– Iterationen 25
– Sichten 15, 75
– und Qualität 56
Stakeholder
– bei Architekturbewertung 306
– maßgebliche 306
Starrheit 155
Steuerung, Arten der 42
Strategie 325
Substitutionsprinzip 164
Szenarien
– für Bewertung priorisieren 310
– zur Bewertung 309
– konkretisieren Qualität 59
– und Qualitatsmerkmale 60

T

Template 294
Test 174
Testen 176
Tiers 146

U

Übersichtspräsentation 102
Übertragbarkeit 58
UML 117
UML 2 117
- Aktivitäten 124
- Diagrammarten 118
- Interaktionsübersicht 132
- Klassen und Objekte 120
- Knoten 126
- Kommunikationsdiagramm 131
- Laufzeitsicht 128
- Schnittstellen 122
- statische vs. dynamische Modelle 133
- Verteilung 126
- Zustände 124

V

Verteilungssicht, UML 2 126
Verteilungssichten 95
Vorgehen zur Architekturbewertung 306

W

Walkthrough von Szenarien 311
Website
- www.arc42.de 11
- www.esabuch.de 11
Wegweiser durch das Buch 10
Whitebox 86

Z

Zerbrechlichkeit 155
Zerlegung
- Fachdomäne 142
- von Systemen 138

HANSER

Behalten Sie den Überblick!

Stefan Zörner
Softwarearchitekturen dokumentieren und kommunizieren
280 Seiten
ISBN 978-3-446-42924-6
€ 34,90
→ Auch als E-Book erhältlich

Dokumentation wird oft als lästige Pflicht angesehen und in vielen Softwareprojekten stark vernachlässigt. Die Architektur wird manchmal überhaupt nicht beschrieben. Damit das in Ihren Projekten nicht passiert, schlägt dieses Buch praxiserprobte und schlanke Bestandteile für eine wirkungsvolle Architekturdokumentation vor.

An einem durchgängigen Beispiel erfahren Sie, wie Sie architekturrelevante Einflussfaktoren erfassen und Ihre Softwarelösung angemessen und ohne Ballast festhalten. Sie lernen nicht nur die Vorgehensweise für das Dokumentieren während des Entwickelns kennen, sondern auch wie Sie bestehende Systeme im Nachhinein beschreiben. Neben der Methodik diskutiert das Buch auch typische Werkzeuge, mit denen Sie Architekturdokumentation erfassen, verwalten und verbreiten können, wie Wikis, UML-Werkzeuge u.a.

Mehr Informationen zu diesem Buch und zu unserem Programm unter **www.hanser-fachbuch.de/computer**

HANSER

Neues von Tom DeMarco & Co.

DeMarco/Hruschka/Lister/
McMenamin/Robertson/Robertson
**Adrenalin-Junkies &
Formular-Zombies**
228 Seiten. Vierfarbig
ISBN 978-3-446-41254-5

Nerd, Überflieger, Bandit, Leckermaul, Zicke, Primadonna, Wichser, Workaholic ... Wir kennen viele Begriffe, die menschliches Verhalten im Alltag anschaulich beschreiben. Für das Verhalten in Softwareentwicklungs-Projekten kennen wir solche Begriffe nicht – bis jetzt.

Die Mitglieder der Atlantic Systems Guild haben Tausende von Projekten unter die Lupe genommen und beschreiben hier typische Verhaltensweisen – schädliche wie nützliche. Sie zeigen, wie man mit *Schönreden*, *Management nach Gemütslage* oder *Bleistiftstummeln* Projekte in Schwierigkeiten bringen kann. Dagegen lässt sich die Arbeit der Entwicklungsteams mit *Endspiel üben*, *Natürlicher Autorität* und – nicht zu vergessen – *Essen++* befördern.

Mehr Informationen zu diesem Buch und zu unserem Programm unter **www.hanser.de/computer**

HANSER

»Eines der besten auf dem deutschen Markt«
JavaMagazin

Chris Rupp, Stefan Queins, die SOPHISTen
UML 2 glasklar
4. Auflage · 580 Seiten
ISBN 978-3-446-43057-0
€ 34,90

In diesem Buch lernen Sie die UML auf dem aktuellsten Stand kennen. Hier finden Sie alle Diagramme der UML ausführlich beschrieben und erfahren, wie Sie sie in Ihrem Projekt richtig anwenden. Zahlreiche Tipps, Tricks und anschauliche Beispiele helfen Ihnen dabei.

Als UML-Neuling erhalten Sie eine schrittweise Einführung in die Basiselemente, als erfahrener UML-Anwender können Sie die übersichtliche Darstellung der Notationsmittel der UML 2 als Nachschlagewerk nutzen. Wer sich auf die Prüfung zum Certified Professional für Requirements Engineering – Advanced Level Requirements Modeling des IREB e. V. vorbereiten will, erfährt hier, welche Teile der UML für ihn relevant sind.

Mehr Informationen zu diesem Buch und zu unserem Programm unter www.hanser-fachbuch.de

HANSER

Unschlagbares Doppel

Wirdemann
Scrum mit User Stories
256 Seiten
ISBN 978-3-446-42660-3

Scrum als Framework für die Agile Softwareentwicklung erfreut sich zunehmender Beliebtheit. Kombiniert mit User Stories wird daraus ein unschlagbares Doppel. Scrum definiert mit Hilfe einfacher Regeln und klaren Verantwortlichkeiten einen Rahmen für agile Softwareprojekte. User Stories beschreiben Anforderungen aus Sicht des Benutzers und liefern einen greifbaren Mehrwert.

Dieses Buch erklärt die Grundlagen beider Konzepte und beschreibt, wie Sie User Stories in die Elemente und Abläufe von Scrum einbinden. Angefangen vom Schreiben und Priorisieren eines User-Story-basierten Product Backlog bis hin zur User-Story-getriebenen Sprint- und Release-planung lernen Sie alles, was für den erfolgreichen Einsatz von User Stories in Ihrem Scrum-Projekt wichtig ist.

Mehr Informationen zu diesem Buch und zu unserem Programm unter **www.hanser.de/computer**

HANSER

Auf die Plätze, fertig, Scrum!

Gloger
Scrum
Produkte zuverlässig
und schnell entwickeln
3., aktualisierte Auflage
357 Seiten
ISBN 978-3-446-42524-8

In diesem Buch erfahren Sie, wie Sie Scrum erfolgreich einsetzen. Sie lernen die Regeln, Strukturen und Rollen von Scrum kennen. Boris Gloger – er war der erste zertifizierte ScrumTrainer in Europa – beschreibt, wie Teams durch weitgehende Selbstorganisation und durch kontinuierliche Planung Produkte erfolgreich liefern. Er zeigt auch, wie Scrum in großen Projekten mit mehreren Teams, die über viele Standorte verteilt sind, funktioniert. Zudem ist dieses Praxisbuch eine hervorragende Unterstützung für die Zertifizierung zum ScrumMaster.

Egal ob Sie als Kunde, Führungskraft, ScrumMaster, Product Owner oder Teammitglied an einem Scrum-Projekt beteiligt sind oder aber erst wissen wollen, was Scrum eigentlich ist: Hier erhalten Sie einen umfassenden Überblick und wertvolle Tipps, wie Sie Scrum einführen und leben können.

Mehr Informationen zu diesem Buch und zu unserem Programm unter **www.hanser.de/computer**

HANSER

SQL oder NoSQL –
das ist die Frage

Edlich, Friedland, Hampe, Brauer
NoSQL
Einstieg in die Welt nichtrelationaler
Web 2.0 Datenbanken
303 Seiten.
ISBN 978-3-446-42355-8

NoSQL-Datenbanken sind dabei, die Datenbankwelt zu revolutionieren. Laufend hört man von neuen NoSQL-Datenbanken, die sich jeweils für besondere Einsatzbereiche gut eignen. In diesem Umfeld hilft Ihnen dieses Buch, den Überblick zu behalten und das richtige System für Ihre Zwecke zu finden.

Hier lernen Sie einerseits die wichtigsten Konzepte von NoSQL-Systemen kennen, die sie von den klassischen relationalen Datenbanksystemen unterscheiden. Vorgestellt und erklärt werden auch die theoretischen Grundlagen wie Map/Reduce, CAP-Theorem/Eventually Consistent, Consistent Hashing, MVCC-Protokoll, Vector Clocks und Paxos. Und andererseits stellen die Autoren die wichtigsten Vertreter der vier großen NoSQL-Datenbanktypen Wide Column Stores, Document Stores, Key/Value-Datenbanken und Graphdatenbanken vor. Damit Sie die Systeme gut vergleichen können, werden alle nach dem gleichen Schema vorgestellt. Sie erfahren, wie die Systeme aufgesetzt und skaliert werden, welche Vor- und Nachteile sie haben und für welche Anwendungsgebiete Sie sie am besten einsetzen können. So haben Sie eine gute Grundlage für die Entscheidung, welche Datenbank in Ihrem Fall am besten geeignet ist.

Mehr Informationen zu diesem Buch und zu unserem Programm
unter **www.hanser.de/computer**